आचार्य रामचन्द्र शुक्ल

आचार्य रामचन्द्र शुक्ल

डॉ. रामचन्द्र तिवारी

लोकभारती प्रकाशन

लोकभारती प्रकाशन
पहली मंजिल, दरबारी बिल्डिंग, महात्मा गांधी मार्ग
प्रयागराज-211 001
वेबसाइट : *www.lokbhartiprakashan.com*
ईमेल : *info@lokbhartiprakashan.com*

शाखाएँ : 1-बी, नेताजी सुभाष मार्ग, दरियागंज
नई दिल्ली-110 002
अशोक राजपथ, साइंस कॉलेज के सामने
पटना-800 006

पहला संस्करण : 2023

सुपर माधव ग्राफिक्स
प्रयागराज द्वारा मुद्रित

ACHARYA RAMCHANDRA SHUKLA
by Dr. Ramchandra Tiwari

ISBN : 978-81-962184-1-6

मूल्य : 595

अपनी श्रद्धेय माँ
श्रीमती शकुन्तला चतुर्वेदी
के
चरण-कमलों में

अनुक्रम

आमुख

आचार्य रामचन्द्र शुक्ल हिन्दी के युग-निर्माता, विचारक एवं आचार्य हैं। अनेक दृष्टियों से उनका व्यक्तित्व अद्वितीय है। जिस समय हिन्दी के साहित्यकार भाषा और साहित्य के सामान्य प्रश्नों को सुलझाने का बाल प्रयास कर रहे थे, उस समय शुक्लजी अपने साहित्यिक परिवेश का अतिक्रमण कर साहित्य, दर्शन, मनोविज्ञान, इतिहास, विज्ञान आदि अनेक क्षेत्र की नवीनतम उपलब्धियों को आत्मसात करके हिन्दी के मौलिक काव्यशास्त्र की आधार शिला रखकर विचार और चिन्तन के क्षेत्र में एक नये युग का निर्माण कर रहे थे। निःसन्देह एक कोश निर्माता, इतिहासकार, निबन्ध लेखक, अनुवादक, आलोचक, सम्पादक और के समग्र रचनाकार के रूप में आचार्य शुक्ल का अवदान अन्यतम है। इन सभी क्षेत्रों में उन्होंने पथ-प्रवर्तन का कार्य किया है। प्रस्तुत कृति में मैंने आचार्य शुक्ल साहित्यिक अवदान के आकलन का विनम्र प्रयास किया है। पुस्तक का प्रथम संस्करण आचार्य शुक्ल के शताब्दी वर्ष में उनके प्रति श्रद्धा सुमन अर्पित करने के प्रयास में लिखा गया था। हिन्दी जगत ने पुस्तक को अपनाकर हमारा उत्साहवर्धन किया। पुस्तक के इस तृतीय संस्करण में दो अध्याय—'हिन्दी आलोचना के क्षेत्र में आचार्य शुक्ल की क्रान्तदर्शी भूमिका' तथा 'आधुनिकता और आचार्य शुक्ल क लोकादर्श' बढ़ाया गया है। शेष अध्यायों में यत्र-तत्र कुछ परिवर्धन और परिष्कार किया गया है। इस प्रकार अब यह पुस्तक अधिक समृद्ध रूप में हिन्दी पाठकों को समर्पित है। हमें विश्वास है, हिन्दी जगत इसका स्वागत करेगा।

2008, गंगा दशहरा

रामचन्द्र तिवारी
सरस्वती सदन
बेतियाहाता गोरखपुर-273001

1

पीठिका

आचार्य रामचन्द्र शुक्ल का जन्म सन् 1884 ई. में हुआ था। हिन्दी-साहित्य के इतिहास में 1900 ई. तक भारतेन्दु-युग की स्थिति स्वीकार की जाती है। 1900 ई. तक शुक्ल जी अपने को लेखक समझने लगे थे। इससे प्रकट है कि भारतेन्दु-युग के अन्त के साथ ही शुक्ल जी के लेखक रूप का अभ्युदय हो चुका था। सन् 1900 से 1920 ई. तक का समय द्विवेदी-युग के रूप में मान्य है। आचार्य शुक्ल की प्रौढ़तम कृतियाँ 1920 ई. के बाद की हैं। इससे हम अनुमान लगा सकते हैं कि 1900 ई. तक शुक्ल जी अपने को लेखक भले समझने लगे हों, किन्तु उसके परिपक्व विचार 1920 ई. के बाद अर्थात् द्विवेदी-युग की समाप्ति के साथ ही हिन्दी-संसार के सामने आए थे। इस तरह आचार्य शुक्ल का बौद्धिक विकास द्विवेदी-युग में (1900 से 1920 ई. तक) और उसका चरम उत्कर्ष उसके बाद छायावाद-युग में हुआ था। भारतेन्दु-युगीन चेतना का उज्ज्वल पक्ष संस्कारत: उनकी साहित्य-चेतना का अंग बन गया था। इसके दो कारण थे। एक तो उन्होंने अपने लेखन का आरम्भ भारतेन्दु-युग की अन्यतम विभूति बद्रीनारायण चौधरी 'प्रेमघन' की स्नेह-छाया में किया था दूसरे उनकी कृपा शुक्ल जी पर बराबर बनी रही। 1908 ई. में शुक्ल जी मिर्जापुर से वाराणसी आ गए थे, किन्तु चौधरी साहब निरन्तर प्रेरणा और प्रोत्साहन देते रहते थे। भारतेन्दु-युग की दूसरी विभूति श्री बालकृष्ण भट्ट (1844-1914 ई.) के साथ भी शुक्ल जी ने 1908 से 1913 ई. तक कोश का कार्य किया था। नि:सन्देह इन विभूतियों के सम्पर्क से शुक्ल जी ने बहुत कुछ जाना समझा होगा। इसीलिए उन्होंने 'गद्य साहित्य की परम्परा के प्रवर्तन' का अन्त करते हुए भारतेन्दु-काल को मुग्ध भाव से स्मरण किया है, 'नूतन हिन्दी-साहित्य का वह प्रथम उत्थान कैसा हँसता-खेलता सामने आया था, भारतेन्दु के सहयोगी लेखकों का वह मंडल किस जोश और जिन्दादिली के साथ और कैसी चहल-पहल के बीच अपना काम कर गया, इसका उल्लेख हो चुका है।''[1] इस प्रकार आचार्य शुक्ल की साहित्य-चेतना के अन्तर्गत 'भारतेन्दु' और 'द्विवेदी' दोनों युगों के साहित्य-संस्कार संश्लिष्ट रूप में समाहित थे।

इन्हीं संस्कारों के आधार पर उन्होंने अपने काव्य-सिद्धान्त निर्दिष्ट किए थे। यह दूसरी बात है कि अपने व्यापक अध्ययन एवं गम्भीर चिन्तन के बल पर उन्होंने युगप्रेरित साहित्य-संस्कारों को तर्क-पुष्ट करके व्यवस्थित काव्य-दर्शन का रूप दे दिया था। भारतेन्दु-युग के लेखकों ने जो विचार सहज प्रतिक्रिया के रूप में व्यक्त किए थे, उनके लिए शुक्ल जी ने एक व्यवस्थित तर्क-पद्धति विकसित कर ली थी। यों तो उन्होंने साहित्य के अनेक क्षेत्रों में अपनी प्रतिभा का परिचय दिया, किन्तु उनकी चिन्ता के केन्द्र में प्रधानत: वे क्षेत्र थे जिनमें विकास की आवश्यकता अधिक थी, किन्तु काम बहुत कम हुआ था। ये क्षेत्र थे—कोश, इतिहास, निबन्ध और समीक्षा। निश्चय ही ये क्षेत्र सर्जना से अधिक उपयोगिता के हैं। विश्वविद्यालय स्तर पर हिन्दी के अध्यापन की व्यवस्था के साथ ही पाठ्य पुस्तकों की आवश्यकता हुई। इस सम्बन्ध में बाबू श्यामसुन्दरदास के विचार प्रामाणिक और महत्त्वपूर्ण है—"पद्य-साहित्य की पुस्तकें तो अच्छी मात्रा में उपलब्ध थीं, पर उनके अच्छे संस्करण दुर्लभ थे। भाषा-विज्ञान, आलोचनाशास्त्र, हिन्दी-भाषा और हिन्द-साहित्य के इतिहास की पुस्तकों का सर्वथा अभाव था; साहित्य के दो-एक छोटे-मोटे इतिहास जैसे ग्रियर्सन के और ग्रीब्स के उपलब्ध थे, पर उनसे पूरा-पूरा काम नहीं निकल सकता था। उपयुक्त गद्य-ग्रन्थों का एक प्रकार से अभाव ही था। शुक्ल जी ने जायसी, सूर, तुलसी आदि के ग्रन्थों के संस्करण तैयार किए और विद्वत्तापूर्ण भूमिकाएँ लिखीं।"[2] इसी के साथ आचार्य शुक्ल का यह कथन भी ध्यान देने योग्य है, 'विश्वविद्यालयों में हिन्दी की ऊँची शिक्षा का विधान हो जाने पर उच्चकोटि के गद्य की पुस्तकों की कमी का अनुभव चारों ओर हुआ।"[3] कहना न होगा कि आचार्य शुक्ल द्वारा प्रणीत हिन्दी-साहित्य का इतिहास, जायसी सूर, तुलसी की समीक्षाएँ और चिन्तामणि भाग एक और दो के निबन्ध उपरोक्त आवश्यकताओं की पूर्ति के लिए किए गए सार्थक प्रयत्न के रूप में सामने आए थे हिन्दी शब्द-सागर, जिसके सम्पादन में लगभग 20 वर्ष लग गए थे और जिसे नागरी- प्रचारिणी सभा का स्थायी कार्य समझा जाता है, हिन्दी की एक बहुत बड़ी आवश्यकता की पूर्ति के लिए किया गया महत् प्रयास कहा जाएगा। हिन्दी शब्द सागर के निर्माण के केन्द्र में भी शुक्ल जी ही थे। इन सभी क्षेत्रों में कार्य करते हुए आचार्य शुक्ल का जो स्वरूप उभरकर सामने आया, वह उनका आलोचक आचार्य का ही रूप है। इस रूप का महत्त्व हमें तब समझ में आता है जब हम उनके पूर्व की हिन्दी-आलोचना की स्थिति का अवलोकन करते हैं।

आचार्य शुक्ल के पूर्व हिन्दी-आलोचना के क्षेत्र में रीति-ग्रन्थों की रचना, तुलसी-बिहारी आदि कवियों की मान्य कृतियों पर टीकाओं की रचना, इतिहास ग्रन्थों में कवि-विशेष के साहित्यिक परिचय पत्र-पत्रिकाओं में प्रकाशित पुस्तक-

परिचय तथा काव्यशास्त्रीय मानदंडों के आधार पर कवियों की तुलना की परम्पराओं का ही प्रचलन था।

आलोचना के क्षेत्र में रीति-काल की परम्परा में लिखे गए लक्षण-ग्रन्थों में अलंकार, रस, छन्द आदि के लक्षण और उदाहरण प्रस्तुत किए जाते थे। इन्हें चाहें तो सैद्धान्तिक आलोचना के ग्रन्थ कह सकते हैं। इस प्रकार की आलोचना में तो रीति-काल में भी विवेचन की सूक्ष्मता और स्पष्टता का अभाव था, शुक्ल-पूर्व-युग में तो इनकी लीक पीटी जा रही थी। अत: इस परिपाटी-विहित सिद्धान्त-निरूपण में किसी प्रकार की मौलिकता की आशा नहीं की जा सकती थी। लीक से हटकर भारतेन्दु ने अपनी काव्य-शास्त्र-सम्बन्धी प्रसिद्ध कृति *नाटक* लिखी थी। इसमें उन्होंने नाटय-रचना के प्राचीन जटिल सिद्धान्तों— 'आशी:', 'प्रकरी', 'विलोभन', 'संफेट', 'सन्धि' आदि का समावेश करते हुए नाटक लिखने की परम्परा को अनावश्यक बताया। पात्रों के चरित्र-चित्रण में सूक्ष्मता लाने का निर्देश दिया। संवादों में अतिशय काव्यात्मक एवं अलंकृत भाषा का निषेध किया और नाटकों में 'उत्तम उद्देश्य' के समावेश पर बल दिया। तात्पर्य यह कि युग-प्रवृत्ति को ध्यान में रखकर भारतेन्दु ने प्राचीन नाट्य-सिद्धान्तों को शिथिल करने और नई चेतना एवं परिवर्तित रुचि के अनुसार व्यापक सामाजिक एवं राष्ट्रीय उद्देश्यों का समावेश करके नाटक को प्राणवान बनाने की आवश्यकता का अनुभव किया। प्रसिद्ध रचनाकारों की टीका लिखने की परम्परा भी शुक्ल-पूर्व-युग में जीवित थी। इन टीकाओं में भी आलोचना के बीज मिल जाते हैं। इसे भी शुक्ल-पूर्व आलोचना का एक रूप मान सकते हैं। *बिहारी सतसई* की लल्लूलालजी की टीका *लालचन्द्रिका* (1819 ई.) का संशोधन करके दुर्गादत्त कवि ने सन् 1864 ई. में और फिर ग्रियर्सन ने 1896 ई. में प्रकाशित कराया था। सन् 1903 (सं. 1960 वि.) में पं. ज्वालाप्रसाद मिश्र ने बिहारी सतसई की *भावार्थ प्रकाशित* टीका लिखी थी। पद्मसिंह शर्मा ने 'सतसई संहार' में इनकी त्रुटियों का विस्तृत उल्लेख अपनी नाटकीय शैली में किया। आचार्य शुक्ल लालचन्द्रिका (लल्लूलालकृत बिहारी सतसई की टीका) और *भावार्थ प्रकाशिका* (पं. ज्वालाप्रसाद मिश्र कृत बिहारी सतसई की टीका) दोनों से परिचित थे। टीकाओं में मूल रचना की व्याख्या के साथ ही उसमें लक्षित होनेवाले काव्य-सौन्दर्य-विधायक तत्त्वों-अलंकार, रस, नायिका-भेद आदि का भी निदर्शन किया जाता था। पं. पद्मसिंह शर्मा ने टीकाओं को सामने रखकर ही *सतसई संहार* लिखा था। हिन्दी-साहित्य के इतिहासकारों ने इसे आलोचनात्मक निबन्ध के रूप में ही स्वीकार किया है। शुक्ल जी ने शर्मा जी की आलोचना को रूढ़िगत (Conventional) कहा है। सतसई संहार टीका-पद्धति की समीक्षा के समीक्षा की स्वीकृत पद्धति में रूपान्तरित होने का एक उत्कृष्ट नमूना है। हिन्दी-

साहित्य के इतिहास-ग्रन्थों में कवि-परिचय के साथ कवि-विशेष की काव्यगत विशेषताओं के उल्लेख की परम्परा रही है। आचार्य शुक्ल ने अपने इतिहास में इस परम्परा को और पुष्ट किया है। आचार्य शुक्ल के पहले शिवसिंह के सरोज और ग्रियर्सन के द मॉडर्न वर्नाक्युलर लिटरेचर आव् हिन्दुस्थान—इन दो इतिहासों की विशेष ख्याति थी। इनमें शिवसिंह सेंगर ने तो कुछ प्रशंसात्मक वाक्यों में ही कवि-विशेष का वैशिष्ट्य प्रकट किया है, किन्तु ग्रियर्सन ने अवश्य कहीं-कहीं अपने सूक्ष्म आलोचनात्मक विवेक का परिचय दिया है। तुलसीदास का परिचय देते हुए ग्रियर्सन ने उन्हें सरलतम प्रवाहपूर्ण वर्णनात्मक शैली से लेकर जटिलतम सांकेतिक पद्य-प्रणाली तक सभी का आचार्य बताया है। वनपथ पर थकावट से घसिटते राम, लक्ष्मण, सीता और ग्राम-वधूटियों के कथोपकथन में दिए रंगों के कोमल स्पर्शों की मनोरमता के लिए उन्हें स्मरणीय माना है। लंकादहन के सम्पूर्ण वर्णन में उनके भाषाधिकार की प्रशंसा की है और उनकी उपमाओं पर विचार करते हुए उनके 'सीधे प्रकृति की पुस्तिका से लिए जाने' का उल्लेख किया है। यद्यपि ग्रियर्सन का यह आलोचक रूप मुख्यतः तुलसी के सन्दर्भ में ही प्रकट हुआ है, किन्तु यह मानना होगा कि शुक्ल जी के पूर्व इतिहास-ग्रन्थों में कवि-परिचय के साथ समीक्षा की परम्परा की शुरुआत ग्रियर्सन ने कर दी थी।

आचार्य शुक्ल के पहले आलोचना की एक नवीन और ध्यान आकृष्ट करनेवाली परस्परा पत्र-पत्रिकाओं में प्रकाशित पुस्तक-परिचय के रूप में आरम्भ हो गई थी। वस्तुतः नए ढंग की आलोचना का आरम्भ इसी पद्धति की आलोचना से मानना चाहिए। भारतेन्दु-युग में बालकृष्ण भट्ट द्वारा सम्पादित *हिन्दी-प्रदीप* और चौधरी 'प्रेमघन' द्वारा सम्पादित *आनन्द कादम्बिनी* इन दो पत्रों में अच्छी आलोचनाएँ निकलने लगी थीं। स्वयं आचार्य शुक्ल ने आनन्द कादम्बिनी में प्रकाशित और चौधरी प्रेमघन द्वारा लिखित लाला श्रीनिवास दास के संयोगिता स्वयम्बर नाटक की विस्तृत आलोचना से नए ढंग की आलोचना का आरम्भ माना है।[4] इसके कुछ पूर्व इसी नाटक की समीक्षा 'हिन्दी प्रदीप' में श्री बालकृष्ण भट्ट कर चुके थे। उन्होंने लक्षित किया था कि इस नाटक में न तो 'उस समय मात्र का भाव' (Spirit of the times) है, न पात्रों की चरित्रगत विशेषताओं का निदर्शन और न भाषा का पात्रानुकूल सहज स्वाभाविक रूप। भट्ट जी ने लिखा है, "हम देखते हैं कि आपके नाटक में राजा, मन्त्री, कवि यहाँ तक कि संयोगिता बेचारी भी अपना पांडित्य ही प्रकाश करने के यत्न में हैरान हो रहे हैं।"[5] निश्चय ही भट्ट जी की समीक्षा आधुनिक पद्धति की समीक्षा की सम्भावनाओं से युक्त है। चौधरी प्रेमघन ने इस नाटक की समीक्षा 18 पृष्ठों में की है। उन्होंने नाटक के नाम को ध्यान में रखकर पहली आपत्ति यही की है कि,

''*संयोगिता स्वयम्बर* में 'स्वयम्बर' के दृश्य का न होना बहुत बड़ी भूल है।''[6] इसके बाद उन्होंने रस और भाषा-सम्बन्धी दोष, प्रस्तावना और कथा-प्रवेश की असंगति तथा दृश्य-विधान एवं कथा-संगठन की त्रुटियों के निदर्शन के साथ ही नाटककार पर कालिदास और शेक्सपियर के भावापहरण का आरोप भी लगाया है। चौधरी साहब की आलोचना का मानदंड सब मिलाकर भारतीय नाट्यशास्त्र ही है। 'अंगीरस', 'गर्भांक', 'प्रस्तावना' आदि के दोषों का निदर्शन नाट्यशास्त्र के आधार पर ही किया गया है। वस्तुत: बालकृष्ण भट्ट और 'प्रेमघन' दोनों की समीक्षाओं को मिलाकर देखा जाए तो नाट्य-समीक्षा का एक सन्तुलित आधार बन सकता है। भट्ट जी में आधुनिक जीवन की चेतना स्पष्ट है। 'प्रेमघन' जी का झुकाव प्राचीन नाट्य-विधान की ओर है। पुस्तक-समीक्षा की इस पद्धति को आगे चलकर द्विवेदी जी ने 'सरस्वती' के माध्यम से विकसित किया, किन्तु उनका स्वर सब मिलाकर समीक्ष्य ग्रन्थ की उपयोगिता प्रमाणित करने तक ही सीमित है। वे कहते हैं, ''किसी पुस्तक से किसी का मनोरंजन हो सकता है या नहीं, उससे किसी को भी लाभ पहुँच सकता है या नहीं, लेखक ने कोई नई बात लिखी या नहीं, यही विचारणीय विषय है। समालोचक को प्रधानत: इन्हीं बातों पर विचार करना चाहिए।'[7]

आचार्य शुक्ल के पूर्व समीक्षा के क्षेत्र में किसी कृति को उसकी ऐतिहासिक परम्परा में रखकर तुलनात्मक दृष्टि से उसकी विशेषताओं को उद्घाटित करने का कार्य पद्मसिंह शर्मा ने आरम्भ किया था। उनकी देखादेखी द्विवेदी-युग में तुलनात्मक आलोचना की धूम मच गई थी। पद्मसिंह शर्मा, मिश्रबन्धु, कृष्णबिहारी मिश्र, लाला भगवानदीन—ये सभी आलोचक तुलनात्मक पद्धति की आलोचना को आलोचना का पर्याय मान बैठे थे। मिश्र बन्धुओं ने तो 'नवरत्न' के कवियों का चयन करते हुए प्रत्येक कवि के पद्य को नम्बर देकर, मनोहर पद्यों की संख्या और प्रति सैकड़े उनका औसत लगाकर सब बातों पर ध्यानपूर्वक विचार करके कवियों का क्रम निर्धारित किया था।[8] तुलनात्मक आलोचना का मानदंड रीतिशास्त्र ही था। मिश्र बन्धुओं ने जहाँ तुलना न करके स्वतन्त्र आलोचना लिखी है वहाँ भी ''अनुभूति की मर्मस्पर्शी व्यंजना, प्रभावशाली शब्द, हावों के मनोहर विधान, चेष्टाओं के सजीव चित्रण, संचारियों की चमत्कृत कल्पना, पदावली में स्निग्धता, अनुस्वारों की झंकार, रसार्द्रता''[9] आदि का ही उल्लेख किया है। सब मिलाकर यह आलोचना एकपक्षीय कही जाएगी। यह अवश्य है कि इसका आधार रचना का गहन पाठ था। पद्मसिंह शर्मा, मिश्रबन्धु और लाला भगवानदीन सभी ने आलोच्य कवि की एक-एक पंक्ति पूरी सावधानी से पढ़कर एक-एक शब्द की सार्थकता पर विचार करके रचना के गुण-दोष का निर्णय किया था। आलोचना की यह परम्परा चाहे जितनी पुरानी कही जाए इसका

अपने ढंग से यथास्थान उपयोग आचार्य शुक्ल ने भी किया है। इस पद्धति के समर्थ आलोचक कृष्णबिहारी मिश्र की कृति देव और बिहारी को उन्होंने 'पुरानी परिपाटी की साहित्य-समीक्षा के भीतर अच्छा स्थान पाने योग्य' कहा है।[10]

समीक्षा की उपरोक्त परम्पराओं के अतिरिक्त सूक्तियों के रूप में कवियों के, काव्य-गुणों के उद्घाटन एवं महत्त्व-प्रतिपादन की प्राचीन परम्परा संस्कृत की भाँति हिन्दी में भी प्रचलित थी। 'सूर-सूर तुलसी ससी' या 'तत्त्व-तत्त्व सूरा कही' या 'सतसैया के दोहरे ज्यों नावक के तीर' जैसी उक्तियाँ साहित्य-रसिकों के बीच प्रचलित थीं। आलोचकों द्वारा कवियों के मूल्यांकन और उनके स्थान-निर्धारण में इन सूक्तियों ने भी अपनी भूमिका निभायी है। आचार्य शुक्ल को आलोचना के क्षेत्र का यह पूरा चित्र बहुत साफ दिखाई दे रहा था। समीक्षा की इन सभी पद्धतियों से वे भलीभाँति परिचित थे। संवत् 1950 से 1975 (सन् 1893-1918 ई.) तक के गद्य-साहित्य के प्रसार (द्वितीय उत्थान) के अन्तर्गत समालोचना की चर्चा करते हुए उन्होंने पहले अपने यहाँ की 'लक्षणग्रन्थ' रचना-परम्परा का उल्लेख किया है, उसके बाद यूरोप में 'काव्य-सिद्धान्त-निरूपण' से अलग एक स्वतन्त्र विषय के रूप में आलोचना के प्रचलन की चर्चा की है। फिर पाश्चात्य साहित्य में प्रचलित 'निर्णयात्मक' (Judicial) और 'व्याख्यात्मक' (Inductive) आलोचनाओं का उल्लेख करते हुए व्याख्यात्मक आलोचना के क्रम में ही ऐतिहासिक (Historical) और मनोवैज्ञानिक (Psychological) आलोचनाओं की ओर ध्यान आकृष्ट किया है। हिन्दी-साहित्य में आलोचना के विकास की चर्चा करते हुए उन्होंने पत्र-पत्रिकाओं में प्रकाशित आलोचना, स्वतन्त्र पुस्तक के रूप में लिखी गई, द्विवेदी जी की *हिन्दी कालिदास की आलोचना*, मिश्रबन्धुओं के *हिन्दी नवरत्न*, पद्मसिंह शर्मा की *बिहारी की सतसई* तथा देव और बिहारी के झगड़े को लेकर लिखी गई कृष्णबिहारी मिश्र और लाला भगवानदीन की आलोचना की सीमाओं का उल्लेख किया है। शुक्ल जी ने टीका-पद्धति और इतिहास-ग्रन्थों में कवि-परिचय के अन्तर्गत समाविष्ट आलोचनाओं का उल्लेख नहीं किया है। आलोचना की ये पद्धतियाँ प्रत्यक्ष रूप से आलोचना की सीमा में नहीं आतीं। सम्भवत: इसीलिए आचार्य शुक्ल ने इनका उल्लेख आलोचना की मान्य पद्धतियों में नहीं किया है। इस पूरे सन्दर्भ में शुक्ल जी का यह कथन ध्यान देने योग्य है, ''उच्चकोटि की आधुनिक शैली की आलोचना के लिए विस्तृत अध्ययन, सूक्ष्म अन्वीक्षण बुद्धि और मर्म-ग्रहिणी प्रज्ञा अपेक्षित है।'[11] इस अपेक्षा के साथ ही वे 'लक्षणा' व्यंजना, रस आदि के वास्तविक स्वरूप की सम्यक धारणा को भी कविता की समालोचना के लिए आवश्यक मानते थे। वे कहते हैं, ''हिन्दी के रीति-ग्रन्थों के अभ्यास से लक्षणा, व्यंजना, रस आदि के वास्तविक स्वरूप की सम्यक धारणा नहीं हो सकती। कविता की

समालोचना के लिए यह धारणा कितनी आवश्यक है, कहने की जरूरत नहीं।''[12] आलोचना के प्रसंग को समाप्त करते हुए वे कहते हैं, ''द्वितीय उत्थान के भीतर 'समालोचना' की यद्यपि बहुत कुछ उन्नति हुई, पर उसका स्वरूप प्राय: रूढ़िगत (Conventional) ही रहा। कवियों की विशेषताओं का अन्वेषण और उनकी अन्त:प्रकृति की छानबीन करनेवाली उच्चकोटि की समालोचना का प्रारम्भ तृतीय उत्थान में जाकर हुआ।''[13] कहने की आवश्यकता नहीं कि तृतीय उत्थान के भीतर उच्चकोटि की समालोचना के पुरस्कर्ता वे स्वयं थे। तृतीय उत्थान के भीतर ही उनकी 'जायसी', 'तुलसी' और 'सूर' की समीक्षाएँ प्रकाशित हुई थीं और उन्होंने हिन्दी शब्द-सागर के सम्पादन से छुट्टी पाकर अपना ध्यान मुख्यत: आलोचना के क्षेत्र में ही केन्द्रित कर लिया था। वे अन्य लेखकों से भी यही अपेक्षा करते थे कि वे अपनी शक्ति और गति के अनुकूल विषय चुन लें और जमकर उस क्षेत्र में कार्य करें। गद्य-साहित्य के प्रसार-युग (सं. 1950-75 वि.) की सामान्य प्रवृत्ति का निदर्शन करते हुए उन्होंने कहा है, ''बहुत से लेखकों का हाल यह रहा कि कभी अखबारनवीसी करते, कभी उपन्यास लिखते, कभी नाटक में दखल देते, कभी कविता की आलोचना करने लगते और कभी इतिहास और पुरातत्त्व की बातें लेकर सामने आते। ऐसी अवस्था में भाषा की पूर्ण शक्ति प्रदर्शित करनेवाले गूढ़ गम्भीर निबन्ध-लेखक कहाँ से तैयार होते।"[14] तृतीय उत्थान में इस प्रकार के निबन्ध-लेखक के रूप में भी उन्होंने स्वयं को ही प्रस्तुत किया है। आलोचना की उन सारी सम्भावनाओं को उन्होंने स्वयं विकसित करके चरम सीमा पर पहुँचा दिया है, जो आलोचना की अलग-अलग पद्धतियों के उन्नायकों में लक्षित की जाती हैं। उनके आलोचक—व्यक्तित्व के घटक-तत्त्वों का विश्लेषण किया जाए तो उसमें रस, अलंकार, रीति, गुण, शब्द-शक्ति आदि के स्वरूप के सम्यक बोध से व्युत्पन्न आचार्य; कवियों की अन्त:प्रकृति की छानबीन करनेवाला मर्मी सहृदय; युग-चेतना के बोध से जागृत लोक-हितैषी; इतिहास, दर्शन, विज्ञान आदि विषयों के गम्भीर अध्ययन से समृद्ध विश्वदृष्टि सम्पन्न विचारक, प्राचीन एवं नवीन कविता का सच्चा व्याख्याता; लोक-प्रवृत्ति का अन्यतम पारखी; व्यापक ऐतिहासिक, सामाजिक सन्दर्भ में रचना-विशेष के महत्त्व का आकलन करनेवाला समाजशास्त्री; सूक्ष्म अन्वीक्षण बुद्धि-सम्पन्न तार्किक तथा मानव को कर्म-चेतना के मूल में मनोवेगों की सक्रिय भूमिका के विवेचन में प्रवृत्त नीतिवादी मनोवैज्ञानिक एक साथ दिखाई देंगे। हिन्दी-साहित्य का यह सौभाग्य था कि उसे आचार्य शुक्ल जैसा विचक्षण व्यक्ति उस समय प्राप्त हो गया था जिस समय देश को अन्य भाषाओं में इतिहास और आलोचना की आधारशिला भी नहीं रखी जा सकी थी।

सन्दर्भ

1. हिन्दी-साहित्य का इतिहास, पृ. 487
2. मेरी आत्मकहानी, पृ. 211-12
3. हिन्दी-साहित्य का इतिहास, पृ. 5०7
4. हिन्दी साहित्य का इतिहास, पू. 527
5. हिन्दी आलोचना का विकास पृ. 31 पर उद्धृत
6. ''इसमें कोई दृश्य स्वयंवर का न रखना मानो इस कविता का नाश कर डालना है।''—प्रेमघन सर्वस्व, पृ. 424
7. विचार-विमर्श, पु. 45, सम्वत् 1988
8. हिन्दी नवरत्न की भूमिका, पृ. 19
9. वही पृ. 313 (मतिराम की समीक्षा)
10. हिन्दी-साहित्य का इतिहास, पृ. 531
11. हिन्दी-साहित्य का इतिहास, पृ. 529
12. वहीं, पृ. 529
13. वही, पृ. 531
14. वही, पृ. 492

2

जीवन-संघर्ष : व्यक्तित्व और रचना-दृष्टि

आचार्य रामचन्द्र शुक्ल का जन्म सन् 1884 ई. (वि.सं. 1941) में आश्विन शुक्ल पूर्णिमा को बस्ती जिले के 'अगौना' नामक ग्राम में हुआ था। सन् 1818 में 14 वर्ष की अवस्था में उन्होंने मिर्जापुर के एंग्लो संस्कृत जुबली स्कूल से उर्दू के साथ अंग्रेजी लेकर मिडिल पास किया। सन् 1901 में आपने मिर्जापुर के ही लन्दन मिशन स्कूल से स्कूल फाइन परीक्षा पास की। इसके बाद इलाहाबाद की कायस्थ पाठशाला में नाम लिखाया, लेकिन पारिवारिक कारणों से बीच में ही पढ़ाई छोड़ देनी पड़ी। सन् 1902 में प्लीडरशिप की परीक्षा दी, किन्तु अच्छी तैयारी न होने के कारण उत्तीर्ण नहीं हुए। अध्ययन की प्रवृत्ति आरम्भ से ही थी। लन्दन मिशन स्कूल के प्रिन्सिपल एफ.एफ. लॉगमैन आपको अंग्रेजी पढ़ने के लिए बराबर प्रोत्साहित करते रहते थे। 1895 से 1903 ई. तक शुक्ल जी अंग्रेजी के व्यापक एवं गम्भीर अध्येता श्री रामगरीब चौबे के सम्पर्क में रहे। चौबे जी की अध्ययनशीलता उन्माद की सीमा तक पहुँची हुई थी। वे शुक्ल जी के लिए चुनी हुई पुस्तकें जुटा दिया करते थे। ''चौबे जी के सम्पर्क से शुक्ल जी को मिडिल पास करते-करते अंग्रेजी का उतना ज्ञान हो गया था जितना उस समय एफ.ए. के विद्यार्थियों को भी बहुत कम होता था।''[1] 1898-99 ई. में आपने एडिसन के *एसे ऑन इमेजिनेशन* का अनुवाद 'कल्पना का आनन्द' शीर्षक से कर डाला था। 1903 ई. तक आपने अपने हिन्दी-साहित्य के ज्ञान से बद्रीनारायण चौधरी 'प्रेमघन' को इतना प्रभावित कर लिया था कि उन्होंने *आनन्द कादम्बिनी* के सम्पादन का भार इन्हें सौंप दिया था। स्वयं शुक्ल जी 16 वर्ष की अवस्था तक पहुँचते-पहुँचते अपने को लेखक मानने लगे थे। 'प्रेमघन की छाया-स्मृति' में वे कहते हैं, '' 16 वर्ष की अवस्था तक पहुँचते-पहुँचते तो समवयस्क हिन्दी प्रेमियों की एक खासी मंडली मुझे मिल गई, जिनमें श्रीयुत काशीप्रसाद जी जायसवाल, बा. भगवानदास जी हालना, पं. बदरीनाथ गौड़, पं. उमाशंकर द्विवेदी मुख्य थे। हिन्दी के नए-पुराने लेखकों की चर्चा बराबर इस मंडली में रहा करती थी।

मैं भी अब अपने को एक लेखक मानने लगा था।''[2] 16 वर्ष की अवस्था में एक लेखक के रूप में अपनी पहचान बनाकर शुक्ल जी ने असाधारण क्षमता का परिचय दिया है। किसी भी व्यक्ति के जीवन में बौद्धिक विकास की यह गति स्पृहणीय मानी जाएगी। इस विकास में उनकी संघर्ष-क्षमता मुख्य कारण है। घर में विमाता के होने के कारण वे बराबर उपेक्षित रहे। उनका शैक्षिक विकास अभाव और उपेक्षा में ही हुआ था। यह अभाव उनकी संघर्ष-चेतना के लिए आजीवन चुनौती बना रहा। इसके चलते उन्हें सभा के फरमाइशी कार्य करने पड़े। कम वेतन पर विश्वविद्यालय में अध्यापन-कार्य स्वीकार करना पड़ा और 1940 ई. तक हाईस्कूल परीक्षा की उत्तर-पुस्तकों के मूल्यांकन का कार्य स्वीकार करना पड़ा। इस सम्बन्ध में श्री चन्द्रशेखर शुक्ल का कथन ध्यान देने योग्य है, ''गरमी की छुट्टियों में जब वे हाईस्कूल परीक्षा की कापियाँ देखते-देखते थक जाते थे तब अकसर कहते थे कि इस तरह बैल के समान पिसने पर मैं अधिक नहीं चल सकता लेकिन क्या करूँ?''[3]

1904 ई. में शुक्ल जी लन्दन मिशन स्कूल में ड्रॉइंग मास्टर हुए। यह कार्य उन्होंने नायब तहसीलदारी का प्रलोभन छोड़कर स्वीकार किया था। सरकारी नौकरी को वे स्वतन्त्र चेतना के विकास में बाधक मानते थे। ड्रॉइंग मास्टर हो जाने के बाद भी वे मेयो मेमोरियल लाइब्रेरी में बैठकर घंटों साहित्य-चर्चा करते रहते थे। श्री केदारनाथ पाठक इस लाइब्रेरी के अध्यक्ष थे। उन्होंने अपने घर पर भी हिन्दी पुस्तकों का अच्छा संग्रह किया था। शुक्ल जी इस लाइब्रेरी के नियमित अध्येता थे और 1900 ई. तक उन्होंने उपरोक्त पुस्तकालय की प्राय: सभी पुस्तकें पढ़ डाली थीं। शुक्ल जी के व्यापक अध्ययन और हिन्दी के विशेष ज्ञान से प्रभावित होकर ही श्री केदारनाथ पाठक ने उन्हें 1906 ई. में बाबू श्यामसुन्दरदास से मिलाया था और उनसे कुछ काम लेने की सिफारिश की थी। 1893 ई. में ना.प्र.स. की स्थापना हो चुकी थी। 23 अगस्त, 1907 ई. को सभा के परम हितैषी सदस्य रेवरेंड ई. ग्रीव्स ने सभा की 'प्रबन्धकारिणी समिति', में यह प्रस्ताव उपस्थित किया था कि सभा हिन्दी का एक वृहत और सर्वांगपूर्ण कोश बनाने का भार अपने ऊपर ले।[4] 9 नवम्बर, 1907 को सभा ने कोश-निर्माण में परामर्श देने के लिए संघटित उपसमिति के सुझाव को स्वीकार करके कोश-निर्माण का निश्चय किया। एक वर्ष बाद बाबू श्यामसुन्दरदास को कोश का सम्पादक नियुक्त किया गया। अक्टूबर 1908 में शुक्ल जी कोश में सहायक सम्पादक के रूप में कार्य करने के लिए सपरिवार काशी चले आए। 1893 ई. में 9 वर्ष की अवस्था में शुक्ल जी अपने पिता के साथ राठ से मिर्जापुर आए थे। मिर्जापुर में ही उनके साहित्य-संस्कार परिपुष्ट हुए और लगभग 24 वर्ष की अवस्था में वे प्रतिष्ठित विद्वान की हैसियत से काशी आए।

एक विद्वान के रूप में प्रतिष्ठित शुक्ल जी को काशी में आकर अध्ययन का व्यापक क्षेत्र प्राप्त हुआ। 1919 ई. में वे काशी हिन्दू विश्वविद्यालय में नियुक्त हुए। इस समय तक कोश का तीन चौथाई कार्य समाप्त हो गया था। 1907 ई. से 1919 ई. तक बारह वर्षों की अवधि में शुक्ल जी ने अपना ज्ञान कितना व्यापक और गम्भीर कर लिया था इसके साक्षी स्वयं बाबू श्यामसुन्दरदास हैं, ''इस कोश के कार्य में आरम्भ से लेकर अन्त तक पंडित रामचन्द्र शुक्ल का सम्बन्ध रहा है। और उन्होंने इसके लिए जो कुछ किया है वह विशेष रूप से उल्लिखित होने योग्य है। यदि यह कहा जाए कि शब्द सागर की उपयोगिता और सर्वांपूर्णता का अधिकांश श्रेय पंडित रामचन्द्र शुक्ल को प्राप्त है, तो इसमें कोई अत्युक्ति न होगी। एक प्रकार से यह उन्हीं के परिश्रम, विद्वत्ता और विचारशीलता का फल है। इतिहास, दर्शन, भाषा-विज्ञान, व्याकरण, साहित्य आदि सभी विषयों का समीचीन विवेचन प्राय: उन्हीं का किया हुआ है। यदि शुक्ल जी सरीखे विद्वान् की सहायता न प्राप्त होती तो केवल एक या दो सहायक सम्पादकों की सहायता से यह कोश प्रस्तुत करना असम्भव ही होता।''

विश्वविद्यालय में नियुक्त होने के बाद आचार्य शुक्ल ने विश्वविद्यालय में हिन्दी की प्रतिष्ठा को ध्यान में रखकर स्थायी महत्व के कार्य किए। इसके पूर्व *साहित्य* (1904 ई.) *कल्पना का आनन्द* (1898-99 में लिखित, 1905 ई. में प्रकाशित), *अपनी भाषा पर विचार* (1907 ई.) *कविता क्या है* (1909 ई.) *उपन्यास* (1910 ई.) जैसे निबन्ध लिखकर उन्होंने अपनी क्षमता का परिचय दे दिया था। भाव या मनोविकार-सम्बन्धी सभी निबन्ध 1912 से 1919 ई. तक लिखे जा चुके थे और विचार-वीथी (1930 ई.) में प्रकाशित होने के पूर्व 'नागरी प्रचारिणी पत्रिका' में प्रकाशित हो चुका थे। इससे स्पष्ट है कि कोश-निर्माण के साथ-साथ शुक्ल जी दर्शन और मनोविज्ञान के अध्ययन में बराबर लगे रहे। यही नहीं, साहित्य के इतिहास, समाजशास्त्र और विज्ञान के अध्ययन में भी वे पूरे मनोयोग से प्रवृत्त रहे। ऐसा न होता तो 1920 ई. में विश्व प्रपंच, 'रिडल् आफ द यूनिवर्स' का अनुवाद और उसकी भूमिका का प्रस्तुत होना सम्भव न होता, न उसके बाद ही महत्त्वपूर्ण आलोचनात्मक पुस्तकें एक के बाद एक लिखी जातीं।

1922 ई. से लेकर मृत्युपर्यन्त आचार्य शुक्ल हिन्दी-साहित्य की समृद्धि में लगे रहे। *गोस्वामी तुलसीदास* (1922 ई.) *भ्रमरगीतसार* (1922 ई.) *जायसी ग्रन्थावली* (1924 ई.) *महाकवि सूरदास* (1924 ई.) *हिन्दी-साहित्य का इतिहास* (1929 ई), *चिन्तामणि भाग एक* (1939 ई.), *चिन्तामणि भाग दो* (1939 ई.) *रस-मीमांसा* (1939 ई.-1949) में प्रकाशित), *हिन्दी-साहित्य का इतिहास* (1941 ई. परिवर्धित संस्करण) आदि कृतियाँ उनकी साहित्य-साधना की साक्षी हैं। ये कृतियाँ उनकी कीर्ति के आधार-स्तम्भ हैं। वस्तुत: 1921-22 ई. तक

आकर उनमें एक सच्चे आचार्य का आत्मविश्वास विकसित हुआ। अब हम उन्हें कहीं प्राचीन आचार्यों के मतों की सीमाओं का निर्देश करते हुए, कहीं विज्ञान और अध्यात्म के क्षेत्रों की नवीनतम उपलब्धियों के आधार पर दोनों की लक्ष्यगत एकता के सम्बन्ध में विचार करते हुए, कहीं पाश्चात्य समीक्षकों के मतों का खंडन करते हुए, कहीं अपने मत के समर्थन में उनका मत उद्धृत करते हुए, कहीं नवीन मत की उद्भावना करते हुए और कहीं अपने पूर्व के हिन्दी-समीक्षकों पर व्यंग्य और उनके अज्ञान की ओर संकेत करते हुए, पाते हैं। 1920 ई. में ही हम उन्हें विज्ञान, धर्म, दर्शन और काव्य-दृष्टियों को एक स्तर पर प्रतिष्ठित करते हुए पाते हैं। ज्ञान, धर्म और विज्ञान के विषय में वे कहते हैं—

"भेदों में अभेद ही सच्ची तत्त्व-दृष्टि है। इसी के द्वारा सत्ता का आभास मिल सकता है। यही अभेद ज्ञान और धर्म दोनों का लक्ष्य है। विज्ञान इसी अभेद की खोज में है, धर्म इसी की ओर दिखा रहा है।"[6] ठीक इसी अभेद-दृष्टि को वे काव्य के क्षेत्र में, प्रकारान्तर से, घोषित करते हैं, "जिस प्रकार आत्मा की मुक्तावस्था ज्ञान-दशा कहलाती है, उसी प्रकार हृदय की यह मुक्तावस्था (स्वार्थ सम्बन्धों से ऊपर शुद्ध अनुभूति की अवस्था) रस-दशा कहलाती है। हृदय की इसी मुक्ति की साधना के लिए मनुष्य की वाणी जो शब्द-विधान करती आई है, उसे कविता कहते हैं"[7] या "काव्य का जो चरम लक्ष्य सर्वभूत को आत्मभूत करके अनुभव कराना है, उसके साधन में भी अहंकार का त्याग आवश्यक है।"[8] कहना न होगा कि भेद में अभेद-दर्शन और सर्वभूत को आत्मभूत करके अनुभव करना ही आचार्य शुक्ल की रचना-दृष्टि का केन्द्र बिन्दु है।

तात्पर्य यह कि 1920 ई. तक आकर आचार्य शुक्ल का बौद्धिक चिन्तन अपने चरम उत्कर्ष पर पहुँच गया था और उनका साहित्यिक व्यक्तित्व पूर्णतः विकसित हो चुका था। 1920 से लेकर 1930 ई. तक वे अपना सर्वोत्तम प्रदेय लिख चुके थे, अपने विचार स्थिर कर चुके थे और 1930 ई. के बाद की रचनाओं में उन्होंने उन्हीं विचारों को परिमार्जित और पल्लवित करके प्रस्तुत किया।

आचार्य शुक्ल के साहित्यिक व्यक्तित्व पर ध्यान दिया जाए तो यह स्पष्ट लक्षित होता है कि उसके संघटन में हिन्दी-भाषी क्षेत्र के सांस्कृतिक परिवेश का योगदान उतना नहीं है जितना उस समय तक के विश्वस्तरीय वैज्ञानिक चिन्तन एवं साहित्यिक-सांस्कृतिक चेतना के विकास का। आचार्य शुक्ल की समीक्षा-दृष्टि मात्र समीक्षा शास्त्र की पारम्परिक पोथियों और साहित्य-रसिकों के बीच प्रचलित काव्य कृतियों के अध्ययन से विकसित नहीं है वरन वह उनके समय तक अर्जित और लब्ध सम्पूर्ण ज्ञान की साहित्यिक परिणति है। इसीलिए वे अपने समय के अन्य समीक्षकों से अलग दिखाई देते हैं। यह बात तब और साफ होकर

सामने आती है जब हम उनके समीक्षक व्यक्तित्व को उनके कुछ पूर्व तथा उनके सम-सामयिक समीक्षकों के साथ रखकर देखते हैं। शुक्ल-पूर्व युग के समीक्षक मिश्रबन्धु जिस समय हिन्दी के नौ श्रेष्ठ कवियों के चयन में उलझे हुए थे, उस समय आचार्य शुक्ल कवि-कर्म को 'हृदय की मुक्ति की साधना के लिए किए जानेवाले शब्द विधान' के रूप में विश्लेषित कर रहे थे। साहित्य के इतिहास के नाम पर जिस समय वृत्त-संग्रह को पूर्णता दी जा रही थी, उस समय आचार्य शुक्ल उन्नीसवीं शती के यूरोपीय इतिहास-दर्शन को पचाकर हिन्दी-साहित्य के इतिहास को एक ठोस दार्शनिक पृष्ठभूमि प्रदान कर रहे थे। जिस समय काव्य-भाषा के सन्दर्भ में कुछ शास्त्र-विहित गुणों की चर्चा करके सन्तोष कर लिया जा रहा था उस समय आचार्य शुक्ल उसमें बिम्बविधान, संश्लिष्ट चित्रण, प्रतीक-विधान, लक्षणाशक्ति के विकास, समासशक्ति और समाहार शक्ति के वैशिष्ट्य, व्यंजना शक्ति के मूलआधार आदि का गम्भीर विवेचन कर रहे थे। जिस समय काव्य-तत्त्व-विवेचन के क्रम में 'कल्पना' की चर्चा शुरू भी नहीं हुई थी उस समय आचार्य शुक्ल बर्कले द्वारा प्रतिपादित परम कल्पना के अध्यात्म दर्शन और उसके आधार पर कवि ब्लेक द्वारा रचित कल्पना के नित्य रहस्य लोक की अवैज्ञानिकता, प्रकृति और कल्पना के प्रत्यक्ष सम्बन्ध तथा विभाव-विधान एवं अप्रस्तुत योजना में कल्पना की अनिवार्य भूमिका का विश्लेषण कर रहे थे। जिस समय काव्य-शास्त्र के नाम पर रीति-ग्रन्थों की परम्परा में 'अलंकार मंजूषा' लिखी जा रही थी, उस समय आचार्य शुक्ल भारतीय काव्य-सम्प्रदायों का अनुशीलन करके रस के मनोवैज्ञानिक आधार के विवेचन में प्रवृत्त थे और लोक-मंगल के सन्दर्भ में उसकी नई व्याख्या दे रहे थे। जिस समय 'उपन्यास' के नाम पर ऐयारी-तिलस्मी दुनिया की सैर कराई जा रही थी, उस समय आचार्य शुक्ल उसे मानव के अन्त:करण के सौन्दर्य का साक्षात्कार करानेवाली, मानव-प्रकृति के विश्लेषण में समर्थ तथा इतिहास एवं जीवन चरित्र की सीमा में न आ सकने-वाली यथार्थ पर आधारित व्यक्ति और समाज-जीवन में घटित बहुविध छोटी-छोटी घटनाओं को उपजीव्य बनाकर जीवन को समग्रता और संश्लिष्टता में मूर्त करनेवाली महत्त्वपूर्ण साहित्य-विधा के रूप में व्याख्यायित कर रहे थे। तात्पर्य यह कि साहित्य के सभी क्षेत्रों में आचार्य शुक्ल का व्यक्तित्व अपने परिवेश का अतिक्रमण करके एक ज्योति स्तम्भ के रूप में आलोक विकीर्ण करता हुआ दिखाई देता है।

आचार्य शुक्ल का व्यक्तित्व बहुआयामी था। विज्ञान, धर्म, दर्शन और साहित्य के क्षेत्रों में ही नहीं, राजनीति और समाज-दर्शन के क्षेत्रों में भी उनकी अच्छी गति थी। राजनीति के क्षेत्र में वे तिलक के विचारों के अधिक निकट थे। 1904 ई. में ही उन्होंने दासता के विरुद्ध अपने उग्र विचार व्यक्त करके

तत्कालीन अंग्रेज कलेक्टर विंढम को नाराज कर दिया था। आचार्य शुक्ल के राजनीतिक चिन्तन का आभास उनके हिन्दी-साहित्य के इतिहास में भी मिलता है। उन्होंने अपने समय की राजनीति पर गहरी नजर रखी है। अपने इतिहास में 'उपन्यास-कहानी' शीर्षक के अन्तर्गत वे कहते हैं, ''इन्हें (उपन्यासकारों को) यह भी देखना चाहिए कि अंग्रेजी राज्य जमने पर भूमि की उपज या आमदनी पर जीवन निर्वाह करनेवालों (किसानों और जमीदारों दोनों) की और नगर के रोजगारियों या महाजनों की परस्पर क्या स्थिति हुई।''[9] आचार्य शुक्ल का मत था कि गाँधी के असहयोग-आन्दोलन में व्यापारी-वर्ग के हितों को सुरक्षित रखा गया है। उनकी दृष्टि में असहयोग-आन्दोलन का चरित्र असन्तुलित था। लोग बिना ठीक से सोचे गाँधी के प्रति रहस्यवादी भक्ति से प्रेरित होकर इसमें कूद पड़े थे। वे अपने प्रसिद्ध निबन्ध 'नान को-ऑपरेशन एंड नान-मर्केटाइल क्लासेज' में लिखते हैं, ''पंजाब में ढाये गए क्रूर नृशंस अत्याचार और इस जुर्म के कर्णधारों को बिना दंड पाए मुधू घूमना प्रत्येक राष्ट्रभक्त भारतीय के हृदय को गहरे क्रोध से भर देता है। इन अन्यायों के विरुद्ध सशक्त प्रदर्शन में सम्पूर्ण देश सम्मिलित हुआ और वह अपनी मांगों को सुनिश्चित रूप देने जा ही रहा था कि तभी मि. गाँधी ने असहयोग की अनिश्चित योजना आरम्भ कर दी। इसने जो शोर और कोलाहल पैदा किया उससे मुग्ध होकर इसके असन्तुलित चरित्र को बिना सोचे-विचारे लोग इसकी ओर दौड़ पड़े।''[10] वे अनुभव करते थे कि असहयोग आन्दोलन में यदि अव्यापारिक राजनीतिक श्रेणियों को राजकीय सेवा से अपने को हटा लेने का निर्देश दिया जाता है तो व्यापारिक-श्रेणियों को भी विदेशी या ब्रिटिश लोगों के साथ अपना समस्त व्यापार छोड़ देने का निर्देश दिया जाना चाहिए। इस सम्बन्ध में स्मरणीय है कि महात्मा गाँधी ने 1919 ई. में सरकारी स्कूलों, अदालतों, नौकरियों और कौंसिलों के बहिष्कार का आह्वान किया था। असहयोग-आन्दोलन में स्वदेशी वस्तुओं के प्रचार और विदेशी के बहिष्कार की बात तो थी, लेकिन विदेशों से व्यापारिक सम्बन्ध-विच्छेद की बात नहीं थी। श्री चन्द्रशेखर शुक्ल का कहना है कि 1931 ई. के बाद आचार्य शुक्ल के विचारों में परिवर्तन होने लगा था और ''कहने लग गए थे कि गाँधी जी अंग्रेजों की नस खूब पहचानते हैं।''[11] यह होने पर भी ये गाँधी जी के हृदय-परिवर्तन के सिद्धान्त को अव्यावहारिक और उनके जीवन-दर्शन को एकांगी मानते थे।

आचार्य शुक्ल के सामाजिक विचार क्रान्तिकारी न कहे जाएँ पर ये दकियानूसी भी नहीं थे। वे वर्ण, आश्रम और सम्मिलित कुटुम्ब की व्यवस्था को स्वीकार करते थे और इनकी स्थिति को अनिवार्य मानते थे। वे इस श्रेणी-विभाग की बौद्धिक व्याख्या करते थे। वे ब्राह्मण को लोक-मर्यादा का निरूपक और

क्षत्रिय को लोक-मर्यादा का रक्षक मानते थे। वे आधुनिक युग को वणिग्धर्म-प्रधान मानते थे, क्योंकि आज धन की पैठ मनुष्य के सभी कार्य-क्षेत्रों में हो गई है। उनका विश्वास था कि, ''संसार में मनुष्यमात्र की समान वृत्ति कभी नहीं हो सकती। वृत्तियों की भिन्नता के बीच जो धर्म-मार्ग निकल सकेगा वही अधिक चलता होगा। जिसमें शिष्टों के आदर, दीनों पर दया, दुष्टों के दमन आदि जीवन के अनेक रूपों का सौन्दर्य दिखाई पड़ेगा वही सर्वांगपूर्ण लोक-धर्म का मार्ग होगा।''[12] वे वर्णाश्रम व्यवस्था को लोक-संचालन के लिए ज्ञान-बल, बाहु-बल, धन-बल और सेवा-बल का सामंजस्य घटित करनेवाली व्यवस्था मानते थे। उनके अनुसार, ''परिवार में जिस प्रकार ऊँची-नीची श्रेणियाँ होती हैं उसी प्रकार शील, विद्या, बुद्धि, शक्ति आदि की विचित्रता से समाज में भी ऊँची-नीची श्रेणियाँ रहेंगी।''[13] इसमें तो सन्देह नहीं कि किसी भी समाज में ज्ञान-बल, बाहु-बल, धन-बल और सेवा-बल की आवश्यकता बराबर रहेगी। इस भेद को समाप्त नहीं किया जा सकता, लेकिन जब इस भेद को जन्मना स्वीकार करके शील, विद्या, बुद्धि, शक्ति, सेवा आदि गुणों को श्रेणी-विशेष के साथ हमेशा के लिए जोड़कर उसकी सम्पत्ति बना दिया जाता है तो अवश्य कठिनाई उत्पन्न होती है। हमारा विश्वास है कि वर्ण-भेद को वृत्ति-भेद और गुण-भेद के आधार पर प्रतिष्ठित माननेवाले शुक्ल जी वर्णों की जन्मजात उच्चता-नीचता का समर्थन नहीं कर सकते थे। यदि ऐसा होता तो रावण (जो जन्मना ब्राह्मण था) को राक्षस मानकर उसके प्रति राम के आचरण को वे अपना पूरा समर्थन न देते। शुक्ल जी सामाजिक कुरीतियों—बाल-विवाह, पर्दा-प्रथा आदि को दूर करना चाहते थे, किन्तु सामाजिक सुधारों को वे समाज के मानसिक परिवर्तन की सहज परिणति के रूप में देखना चाहते थे, इन्हें ऊपर से लादने के पक्ष में नहीं थे। निष्कर्ष यह कि आचार्य शुक्ल के सामाजिक विचार उदार थे। उन्होंने अन्धविश्वास को कभी प्रश्रय नहीं दिया। बाह्याचार एवं आडम्बर से वे बराबर अलग रहे। सहज, उदार, मर्यादित जीवन ही उन्हें सदैव मान्य रहा। समाज के पीड़ित-दलित वर्ग के प्रति उनके मन में अपार करुणा थी। 'अछूत की आह' शीर्षक कविता में अछूतों के दर्द की सही पहचान करते हुए वे लिखते हैं—

जिस गली से उच्च कुल वाले चले, उस तरफ चलना हमारा दंड्य है।
धर्म ग्रन्थों की व्यवस्था है यही, या किसी कुलवान का पाखंड है।।

यदि दलित पीड़ित अछूत वर्ग की मर्म-पीड़ा के साथ उन्हें सच्ची सहानुभूति न होती तो वे उपरोक्त उद्गार व्यक्त नहीं करते। उनके ये उद्गार इस बात के साक्षी हैं कि पाखंडपूर्ण सामाजिक भेदभाव उन्हें मान्य नहीं था। वृत्तियों की भिन्नता स्वीकार करते हुए भी वे उस प्रेम-सूत्र को मजबूत करना चाहते थे जो मनुष्य से मनुष्य को जोड़ता है।

व्यक्ति के रूप में आचार्य शुक्ल वज्र से भी कठोर और कुसुम से भी कोमल थे। उनकी कठोरता विचारों, विश्वासों और मर्यादाओं के पालन में और कोमलता दीनों, दुखियों, असहायों के प्रति आचरण में देखी जा सकती है। वे अपने अनुभव एवं अध्ययन-प्रसूत विचारों एवं निर्णयों पर सदैव अडिग रहे। इस दृढ़ता के मूल में उनकी संस्कारगत आस्था और मनस्विता थी जो उन्हें अपनी पारिवारिक परम्परा-विशेषत: मातामही—से प्राप्त हुई थी। अपने जीवन के आरम्भिक वर्षों में वे जिन सहृदय, उदारमना और संस्कारशील व्यक्तियों के सम्पर्क में आए थे उनका अमिट प्रभाव भी उनके मन पर पड़ा था। इन व्यक्तियों में बद्रीनारायण चौधरी प्रेमघन, विन्ध्येश्वरीप्रसाद तिवारी (अपने समय के मिर्जापुर के सबसे बड़े पंडित), बाबू बलभद्र सिंह (भागवत, पुराण, रामायण, महाभारत आदि के ज्ञाता, अत्यन्त साहसी तथा शिव-दधीचि की-सी दृढ़तावाले), महन्त जयराम गिरि (शान-शौकत से रहनेवाले व्यापारी रईस), सेठ बिहारीलाल (कृष्णभक्त, अत्यन्त उदार रईस) तथा अत्यन्त जीवन्त व्यक्तित्व वाले मनोरंजनप्रिय चिरैया महराज (अनेक पशु-पक्षियों को जुटाकर दोपहर में उनके साथ खाना खानेवाले) और बिलैया महाराज (नित्य 12 बजे रात्रि में पीठ पर पूड़ियों का गट्ठर लादकर कुत्तों को अपने पीछे दौड़ानेवाले) प्रमुख थे। जीवन के आरम्भिक दौर में आदर्श ब्राह्मण (विन्ध्येश्वरीप्रसाद तिवारी), आदर्श क्षत्रिय (बाबू बलभद्र सिंह) और आदर्श वैश्य (सेठ बिहारीलाल) की जीवन-चर्या को निकट से देखकर यदि शुक्ल जी वर्णव्यवस्था के आदर्श रूप के समर्थक हो गए हों तो आश्चर्य नहीं। इसी प्रकार उनके पशु-पक्षी-प्रेम और मनोरंजन की प्रवृत्ति के प्रेरक रूप में चिरैया महराज और बिलैया महराज की कल्पना की जा सकती है। साहित्यिक क्षेत्र में आगे बढ़ने की प्रत्यक्ष प्रेरणा तो उन्हें निश्चय ही चौधरी 'प्रेमघन' से मिली थी।

आचार्य शुक्ल का प्रकृति-प्रेम सर्वविदित है। इसका मूल कारण उनके किशोर मन पर पड़ा हुआ विन्ध्याचल के प्राकृतिक वैभव का सहज संस्कार है। वे प्राय: अपने समवयस्क साथियों के साथ बस्ती से दूर हरे-भरे खेतों और निर्जन पर्वत-उपत्यकाओं की ओर निकल जाते थे। प्रकृति के अद्भुत आकर्षण पर मुग्ध होकर वे तन्मय हो जाया करते थे। प्रकृति के इस मोहक रूप ने ही शुक्ल जी को उसे स्वतन्त्र रूप से रस का आलम्बन मानने की प्रेरणा दी थी। उनकी आरम्भिक कविताओं में रमई पट्टी के विशिष्ट जनों और आस-पास के प्राकृतिक दृश्यों का मोहक चित्र देखा जा सकता है। 'हृदय का मधुर भार' शीर्षक कविता में वे लिखते हैं—

नगर से दूर कुछ गाँव की-सी बस्ती एक,
हरे-भरे खेतों के समीप अति अभिराम।
जहाँ पत्रजाल अन्तराल से झलकते हैं,

लाल खपरैल, श्वेत छज्जों के सँवारे धाम।
बीचों-बीच वट वृक्ष खड़ा है विशाल एक,
झूलते हैं बाल कभी जिसकी जटाएँ थाम
चड़ी मंजु मालती लता है जहाँ छाई हुई,
पत्थर की पट्टियों की चौकियाँ पड़ी हैं श्याम॥ 1 ॥
बैठते हैं नित्य यहाँ धर्म के धुरीण एक,
क्षत्रिय कुलीन वृद्ध 'भद्र' भीष्म के समान।
नाना इतिहास औ पुराण के प्रसंग यहाँ
छिड़े हुए रहते हैं करते पवित्र कान।
नीम तले पास ही पुरोहित का द्वार वह,
रहती है जहाँ शिष्य मंडली विराजमान।
पढ़े-लिखे लोगों का निवास ही विशेष यहाँ
घर है दो-चार गोप नापित भी गुणवान॥ 2 ॥

कहना न होगा कि भीष्म के समान क्षत्रिय कुलीन वृद्ध 'भद्र' कोई नहीं, बाबू बलभद्र सिंह हैं और पास ही नीम तले पुरोहित का द्वार पंडित विन्ध्यश्वरी जी का ही द्वार है। इस कविता से प्रत्यक्ष है कि शुक्ल जी अत्यन्त संवेदनशील व्यक्ति थे। जीवन के मार्मिक दृश्य और तथ्य उन्हें बेहद प्रभावित करते थे। कविता उनके जीवन की अन्तर्धारा थी। इसका प्रवाह कभी सूखा नहीं। 1896 ई. में लिखी गई 'भारत और वसन्त' से लेकर 'मनोहर छटा' (1901 ई.), 'वसन्त' (1904 ई.), 'वसन्त पथिक' (1904 ई.) 'शिशिर पथिक' (1905), 'प्रकृति प्रबोध' (1923 ई), हृदय का मधुर भार,' झलक एक (1924 ई.), 'आमन्त्रण' (1925 ई.), 'हर्षोद्गार' (1925), 'हृदय का मुधर भार', झलक दो (1926 ई.), 'गोस्वामी जी और हिन्दू जाति' (1927 ई.), 'हृदय का मधुर भार,' झलक तीन (1928 ई.), 'पाखंड प्रतिषेध' (1928 ई.). 'मधुस्रोत' (1930 ई.), 'रूपमय हृदय' (रचनाकाल अज्ञात) तक यह प्रवाह निरन्तर गतिशील रहा। इसी क्रम में बुद्धचरित (1924 ई.) में को भी रखा जा सकता है, क्योंकि यह पद्यानुवाद शुक्ल जी की रचनात्मक प्रतिभा का भी परिचय देता है। इन कविताओं में उनके 'काव्यादर्श' की झलक मिलती है। 1905 ई. से 1923 ई. तक का काल अवश्य ऐसा है जिसमें कविताएँ नहीं लिखी गईं ऐसा लगता है कि इस अवधि में शुक्ल जी हिन्दी शब्द-सागर के सम्पादन, मनोवैज्ञानिक निबन्धों के लेखन और रिडल् ऑव दी यूनिवर्स के अनुवाद में अत्यधिक व्यस्त थे। निरन्तर अध्ययन, लेखन, बौद्धिक विवेचन एवं विचार-मन्थन में लीन रहने के कारण उनके जीवन की रसधारा उनके गुरु-गम्भीर व्यक्तित्व के नीचे दब अवश्य गई, किन्तु उसकी आर्द्रता कभी समाप्त नहीं हुई।

आचार्य शक्ल के व्यक्तित्व का एक अत्यन्त आकर्षक रूप उनका स्वाभिमान है। इसकी रक्षा के लिए वे सर्वस्व त्याग सकते थे। स्वाभिमान की रक्षा के लिए ही उन्होंने उन सभी पदों और लाभ की जगहों का तिरस्कार किया जहां उन्हें दासता की गन्ध मिली। 1903 ई. में कलक्टरी की अप्रेंटिसी, 1904 ई. में नायब तहसीलदारी, 1920 ई. में विद्यापीठ के लिए शिवप्रसाद गुप्त का आमन्त्रण, 1924 ई. में महाराज अलवर के हिन्दी-सचिव का पद, उन्होंने इसीलिए छोड़ा या स्वीकार नहीं किया कि इन पदों पर वे अपनी इच्छा के अनुसार स्वतन्त्र आचरण नहीं कर सकते थे। अपने स्वाभिमान की रक्षा के लिए ही वे कन्तित के राजा वेणीमाधव सिंह (जो शुक्ल जी के साथ रमई पट्टी में रह चुके थे और उनके अच्छे मित्र थे) के बार-बार आग्रह करने पर भी उनके यहाँ नहीं गए और 1933 ई. में विन्ध्य प्रदेश के एक राजकुमार को उसके निवास पर जाकर पढ़ाने का निमन्त्रण अस्वीकार कर दिया। आचार्य शुक्ल का यह स्वाभिमान उनकी रचनाओं में सर्वत्र लक्षित होता है। स्वाभिमानी व्यक्ति ही अपनी जाति, धर्म, भाषा, साहित्य और राष्ट्र की स्वतन्त्र पहचान बनाने के लिए अपने को उत्सर्ग कर सकता है। कौन कह सकता है कि आचार्य शुक्ल ने अपने को अपनी भाषा, संस्कृति और साहित्य के लिए पूर्णत: समर्पित नहीं कर दिया था। अपने को मिटाकर उन्होंने उस प्रखर बौद्धिक चेतना को अक्षुण्ण रखा जो भारतेन्दु युग से ब्रिटिश साम्राज्य के सांस्कृतिक आक्रमण का सफल प्रतिरोध करके राष्ट्रीय स्वाभिमान की रक्षा करती आई थी।

शुक्ल जी की करुणार्द्रता का अनुमान तो इसी से लगाया जा सकता है कि वे पशु-पक्षियों तक को परतन्त्र नहीं देख सकते थे। फूलों और लताओं के निकट बैठकर उनसे घंटों बातें किया करते थे। किसी को दु:खी देखकर उसकी सहायता में तत्पर हो जाते थे। स्वभाव की इसी प्रवृत्ति से प्रेरित होकर उन्होंने महाकाव्यों में अंगीभाव से अलग 'करुणा' और 'प्रेम' की कल्पना बीज-भाव के रूप में की हो और 'करुणा' को लोकमंगल की साधना का मूल आधार माना हो, तो आश्चर्य नहीं।

आचार्य शुक्ल के व्यक्तित्व में गम्भीरता का तत्त्व कहने की वस्तु नहीं है। वह सर्वत्र लक्षित है। प्रवृत्या गम्भीर होने के नाते ही वे विचार-विवेचन के क्षेत्र में आगे बढ़ते गए। अध्ययन भी विज्ञान, दर्शन और काव्यशास्त्र जैसे विषयों का किया और जो कुछ लिखा वह स्थायी महत्त्व का लिखा।

तात्पर्य यह कि आचार्य शुक्ल का व्यक्तित्व बहुआयामी है। उनके व्यक्तित्व में स्वाभिमान, दृढ़ता, आत्मविश्वास, संवेदनशीलता, करुणार्द्रता, गम्भीरता, मर्यादाप्रियता आदि गुणों के साथ प्रत्युत्पन्नमतित्व और रंजन की प्रवृत्तियाँ भी लक्षित होती हैं। उनके व्यक्तित्व के अनेक आयामों का विकास उनके जीवन-

संघर्ष से जुड़ा है। उन्हें एक खास तरह से सोचने-समझने, निर्णय लेने और अपने व्यक्तित्व को विकसित करने की दिंशा में उनके परिवेश ने भी महत्त्वपूर्ण भूमिका अदा की है। उनकी रचनाओं में उनके व्यक्तित्व की छाप है। कहा जा सकता है कि आचार्य शुक्ल का जीवन-संघर्ष, व्यक्तित्व और रचना दृष्टि एक-दूसरे से बहुत गहरे स्तर पर जुड़े हैं। इसलिए इन्हें अलग-अलग करके नहीं देखा जा सकता।

सन्दर्भ

1. रामचन्द्र शुक्ल (जीवन और कर्तृत्व), पृ.96
2. चिन्तामणि-3, पृ. 229
3. रामचन्द्र शुक्ल (जीवन और कर्तृत्व), पृ. 89
4. मेरी आत्मकहानी, बाबू श्यामसुन्दरदास, पृ. 116
5. मेरी आत्मकहानी, बाबू श्यामसुन्दरदास, पृ. 164-1941 ई
6. विश्व प्रपंच की भूमिका का अन्तिम वाक्य, चिन्तामणि-3, पृ. 185
7. कविता क्या है, श्रेष्ठ निबन्ध, पृ. 103
8. काव्य में प्राकृतिक दृश्य, श्रेष्ठ निबन्ध, पृ. 155
9. हिन्दी साहित्य का इतिहास, पृ. 535
10. दस्तावेज, आचार्य रामचन्द्र शुक्ल विशेषांक, पृ. 4
11. रामचन्द्र शुक्ल : जीवन और कर्तृत्व पृ. 262
12. क्षात्र धर्म का सौन्दर्य, चिन्तामणि, पृ. 188
13. गोस्वामी तुलसीदास, पृ. 34-35
14. कहा जाता है कि पीछे (पृ. 20 पर) उद्धृत कविता (एक अक्षूत की आह) किसी और की है।

3

दार्शनिक-चिन्तन

आचार्य रामचन्द्र शुक्ल एक उच्चकोटि के समीक्षक ही नहीं, एक श्रेष्ठ विचारक भी थे। उन्होंने अपने समय तक की विश्वस्तरीय वैज्ञानिक एवं दार्शनिक उपलब्धियों का अच्छा अध्ययन किया था। विश्वप्रपंच (रिडल् ऑव द यूनिवर्स का हिन्दी अनुवाद) की भूमिका के अध्ययन से स्पष्ट हो जाता है कि आचार्य शुक्ल ने नाना विज्ञानों और दर्शनों से तथ्य संग्रह करके आत्मवादी और अनात्मवादी दोनों ही प्रकार की विचारधाराओं का आकलन किया है। 'विश्वप्रपंच' की भूमिका उनके वैज्ञानिक एवं दार्शनिक चिन्तन का ठोस प्रमाण प्रस्तुत करती है। उनका परवर्ती चिन्तन भी उनकी दार्शनिक दृष्टि का परिचायक है। उनके सुविचारित काव्य-सिद्धान्त उनके वैज्ञानिक एवं दार्शनिक चिन्तन पर ही आधृत हैं।

आचार्य शुक्ल के दार्शनिक चिन्तन पर विचार करते हुए पहला प्रश्न यह उठता है कि क्या वे विज्ञान और दर्शन के एक प्रबुद्ध अध्येता मात्र थे या अपने सारे अध्ययन, मनन और चिन्तन के फलस्वरूप उन्होंने अपनी निश्चित दार्शनिक दृष्टि का निर्माण भी किया था। इस सम्बन्ध में आचार्य शुक्ल के प्रबल समर्थक और मान्य समीक्षक डॉ. रामविलास शर्मा का कथन ध्यान देने योग्य है, "शुक्ल जी का दार्शनिक दृष्टिकोण मूलत: वस्तुवादी है। यह जगत सत्य है। शुक्ल जी ने संसार को कहीं भी मिथ्या नहीं कहा। वह उसे रूप-समुद्र कहते हैं। मनुष्य को अपनी सत्ता का ज्ञान भी लौकिक जीवन से होता है। इस तरह ज्ञान का आधार अलौकिक नहीं है। शुक्ल जी उसकी अलौकिकता का खंडन करते हैं, यह उनके ज्ञान सम्बन्धी सिद्धान्त का ही परिणाम है।" वे कहते हैं, "आत्मबोध और जगत-बोध के बीच ज्ञानियों ने गहरी खाईं खोदी, पर हृदय ने कभी उसकी परवाह न की।" डॉ. शर्मा के अनुसार, "प्रसाद जी की तरह शुक्ल जी भी चेतना और प्रकृति में मौलिक भेद नहीं करते। प्रसाद जी ने लिखा था, "एक तत्त्व की ही प्रधानता, कहो उसे जड़ या चेतन" शुक्ल जी के लिए भी सत्ता एक है। "सम्पूर्ण सत्ता क्या भौतिक क्या आध्यात्मिक एक ही परम सत्ता या परम भाव के अन्तर्गत है।" (रस-मीमांसा, पृ. 118-119) (*आचार्य रामचन्द्र शुक्ल और हिन्दी आलोचना,* पृ. 45 पर उद्धृत)

उपरोक्त उद्धरण से शुक्ल जी के चिन्तन के सम्बन्ध में निम्नलिखित निष्कर्ष निकलता है। शुक्ल जी के अनुसार—

(क) यह जगत सत्य है।

(ख) आत्मसत्ता के ज्ञान का आधार अलौकिक नहीं है।

(ग) चेतना और प्रकृति में मौलिक भेद नहीं है

(घ) सम्पूर्ण सत्ता एक ही परम सत्ता के अन्तर्गत है।

उपरोक्त निष्कर्षों के आधार पर ही डॉ. रामविलास शर्मा ने आचार्य शुक्ल जी को वस्तुवादी घोषित किया है। इस घोषणा के तुरन्त बाद डॉ. शर्मा आचार्य शुक्त के विचारों में असंगति भी देखते हैं और कहते हैं, ''फर भी शुक्ल जी का दृष्टिकोण सुसंगत रूप से भौतिकवादी नहीं है। वह यह स्पष्ट नहीं कहते कि विश्व एकता की उसकी भौतिकता में है। वह एक ओर संसार की भौतिकता पर जोर देते हैं और ज्ञान को भौतिक जीवन से ही उत्पन्न मानते हैं, दूसरी ओर वह विश्वात्मा और भौतिक जगत में व्यक्त होनेवाले ब्रह्म की बात भी करते हैं। उनके विचारों में यह एक असंगति है।'' (आचार्य रामचन्द्र शुक्ल और हिन्दी आलोचना, पृ. 46) इस असंगति को लक्ष्य करने के बाद वे अपना अन्तिम निर्णय देते हैं, यह ''विश्वात्मवाद उनके साहित्यशास्त्र की मूलधारा नहीं है, यह निश्चयपूर्वक कहा जा सकता है। इसलिए उनके दार्शनिक दृष्टिकोण को मूलत: वस्तुवादी कहना उचित है।''[1] (आचार्य रामचन्द्र शुक्ल और हिन्दी आलोचना, पृ. 46)

आचार्य शुक्ल की चिन्तन-पद्धति पर विचार करनेवाले दूसरे समीक्षक नन्दकिशोर नवल ज्ञान के भौतिकवादी सिद्धान्त को ही उनके साहित्य सम्बन्धी दृष्टिकोण का आधार मानते हैं। *(हिन्दी आलोचना का विकास,* पृ. 101*)* दूसरे शब्दों में, वे आचार्य शुक्ल की चिन्तन-पद्धति को भौतिकवादी मानते हैं।

बहुत पहले नलिन विलोचन शर्मा ने आचार्य शुक्ल को 'विधेयवादी' कहा था। उनकी दृष्टि में शुक्ल जी ने हिन्दी-आलोचना में उस 'विधेयवाद' को प्रतिष्ठित किया जिसे प्रथम विश्वयुद्ध के बाद यूरोप में अस्वीकार कर दिया गया था। नलिन जी के अनुसार 'यूरोप में, प्रथम विश्वयुद्ध के बाद, उन्नीसवीं शताब्दी का विधेयवादी (Positivist) अस्वीकृत हो गया। शुक्ल जी ने इसे उन्हीं दिनों हिन्दी में—किसी भी भारतीय साहित्य में पहली बार-प्रवर्तित किया था। वे कहते हैं, ''शुक्ल जी ने इसी विधेयवाद को, उस समय के लिए आश्चर्यजनक नव्यवादिता के साथ, 'अधिकृत और व्यवहृत किया।''[2]

कहना न होगा कि हिन्दी में ऐसे अनेक विचारक और समीक्षक भी हैं जो आचार्य शुक्ल को 'भाववादी' या 'चिद्वादी' मानते हैं। उन्हें भी अपने मत की पुष्टि के लिए पर्याप्त ठोस आधार मिल जाते हैं। आचार्य शुक्ल का निष्ठापूर्वक सूर और तुलसी के भक्तिमार्ग को महत्त्व देना, इस लोक में फैली दु:ख की छाया

को हरने के लिए ब्रह्मा की आनन्दकला को शक्तिमय रूप धारण करने की बात कहना (*सूरदास* पृ. 76), धर्म को ब्रह्म की व्यक्त प्रवृत्ति के रूप में व्याख्यायित करना (*चिन्तामणि*—पहला भा. पृ. 207), सत्त्वगुण की ऊपरी सीमा नित्य पारमार्थिक सत्ता के पास तक—व्यक्त-अव्यक्त की सन्धि तक—पहुँचने की बात कहना—(*काव्य में लोक मंगल की साधनावस्था,* पृ. 225), शंकराचार्य, रामानुज, श्रीकंठ, भास्कर, निम्बार्क, विज्ञानभिक्षु, विष्णुस्वामी, वल्लभाचार्य आदि चिद्वादी आचार्यों के मतों को यथास्थान महत्त्व देना (*सूरदास,* पृ. 50), 'ब्रह्मवाद' को भक्ति-मार्ग का तात्त्विक आधार बताना (*सूरदास* पृ. 29), 'ब्रह्म' की सत्ता को ज्ञेय और व्यक्त के परे भी स्वीकार करना (भले ही वह अनिर्वचनीय हो) तथा यह मुक्त रूप से स्वीकार करना कि विकासवाद के सारे निरूपण मन या आत्मा की प्रथमोत्पत्ति नहीं समझा सके हैं। (*विश्वप्रपंच* की भूमिका, *चिन्तामणि-3,* पृ. 165) यह प्रमाणित करने के लिए पर्याप्त है कि वे 'भाववादी' या 'चिद्वादी' विचारधारा को अस्वीकार नहीं कर सके हैं। आचार्य शुक्ल के वस्तुवादसमर्थक कथन ऐसे विचारकों को भी परेशानी में डालते हैं और वे भी उनके विचारों में असंगति देखने लगते हैं।

उपरोक्त विवेचन के आधार पर आचार्य शुक्ल के दार्शनिक चिन्तन के सम्बन्ध में कुल तीन मत सामने आते हैं—

1. आचार्य शुक्ल का दार्शनिक दृष्टिकोण वस्तुवादी है।
2. आचार्य शुक्ल की दृष्टि विधेयवादी (Positivist) है।
3. आचार्य शुक्ल एक चिद्वादी या भाववादी विचारक हैं।

यहाँ हम संक्षेप में उपरोक्त तीनों मतों की परीक्षा करना चाहेंगे। इसमें सन्देह नहीं कि हैकल के रिडल् ऑव द यूनिवर्स को पढ़कर आचार्य शुक्ल प्रभावित हुए थे। उन्होंने इससे प्रभावित होकर ही इसका अनुवाद किया और इसे हिन्दी-जगत के सामने रखा। इस पुस्तक का अनुवाद करते हुए उन्होंने पाश्चात्य वैज्ञानिकों एवं दार्शनिकों के विचारों को आत्मसात किया और न केवल अनात्मवादी आधिभौतिक पक्ष के सिद्धान्तों, वरन भाववादी दार्शनिकों के विचारों को भी क्रमबद्ध रूप में प्रस्तुत किया। पाश्चात्य विचारकों के साथ ही उन्होंने वेदान्त, सांख्य, वैशेषिक, न्याय तथा चार्वाक आदि भारतीय दर्शनों के मतों को उद्धृत करके तुलनात्मक आधार पर अपना मत स्थिर करने का प्रयत्न किया। हैकल प्राणिविज्ञानवेत्ता था किन्तु उसकी प्रवृत्ति दार्शनिक थी। उसके अध्ययन-क्रम में आचार्य शुक्ल ने 'विकासवाद' के पूरे सिद्धान्त को आत्मसात कर लिया था। वे 'विकासवाद' की सीमाओं से भी परिचित थे। उन्होंने कहा है, "विकासवाद यह नहीं बता सका है कि क्यों एक पुरातन प्रधानभूत निर्विशेषता से सविशेषता की ओर, एकरूपता से अनेकरूपता की ओर प्रवृत्त होता है, प्रकृति की विकृति

का कारण क्या है। इसी प्रकार जड़ से चेतन की उत्पत्ति का ब्योरा भी वह स्पष्ट रीति से नहीं समझा सका है।'' (*विश्व प्रपंच* चिन्तामणि-3 पृ. 165) इसी क्रम में वे कहते हैं, 'विकासवाद के सारे निरूपण मन या आत्मा की प्रथमोत्पत्ति नहीं समझा सके हैं। और तो जाने दीजिए, किस प्रकार संवेदन-सूत्र का भौतिक (स्थूल) स्पन्दन संवेदन के रूप में परिणत हो जाता है यही रहस्य नहीं खुलता। इस प्रकार का और कोई परिणाम भौतिक जगत में देखने में नहीं आता। इस कठिनता को कुछ लोग यह कहकर दूर किया चाहते हैं कि द्रव्य के प्रत्येक परमाणु में एक प्रकार की अन्त: संज्ञा या अव्यक्त संवेदन होता है. जो आकर्षण और अपसारण के रूप में प्रकट होता है। पर हम तो चेतना अर्थात् मन की अपने ही संस्कारों के बोध की वृत्ति की उत्पत्ति जानना चाहते हैं जिससे यह अन्त: संज्ञा भिन्न है।'' (*विश्व प्रपंच* की भूमिका, *चिन्तामणि*-3, पृ. 165) 'विकासवाद' की सीमा को रेखांकित करते हुए और वस्तु या सत्ता के शुद्ध स्वरूप के विवेचन के लिए परा विद्या या शुद्ध-दर्शन की आवश्यकता स्वीकार करते हुए वे कहते हैं, ''विकासवाद केवल गोचर व्यापारों की पूर्वापर परम्परा या स्फुरण क्रम मात्र दिखाता है। ये सब व्यापार किसके हैं? वस्तु या सत्ता का शुद्ध (इन्द्रियनिरपेक्ष) स्वरूप क्या है? यह वह नहीं बताता। वह केवल तटस्थ लक्षण कहता है, स्वरूप-लक्षण नहीं। अत: सत्ता के विवेचन के लिए हमें विज्ञान-क्षेत्र से निकलकर परा विद्या या शुद्ध-दर्शन की ओर आना पड़ता है।'' (*विश्वप्रपंच* की भूमिका, *चिन्तामणि*-3, पृ. 166) शुद्ध-दर्शन के क्षेत्र में आकर आचार्य शुक्ल ने पाया कि सभी दार्शनिक विचारों को कुल तीन पक्षों में समेटा जा सकता है—

1. भूतवाद (जिसके अनुसार भूत ही एकमात्र सत्ता है। लोकायत मत इसी विचारधारा का समर्थन करता है।)

2. अद्वैत आत्मवाद या भाववाद (जो बाह्य जगत की स्वतन्त्र सत्ता अस्वीकार करता है और एक आत्मा की ही सत्ता स्वीकार करता है।)

3. बाह्यार्थवाद (जो भूत और आत्मा दोनों की भिन्न सत्ताएँ मानकर बाह्य जगत को वास्तविक कहता है।)

आचार्य शुक्ल ने इसके बाद उपरोक्त तीनों मतों का सारांश प्रस्तुत किया है। भूतवाद का सारांश प्रस्तुत करते हुए वे कहते हैं—

''भूतवाद के अनुसार जो कुछ है वह भूत ही है, जिसे हम आत्मा कहते हैं, वह उसकी व्यापार-समष्टि या गुणविशेष मात्र है।'' भूत ही जगत का मूल उपादान है। हैकल ने इसे परम तत्त्व कहा है। इस परम तत्त्व (प्रधान भूत) की अभिव्यक्ति द्रव्य और गति-शक्ति दो रूपों में होती है। आचार्य शुक्ल हैकल के तत्कालीन निर्णय को आधुनिक अनुसन्धान के आलोक में संशोधित करते हुए कहते हैं, ''हैकल ने परम तत्त्व (प्रधान भूत) के भूत और शक्ति जो दो पक्ष कहे

थे उनमें से भूत प्राय: शक्ति के ही अन्तर्भूत हो गया। अत: उसका परम तत्त्व भी शक्तिरूप ही रह गया उसने चैतन्य को इस शक्ति का ही एक रूप या क्षणिक परिणाम कहा है।'' (*विश्वप्रपंच* की भूमिका, *चिन्तामणि* 3,पृ. 176)

आत्मवाद और भाववाद का सारांश प्रस्तुत करते हुए उन्होंने डेकोर्ट से लेकर कांट, फिक्ट, शेलिंग, हेगल, शोपेनहावर आदि पाश्चात्य दार्शनिकों के मतों को उद्धृत किया है। सबसे अधिक महत्त्व उन्होंने कांट को दिया है और उसके विचारों को सक्षेप में बाह्य प्रस्तुत करते हुए बताया है कि 'दिक', 'काल' और 'कार्यकारण सम्बन्ध' ये सभी कोई वस्तु नहीं, वरन चित के ही स्वरूप हैं। इसी क्रम में आचार्य शुक्ल ने भारतीय वेदान्त का मत भी उद्धृत किया है और कहा है, ''यद्यपि भारतीय वेदान्त की पद्धति यूरोप की ज्ञान-परीक्षा वाली पद्धति से भिन्न है पर अन्त में दोनों दर्शन किस प्रकार एक ही सिद्धान्त पर पहुँचे हैं यह बात ध्यान देने योग्य है। वेदान्त यह मानकर चला है कि क्रिया परिणामिनी है, पर चैतन्य अपरिणामी है। एक क्रिया दूसरी क्रिया के रूप में परिणत होती है, पर उन क्रियाओं का ज्ञान सदा वही रहता है। बुद्धियादि थादि अन्त:करण की सब वृत्तियाँ जड़ क्रिया के अन्तर्गत स्वीकार की गई हैं। केवल उनका ज्ञान अधिकृत रूप से स्थित कहा गया है। खंड ज्ञान या विज्ञान का कारण बुद्धियादि क्रिया की विच्युति या विकार है। क्रियानुगत ज्ञाता ज्ञेय रूप में केवल क्रियाओं का ज्ञान करता है, अपने स्वरूप का नहीं जो अखंड, निर्विशेष और अपरिणामी है। इससे सिद्ध हुआ कि परिणामबद्ध क्रिया या क्रिया बीज-शक्ति स्वतन्त्र सत्ता नहीं हो सकती, उसकी अक्षर सत्ता चैतन्य की सत्ता में ही है। शक्ति का जो स्फुरण है उसका अधिष्ठान चैतन्य है। अत: चैतन्य ही एकमात्र शुद्ध सत्ता है।' (*विश्वप्रपंच* की भूमिका, *चिन्तामणि*-3, पृ. 174)

आचार्य शुक्ल को विधेयवादी किस आधार पर कहा गया यह स्पष्ट नहीं है। सम्भवत: उनके इतिहास में लक्षित विधेयवादी दृष्टि के आधार पर उनके दर्शन को विधेयवादी मान लिया गया। इस सिद्धान्त के पुरस्कर्ता फ्रान्स के प्रसिद्ध विचारक *ऑकस्ट* कोंत (1798-1857) माने जाते हैं। आचार्य शुक्ल ने इनके मत को कहीं भी उद्धृत नहीं किया है। विधेयवादी प्रत्यक्ष जगत के विवेचन-विश्लेषण तक ही अपने को सीमित रखता है। उसके अनुसार, ''केवल प्रपंच का ज्ञान निश्चित है, इसके पीछे जो प्रपंचातीत तत्त्व है, वह अनिश्चित है। ×××दर्शन को चाहिए कि प्रपंचातीत, प्रत्यक्षातीत तत्त्व के पचड़े में न पड़कर भिन्न-भिन्न विज्ञान के सिद्धान्तों का समन्वय करें।'' (पाश्चात्य दर्शन की मुख्य अवधारणाएँ, जयदेव सिंह, पृ. 25) आचार्य शुक्ल ने यह कहीं नहीं कहा है कि शुद्ध चैतन्य के विषय में चिन्तन करना व्यर्थ है। कुछ विचारकों ने जान स्टुअर्ट मिल और हर्बर्ट स्पेन्सर को विधेयवादी स्वीकार किया है। आचार्य शुक्ल ने हर्बर्ट स्पेन्सर

के मत को विस्तारपूर्वक उद्धृत किया है; किन्तु उन्हें विकासवाद के दार्शनिक व्याख्याता के रूप में ही स्वीकार किया है, विधेयवादी के रूप में नहीं। स्पेन्सर ने परम तत्त्व को अज्ञेय कहा था इसलिए कुछ विचारक उसे 'अज्ञेयवादी' कहते हैं। स्वयं आचार्य शुक्ल ने एक स्थान पर उन्हें 'संशयवादी' कहा है। (*विश्वप्रपंच* की भूमिका, *चिन्तामणि*-3, पृ. 117) कुछ भी हो, स्पेन्सर को उद्धृत करने मात्र से आचार्य शुक्ल को विधेयवादी नहीं कहा जा सकता।

अब निर्णय के लिए दो विकल्प रह जाते हैं—वस्तुवादी और भाववादी। इस सम्बन्ध में *विश्वप्रपंच* की भूमिका के अन्तिम अंश पर ध्यान देना आवश्यक है। भूमिका के अन्त में आचार्य शुक्ल ने सर आलिवर लॉज (1851-1940) (इंग्लैंड के प्रमुख वैज्ञानिक) के सन् 1913 में ब्रिटिश एसोसिएशन के वार्षिक अधिवेशन में 'अखंडत्व' पर दिए गए व्याख्यान का कुछ अंश उद्धृत किया है। यह उद्धरण लगभग 5 पृष्ठों का है। इस व्याख्या में सर आलिवर लॉज ने ऐसे वैज्ञानिकों का जो 'भूतवाद' से परे कुछ मानते ही नहीं, प्रतिवाद किया है। वे कहते हैं, "भूत ही हमारी इन्द्रियों को ग्राह्य है। भूतवाद भौतिक जगत के उपयुक्त है, पर दार्शनिक सिद्धान्त के रूप में नहीं, बल्कि चलते हुए व्यापार की व्यवस्था के रूप में, बीच की कारण परम्परा के अनुसन्धान रूप में। इसके परे जो बाते हैं वे दूसरे क्षेत्र की हैं और दूसरे उपायों से मानी जाती हैं। आध्यात्मिक बातों को रसायन और भूतविज्ञान के शब्दों में बताना असम्भव है, इसी से उनका अस्तित्व ही अस्वीकार किया जाता है. वे केवल भ्रान्तिलक्षण मानी जाती हैं। पर ऐसी अनधिकार मीमांसा अनुचित है।" सर आलिवर लॉज ने शुद्ध भूत निर्लिप्त चैतन्य के सम्बन्ध में कहा है, "परीक्षा द्वारा मुझे यह प्रतीत होता है कि यद्यपि शुद्ध भूत निर्लिप्त चैतन्य का साक्षात ज्ञान हमें नहीं हो सकता पर उसका आभास भौतिक जगत में दिखाई देता है। अत: वह कुछ घुमाव-फिराव के साथ हमारी वैज्ञानिक परीक्षा के अन्तर्गत आ सकता है।××× यह हम कभी नहीं कह सकते कि इस लोक में सत्य का प्रादुर्भाव केवल दो-एक शताब्दियों से ही होने लगा। वैज्ञानिक काल के पूर्व की प्रतिभा की पहुँच भी बड़े महत्त्व की है। प्राचीन महात्माओं और कवियों का विश्व की आत्मा के विषय में बहुत कुछ प्रवेश था। हमारी अनुसन्धान-प्रणाली ऐसी है जिससे किसी अखंड निर्विशेषता का पता नहीं लग सकता। यहाँ पर सापेक्षिकता का सिद्धान्त चलता है। इससे जब तक हमें व्याघात या विभेद नहीं मिलता तब तक हमें कोई परिज्ञान नहीं होता। हम लोग अपने चारों ओर की अन्तर्व्याप्त विभूति को देख-सुन नहीं सकते, इतना ही कर सकते हैं कि कालरूपी करघे से निकलकर पूर्णता की ओर, अनन्त गति से गमन करते हुए वस्त्र को भूतों से परे उस परमात्मा का परिधान समझें।" (*विश्वप्रपंच* की भूमिका, चिन्तामणि-3, पृ. 181) सर आलिवर लॉज को उद्धृत करने के बाद आचार्य शुक्ल कहते हैं, "अब

तक जो कुछ लिखा गया उससे शिक्षित जगत के ज्ञान की वर्तमान स्थिति का कुछ आभास मिला होगा और यह स्पष्ट हो गया होगा कि नाना मतों और मजहबों की विशेष स्थूल बातों को लेकर झगड़ा-टंटा करने का समय अब नहीं है। अब जिन्हें मैदान में जाना हो वे नाना विज्ञानों से तथ्य संग्रह करके सीधे उस सीमा पर जाएँ जहाँ दो पक्ष अड़े हुए हैं एक ओर आत्मवादी दूसरी और अनात्मवादी, एक ओर जड़वादी, दूसरी ओर नित्य चैतन्यवादी। यदि चैतन्य की नित्य सत्ता सर्वमान्य हो गई तो फिर सब मतों की भावना का समर्थन हुआ समझिए; क्योंकि चैतन्य सर्वस्वरूप है। नाना भेदों में अभेदृष्टि ही सच्ची तत्त्वदृष्टि है। इसी के द्वारा सत्य का अनुभव और मत मतान्तर के राग-द्वेष का परिहार हो सकता है।' (*विश्वप्रपंच* की भूमिका, *चिन्तामणि-3* पृ. 182)

यहाँ यह ध्यान देने की बात है कि भूमिका के अन्त में आचार्य शुक्ल ने सर आलिवर लॉज के वक्तव्य का लम्बा उद्धरण क्यों दिया। सर आलिवर लॉज सन् 1930 तक आते-आते अध्यात्म जगत की सत्यता स्वीकारने लगे थे। सन् 1930 में उनकी रचना दी रियल्टी आव ए स्पिरिचुअल वर्ल्ड प्रकाशित हुई थी। स्वयं आचार्य शुक्ल स्वीकार करते हैं कि 'चैतन्य सर्वस्वरूप है'। वस्तुत: आचार्य शुक्ल एक प्रखर बुद्धिवादी विचारक थे। वे यह चाहते थे कि शुद्ध चैतन्य की सत्ता विज्ञान द्वारा प्रमाणित हो जाए तो सारा झगड़ा मिट जाए। उन्होंने भाववादी दार्शनिकों—भारतीय और पाश्चात्य दोनों का अध्ययन पूरी निष्ठा से किया था उतनी ही निष्ठा से उन्होंने भूतवादी वैज्ञानिकों और दार्शनिकों का भी अध्ययन किया था। वे स्वयं इस निर्णय पर पहुँचे थे कि नाना भेदों में अभेद दृष्टि ही सच्ची तत्त्वदृष्टि है। एक सच्चे बुद्धिवादी के रूप में उन्होंने विज्ञान और अध्यात्म दोनों को देखा था। यदि वैज्ञानिक सत्य के अनुसन्धान-से अध्यात्म और धर्म को कुछ खोना पड़े तो आचार्य शुक्ल को कोई चिन्ता नहीं इसी प्रकार यदि विज्ञान की अनुसन्धान प्रणाली और उसके निष्कर्ष अधूरे प्रमाणित हों तो भी उन्हें कोई परवाह नहीं। उनके समय तक मानव की ज्ञान-पिपासा जहाँ तक पहुँच चुकी थी वे वहाँ तक जाकर यह निर्णय ले चुके थे कि तत्त्व एक है। अभेद-दृष्टि ही सच्ची तत्त्व-दृष्टि है। उन्हें प्रतीक्षा थी कि विज्ञान चैतन्य की नित्य सत्ता प्रमाणित कर दे। दर्शन और विज्ञान एक बिन्दु पर पहुँच जाएँ। सर आलिवर लॉज इस दिशा में प्रयास कर रहे थे। इसीलिए आचार्य शुक्ल ने उनके मत को विस्तारपूर्वक उद्धृत किया। डॉ. रामविलास शर्मा ने *आचार्य रामचन्द्र शुक्ल और हिन्दी आलोचना* की भूमिका में (*विश्वप्रपंच* की भूमिका) जो परिचय दिया है उसमें 'सर आलिवर लॉज' के उद्धरण की कोई चर्चा नहीं है। यही नहीं, उन्होंने जहाँ आचार्य शुक्ल के इस कथन 'यदि चैतन्य की नित्य सत्ता सर्वमान्य हो गई' को महत्त्वपूर्ण बताते हुए यह निष्कर्ष निकाला है कि, 'वे अध्यात्मवादियों की तरह इसे सर्वमान्य सत्य नहीं

मानते' वहाँ शुक्ल जी के कथन के परवर्ती अंश—'क्योंकि चैतन्य सर्वस्वरूप है'—को छोड़ दिया है। 'चैतन्य को सर्वस्वरूप' मानने से यह स्पष्ट है कि आचार्य शुक्ल का विश्वास एक 'शुद्ध चैतन्य' में था, किन्तु वे अन्धविश्वासियों की तरह आँख मूँदकर उसका समर्थन नहीं करना चाहते थे। वे विज्ञान द्वारा उसका समर्थन चाहते थे। इसलिए यह कहा जा सकता है कि आचार्य शुक्ल न तो वस्तुवादी थे न भाववादी, वे एक प्रखर बुद्धिवादी थे। जो बुद्धिग्राह्य था वह उन्हें मान्य था। उनका किसी एक पक्ष पर आग्रह नहीं था। वे सत्य के लिए पूरा-पूरा मूल्य देने को तैयार थे। यदि विज्ञान की कसौटी पर पौराणिक मान्यताएँ नहीं टिक पाती हैं तो उन्हें कोई चिन्ता नहीं। इसी प्रकार यदि विज्ञान शुद्ध चैतन्य की व्याख्या नहीं कर पाता तो उन्हें उसकी सीमाओं को रेखांकित करने में भी कोई संकोच नहीं।

इस प्रसंग को समाप्त करने के पहले हम एक बात और कहना चाहेंगे। जहाँ तक काव्य के क्षेत्र का प्रश्न है, शुक्ल जी का मत निर्भ्रान्त है। वे उसे अध्यात्म से अलग रखना चाहते हैं। काव्य का क्षेत्र भाव का क्षेत्र है। भाव की सत्ता का आधार गोचर जगत है। काव्य में आलम्बन का विशेष महत्त्व है। भाव का आलम्बन निर्विशेष नहीं हो सकता। विशेष या गोचर प्रत्यक्ष ही भाव को उद्दीप्त कर सकता है और उसी का आधार लेकर भाव टिक सकता है। काव्य की अनुभूति जीवन की अनुभूति से सर्वथा भिन्न नहीं है। जीवन की अनुभूतियों का मुख्य आधार मानव और प्रकृति का प्रत्यक्ष लोक ही है। इसलिए शुक्ल जी की काव्य-मीमांसा के भीतर किसी अव्यक्त निर्विशेष नित्य शुद्ध चैतन्य का स्वीकार नहीं है। यह शुद्ध चैतन्य जब सविशेष, सगुण और साकार होकर भक्तों के भाव का विषय बन जाता है, तभी शुक्ल जी उसे काव्यक्षेत्र की सीमा में स्वीकार करते हैं। इसलिए जहाँ तक काव्य-मीमांसा का प्रश्न है, शुक्ल जी की दृष्टि को वस्तुनिष्ठ कहा जा सकता है। किन्तु यदि उनकी समग्र जीवन-दृष्टि को ध्यान में रखकर निर्णय करना हो और किसी वाद के साथ जोड़ना ही हो तो उन्हें प्रखर बुद्धिवादी[3] कहना ही अधिक समीचीन होगा।

सन्दर्भ

1. साहित्य का इतिहास-दर्शन, पृ. 52
2. वही, पृ. 88
3. 'बुद्धिवाद' शब्द का प्रयोग यहाँ 17वीं 18वीं शताब्दी में यूरोप में ज्ञान-मीमांसा के क्षेत्र में प्रचलित दार्शनिक मतवाद के अर्थ में नहीं किया गया है जिसे बुद्धि को अन्त:प्रज्ञा या आन्तरिक निश्चयात्मिका ज्ञान शक्ति के रूप में ग्रहण किया जाता था। यहाँ बुद्धि से तात्पर्य साधारण तार्किक बुद्धि से है जिसे साथ लेकर आचार्य शुक्ल ने अपनी चिन्तन-यात्रा सम्पन्न की थी।

4

निबन्ध : बौद्धिक यात्रा के आलोक-बिन्दु

आचार्य रामचन्द्र शुक्ल एक युग-विधायक निबन्धकार एवं आलोचक हैं। उनका लेखन-कार्य सन् 1900 ई. से 1940 ई. तक विस्तृत है। इस अवधि में वे निरन्तर अपने विचारों को पुष्ट, परिष्कृत और परिमार्जित करते रहे हैं। आचार्य शुक्ल के निबन्धों में उनके प्रौढ़ चिन्तन के तत्त्व निहित हैं। उन्होंने बहुत सोच-समझकर उन्हीं विषयों को विवेचन-विश्लेषण के लिए चुना है जिनका मानव-जीवन में स्थायी महत्त्व है और जो मानव के समस्त क्रिया-कलापों के प्रेरक, संचालक और नियामक हैं। आचार्य शुक्ल के आरम्भिक निबन्ध अंग्रेजी से अनूदित हैं। *कल्पना का आनन्द* (एडिसन के *एसेज ऑन इमेजिनेशन* का अनुवाद, 1905 ई.), *साहित्य* (जान हेनेरी न्यू मेन के *द आइडिया ऑफ ए यूनिवर्सिटी के* 'लिटरेचर' निबन्ध का अनुवाद, 1904 ई.) तथा 'आदर्श जीवन' (*प्लेन लिविंग हार्थ थिंकिंग* का अनुवाद 1914 ई.) जैसे निबन्धों से स्पष्ट है कि शुक्ल जी ने साहित्य और जीवन के सम्बन्ध में सोचने-समझने की शुरुआत अंग्रेजी लेखकों के प्रभाव की छाया में ही की थी। सन् 1920 ई. में आचार्य शुक्ल की प्रसिद्ध अनूदित पुस्तक *विश्वप्रपंच* (हैकल के *रिडल् ऑफ द यूनिवर्स* का अनुवाद) एक लम्बी भूमिका के साथ प्रकाशित हुई थी। इस पुस्तक के अंश *नागरी प्रचारिणी पत्रिका* में 1912 ई. से 1919 ई. तक अलग-अलग निबन्धों के रूप में ही प्रकाशित हुए थे। इसी अवधि में आचार्य शुक्ल के प्रसिद्ध मनोवैज्ञानिक निबन्ध—भाव या मनोविकार, उत्साह, श्रद्धा-भक्ति, करुणा, लज्जा और ग्लानि, लोभ और प्रीति, घृणा, ईर्ष्या, भय, क्रोध—भी लिखे गए थे। प्रकट है कि 1900 से 1920 ई. तक आचार्य ने निरन्तर अध्ययन-मनन और चिन्तन के द्वारा अपने वैचारिक स्तर को निखारा था और उसे प्रौढ़ता प्रदान की थी। सन् 1919 ई. से 1935 ई. के बीच आचार्य शुक्ल के मौलिक काव्य-चिन्तन को प्रमाणित करनेवाले वे निबन्ध लिखे गए, जिनका महत्त्व आज भी मान्य है। *कविता क्या है? काव्य में लोकमंगल की साधनावस्था, साधारणीकरण और व्यक्ति वैचित्र्यवाद, रसात्मक बोध के विविध रूप, काव्य में रहस्यवाद, काव्य में अभिव्यंजनावाद* आदि निबन्ध इसी कोटि के हैं।

आचार्य रामचन्द्र शुक्ल के पूर्व हिन्दी निबन्ध-साहित्य के क्षेत्र में महावीरप्रसाद द्विवेदी, माधवप्रसाद मिश्र, गोपालरामं गहमरी, बालमुकुन्द गुप्त, गोविन्दनारायण मिश्र, बाबू श्यामसुन्दरदास, चन्द्रधर शर्मा गुलेरी और अध्यापक पूर्णसिंह अपना स्थान बना चुके थे। इनमें से किसी के निबन्ध ऐसे नहीं थे जिनसे शुक्ल जी को पूर्णत: सन्तोष प्राप्त होता। श्री महावीरप्रसाद द्विवेदी के निबन्ध विचारात्मक अवश्य हैं, किन्तु उनमें विषयप्रतिपादन सामान्य स्तर के पाठकों को दृष्टि में रखकर किया गया है। श्री माधवप्रसाद मिश्र के निबन्ध ओजस्वितापूर्ण और मार्मिक होते थे, किन्तु उनमें विचार तत्त्व की कमी खटकती थी। 'धृति और क्षमा' जैसे विषयों का विवेचन करते हुए भी मिश्र जी धर्मशास्त्रीय दृष्टि से ज्ञातव्य बातों का उल्लेख मात्र करके सन्तुष्ट हो जाते थे। श्री गोपालराम गहमरी चटपटी भाषा और मनोरंजक शैली में चलताऊ बातें लिखकर अपना दायित्व पूरा कर लेते थे। श्री बालमुकुन्द गुप्त विनोदपूर्ण शैली में उत्तेजक बातें कहकर प्रतिपक्षी पर चोट करते थे, किन्तु उनकी विचार-भूमि सामयिक राजनीतिक परिस्थिति तक ही सीमित थी। श्री गोविन्दनारायण मिश्र संस्कृत गद्य-लेखकों की समास-अनुप्रास-बहुल अलंकृत काव्यात्मक शैली के अनुकरण द्वारा हिन्दी गद्य-शैली को समृद्ध करने में जुटे थे। बाबू श्यामसुन्दरदास से गम्भीर विषयों पर विचारात्मक निबन्ध लिखने की आशा की जा सकती थी, किन्तु वे कवियों के वृत्तानुसन्धान, ऐतिहासिक तथ्यों की छानबीन एवं भाषा-सम्बन्धी समस्याओं के निराकरण में ही लगे रहे। श्री चन्द्रधर शर्मा गुलेरी प्रगतिशील विचारों के बहुअधीत पंडित थे। उनके निबन्धों से उनकी बहुज्ञता, पांडित्य एवं व्यंग्यप्रियता का पता चलता है। इनकी शैली की अर्थगर्भित वक्रता तथा प्रसंग-गर्भत्व (Allusivness) से आचार्य शुक्ल प्रभावित थे, किन्तु इनमें भी वह विचार-वैभव प्राप्त नहीं होता जिसकी सम्भावना वे एक आदर्श निबन्ध-लेखक से करते थे। सरदार पूर्णसिंह की लाक्षणिक भाषा एवं भावावेगपूर्ण शैली की तह में छिपी क्षीण नैतिक आध्यात्मिक विचारधारा भी आचार्य शुक्ल को सन्तुष्ट नहीं कर सकी। तभी तो उन्होंने हिन्दी-साहित्य के आधुनिक-काल के द्वितीय उत्थान के भीतर निबन्ध-साहित्य के विवेचन का प्रसंग समाप्त करते हुए लिखा, ''खेद है कि समास-शैली पर ऐसे विचारात्मक निबन्ध लिखनेवाले, जिनमें बहुत ही चुस्त भाषा के भीतर एक पूरी अर्थ-परम्परा कसी हो अधिक लेखक हमें नहीं मिले।'' (*हिन्दी-साहित्य का इतिहास,* पृ. 585) आचार्य शुक्ल उच्च कोटि के स्थायी गद्य-साहित्य का निर्माण देखना चाहते थे। विश्वविद्यालयों में हिन्दी की ऊँची शिक्षा का विधान तो हो गया था, किन्तु उच्चस्तरीय गद्य-पुस्तकों की कमी का अनुभव उन सभी को हो रहा था जो विश्वविद्यालयीय शिक्षा से सम्बद्ध थे। आचार्य शुक्ल ने इस कमी को अपने मनोवैज्ञानिक एवं काव्यशास्त्रीय निबन्धों से पूरा किया।

आचार्य शुक्ल ने अब तक के अपने अध्ययन के बल पर यह अनुभव किया था कि सुख-दु:ख की मूल अनुभूतियाँ ही विषय-भेद से 'प्रेम, हास, उत्साह, आश्चर्य, क्रोध, भय, करुणा, घृणा' आदि मनोविकारों का रूप धारण करती हैं। ये मनोविकार ही मानव-जीवन के समस्त क्रिया-कलापों के प्रवर्तक हैं। व्यक्ति-स्तर पर देखा जाए तो शीलवैशिष्ट्य के मूल में भी भावों का विशेष प्रकार का संघटन ही कार्य करता हुआ लक्षित होता है। लोक स्तर पर देखा जाए तो लोक-संग्रह और लोक-रंजन दोनों ही प्रकार की प्रवृत्तियों के मूल में मनोभाव ही क्रियाशील दिखाई पड़ते हैं। जगत के इस रूप-गतिमय प्रसार के साथ मानव-अन्त:करण के रागात्मक सामंजस्य के अभाव में जीवन के सौन्दर्य का प्रस्फुटन सम्भव नहीं है। इसलिए यदि व्यक्ति को समझना है, व्यक्ति और समाज के गूढ़ सम्बन्धों को समझना है, प्रकृति के साथ उसके चिरन्तन अस्तित्व और लगाव को समझना है तथा व्यक्त जगत से परे किसी विश्वात्मा की अवधारणा एवं मानव-नियति के निर्धारण में उसकी अलक्ष्य भूमिका को समझना है तो मानव-मनोभावों का विश्लेषण आवश्यक है। भारतीय काव्यशास्त्र और पाश्चात्य मनोविज्ञान के तुलनात्मक अनुशीलन से आचार्य शुक्ल के विश्वास को बल मिला। उन्होंने भारतीय रस-पद्धति के अन्तर्गत निरूपित स्थायी संचारी भावों के महत्त्व और मूल्य को पाश्चात्य मनोविज्ञान के प्रकाश में विश्लेषित किया। उन्होंने अनुभव किया कि भारतीय काव्य-शास्त्र में गिनाए गए नौ स्थायी भावों—रति, हास, शोक, क्रोध, उत्साह, भय, आश्चर्य, जुगुप्सा, निर्वेद में हास, उत्साह और निर्वेद— को छोड़ शेष सब भाव वे ही हैं जिन्हें आधुनिक मनोविज्ञानियों ने 'मूल भाव' कहा है। (*रसमीमांसा,* पृ. 172) अपने यहाँ के स्थायी भावों के स्थायित्व की व्याख्या करते हुए आचार्य शुक्ल ने स्पष्ट किया कि 'रति' ही एक ऐसा भाव है जो आधुनिक मनोविज्ञान की दृष्टि से भी स्थायी है। (वही, पृ. 172) भारतीय आचार्यों द्वारा स्थायी-संचारी भाव का जो भेद किया गया है उसके सैद्धान्तिक औचित्य का प्रतिपादन करते हुए उन्होंने कहा, 'अत: जो भाव ऐसे हैं जिन्हें किसी पात्र को प्रकट करते देख या सुनकर दर्शक या श्रोता भी उन्हीं भावों का-सा अनुभव कर सकते हैं वे तो प्रधान भाव में रखे गए हैं, शेष भाव और मन के वेग संचारियों में डाले गए हैं।'' (वही, पृ. 203) उसके अनुसार भारतीय साहित्यिकों ने आलम्बन की स्थिरता के आधार पर भाव की अविचलता या स्थायित्व का निरूपण किया है। ''अपने यहाँ 'स्थायी-संचारी-व्यवस्था' की विशेषता यह है कि स्थायी भावों द्वारा प्रवर्तित आगन्तुक भावों (संचारियों) की उपस्थिति काल में भी स्थायी भावों की सत्ता बनी रहती है। पाश्चात्य मनोवैज्ञानिकों के भाव-निरूपण में मूल और तद्भव भावों की सम्बन्ध-व्यवस्था इससे भिन्न है। उनकी भाव-निरूपण-पद्धति के अनुसार मूल या जनक भाव स्वप्रवर्तित अन्य भाव के

उदय के समय अपना स्वरूप विसर्जित कर देता है।'' (वही, पृ. 199) इस प्रकार पाश्चात्य 'मूल और तद्भव' तथा भारतीय 'स्थायी-संचारी' भाव-निरूपण-पद्धति की तुलनात्मक विवेचना करते हुए आचार्य शुक्ल को यह प्रतीत हुआ था कि, ''मनोविज्ञान के और अंगों में न सही, भाव-निरूपण में औरों की अपेक्षा हम शायद कुछ अधिक कर सकें।'' (वही, पृ. 177)

आचार्य शुक्ल ने मनोभावों की विकास-प्रक्रिया को मानव-जीवन की विकास-प्रक्रिया के समानान्तर रखकर दोनों के अनिवार्य सम्बन्ध को स्पष्ट करते हुए यह स्थापित किया कि मानव की बाह्य गतिविधियों के मूल में उसके अन्तःकरण में स्थित मनोभाव प्रेरक रूप में विद्यमान रहते हैं। आदिम मानव-जीवन में सुख-दुःख की इन्द्रियज वेदना ही प्रधान थी। इसलिए वह राग-द्वेष से ही परिचालित होता था। आगे चलकर उसमें वासना या प्रवृत्ति का विधान हुआ और अन्त में मनोमय कोश का पूर्ण विधान हो जाने पर 'वासनाओं की नींव पर रति, हास, शोक, क्रोध इत्यादि भावों की प्रतिष्ठा हुई।'' (रसमीमांसा, पृ. 162) इन्द्रियज-वेदना, वासना और भाव का अन्तर स्पष्ट करते हुए उन्होंने कहा—इन्द्रियज संवेदन वेदना-प्रधान होता है, वासना प्रवृत्ति-प्रधान होती है और भाव वेद्य-प्रधान (आलम्बन-प्रधान) होता है। (वही, पृ. 162) इस प्रकार वासना में प्रत्ययबोध (विषयबोध) आवश्यक नहीं होता, किन्तु भाव में वह आवश्यक होता है। भाव की परिभाषा करते हुए उन्होंने कहा, ''प्रत्ययबोध, अनुभूति और वेगपयुक्त प्रवृत्ति इन तीनों के गूढ़-संश्लेष का नाम 'भाव' है।'' (वही, पृ. 168) आचार्य शुक्ल की यह परिभाषा मनोविज्ञान-सम्मत है। इस परिभाषा के साथ ही उन्होंने भारतीय साहित्यकारों द्वारा प्रयुक्त 'भाव' शब्द का विवेचन करते हुए कहा, ''प्रत्ययबोध की ओर लक्ष्य करके ही साहित्यकारों ने 'भाव' शब्द का प्रयोग किया है जिसका अर्थ है चित्त की चेतन-दशा विशेष रति, क्रोध, भय आदि की वासनात्मक अवस्था में किसी चेतन-दशा की अपेक्षा नहीं।'' (वही, पृ. 162) इस विवेचन के द्वारा उन्होंने यह प्रमाणित करना चाहा कि पाश्चात्य मनोवैज्ञानिकों की भाँति भारतीय साहित्यिक भी भाव की सत्ता के लिए प्रत्यय-बोध या विषय-बोध आवश्यक मानते हैं। इस विषय-बोध को आलम्बन विभाव के साथ सम्बद्ध करके आचार्य ने भारतीय रस-पद्धति के अन्तर्गत निरूपित 'भाव' की मनोवैज्ञानिकता प्रमाणित करने की चेष्टा की है। यही नहीं, उन्होंने स्थायी भावों अनुभावों और संचारी भावों की चर्चा करते हुए भी बीच-बीच में मनोविज्ञानियों के मत का उल्लेख किया है और कई स्थलों पर उनके विवेचन की कमियों की ओर भी इंगित किया है। आचार्य शुक्ल ने यह सारी छानबीन भारतीय रस-निरूपण-पद्धति को आधुनिक मनोविज्ञान के प्रकाश में नया संस्कार देने के प्रयत्न में की है। उनका मत था कि, ''हमें देखना चारों ओर चाहिए, पर

सब देखी हुई बातों का सामंजस्य बुद्धि से समन्वय करना चाहिए। यही सामंजस्य भारतीय काव्य-दृष्टि की विशेषता है। यही सामंजस्य अनेक रूपात्मक जीवन और अनेक भावात्मक काव्य की सफलता का मूल मंत्र है।'' (*चिन्तामणि-2,* पृ. 157) भारतीय काव्य-दृष्टि का चरम उत्कर्ष रस-निरूपण-पद्धति में हुआ है। इसलिए रस-निरूपण-पद्धति का आधुनिक मनोवैज्ञानिक चिन्तन के आलोक में संस्कार-प्रसार आवश्यक है। काव्य में रहस्यवाद निबन्ध का उपसंहार करते हुए उन्होंने कहा है—

''हमें अपनी रस-निरूपण-पद्धति का आधुनिक मनोविज्ञान आदि की सहायता से खूब प्रसार-संस्कार करना पड़ेगा। इस पद्धति की नींव बहुत दूर तक डाली गई है, पर इसके ढाँचों का नए-नए अनुभवों के अनुसार अनेक दिशाओं में फैलाव बहुत जरूरी है।'' (चिन्तामणि-2, पृ. 157) इस आवश्यकता की पूर्ति के लिए ही आचार्य शुक्ल ने 'उत्साह', 'श्रद्धाभक्ति', 'करुणा', 'लज्जा और ग्लानि', 'लोभ और प्रीति', 'घृणा', 'ईर्ष्या', 'भय', 'क्रोध' आदि के सम्बन्ध में गम्भीर विचार किया। इनमें से 'उत्साह', 'करुणा', 'प्रीति' (रति), 'घृणा' (जुगुप्सा), 'भय', 'क्रोध' आदि को भारतीय रस-निरूपण-पद्धति में स्थायी भावों के रूप में स्वीकार किया गया है तथा 'लज्जा', 'ईर्ष्या' (असूया) और 'ग्लानि' को संचारी भावों में। इन मनोविकारों के सम्बन्ध में विचार-बिन्दुओं को निर्दिष्ट करने का कार्य आचार्य शुक्ल ने अपनी मौलिक चिन्तन-क्षमता के बल पर किया है। उनके द्वारा निर्दिष्ट विचार-बिन्दु निम्नलिखित हैं—

1. मनोभाव-विशेष के वर्ग (सुखात्मक या दुःखात्मक) का उल्लेख—उत्साह, पृ. 6.
2. परिभाषा देने की चेष्टा (श्रद्धा-भक्ति, पृ. 15, श्रद्धा की परिभाषा लज्जा और ग्लानि में, पृ. 56, लज्जा की परिभाषा, पृ. 97, घृणा तथा भय की परिभाषा, पृ. 124)
3. विरोधी भाव से तुलना ('उत्साह' में उत्साह और भय की तुलना, पृ. 6)
4. समान प्रतीत होनेवाले मनोभावों से पार्थक्य ('उत्साह' निबन्ध में 'उत्साह' और 'साहस' का पार्थक्य, पृ. 6. 'लज्जा और ग्लानि' निबन्ध में 'लज्जा' और 'संकोच' का अन्तर, पृ. 65, 'ईष्या' निबन्ध में 'ईर्ष्या' और 'स्पर्द्धा' का अन्तर, पृ. 109, 'भय' निबन्ध में 'भय' और 'आशंका' का अन्तर, पृ. 126 तथा 'क्रोध' निबन्ध में 'क्रोध', 'चिड़चिड़ाहट' और 'अमर्ष' का अन्तर, पृ. 139)
5. मनोभाव-विशेष की संश्लिष्टता या संकरता का विवेचन—उत्साह (आनन्दपूर्ण प्रयत्न+साहस+धृति), भक्ति=(श्रद्धा+प्रेम),

ईर्ष्या=(आलस्य= अभिमान + नैराश्य)

6. मनोभाव-विशेष की सामान्योन्मुखता या विशेषोन्मुखता का उल्लेख—('श्रद्धा', पृ. 21, 'लोभ और प्रीति', पृ. 68)
7. मनोभाव-विशेष के भेदों या प्रकारों का उल्लेख—('श्रद्धा-भक्ति', पृ. 22, 'लोभ', पृ. 75)
8. मनोभाव-विशेष के शुभ या अशुभ होने की स्थिति पर विचार—('उत्साह, पृ. 9)
9. मनोभाव-विशेष की सामाजिकता या एकान्तिकता का उल्लेख ('श्रद्धा-भक्ति', पृ. 20), ('लोभ और प्रीति', पृ. 91)
10. विशिष्ट भावबोध के लिए अन्तःकरण की विकास-स्थिति पर विचार—('श्रद्धा, पृ. 21)
11. मनोभाव-विशेष की स्थिति और स्वरूप का उसके धारणकर्ताओं की मानसिक स्थिति एवं संस्कारों से सम्बन्ध—('घृणा', पृ. 99)
12. मनोभाव-विशेष की अभिव्यक्ति की सामाजिक स्वीकृति के सम्बन्ध में विचार—('श्रद्धा-भक्ति' पृ. ' 31)
13. मनोभाव-विशेष के विषय की उपयुक्तता के निर्णय में बुद्धि का योगदान—('श्रद्धा-भक्ति', पृ. 31)
14. मनोभावों की प्रवृत्तिगत एकता और सहगमन के सम्बन्ध में विचार—(घृणा और भय की प्रवृत्ति एक-सी है, पृ. 105, ईर्ष्या, अभिमान की सहगामिनी है, पृ. 116
15. मनोभाव-विशेष की स्थिति-काल में आश्रय की विषयोन्मुखता तथा आलम्बन के स्वरूप की स्पष्टता-अस्पष्टता का विचार—('उत्साह', 10,11)
16. अनुभूतियों और मनोभावों की व्याप्ति, सीमा और सामाजिक उपयोगिता का विचार—('करुणा', पृ. 46)
17. मनोभावों के शील एवं सद्‌वृत्तियों से सम्बन्ध पर विचार—('करुणा', पृ. 47)
18. मनोभाव की स्थिति का अन्तःकरण पर पड़नेवाले प्रभाव पर विचार—('लज्जा और ग्लानि', पृ. 59, 'करुणा', पृ. 48, 'लोभ और प्रीति', पृ.83)
19. मनभावों की व्यंजक क्रियाओं का उल्लेख—('लोभ और प्रीति', पृ. 96)
20. मनोभावों के विषयों का स्थूलता-सूक्ष्मता तथा साध्य-असाध्य के आधार पर वर्गीकरण—('घृणा', पृ. 97, तथा 'भय' पृ. 124)

21. मनोभावों की प्रेष्यता-अप्रेष्यता पर विचार—('घृणा', पृ. 104, 'ईर्ष्या', पृ. 122)
22. मनोभावों की प्रयत्नोत्पादिनी-शक्ति पर विचार—('ईर्ष्या,' पृ. 121)
23. मनोभाव-विशेष को धारण करने के विचार से सभ्य-असभ्य होने का निर्णय—('भय', पृ. 127)
24. मनोभावों की स्थिति पर सभ्यता के विकास का प्रभाव—('भय', पृ. 128)
25. मनोभाव के उदय के कारण कार्य सम्बन्ध पर विचार—('क्रोध', पृ. 133)
26. मनोभावों की तत्परता एवं गति के सम्बन्ध में विचार—('क्रोध', पृ. 135) 27. मनोभाव-विशेष की स्थिति पर रस-दृष्टि से विचार—('लोभ और प्रीति', पृ. 94)
28. अपनी स्थिति और रक्षा के विधायक भावों—दया, करुणा, प्रेम, क्रोध आदि की परमावस्था की भावना के रूप में ही परम भावमय-ईश्वर की कल्पना ('श्रद्धा-भक्ति, पृ. 39)

उपरोक्त विचार-बिन्दुओं को प्रत्येक मनोभाव के विवेचन में आधार बनाया गया हो, ऐसा नहीं है, किन्तु सभी मनोभावों के विवेचन पर समग्र रूप से ध्यान देने पर इनका प्रारूप उभरकर सामने आता है और आचार्य शुक्ल की दृष्टि की व्यापकता और गहराई का बोध होता है। इन मनोविकारों के विवेचन-क्रम में आचार्य शुक्ल की सबसे महत्त्वपूर्ण मान्यता यह लक्षित होती है कि विषयों के बोध का विधान होने पर ही अनुभूतियों के भिन्न-भिन्न योग (मनोविकार) संघटित होते हैं। अर्थात् गोचर-जगत की रूप-गति का दबाव ही अनुभूतियों के उदय का कारण है। इस प्रकार अन्तःकरण की कोई भी अनुभूति मानवीय ज्ञान-परिधि के बाहर की वस्तु नहीं है। हमारी समस्त आन्तरिक गतिविधि की प्रकृत भूमि मनोमय कोश ही है। दूसरी महत्त्वपूर्ण मान्यता यह है कि मनोवेगों की स्थिति और गति के अध्ययन से ही मानव-जीवन के पूरे विकास को समझा जा सकता है। विकास की समान स्थितिवाली सभ्य जातियों में, अन्तःकरण की अनुभूतियों की आदर्श-भूमियाँ भी प्रायः समान होती हैं। यदि ऐसा न हो तो मनुष्यता के सामान्य आदर्शों की प्रतिष्ठा ही न हो और किसी एक की अनुभूति का, अनेक की या सबकी अनुभूति से किसी प्रकार का सामंजस्य ही घटित न हो।

जीवन में मनोविकारों की अहम भूमिका स्वीकार करते हुए आचार्य शुक्ल मनोवैज्ञानिकों द्वारा मनोविकारों के यान्त्रिक विवेचन के कायल नहीं हैं। यह सही है कि उनकी मनोविकारों की परिभाषा मनोविज्ञान सम्मत है। यह भी लक्षित किया गया है कि विवेचन-क्रम में उन्होंने अनेक स्तरों पर मनोविज्ञान का आधार

लिया है। किन्तु यह निर्विवाद है कि उन्होंने अनेक स्थापनाएँ अपनी स्वतन्त्र दृष्टि से की हैं। उनकी विवेचन पद्धति और उनके निर्णय सर्वथा मनोवैज्ञानिक नहीं हैं। सबसे बड़ा अन्तर दृष्टि का है। मनोविज्ञान भी विज्ञान है जो चीजों को परीक्षण और प्रयोग के आधार पर समझना चाहता है। आज अनेक मनोवैज्ञानिक मानव-मस्तिष्क के अग्रभाग में स्थित हाइपोथैलेमस (Hypothalamus) को संवेगात्मक व्यवहार का मूल कारण मानते हैं। 'हाइपोथैलेमस' में उत्पन्न उत्तेजनाएँ 'स्नायु प्रवाह' (Cortex) में पहुँचकर संवेग का अनुभव प्रदान करती हैं और प्रभावक (Effector) में पहुँचकर शरीरिक क्रियाएँ उत्पन्न करती है। संवेगात्मक व्यवहार हाइपोथैलेमस को कृत्रिम तरीके से उत्तेजित करके भी लक्षित किया जा सकता है। यह अवश्य है कि स्वाभाविक तरीके से उत्पन्न संवेगात्मक व्यवहार से यह कुछ अलग प्रकार का होता है। मनोविज्ञान संवेगों के उत्पन्न होने की शारीरिक प्रक्रिया को परीक्षण और प्रयोग के द्वारा व्याख्यायित करना चाहता है। अभी तक वह पूरी तरह सफल नहीं हो सका है। लेकिन प्रयोग और परीक्षण जारी है। इसके अतिरिक्त मनोवैज्ञानिक भावों और संवेगों का अध्ययन मूलत: मानव-व्यवहार की व्याख्या के लिए करते हैं। इसलिए वे संवेग के क्षणों में व्यक्ति की चेतना, उसकी आन्तरिक क्रियाओं तथा बाह्य व्यवहार में परिवर्तन के अध्ययन पर विशेष बल देते हैं। जहाँ तक व्यक्ति की चेतना का प्रश्न है, संवेग के क्षणों में स्मृति क्षीण हो जाती है। तर्क-शक्ति मन्द पड़ जाती है। संवेग के क्षणों में बाह्य व्यवहार में भी परिवर्तन होता है। व्यक्ति की मुखाकृति, शारीरिक मुद्रा और वाणी सभी में परिवर्तन हो जाता है। यह अवश्य है कि इन बाह्य-परिवर्तनों के आधार पर संवेग विशेष को निर्दिष्ट करने में कठिनाई होती है क्योंकि कभी-कभी दो विरोधी संवेगों की स्थिति में भी व्यक्ति एक जैसी चेष्टाएँ करता है। उदाहरण के लिए दु:ख और विषाद के क्षणों में मनुष्य रोने लगता है; कभी-कभी प्रसन्न होने पर भी वह रोने लगता है। संवेग के क्षणों में शरीर की आन्तरिक क्रियाएँ बहुत प्रभावित होती हैं। मनोवैज्ञानिकों ने परीक्षण करके देखा है कि संवेग के क्षणों में व्यक्ति की साँस, हृदय और नाड़ी की गति में परिवर्तन हो जाता है। रक्त-संचार, रक्तचाप, रक्त के रासायनिक तत्त्वों और रसपाक में परिवर्तन हो जाता है। पाचन-क्रिया प्रभावित होती है तथा त्वक् प्रतिक्रिया और ग्रन्थियों (glands) की क्रियाओं में भी परिवर्तन हो जाता है। इन विषयों के अतिरिक्त मनोवैज्ञानिक संवेगों को जागृत करनेवाली स्थितियों अलग-अलग संस्कृतियों में उनके प्रकाशन के प्रकारों में लक्षित होनेवाले भेदों, उनके दमन से उत्पन्न मानसिक ग्रन्थियों और रोगों तथा मूल आलम्बन के प्रति व्यक्त न होने पर उनके विषयान्तरण आदि का भी अध्ययन करते हैं। संवेगों को जागृत करने में बाह्य परिस्थितियाँ ही कारण नहीं होतीं कभी-कभी व्यक्ति की अपनी

मानसिक दशा भी कारण होती है। ऐसा देखा जाता है कि वक्ता-विशेष का वक्तव्य सुनकर किसी श्रोता पर कोई प्रतिक्रिया नहीं होती और कोई उत्तेजित होकर बीच में ही टोकने लगता है। इसी प्रकार अलग-अलग सांस्कृतिक परिवेशों में संवेगों के प्रकाशन के रूप अलग-अलग होते हैं। किसी समाज में विदा के क्षणों में लोग आँसू बहाते और बिलख-बिलख कर रोते हैं और किसी में चुम्बन लेकर मुस्कराते हैं। इसीलिए मनोवैज्ञानिक यह मानते हैं कि संवेगात्मक संकेतों की कोई सामान्य भाषा नहीं होती। (There is no natural language of emotinal gesture) संवेगों का विषयान्तरण भी होता है। प्राय: यह देखा जाता है कि जब व्यक्ति किसी कारण संवेग-विशेष को उसके मूल आलम्बन के प्रति व्यक्त नहीं कर पाता तो उसे मूल आलम्बन से हटकर दूसरे के प्रति व्यक्त करके सन्तोष लाभ करता है। उदाहरण के लिए अपने उच्च अधिकारी से डाँट खाकर लौटा हुआ बड़ा बाबू अपने मातहत छोटे बाबू पर बरस पड़ता है। इस प्रकार संवेग का विषयान्तरण हो जाता है। आधुनिक जटिल समाज में मानव-व्यवहार के अध्ययन-क्रम में संवेगों के विषयान्तरण के अध्ययन का विशेष महत्त्व है। संवेगों के दमन से अनेक मानसिक ग्रन्थियों उत्पन्न होती हैं। व्यक्ति कुंठित होकर अनेक प्रकार के मानसिक रोगों का शिकार हो जाता है। फ्रॉयड और उसकी परम्परा के अन्य मनोवैज्ञानिकों ने संवेगों के दमन का गम्भीर विश्लेषण करके मनोचिकित्सा के क्षेत्र में अनेक सिद्धान्त स्थिर किए हैं और मनोविश्लेषण शास्त्र को विकसित किया है। इस क्रम में एक बात और ध्यान देने की है। मनोवैज्ञानिक व्यक्ति की वय के विकास के साथ संवेगों के स्वरूप, प्रभाव और घनत्व में क्रमश: परिवर्तन लक्षित करते हैं। वय की प्रौढ़ता और ज्ञान की समृद्धि के साथ संवेगों के स्वरूप और घनत्व में परिवर्तन के अध्ययन पर मनोवैज्ञानिकों ने विशेष ध्यान दिया है। उनका कहना है कि संवेग जन्म से ही बने-बनाए मौजूद नहीं होते। मानव व्यक्तित्व के अन्य किसी संघटकतत्त्व की भाँति ये भी विकसित होते हैं। संवेगात्मक विकास मुख्यत: प्रौढ़ता और ज्ञान वृद्धि दोनों पर निर्भर है, किसी एक पर नहीं। यदि कोई संवेगात्मक प्रतिक्रिया आरम्भिक अवस्था में लक्षित नहीं होती तो इसका यह अर्थ नहीं है कि वह जन्मजात नहीं है। वह आगे चलकर बच्चे की बुद्धि के विकसित होने या उसके शरीर में अन्त:स्रावी ग्रन्थियों के विकसित होने पर लक्षित हो सकती है।[1]

कहना न होगा कि आचार्य शुक्ल ने शुद्ध मनोवैज्ञानिक दृष्टि से मनोविकारों का विवेचन नहीं किया है। न तो उन्होंने संवेग के क्षणों में मनुष्य की चेतना का विवेचन किया है; न आन्तरिक क्रियाओं में होनेवाले परिवर्तनों का। आचार्य ने संवेगों के जागृत होने में आश्रय की मानसिक दशा भी कारण हो सकती है, इस बिन्दु पर भी विचार नहीं किया है। संवेगों के प्रकाशन के रूप सभी प्रकार के

समाजों में एक जैसे नहीं होते। संस्कृति और समाज-संस्कार के भेद से इनमें भिन्नता भी हो सकती है। इस पर शुक्ल जी ने ध्यान नहीं दिया है। सबसे बड़ी बात जो ध्यान देने की है वह यह कि शुक्ल जी ने व्यक्ति के जीवन में वय की प्रौढ़ता, अन्त:स्रावी ग्रन्थियों के विकास और बौद्धिक परिपक्वता के साथ संवेगों के स्वरूप में परिवर्तन की बात पर कत्तई ध्यान नहीं दिया है। भारतीय रस-दृष्टि स्थायी भावों की स्थिति को एक रस मानकर चलती है। स्थायी भाव यहाँ स्थिर मनोदशा के रूप में स्वीकृत हैं। आचार्य शुक्ल सभ्यता के विकास के साथ भावों के जटिल होने की बात को कहते हैं; वे यह भी मानते हैं कि क्रमश: भावों के विषय अपने मूल रूपों से भिन्न रूप धारण करने लगे हैं किन्तु उनकी धारणा है कि, "भावों के विषयों और उनके द्वारा प्रेरित व्यापारों में जटिलता आने पर भी उनका सम्बन्ध मूल विषयों और मूल व्यापारों से भीतर-भीतर बना है और बराबर बना रहेगा।" इस प्रकार वे भारतीय रस-दृष्टि के दायरे से मुक्त नहीं हो पाते और इसीलिए वे एक वैज्ञानिक की निस्संग दृष्टि से पूर्णत: तटस्थ होकर मनोभावों के विवेचन में प्रवृत्त नहीं होते। उनके अनुसार उचित आलम्बन के प्रति व्यक्त होने पर प्रत्येक स्थायी भाव सुन्दर और रसात्मक होता है। इस प्रकार आचार्य शुक्ल का लक्ष्य प्रयोग और परीक्षण के आधार पर व्यक्ति-जीवन और लोक-जीवन में मनोवेगों के विकासात्मक स्वरूप का निस्संग विश्लेषण नहीं वरन अभिव्यक्ति के औचित्य के आधार पर उनके रसात्मक स्वरूप का निर्वचन है। उनकी बद्धमूल धारणा है कि करुणा और प्रेम के शासन में सक्रिय होकर प्रचंड और उग्र मनोविकार भी रसात्मक हो जाते हैं।

वस्तुत: आचार्य शुक्ल द्वारा किया गया मनोभावों का यह विवेचन-विश्लेषण उनकी नैतिक दृष्टि का परिणाम है। सच्चाई तो यह है कि आचार्य शुक्ल का समस्त काव्य-चिन्तन मानव-जीवन के मंगल-विधान को केन्द्र में रखकर आगे बढ़ा है। किन्तु यह मानना होगा कि उनकी नैतिक दृष्टि अत्यन्त व्यापक है। उसके भीतर मनोविज्ञान, धर्म, दर्शन, राजनीति, साहित्यशास्त्र तथा जीवन के विविध क्षेत्रों का अनुभव समन्वित है। वह एक प्रकार से उनकी समग्र जीवन-दृष्टि है। उनकी इस नैतिक दृष्टि का निर्माण उस समय तक के समग्र ज्ञान को अच्छी तरह आत्मसात करने के बाद हुआ था। यह ध्यान देने की बात है कि 1920 ई. में जर्मन वैज्ञानिक हैकल की रिडल् ऑफ दी यूनिवर्स (Raddle of the universe) का आचार्य शुक्ल कृत अनुवाद *विश्वप्रपंच* प्रकाशित हो चुका था। इस पुस्तक की लम्बी भूमिका में उन्होंने न सभी विषयों के विश्वस्तरीय ज्ञान की प्रगति का अच्छा विवेचन किया है जिनका समावेश मूल पुस्तक में है। इस भूमिका के सम्बन्ध में डॉ. रामविलास शर्मा का कथन ध्यान देने योग्य है—"संसार के प्रति हमारा दार्शनिक दृष्टिकोण क्या हो? इस प्रश्न का उत्तर देने के लिए हिन्दी

में पहली बार इतने विस्तार से विज्ञान का अध्ययन किया गया है। यहाँ पहली बार (सम्भवत: अब तक के लिए अन्तिम बार भी) प्राचीन दर्शनों और शास्त्रों के विज्ञान-सम्मत तथ्यों का उल्लेख करते हुए उनकी सीमाएँ बतलाई गई हैं।' (*आचार्य रामचन्द्र शुक्ल और हिन्दी आलोचना,* भूमिका भाग, पृ. 11) 1920 ई. तक शुक्ल जी के मनोविकारों पर लिखे गए प्राय: सभी निबन्ध प्रकाशित हो चुके थे। इस समय तक शुक्ल जी की जीवन-दृष्टि की आधार-भूमि का निर्माण हो चुका था। अब तक उन्होंने साहित्य के आधारभूत तत्त्वों की ही छानबीन नहीं की थी, वरन भौतिक-शास्त्र, जीव-विज्ञान, रसायन-शास्त्र, भूगर्भशास्त्र और दर्शन शास्त्र का भी अच्छा ज्ञान प्राप्त कर लिया। था। उन्हें यह जानकर प्रसन्नता हुई थी कि मूल भूतों और परमाणुओं का सम्बन्ध वैशेषिक ने उसी रीति से निर्धारित किया है जिस रीति से आधुनिक रसायन शास्त्र ने। वे डारविन के 'विकासवाद' से अच्छी तरह परिचित हो चुके थे और उसके कारण पौराणिक सृष्टि-कथाओं तथा 'स्थिर-योनि सिद्धान्त' का जो खंडन हुआ था, उससे सहमत थे। इससे यह अनुमान लगाया जा सकता है कि आचार्य शुक्ल ने मनोविकारों का जो विवेचन किया है वह एकांगी नहीं है, उसके पीछे ज्ञान की समग्रता का आलोक है। इस समय तक उन्हें नानारूपात्मक जगत और नानाभावात्मक अन्त:करण की एकता का पूरा-पूरा परिचय मिल चुका था। इन निबन्धों की रचना-प्रक्रिया का संकेत करते हुए शुक्ल जी ने इन्हें अपनी बौद्धिक अन्तर्यात्रा में पड़नेवाले प्रदेश बताया है। बौद्धिक अन्तर्यात्रा ज्ञान के पूर्ण प्रकाश में ही लक्ष्य-बिन्दु को दृष्टि-पथ में रखकर सफलतापूर्वक समाप्त की जा सकती है।

मनोविकारों के विवेचन-क्रम में ही आचार्य शुक्ल के काव्य-सिद्धान्त विकसित और पुष्ट हुए थे। 'कविता क्या है', 'काव्य में लोक-मंगल की साधनावस्था', 'साधारणीकरण और व्यक्तिवैचित्र्यवाद', 'रसात्मक बोध के विविध रूप', 'काव्य में रहस्यवाद', 'काव्य में अभिव्यंजनावाद' आदि निबन्धों में आचार्य शुक्ल के काव्य-सिद्धान्त व्यक्त हुए हैं। इन निबन्धों में अनेक स्थलों पर मनोविकारों के विवेचन-क्रम में निर्दिष्ट विचार-सूत्र झलक जाते हैं। 'कविता क्या है' शीर्षक निबन्ध आचार्य शुक्ल के काव्य-चिन्तन का मूलाधार है। इस निबन्ध का कई बार संस्कार किया गया है। इसका एक रूप 1909 ई. की सरस्वती में प्राप्त होता है। सम्भवत: यह इस निबन्ध का पहला रूप है।[2] इसका कुछ परिवर्द्धित और परिष्कृत रूप विचार वीथी में प्रकाशित हुआ था। इसके बाद चिन्तामणि प्रथम भाग में प्रकाशित होते समय इसमें पुन: कुछ संशोधन परिवर्द्धन किया है। इस निबन्ध में आचार्य शुक्ल ने 'काव्य की परिभाषा', 'उद्‌देश्य', 'स्वरूप', 'तत्त्व', 'काव्य-दृष्टि के प्रसार', 'मनुष्यता की उच्च भूमि और काव्य', 'काव्य में कल्पना', 'काव्य और सौन्दर्यानुभूति', 'काव्य और उक्ति चमत्कार',

'काव्य में अलंकार', 'काव्य की भाषा' और 'काव्य की आवश्यकता' आदि अनेक विषयों पर विचार किया है। इस निबन्ध में उन्होंने जो काव्य सम्बन्ध स्थापनाएँ की हैं वे उनके अन्य निबन्धों में भी लक्षित होती हैं। यहाँ आचार्य शुक्ल की काव्य सम्बन्धी कुछ अत्यन्त महत्त्वपूर्ण स्थापनाओं का संक्षिप्त परिचय आवश्यक है—

1. इस अनन्त रूपात्मक जगत में जब हम अपने व्यक्तिगत योग-क्षेम, हानि-लाभ, सुख-दुख की सीमा से ऊपर उठकर विशुद्ध अनुभूति मात्र रह जाते हैं तब मुक्त-हृदय होते हैं। जिस प्रकार आत्मा की मुक्तावस्था ज्ञानदशा कहलाती है, उसी प्रकार हृदय की यह मुक्तावस्था रसदशा कहलाती है। ''हृदय की इसी मुक्ति की साधना के लिए मनुष्य की वाणी जो शब्द-विधान करती आई है, उसे कविता कहते हैं।'' (*चिन्तामणि,* प्रथम भाग, पृ. 141)
2. हृदय की मुक्ति की साधना एक प्रकार का 'भाव योग या अनुभूति-योग' है। यह कर्मयोग और ज्ञानयोग का समकक्ष है। इसके अभ्यास से ''हमारे मनोविकारों का परिष्कार तथा शेष सृष्टि के साथ हमारे रागात्मक सम्बन्ध की रक्षा और निर्वाह होता है।'' (वही, पृ. 141)
3. जगत के आदिम रूपों और व्यापारों से हमारे भावों का सीधा सम्बन्ध है। इन रूपों और व्यापारों में वंशानुगत वासना की दीर्घ-परम्परा के कारण भावों के उद्बोधन की गहरी शक्ति है सभ्यता के विकास के साथ-साथ ये आदिम रूप कृत्रिमता के आवरण से आच्छन्न होते जा रहे हैं। कवि का कर्तव्य है कि वह इन आवरणों को हटाकर हमारी वृत्तियों को उद्दीप्त करनेवाले मूल व्यापारों को प्रत्यक्ष करे। ज्यों-ज्यों सभ्यता का विकास होगा इन आवरणों को हटाना कठिन हो जाएगा, परिणामस्वरूप कवि-कर्म भी कठिन होता जाएगा।
4. बाह्य प्रकृति मधुर, सूखे, बेडौल, कर्कश, भव्य, विशाल, कराल, विचित्र, भयंकर आदि अनेक रूपों में हमारे सामने आती हैं। सच्चे कवि का हृदय प्रकृति के सभी प्रकार के रूपों में लीन होता है। इस अनेक रूपात्मक प्रकृति का चित्रण आलम्बन रूप में बिम्ब-विधायिनी पद्धति पर होना चाहिए। ऋषि वाल्मीकि ने इसी पद्धति पर ऋतु-वर्णन किया है। जो प्रकृति के कोमल और सुकुमार या असाधारण रूपों का ही वर्णन करते हैं वे सच्चे भावुक नहीं हैं। वस्तुत: ''सम्पूर्ण सत्ताएँ एक ही परम सत्ता और सम्पूर्ण भाव एक ही परम भाव के अन्तर्भूत हैं।'' अत: बुद्धि की क्रिया से हमारा ज्ञान जिस अद्वैत-भूमि पर पहुँचता है उसी

भूमि तक हमारा भावात्मक हृदय भी सत्त्व-रस के प्रभाव से पहुँचता है। (चिन्तामणि, प्रथम भाग, पृ. 151)

5. मनुष्येतर प्रकृति के रूप-व्यापार—पेड़-पौधे, लता-गुल्म आदि भी कभी-कभी मार्मिक तथ्यों की व्यंजना करते हैं। सच्चे भावुक कवि इस व्यंजना को ग्रहण कर सुन्दर काव्योक्तियों की रचना करते हैं। कहीं-कहीं जीवन के तथ्यों के साथ इनके साम्य की योजना करके हमारे अन्योक्तिकारों ने भावपूर्ण मुक्तकों की सृष्टि की है। जब कभी पशु पक्षियों की सहज चेष्टाओं से व्यंजित तथ्यों पर कवि अपने भावों का आरोप करके चमत्कारिक सूक्तियों की रचना करते हैं तब वे काव्य-क्षेत्र से अलग हो जाते हैं। सूक्ति, काव्योक्ति नहीं है।
6. मनुष्य का ज्ञान-क्षेत्र विस्तृत होता जा रहा है। अब हम इन्द्रिजज्ञान पर ही निर्भर नहीं हैं। अन्तःकरण का विकास होने के कारण अब ज्ञान बुद्धिव्यवसायात्मक या विचारात्मक होकर बहुत ही विस्तृत हो गया है। ज्ञान के विस्तार के साथ हमें अपने हृदय का भी विस्तार करना होगा तभी हम वैज्ञानिक विवेचन द्वारा उद्घाटित तथ्यों के मर्मस्पर्शी पक्ष को अपनी भावना का विषय बनाकर मूर्त कर सकेंगे।
7. मनुष्य को कार्य में प्रवृत्त करनेवाली मूल वृत्ति भावात्मिका है। शुद्ध ज्ञान में कर्म की प्रेरणा नहीं होती। भावात्मिका वृत्ति का सम्बन्ध काव्य से है। इसलिए काव्य हमें अकर्मण्य नहीं बनाता। वह हमारे कार्यक्षेत्र का विस्तार अवश्य करता है।
8. मनुष्य के हृदय का स्वार्थ के संकीर्ण दायरे से मुक्त होकर प्रसारित होना ही उसकी मनुष्यता का सूचक है। कविता मनुष्य के हृदय-प्रसार का साधन है। इसलिए वह मनुष्यता की उच्च भूमि पर पहुँचाने का भी साधन है।
9. किसी दूरस्थ व्यक्ति या वस्तु को मन में मूर्त करके उसके सामीप्य का अनुभव कराना ही उपासना या ध्यान है। काव्य के क्षेत्र में इसे ही भावना या कल्पना कहते हैं। काव्य में कल्पना का महत्त्व निर्विवाद है, किन्तु यह काव्य का साधन ही है, साध्य नहीं।
10. मनोरंजन काव्य का अन्तिम लक्ष्य नहीं है। कविता विलास की वस्तु नहीं है। कविता का अन्तिम लक्ष्य—जगत के मार्मिक पक्षों का प्रत्यक्षीकरण करके उसके साथ मनुष्य हृदय का सामंजस्य स्थापन है।' (*चिन्तामणि*, प्रथम भाग, 162)
11. सौन्दर्य, सुन्दर वस्तु की भावना ही है। कुछ वस्तुएँ हमारे मन में आते ही हमारी सत्ता पर अधिकार कर लेती हैं। हम उन वस्तुओं की

भावना के रूप में ही परिणत हो जाते हैं। 'हमारी अन्तस्सत्ता की यही तदाकारपरिणति सौन्दर्य की अनुभूति है।' (*चिन्तामणि,* प्र.भा., पृ. 165) कविता वस्तुओं के ही सौन्दर्य को मूर्त नहीं करती, वह कर्म और मनोवृत्ति के सौन्दर्य का भी अंकन करती है सौन्दर्य की जिस भावना में मगन होकर हम अपने को भूल जाते हैं वह अवश्य ही एक दिव्य-विभूति है।

12. काव्य में उक्ति चमत्कार का प्रयोग दो रूपों में होता है। जहाँ उक्ति की तह में कोई भाव या मार्मिक अन्तर्वृत्ति छिपी होती है, वहाँ वह सरस होती है किन्तु जहाँ कोरी शब्द-क्रीड़ा या दुरारूढ़ कल्पना या अतिशयोक्ति आदि का सहारा लेकर उक्ति को चमत्कारपूर्ण बनाया जाता है वहाँ काव्यत्व का अभाव होता है। उक्ति ही काव्य है, इसमें सन्देह नहीं किन्तु उक्ति भाष-प्रेरित होनी चाहिए।
13. काव्य-भाषा चित्रात्मक और मूर्ति-विधायिनी होनी चाहिए। इसके लिए भाषा की लक्षणा शक्ति का आधार लिया जाता है। काव्य-भाषा में जाति-संकेत वाले शब्दों के स्थान पर विशेष व्यापारसूचक शब्दों का प्रयोग किया जाना चाहिए। काव्य में वर्णविन्यास भाव की स्थिति के अनुरूप होना चाहिए। नाद-सौन्दर्य का योग भी काव्य-भाषा को विशिष्टता प्रदान करता है। काव्य में व्यक्तिवाचक संज्ञाओं का प्रयोग करते समय व्यक्ति के रूप, गुण, स्वभाव और प्रवृत्तिसूचक शब्दों का सन्दर्भ के अनुकूल चयन किया जाना चाहिए।
14. काव्य में अलंकारों का प्रयोग वर्ण्य-वस्तु के सौन्दर्य को उत्कर्ष देने के लिए किया जाना चाहिए। अलंकार, वर्णन की विशिष्ट पद्धतियों के अतिरिक्त और कुछ नहीं है। वस्तु या तथ्य की रमणीयता के अभाव में अलंकार काव्य को सुन्दर नहीं बना सकते। अलंकार चाहे अप्रस्तुत वस्तुयोजना के रूप में हों, चाहे वाक्य-वक्रता के रूप में, चाहे वर्णविन्यास के रूप में, उनका प्रयोग भाव के उत्कर्ष-साधन के लिए ही किया जाना चाहिए। अलंकार और अलंकार्य में भेद है। इस भेद को ध्यान में रखकर विचार करने पर यह स्पष्ट हो जाता है कि 'स्वभावोक्ति', 'उदात्त' आदि अलंकार नहीं हैं।
15. संसार की सभी सभ्य-असभ्य जातियों में कविता का अस्तित्व है। शेष-सृष्टि के साथ मनुष्य के हृदय का सम्बन्ध बनाए रखने तथा मनुष्यता के भाव को जगाते रहने के लिए मनुष्य जाति को सदैव कविता की आवश्यकता रहेगी।

आचार्य शुक्ल की काव्य-सम्बन्धी उपरोक्त मान्यताओं पर थोड़े विस्तार से इसलिए विचार करना पड़ा कि एक तो ये मान्यताएँ हिन्दी-साहित्य के औसत आलोचक और पाठक का संस्कार बन गई हैं दूसरे, इन्हें ध्यान में रखकर आचार्य शुक्ल के अन्य समीक्षा सम्बन्धी निबन्धों को आसानी से समझा जा सकता है।

'काव्य में लोक-मंगल की साधनावस्था' में आचार्य शुक्ल ने यह प्रतिपादित किया है कि ब्रह्म के तीन स्वरूपों—सत्, चित् और आनन्द में से काव्य और भक्ति-मार्ग में 'आनन्द' स्वरूप को महत्त्व दिया गया। इस आनन्द की दो अवस्थाएँ होती हैं—1. साधनावस्था, 2. सिद्धावस्था—लोक में फैली हुई दु:ख को छाया को हटाने के लिए जब ब्रह्म को आनन्द-कला भीषण शक्ति में परिणत होकर अन्याय, अत्याचार आदि के दमन में तत्पर होती है तो आनन्द की साधनावस्या का विधान होता है। आनन्द को सिद्धावस्था में आनन्द-मंगल की सिद्धि के लिए प्रयत्न नहीं करना पड़ता। वह सिद्ध और आविर्भूत होता है। उसके आविर्भूत होने पर जीवन में सुख, सौन्दर्य, माधुर्य, सुषमा, उल्लास, वैभव की स्थिति का विधान सहज ही हो जाता है। कुछ कवि लोक-मंगल की इन दोनों स्थितियों के चित्रण में प्रवृत्त होते हैं। कुछ दोनों में से किसी एक की। हिन्दी में 'रामचरितमानस' आनन्द को साधनावस्था का काव्य है। 'सूरसागर', 'बिहारी सतसई' आदि आनन्द की सिद्धावस्था के काव्य हैं। आनन्द की साधनावस्था को महत्त्व देनेवाले काव्यों में गत्यात्मक सौन्दर्य का चित्रण होता है, क्योंकि इनमें ब्रह्म की आनन्द-कला आदि से अन्त तक मंगल का विधान करने के लिए गतिशील होती है और उसकी भीषणता में भी मनोहरता तथा प्रचंडता में भी मधुरता का समावेश होता है। सिद्धावस्था को महत्त्व देनेवाले काव्यों में स्थिर सौन्दर्य का चित्रण होता है। साधनावस्था को लेकर चलनेवाले काव्यों का बीज भाव 'करुणा' होता है। मंगल का विधान करनेवाला दूसरा भाव 'प्रेम' है। किन्तु इसकी स्थिति करुणा के बाद आती है। करुणा की प्रवृत्ति रक्षा की होती है, प्रेम की प्रवृत्ति रंजन की-लोक-रक्षा के बाद ही लोक रंजन इष्ट होता है।

'साधारणीकरण और व्यक्ति-वैचित्र्यवाद' निबन्ध में आचार्य शुक्ल ने भारतीय रसमीमांसा के अन्तर्गत विवेचित 'साधारणीकरण सिद्धान्त' और यूरोप के दृश्य काव्यों में महत्त्व-प्राप्त शील-वैचित्र्य या व्यक्ति-वैचित्र्य-सिद्धान्त की तुलना की है। आचार्य शुक्ल के अनुसार, "साधारणीकरण का अभिप्राय यह है कि पाठक या श्रोता के मन में जो व्यक्ति या वस्तुविशेष आती है वह जैसे काव्य में वर्णित आश्रय के भाव का आलम्बन होती है, वैसे ही सब सहृदय पाठकों या श्रोताओं के भाव का आलम्बन हो जाती है। रस-मग्न पाठक के मन में यह भेद-भाव नहीं रहता कि यह आलम्बन मेरा है या दूसरे का।" हमारे यहाँ श्रव्य और दृश्य दोनों ही प्रकार के काव्यों में रस दृष्टि का प्राधान्य था। साधारणीकरण का

महत्त्व नाटकों में भी मान्य था। यूरोप में नाटकों के अन्तर्गत ऐसे पात्रों की सृष्टि को महत्त्व दिया गया है, जिनके शील-वैचित्र्य का साक्षात्कार होने पर दर्शक को मात्र कुतूहल की अनुभूति होती है। वहाँ दर्शकों का आलम्बन के साथ तादात्म्य नहीं होता। आचार्य शुक्ल यह मानते हैं कि काव्य में 'विशेष' को ही मूर्त किया जाता है सामान्य को नहीं। काव्य का विषय व्यक्ति ही होता है, जाति नहीं। फिर भी वे व्यक्ति-वैचित्र्य के सिद्धान्त का समर्थन नहीं कर पाते। शील-वैचित्र्य का विवेचन करते हुए वे यह स्पष्ट करते हैं कि शील का चरम उत्कर्ष (भरत, हरिश्चन्द्र आदि का शील) और चरम पतन (हूण सम्राट मिहिरकुल का शील) दोनों शील-वैचित्र्य के ही उदाहरण हैं, किन्तु यह वैचित्र्य सात्विकी और तामसी प्रकृतियों की वर्ग-सीमा में ही आते हैं। ऐसी अद्वितीय प्रकृति का सर्जन जो किसी वर्गीय प्रकृति में न आए, सम्भव नहीं है। ऐसा वैचित्र्य जो द्रष्टा का न प्रसादन कर सके (शील का उत्कर्ष दिखाकर) न अवसादन (शील का घोर पतन दिखाकर) मात्र कुतूहल की ही सृष्टि कर सकता है। काव्य का लक्ष्य मात्र कुतूहल की सृष्टि करना नहीं है। अपने यहाँ साधारणीकरण के सिद्धान्त की मान्यता का मूल आधार यह था कि ऊपरी भेदों के भीतर लोक-हृदय एक ही राग-चेतना से युक्त है। इसलिए 'विशेष' या' 'असाधारण' शीलवाले पात्रों के व्यक्तित्व संघटन में भी सामान्य धर्मों की प्रतिष्ठा होती थी। इसी कारण वे आश्रय के जिस भाव के आलम्बन होते थे सहृदय पाठकों के भी उसी भाव के आलम्बन हो जाते थे। यूरोप में रोमैंटिक काव्यान्दोलन के उत्तर काल से व्यक्तिवादी आन्दोलनों ने जो जोर पकड़ा था, व्यक्ति-वैचित्र्यवाद उसी की चरम परिणति है। आचार्य शुक्ल इस प्रकार के आन्दोलन को स्वस्थ काव्यान्दोलन नहीं मानते।

'रसात्मक बोध के विविध रूप' निबन्ध में शुक्ल जी ने यह स्थापित करना चाहा है कि संसार की रूप-तरंगों से ही मनुष्य की कल्पना का निर्माण और उसके भीतर विविध भावों या मनोविकारों का विधान हुआ है। प्रत्यक्ष अनुभव किए हुए बाहरी रूप-विधान से ही स्मृत रूप-विधान (प्रत्यक्ष देखे हुए रूपों को मन में स्मृति के सहारे मूर्त करना) और कल्पित रूप-विधान (प्रत्यक्ष देखे हुए रूपों के सहारे कल्पना में मूर्त नया रूप-विधान) की योजना होती है। अब तक की काव्य-परम्परा कल्पित रूप-विधान में ही रस-संचार की क्षमता मानती आई है। शुक्ल जी की मौलिक स्थापना यह है कि स्मृत और प्रत्यक्ष रूप-विधानों में भी भावों को जगाने और रस-संचार करने की क्षमता है। उनका कहना है, ''साधारणीकरण के प्रभाव से काव्य-श्रवण के समय व्यक्तित्व का जैसा परिहार हो जाता है वैसा ही प्रत्यक्ष या वास्तविक अनुभूति के समय भी कुछ दशाओं में होता है। अत: इस प्रकार की अनुभूतियों को रसानुभूति के अन्तर्गत मानने में कोई बाधा नहीं।'' (*चिन्तामणि,* प्रथम भाग, पृ. 248) आचार्य शुक्ल ने 'रति', 'हास',

लोक-कल्याण के लिए जागृत 'उत्साह' आदि भावों का उदाहरण देकर यह सिद्ध किया है कि स्वार्थ-मुक्त अवस्था में प्रत्यक्ष जीवन में भी इन भावों के आलम्बनों के साथ आने पर हम रसात्मक अनुभूति का आनन्द प्राप्त करते हैं। स्मृत-रूप-विधान (विशुद्ध स्मृति, प्रत्यक्षाश्रित स्मृति या प्रत्यभिज्ञान तथा स्मृत्याभास कल्पना) में भी जो भाव-संचार होता है, वह रसात्मक होता है। वस्तुतः शुक्ल जी जीवन की प्रत्यक्षानुभूति और काव्यानुभूति में कोई मौलिक अन्तर नहीं मानते। दोनों की मूलभूत एकता के निदर्शन के लिए ही उन्होंने प्रत्यक्ष रूप-विधान में भी रस-संचार की क्षमता सिद्ध की है।

'काव्य में रहस्यवाद' लगभग 111 पृष्ठों में समाप्त होनेवाला लम्बा निबन्ध है। इसमें अनेक आनुषंगिक विषयों पर विचार किया गया है। यह निबन्ध ऐसे विद्वानों के अज्ञान का निवारण करने के लिए लिखा गया है, जो 'रहस्यवाद' को काव्य का सामान्य स्वरूप समझते हैं। इस निबन्ध में आचार्य शुक्ल ने यह स्थापित किया है कि कविता का सम्बन्ध ब्रह्म की व्यक्त सत्ता से है गोचर जगत से है। अव्यक्त सत्ता से नहीं अज्ञात की लालसा कोई भाव नहीं है। अज्ञात के प्रति जिज्ञासा हो सकती है। ईश्वर को दयालु पिता या स्वामी के रूप में अन्तःकरण के सामने रखकर ही प्रेम या भक्ति का आलम्बन खड़ा किया जाता है। इसलिए अव्यक्त अगोचर के प्रति प्रेम व्यंजना स्वाभाविक नहीं है। रहस्यवादी कविताओं में अव्यक्त के प्रति जो प्रेम-व्यंजना की जाती है, उसमें भावों की सच्चाई का अभाव रहता है और उसकी व्यंजना भी कृत्रिम होती है। प्रत्यक्ष के सहारे कभी-कभी जो अप्रत्यक्ष की धुँधली कल्पना की जाती है उससे अज्ञात के प्रति राग की वासना की तुष्टि हो जाती है। विस्तृत मैदान में 'क्षितिज से मिले हुए छोर पर वृक्षावली की जो धुँधली श्यामल रेखा दिखाई पड़ती है उसके उस पार किसी अज्ञात दूर देश का बहुत सुन्दर और मधुर आरोप स्वभावतः आप-से-आप होता है। यह स्वाभाविक रहस्य—भावना है।' यह बड़ी रमणीय और मधुर भावना है।, रस-भूमि में इसका एक स्थान हो सकता है। किन्तु इससे आगे अव्यक्त के प्रति जो प्रेम प्रदर्शन होता है, वह साम्प्रदायिक रहस्यवाद है। वह काव्य की प्रकृत भूमि के बाहर की चीज है।

'काव्य में अभिव्यंजनावाद' भी लगभग 82 पृष्ठों का बड़ा निबन्ध है। वस्तुतः यह 1935 ई. में हिन्दी-साहित्य सम्मेलन के इन्दौर अधिवेशन के साहित्य परिषद के सभापति पद से दिया गया भाषण है। इस निबन्ध के उत्तरार्द्ध में हिन्दी-साहित्य की तत्कालीन प्रवृत्तियों का विश्लेषण है, किन्तु पूर्वाद्ध में क्रोचे के 'अभिव्यंजनावाद' का परिचय दिया गया है। क्रोचे के 'अभिव्यंजनावाद' को स्पष्ट करते हुए शुक्ल जी ने कहा है कि क्रोचे ने कलानुभूति को ज्ञानस्वरूप ही माना है। यह ज्ञान तर्कसम्बन्धी (निश्चयात्मिका बुद्धि द्वारा प्राप्त) न होकर

स्वयंप्रकाश ज्ञान (Intuition) होता है। स्वयंप्रकाश ज्ञान का अभिप्राय है—मन में आप-से-आप बिना बुद्धि की क्रिया या सोच-विचार के उठी हुई मूर्ति-भावना। यह मूर्ति-भावना या कल्पना आत्मा की अपनी क्रिया है। यह क्रिया ही रूप का सूक्ष्म साँचा खड़ा करती है। 'कला के क्षेत्र में यही साँचा (Form) सब-कुछ है, द्रव्य या सामग्री (Matter) ध्यान देने की वस्तु नहीं।' स्वयंप्रकाश ज्ञान (Intuition) का साँचे में दलकर व्यक्त होना ही कल्पना है और कल्पना ही मूल अभिव्य (Expression) है, जो भीतर होती है और शब्द, रंग आदि द्वारा बाहर प्रकाशित की जाती है। (चिन्तामणि, द्वितीय भाग, पृ. 172) कला की अभिव्यंजना की प्रक्रिया को स्पष्ट करते हुए शुक्ल जी ने कहा है, 'कला की अभिव्यंजना की प्रक्रिया का यह क्रम कहा जा सकता है—

1. अन्त: संस्कार (impressions)
2. अभिव्यंजना अर्थात् कलापरक आध्यात्मिक योजना या कल्पना (Exprerxion of Spiritual Aesthetic Synthesis)
3. सौन्दर्य की भावना से उत्पन्न आनुषंगिक आनन्द (Hedonistic accompaniment or pleasure of the beautiful.) 4. कलापरक आध्यात्मिक वस्तु (कल्पना) का स्थूल भौतिक रूपों में अवतरण (शब्द, स्वर, चेष्टा, रंग, रेखा आदि।)

इन सबमें मूल प्रक्रिया है नम्बर दो, अर्थात् अभिव्यंजना। ये चारों विधान पूरे हो जाने पर अभिव्यंजना का अनुष्ठान पूर्ण हो जाता है।'' (चिन्तामणि, द्वितीय भाग, पृ. 177)

क्रोचे के 'अभिव्यंजनावाद' का शुक्ल जी ने इसलिए विरोध किया कि इसमें रूप (Form) को ही महत्त्व दिया गया है। उक्ति को ही सब-कुछ मान लिया गया है। इसके अतिरिक्त इस सिद्धान्त के प्रचार से हिन्दी-साहित्य में जिन प्रवृत्तियों को बल मिल रहा था उन्हें शुक्ल जी उचित नहीं समझते थे। उनके अनुसार 'अभिव्यंजनावाद' को महत्त्व देने के कारण प्रस्तुत मार्मिक रूप-विधान के स्थान पर अप्रस्तुत रूप-विधान में ही प्रतिभा या कल्पना का प्रयोग, मार्मिक अनुभूति में लीन करने का प्रयास छोड़ उक्ति में ही वैलक्षण्य लाने का प्रयास, प्रेमसम्बन्धी प्रगीत मुक्तकों (Lyrics) की ओर अत्यधिक प्रवृत्ति, 'अनन्त', 'असीम' जैसे कुछ शब्दों के प्रयोग द्वारा उक्तियों पर आध्यात्मिक रंग चढ़ाने की प्रवृत्ति काव्य के स्वरूप के सम्बन्ध में शिल्प अर्थात्, बेल-बूटे और नक्काशीवाली हलकी धारणा का प्रचलन तो हो ही रहा था, समालोचना भी हवाई होने लगी थी। इस प्रकार 'काव्य में अभिव्यंजनावाद' निबन्ध में अभिव्यंजनावाद का विस्तृत परिचय देने के साथ ही साहित्य के क्षेत्र में उसके दूरगामी अस्वास्थ्यकर प्रभावों का भी विवेचन किया गया है।

'काव्य में प्राकृतिक दृश्य' निबन्ध सैद्धान्तिक कम, व्यावहारिक अधिक है। इसमें शुक्ल जी ने 'दृश्य' की अपनी व्याख्या—बाह्य करणों के सभी विषयों का अन्त:करण में चित्र रूप में प्रतिबिम्बित होना—दी है। काव्य में विभाव-पक्ष की प्रधानता पर बल दिया है। दृश्य-चित्रण में बिम्ब-ग्रहण करानेवाली शैली का महत्त्व समझाया है। प्रकृति को काव्य का स्वतन्त्र विषय मानकर उसे आलम्बन रूप में चित्रित करने की हिमायत की है। असाधारणत्व-दर्शन की रुचि का निषेध किया है। आदिकवि वाल्मीकि और रससिद्ध कवि कालिदास के सूक्ष्म प्रकृति-निरीक्षण का निदर्शन किया है तथा रीति-ग्रन्थों के प्रचार के कारण प्रकृति-निरीक्षण के क्षेत्र के संकीर्ण हो जाने और हिन्दी कवियों के प्रकृति-चित्रण में सूक्ष्मता के अभाव पर दु:ख प्रकट किया है।

इसी क्रम में शुक्ल जी ने सूरदास, जायसी, तुलसी, केशव, ग्वाल, कालिदास (हिन्दी के रीतिकालीन कवि), नन्ददास और भारतेन्दु के प्रकृति-वर्णनों की संक्षिप्त समीक्षा की है और यह स्थापित किया है कि इनमें किसी का भी प्रकृति-वर्णन सूक्ष्म, स्वतन्त्र, संश्लिष्ट और बिम्ब-विधायक नहीं है। तुलसीदास का चित्रकूट-वर्णन अवश्य अपवाद है। इस निबन्ध में शुक्ल जी की देश-प्रेम सम्बन्धी मान्यता भी स्पष्ट हुई है। वे कहते हैं, ''देश-प्रेम है क्या ? प्रेम ही तो है। इस प्रेम का आलम्बन क्या है? सारा देश अर्थात् मनुष्य, पशु-पक्षी, नदी, नाले, वन, पर्वत सहित सारी भूमि। प्रेम किस प्रकार का है? यह साहचर्यगत प्रेम है। जिनके बीच हम रहते हैं, जिन्हें बराबर आँखों से देखते हैं, जिनकी बातें बराबर सुनते रहते हैं, जिनका हमारा हर घड़ी का साथ रहता है, सारांश यह कि जिनके सान्निध्य का हमें अभ्यास पड़ जाता है, उनके प्रति लोभ या राग हो जाता है। देश-प्रेम यदि वास्तव में अन्त:करण का कोई भाव है तो यही हो सकता है।' (*चिन्तामणि,* द्वितीय भाग, पृ. 41) इस निबन्ध की एक महत्त्वपूर्ण विशेषता यह भी है कि इसमें शुक्ल जी केन्द्रीय विषय से हटकर कहीं-कहीं आनुषंगिक विषयों के विवेचन में भी प्रवृत्त हुए हैं। यह विशेषता उनके काव्य में रहस्यवाद निबन्ध में भी पाई जाती है।

'भारतेन्दु हरिश्चन्द्र', 'तुलसी का भक्ति-मार्ग' और 'मानस की धर्म-भूमि' ये तीन निबन्ध व्यावहारिक समीक्षा सम्बन्धी हैं। 'भारतेन्दु' का मूल्यांकन करते हुए आचार्य शुक्ल ने उनके द्वारा गद्य और काव्य-भाषा (ब्रज-भाषा) दोनों क्षेत्रों में किए गए भाषा संस्कार को महत्त्वपूर्ण बताया है। गद्य के क्षेत्र में उन्होंने मुंशी सदासुखलाल के 'पंडिताऊपन', सदल मिश्र के 'पूरबीपन', राजा शिवप्रसाद के 'उर्दूपन' और राजा लक्ष्मण सिंह के 'खालिसपन' से भाषा को मुक्त कर हिन्दी की स्वतन्त्र सत्ता स्थापित की। काव्य-भाषा के क्षेत्र में उन्होंने पुराने और अप्रचलित प्रयोगों के स्थान पर चलती हुई भाषा को महत्त्व दिया। भारतेन्दु ने

भाषा-संस्कार से भी महत्त्वपूर्ण जो कार्य किया वह था देश में संचरित होनेवाले नए-नए विचारों और भावनाओं से हिन्दी-साहित्य को सम्पृक्त और समृद्ध करना। भारतेन्दु की रचनाओं में शुक्ल जी को एक ही बात खटकती है कि उन्हें प्रकृति से प्रेम नहीं था। वे मनुष्यों की भीतरी-बाहरी वृत्तियों को अंकित करने में ही तत्पर रहे।

'तुलसी का भक्ति-मार्ग' शीर्षक निबन्ध में शुक्ल जी ने यह प्रतिपादित किया है कि गोस्वामी जी की राम-भक्ति एकांगी नहीं है। वह एक 'दिव्य वृति है जिससे जीवन में शक्ति, सरलता, प्रफुल्लता, पवित्रता सब-कुछ प्राप्त हो सकती है।' राम में शक्ति, शील, सौन्दर्य तीनों की पराकाष्ठा दिखाकर तुलसी ने भगवान की लोक मांगलिक विभूति को जो उत्कर्ष दिया है, वह सारे संसार को भाव-विह्वल एवं मोद मग्न कर देनेवाला है। महत्त्व की अनुभूति ही भक्ति का मूल तत्त्व है। तुलसी ने बराबर इस बात का ध्यान रखा है कि प्रभु की महत्ता कहीं से बाधित न हो।. प्रभु के महत्त्व की चरम अनुभूति भक्त के हृदय में अनेक प्रकार की भाव-तरंगों की सृष्टि करती है। महत्त्व के नाना रूपों और इन भाव-तरंगों की स्थिति परस्पर बिम्ब-प्रतिबिम्बवत होती है। वे कहते हैं, ''भक्त में दैन्य, आशा, उत्साह, आत्मग्लानि, अनुवाप, आत्मनिवेदन आदि की गम्भीरता उस महत्त्व की अनुभूति की मात्रा के अनुसार समझिए।'' 'विनयपत्रिका' ऐसी ही भाव-तरंगों की माला है जो प्रभु के महत्त्व की अनुभूति से भक्त-हृदय के उद्वेलित होने से उत्पन्न हुई थी। प्रभु के महत्त्व की अनुभूति से भक्त को अपने लघुत्व का बोध होता है। यह बोध उसके समस्त मानसिक विकारों का शमन कर देता है और वह अपने को प्रभु के महत्त्व में लय कर देता है। इस प्रकार प्रभु के महत्त्व की अनुभूति ही भक्ति का मूल आधार है।

'मानस की धर्म-भूमि' में धर्म की व्याख्या करते हुए शुक्ल जी ने कहा कि ब्रह्म के सत् स्वरूप की व्यक्त प्रवृत्ति धर्म है। अखिल विश्व की शाश्वत स्थिति में इसी सत् स्वरूप के दर्शन होते हैं। तुलसी ने 'मानस' में राम के कर्म-सौन्दर्य के माध्यम से बाह्य जगत के नाना कर्म-क्षेत्रों के बीच धर्म की दिव्य ज्योति का स्फुरण दिखाया है। 'मानस' में धर्म की कई भूमियाँ लक्षित होती हैं। धर्म की उच्चता उसके लक्ष्य के व्यापकत्व पर निर्भर है। राम पूर्णधर्मस्वरूप हैं। धर्म का विरोध और राम का विरोध एक ही बात है। भरत ने माता कैकेयी के राम-विरोधी या धर्म-विरोधी स्वरूप की ही भर्त्सना की है। इसलिए भरत के चरित्र की दिव्यता में सन्देह नहीं करना चाहिए। भरत के अमर्ष द्वारा उनके राम-प्रेम की ही व्यंजना हुई है।

चिन्तामणि-3 में प्रकाशित निबन्ध ऐसे हैं जो चिन्तामणि भाग एक और भाग दो में संगृहीत नहीं हो सके थे। इनमें से कुछ स्वतन्त्र पुस्तकों की भूमिकाओं के

रूप में विश्वप्रपंच की भूमिका, बुद्ध चरित की भूमिका, *शशांक की भूमिका,* शेष स्मृतियाँ की भूमिका में प्रकाशित—हुए थे; कुछ—'हिन्दी और हिन्दुस्तानी', 'स्वागत भाषण'— प्रान्तीय एवं भारतीय-साहित्य-सम्मेलनों के अवसरों पर पढ़े गए थे; गद्य-प्रबन्ध के प्रकार, कविता की परख, - हाईस्कूल की परीक्षा के लिए तैयार की गई पुस्तक *हिन्दी गद्यचन्द्रिका* के लिए लिखे गए थे और शेष-साहित्य, कल्पना का आनन्द, बाबू काशीनाथ खत्री, अपनी भाषा पर विचार, फ्रेडरिक पिन्काट, कविता क्या है, उपन्यास, भारतेन्दु हरिश्चन्द्र और हिन्दी, हिन्दी की पूर्व और वर्तमान स्थिति, क्षात्रधर्म का सौन्दर्य, सम्यता के आवरण और कविता, प्रेमघन की छाया स्मृति, प्रेम आनन्दस्वरूप है—*आनन्द कादम्बिनी, सरस्वती, नागरी-प्रचारिणी-पत्रिका, हंस* आदि पत्र-पत्रिकाओं में समय-समय पर प्रकाशित हुए थे। इनमें 'कल्पना का आनन्द' (एडिसन का अनुवाद) आचार्य शुक्ल के 'काव्य में रूपविधान' सम्बन्धी चिन्तन का प्रेरक माना जा सकता है। क्षात्रधर्म का सौन्दर्य', श्रद्धा और भक्ति में अन्तर्भुक्त हो गया है। 'कविता क्या है' निबन्ध आगे चलकर फिर से परिष्कृत और परिवर्धित रूप में लिखा गया है और चिन्तामणि भाग एक में संगृहीत हुआ है। इसमें 'सभ्यता के आवरण और कविता' शीर्षक निबन्ध का भी उपयोग कर लिया गया है। यही नहीं, 'साहित्य' सम्बन्धी निबन्ध - जो जॉन हेनरी न्यूमैन, (1801-90 ई.) के *द आइडिया आव ए यूनिवर्सिटी* के 'लिटरेचर' निबन्ध का स्वतन्त्र अनुवाद बताया जाता है—के कुछ तत्त्व भी *कविता क्या है* में लक्षित किए जा सकते हैं। इस निबन्ध की मूल स्थापना यह है कि 'उत्कृष्ट कवि वही है जिसे कुछ कहना होता है और जो यह जानता है कि उसे किस प्रकार कहना चाहिए।' यह निष्कर्ष शुक्ल जी के विचारों के सर्वथा अनुकूल हैं। सम्भवतः इसीलिए वे इसके अनुवाद में प्रवृत्त हुए थे। 'भारतेन्दु हरिश्चन्द्र और हिन्दी' आगे चलकर परिवर्धित रूप में *चिन्तामणि* भाग-एक में ले लिया गया है। प्रेमघन की छाया स्मृति' का महत्त्व प्रेमघन के अतिरिक्त आचार्य शुक्ल के आरम्भिक जीवन की झाँकी प्रस्तुत करने के कारण विशेष रूप से मान्य है। 'बाबू काशीनाथ खत्री' का विस्तृत साहित्यिक परिचय शुक्ल जी ने उनकी निःस्वार्थ हिन्दी-सेवा से आकृष्ट होकर दिया है। इनके विषय में उन्होंने लिखा है, "कर्तव्यनिष्ठा, सदाचार तथा लोकहित ही का मार्ग ढूँढ़ने को इनकी लेखनी उठती थी, चाहे वह मार्ग शुष्क और नीरस सहारा के रेगिस्तान से गया हो, चाहे शीतल सलिल सिंचित हरे-भरे उद्यानों से।"[3] आगे चलकर हिन्दी-साहित्य के इतिहास में शुक्ल जी ने संक्षेप में इनकी साहित्यिक सेवाओं का उल्लेख किया है (पृ. 479)। फ्रेडरिक पिन्काट को भी शुक्ल जी ने इसीलिए महत्त्व दिया है कि एक यूरोपीय विद्वान होते हुए भी उन्होंने हिन्दी को हिन्दुस्तान की सर्वप्रधान भाषा मानकर उसका समर्थन किया था। इनका स्मरण भी शुक्ल जी ने अपने इतिहास

में गौरव और महत्त्व देकर किया है। (पृ. 441-42) उपन्यास शीर्षक निबन्ध 1910 ई. में लिखा गया है। इस निबन्ध में शुक्ल जी ने उपन्यास को जो महत्त्व दिया है और आधुनिक साहित्य में उसकी जिस भूमिका का उद्घाटन किया है, वह स्मरणीय है। हिन्दी में उस समय तक उपन्यास मनोरंजन का हलका-फुलका साधन ही समझा जाता था। इस निबन्ध को लिखते समय उनके सामने अंग्रेजी के उन्नीसवीं शती के चर्चित उपन्यास और कुछ बँगला उपन्यास थे। इससे यह निष्कर्ष निकलता है कि हिन्दी के सन्दर्भ में उनकी चिन्ता कितनी वाजिब और उनका चिन्तन कितना अग्रगामी था। 'प्रेम आनन्दस्वरूप है' एक छोटा-सा दो पृष्ठों का निबन्ध है। यह आगे चलकर लोभ और प्रीति निबन्ध के गर्भ में विलीन हो गया है। अपनी भाषा पर विचार', 'हिन्दी की पूर्व और वर्तमान स्थिति', 'बुद्ध चरित की भूमिका', 'हिन्दी और हिन्दुस्तानी' आदि निग्रन्ध आचार्य शुक्ल की भाषा-दृष्टि के परिचायक हैं। इसका उपयोग शुक्ल जी ने अपने इतिहास में अनेक अवसरों पर किया है। बुद्ध चरित की भूमिका में प्राकृत काल से लेकर अपभ्रंश तथा ब्रजी एवं अवधी के उद्भव काल तक की काव्यभाषा के ऐतिहासिक विकास का स्पष्ट परिचय दिया गया है, साथ ही 'ब्रजी' और 'अवधी' की प्रकृति को अलग करनेवाली विशेषताओं को भी निर्दिष्ट किया गया है। 'हिन्दी और हिन्दुस्तानी' निबन्ध खोजपरक है और हिन्दुस्तानी के सम्बन्ध में आचार्य शुक्ल की सन्तुलित दृष्टि का परिचायक है। 'अपनी भाषा पर विचार' निबन्ध में भाषा की व्यंजक शक्ति के दो आधारों-शब्द-विस्तार और शब्द योजना का हिन्दी के सन्दर्भ में महत्त्व प्रतिपादित किया गया है। निबन्ध के आरम्भिक अंश में उर्दू-प्रधान हिन्दी को देश के जातीय संस्कार के विरुद्ध और संस्कृतनिष्ठ हिन्दी को जनता की प्रवृत्ति के अनुकूल बताया गया है। निबन्ध के उत्तरार्द्ध में शब्द-योजना के अन्तर्गत अलंकार-विधान की चर्चा आ गई है और यह देखकर आश्चर्य होता है कि अलंकारों के सम्बन्ध में ठीक यही विचार आगे चलकर 'कविता क्या है' तथा 'अप्रस्तुत रूप-विधान' जैसे विषयों पर विचार करते हुए भी आचार्य शुक्ल ने व्यक्त किए हैं।

'शेष स्मृतियों की प्रवेशिका' वस्तुत: एक प्रकार का समीक्षात्मक निबन्ध है। इसका प्रारम्भिक अंश आगे चलकर रस-मीमांसा में 'रसात्मक बोध के विविध रूप और फिर 'स्मृत रूप-विधान' के अन्तर्गत अन्तर्भुक्त कर लिया गया है। कहीं-कहीं तो प्रवेशिका के वाक्य ज्यों-का-त्यों ले लिए गए हैं। शेष स्मृतियाँ शुक्ल जी की प्रिय रचना है। उन्होंने कहा है—'मैं बहुत दिनों से इस आसरे में था कि सच्ची ऐतिहासिक कल्पनावाले प्रतिभासम्पन्न कवि और लेखक हमारे वर्तमान हिन्दी-साहित्य क्षेत्र में प्रकट हों।' महाराज कुमार श्री रघुबीर सिंह जी के इन इतिहासाधृत काल्पनिक निबन्धों से शुक्ल जी की आशा को आधार मिला

था। इसीलिए उन्होंने एक बड़ी प्रशंसापरक भूमिका 'प्रवेशिका' के रूप में लिख दी। शुक्ल जी अतीत में रमण करने की प्रवृत्ति को जीवन को रसात्मक बनाने के लिए आवश्यक मानते थे। वे जीवन को अखंड मानते थे। अतीत को वर्तमान से जोड़कर वे इस अखंडता का अनुभव करते थे। स्वयं अपने जीवन के अतीत में भी वे झाँकते थे और उससे उन्हें शक्ति मिलती थी। इस निबन्ध का बड़ा होना उनकी दुर्बलता का द्योतक नहीं है। अतीत में रमण करना उनके लिए खतरनाक है जो उससे शक्ति संचय नहीं कर पाते और वर्तमान जीवन-संघर्ष से भागकर उसकी शरण लेते हैं।

इस संग्रह का अन्तिम निबन्ध हिन्दी-साहित्य-सम्मेलन के अट्ठाइसवें अधिवेशन के स्वागताध्यक्ष पद से दिया गया भाषण है। इसके अनेक अंश हिन्दी-साहित्य के इतिहास में लगभग अपने मूल रूप में समाविष्ट कर लिए गए हैं।

चिन्तामणि-3 का सबसे महत्त्वपूर्ण और सबसे बड़ा (74 पृष्ठों का) निबन्ध *विश्वप्रपंच* की भूमिका है। यह निबन्ध आचार्य शुक्ल के दार्शनिक अध्ययन एवं चिन्तन का साक्षी और जीवन एवं जगत के सम्बन्ध में उनके विचारों का ऐतिहासिक दस्तावेज है। इस निबन्ध की परिणति इस निष्कर्ष में हुई है कि, 'भेदों में अभेद ही सच्ची तत्त्व-दृष्टि है।' कहना न होगा कि इसी दृष्टि को केन्द्र में रखकर आचार्य शुक्ल ने अपने काव्य-सम्बन्धी विचारों को भी निर्दिष्ट किया है। निष्कर्ष रूप में हम कह सकते हैं कि *चिन्तामणि-3* में संगृहीत बहुसंख्यक निबन्धों में आचार्य शुक्ल के परवर्ती विचारों के बीज मिल जाते हैं। इस दृष्टि से इस संग्रह का ऐतिहासिक महत्त्व निर्विवाद है।

आचार्य शुक्ल के व्यावहारिक मूल्यांकन का आधार वह काव्य-दृष्टि है जो उनके सैद्धान्तिक निबन्धों में विकसित हुई है। उनके सैद्धान्तिक निबन्धों में कहीं भी असंगति नहीं है। एक सन्दर्भ में जो सिद्धान्त स्थिर किया गया है, अन्यत्र वही सन्दर्भ उपस्थित होने पर पूर्व निर्धारित सिद्धान्त को ही सामने रखा गया है। काव्य में विभाव-पक्ष को महत्त्व देना, ज्ञान-क्षेत्र के भीतर ही भाव-क्षेत्र के प्रसार की बात कहना, जगत के मार्मिक पक्षों का प्रत्यक्षीकरण करके उसके साथ हृदय के सामंजस्य स्थापन को काव्य का लक्ष्य मानना, रस-दशा की व्याख्या हृदय की मुक्तावस्था के रूप में करना, काव्य को भाव-योग की साधना मानना और उसे ज्ञान-योग एवं कर्म योग के समकक्ष रखना, व्यक्त जगत से परे किसी अज्ञात अव्यक्त सत्ता के प्रति प्रेम की अनुभूति को सच्ची अनुभूति न मानना और इसी आधार पर 'रहस्यवाद' का विरोध करना, आलम्बन में सामान्य धर्म की प्रतिष्ठा के द्वारा उसके साधारणीकरण की सम्भावना पर बल देना, काव्य में लोक-मंगल की साधना में तत्पर नायक के क्रिया-कलापों में गत्यात्मक सौन्दर्य देखना, भाव-प्रेरित उक्ति को ही काव्योक्ति मानना, काव्य के रूपवादी दृष्टिकोण को

अस्वास्थ्यकर मानना और इसी आधार पर 'अभिव्यंजनावाद' का विरोध करना, कल्पना को महत्त्वपूर्ण मानते हुए भी उसे काव्य का साधनमात्र स्वीकार करना, भावों का जगत के आदिम रूपों और व्यापारों से सीधा लगाव मानना, सभ्यता के विकास के साथ क्रमशः प्रकृति के आदिम रूपों और व्यापारों से मनुष्य के दूर होते जाने के खतरे के बढ़ने की बात कहकर कवि-कर्म की कठिनाई की ओर इंगित करना, काव्य में प्रकृति को आलम्बन के रूप में ग्रहण करके उसके सभी प्रकार के रूपों की मार्मिक एवं संश्लिष्ट अभिव्यक्ति पर बल देना, मूर्ति-विधायिनी एवं व्यञ्जक काव्यभाषा की महत्ता का प्रतिपादन करना, भावोत्कर्ष में सहायक अलंकारों की सार्थकता सिद्ध करना, पाश्चात्य काव्यान्दोलनों के अन्ध अनुकरण की प्रवृत्ति का निषेध करना आदि कुछ ऐसी महत्त्वपूर्ण मान्यताएँ हैं जिनका आधार आचार्य शुक्ल ने अपनी काव्य समीक्षा में बराबर लिया है। उन्हें अपनी स्थापनाओं पर इतना विश्वास है कि वे उनसे तनिक भी इधर-उधर नहीं होना चाहते। वे एक स्थान पर जिस शब्दावली में अपनी बात कहते हैं अन्यत्र आवश्यकता होने पर उसे ठीक उसी शब्दावली में उद्धृत करते हैं। 'लोभ और प्रीति' निबन्ध में देश-प्रेम के विवेचन क्रम में 'बाहर निकलो तो आँखें खोलकर देखो कि खेत कैसे लहलहा रहे हैं' से आरम्भ होकर 'उसके सब प्राणी सुखी रहें' से अन्त होनेवाला पूरा अवतरण ठीक उसी रूप में काव्य में प्राकृतिक दृश्य' निबन्ध में देखा जा सकता है। काव्य में रहस्यवाद शीर्षक निबन्ध में कविता के लक्ष्य की ओर संकेत करते हुए वे ठीक उसी शब्दावली का प्रयोग करते हैं जिसका प्रयोग 'कविता क्या है' शीर्षक निबन्ध में किया है। 'ज्ञान ही भावों के संचार के लिए मार्ग खोलता है। ज्ञान-प्रसार के भीतर ही भाव-प्रसार होता है।' यह उक्ति कविता क्या है' शीर्षक निबन्ध में जिस रूप में आई है, ठीक उसी रूप में 'काव्य में रहस्यवाद' तथा 'काव्य में अभिव्यंजनावाद' शीर्षक निबन्धों में भी आई हैं। 'जिस प्रकार आत्मा की मुक्तावस्था ज्ञान-दशा कहलाती है, उसी प्रकार हृदय की यह मुक्तावस्था रस दशा कहलाती है। यह वाक्य जिस रूप में कविता क्या है ? शीर्षक निबन्ध में आया है, ठीक उसी रूप में 'काव्य में अभिव्यंजनावाद' में भी आया है। 'भक्ति धर्म की रसात्मक अनुभूति है' यह कथन 'भाव या मनोविकार' शीर्षक निबन्ध में आया है, 'मानस की धर्म भूमि' में इसका रूप थोड़ा-सा बदल गया है—'धर्म की रसात्मक अनुभूति का नाम भक्ति है।' इस प्रकार थोड़े परिवर्तन के साथ एक ही अर्थ देनेवाले वाक्यों का प्रयोग तो अनेक निबन्धों में देखा जा सकता है। 'साधारणीकरण' की व्याख्या 'साधारणीकरण और व्यक्ति वैचित्र्यवाद' शीर्षक निबन्ध में भी है और 'रसात्मक बोध के विविध रूप' शीर्षक निबन्ध में भी। 'अभिव्यंजनावाद' की चर्चा 'काव्य में रहस्यवाद' शीर्षक निबन्ध में भी है और 'काव्य में अभिव्यंजनावाद' में भी इसी प्रकार

'अर्थग्रहण' और 'बिम्बग्रहण' का भेद-निरूपण, काव्य में आलम्बन विभाव का महत्त्व-स्थापन तथा इतिहास के संकेत पर चलनेवाली स्मृत्याभास कल्पना की मार्मिता का निदर्शन कई प्रसंगों में लगभग एक ही प्रकार की शब्दावली में किया गया है। इससे विभिन्न सन्दर्भों में फैले हुए विचार-सूत्रों की मूलभूत एकता और अन्त:सूत्रता का पता चलता है।

आचार्य शुक्ल की स्थापनाओं का विरोध और समर्थन

आचार्य शुक्ल की स्थापनाओं में मुख्यत: तीन स्थापनाएँ ऐसी हैं जिनका उनके बाद के समीक्षकों ने विरोध किया है। 'रस-सिद्धान्त और साधारणीकरण' सम्बन्धी स्थापना, 'रहस्यवाद' सम्बन्धी स्थापना और 'अभिव्यंजनावाद' सम्बन्धी स्थापना। आचार्य शुक्ल की रस-विषयक मान्यताओं के महत्त्व और सीमा का एक साथ निदर्शन करते हुए डॉ. मनोहर काले ने लिखा है, ''शुक्ल जी ने जहाँ रस सिद्धान्त की भावनिष्ठ व्याख्या करके परम्परा-भिन्न चिन्तन किया उसे आनन्दवादी एकांगी दृष्टिकोण से ऊपर उठाया, अलौकिकता का अतिरिक्त आवरण छिन्न-भिन्न करके उसे व्यावहारिक भाव-भूमि पर प्रतिष्ठित किया वहाँ आदर्शवाद की सीमा रेखा में बद्ध करके उसके उन्मुक्त स्वरूप को कुंठित भी कर दिया है। भावों के साथ 'लोकमंगल की साधनावस्था' की गाँठ बाँधकर साहित्य के मूल्यांकन की जो नई कसौटी शुक्ल जी ने उद्‌भावित कर ली है, उसमें आदर्शवाद का स्वर अति मुखर हो उठा है, क्योंकि इस प्रकार की कसौटी पर प्राचीन और अर्वाचीन विश्व साहित्य का बहुत बड़ा अंश मूल्यांकित नहीं हो पाता, वह निकृष्ट कोटि का सिद्ध होने लगता है, जबकि वस्तु स्थिति ऐसी नहीं है।' (*डॉ. नगेन्द्र अभिनन्दनग्रन्थ,* पृ. 161) इसी प्रकार उनके 'रहस्यवाद' सम्बन्धी स्थापना का विरोध कई क्षेत्रों से हुआ है। श्री जयशंकर प्रसाद ने 'रहस्यवाद' शीर्षक लम्बा निबन्ध लिखकर यह सिद्ध किया कि, 'काव्य में आत्मा की संकल्पात्मक मूल अनुभूति की मुख्य धारा रहस्यवाद है।' वर्तमान हिन्दी में इस अद्वैतवादी रहस्यवाद की जो सौन्दर्यमयीं व्यंजना होने लगी है, वह साहित्य में 'रहस्यवाद' का स्वाभाविक विकास है। (*काव्य और कला तथा अन्य निबन्ध,* पृ. 69) स्मरणीय है कि आचार्य शुल्क ने रहस्यवादी काव्य-भावना का उद्‌भव सामी पैगम्बरी मतों से सिद्ध किया था। प्रसाद जी ने उसका सम्बन्ध शैवागमो से जोड़कर उसे शुद्ध भारतीय परम्परा का विकास सिद्ध किया। शुल्क जी की 'रहस्यवाद' सम्बन्धी मान्यता का विरोध आचार्य नन्ददुलारे वाजपेयी और डॉ. नगेन्द्र जैसे छायावादी समीक्षकों ने भी किया और यह स्थापित करना चाहा कि शुक्ल जी की दृष्टि नैतिक, स्थूल व्यवहारवादी और संकुचित है। 'रहस्यवाद' काव्य की सहज प्रवृत्ति है। इसका क्षेत्र विस्तृत है और मनुष्य के अध्यात्मपक्ष का

सम्पूर्ण निरूपण इसकी सीमा में आ जाता है।' अभिव्यंजनावाद' की जो व्याख्या शुक्ल जी ने की थी उसे परवर्ती आत्मवादी समीक्षकों ने स्वीकार नहीं किया। शुक्ल जी ने 'अभिव्यंजनावाद' को काव्य एवं कला की रूपवादी प्रवृत्ति के रूप में स्वीकार करके उसे रस-विरोधी सिद्ध किया है। डॉ. नगेन्द्र आलोचना के क्षेत्र में अभिव्यंजनावाद का प्रतिफलन रूपवादी आलोचना के रूप में स्वीकार करते हैं, किन्तु वे रस-सिद्धान्त से उसका विरोध नहीं मानते वे कहते हैं—'यह अन्तर (रस-सिद्धान्त और अभिव्यंजनावाद में प्रतीत होनेवाला अन्तर) केवल दृष्टि-भेद के कारण है, तत्त्व-भेद के कारण नहीं। वास्तव में तत्त्व-भेद के लिए अधिक अवकाश भी नहीं है, क्योंकि ये दोनों ही सिद्धान्त आत्मवाद पर आधृत है।' (*रस-सिद्धान्त,* पृ. 340) आचार्य देवेन्द्रनाथ शर्मा ने भी इस सन्दर्भ में आचार्य शुक्ल से अपना मतभेद प्रकट किया है, किन्तु उनका मतभेद इस बात को लेकर नहीं है कि शुक्ल जी ने 'अभिव्यंजनावाद' को नहीं समझा। उन्हें दुःख इस बात का है कि शुक्ल जी ने 'वक्रोक्तिसिद्धान्त' के साथ न्याय नहीं किया। वे कहते हैं, ''वक्रोक्तिकार का यह दुर्दैव विलास ही कहेंगे कि उनके मत को लेकर आचार्य शुक्ल जैसे सूक्ष्मदर्शी और विवेकी आलोचक को भ्रम हो गया। साहित्यदर्पण के लेखक कविराज विश्वनाथ (14वीं शताब्दी) भी 'वक्रोक्ति' को लेकर भ्रम में पड़ गए; उसे केवल अलंकार मान बैठे और काव्य-लक्षणों की समीक्षा के क्रम में बिना समुचित विचार किए उपेक्षापूर्वक 'वक्रोक्तेः अलंकाररूपत्वात्' कहते हुए आगे बढ़ गए। कुन्तक की वक्रता न तो केवल अलंकार है, जैसा विश्वनाथ ने कह दिया और ने हलकी-फुलकी मनोरंजक उक्ति का पर्याय, जैसा शुक्ल जी ने मान लिया।' (पाश्चात्य काव्य-शास्त्र, पृ. 179) आचार्य शुक्ल की स्थापनाओं के विरोध का यह अर्थ नहीं है कि उनका महत्त्व समाप्त हो गया या उनकी अब कोई प्रासंगिकता नहीं रही। डॉ. रामविलास शर्मा तथा उनकी परम्परा के अन्य प्रगतिशील समीक्षक आज भी आचार्य शुक्ल की स्थापनाओं को ही उचित ठहराते हैं। डॉ. रामविलास शर्मा ने आचार्य शुक्ल के अभिव्यंजनावाद-सम्बन्धी दृष्टिकोण का समर्थन करते हुए कहा है—''क्रोचे के सौन्दर्य-शास्त्र का खंडन करते हुए शुक्ल जी ने यूरोप के आत्मवाद (या आइडियलिज़्म) का भी खंडन किया है। क्रोचे की विचारधारा बाह्य जगत की वास्तविकता को अस्वीकार करती है। इसके बदले अपने उलझे तर्क-जाल से वह बर्कले के दर्शन या मध्यकालीन अन्धविश्वासों की ही प्रतिष्ठा कर सकता है। शुक्ल जी ने उसके प्रतिक्रियावाद की जड़ पर ही आघात किया है।' (*आचार्य रामचन्द्र शुक्ल और हिन्दी आलोचना,* पृ. 221) आचार्य शुक्ल की 'रहस्यवाद' और 'रस सिद्धान्त' सम्बन्धी स्थापनाओं को भी प्रगतिशील समीक्षक विशेष महत्त्व देते हैं। तात्पर्य यह कि शुक्ल जी ने अपने काव्यशास्त्रीय निबन्धों में जो सिद्धान्त स्थिर किए हैं

और अपने समय में आलोचना के क्षेत्र में प्रचलित वादों एवं प्रवृत्तियों का जो विश्लेषण और मूल्यांकन किया है, उसे आज भी महत्त्व प्राप्त है।

लार्ड बेकन और आचार्य शुक्ल

कभी-कभी निबन्धकार के रूप में आचार्य शुक्ल की तुलना अंग्रेजी के आरम्भिक निबन्धकार लॉर्ड बेकन (1561-1626) से की जाती है। इसका मुख्य कारण शायद यह है कि बेकन ने भी 'सत्यता', 'ईर्ष्या', 'प्रेम', 'क्रोध' जैसे अमूर्त विषयों पर निबन्ध लिखे हैं। किन्तु दोनों की तुलना बहुत उचित नहीं। बेकन मूलत: एक दार्शनिक था, जबकि शुक्ल जी सब-कुछ होने पर भी मुख्यत: एक साहित्यकार ही थे। बेकन की निबन्धशैली में फ्रेंच निबन्धकार मान्तेन (Montaigne) की शैली की झलक है। निबन्ध उनके समय तक एक प्रयास ही समझा जाता था। ऐसा प्रयास जिसमें पूर्णता न हो, जिसमें विचार शिथिल हों, जिसमें विचारों में कोई तर्क-पुष्ट एवं नियमित एकसूत्रता न हो। ह्यू वाकर (Hugh Walker) ने उनके सम्बन्ध में लिखा है—It is because, at this period, the essay was, to him, literally and precisely an 'attempt' at a subject. It was something incomplete, something which ought to bear on its face the visible marks of its unfinished condition. *(The English Eassay and Essayisty, page 18)* बेकन के परवर्ती निबन्धों में विचारों का महत्त्व बढ़ गया है। वह विषय से हटकर अवान्तर प्रसंगों में नहीं भटकता। उसके वाक्य सारगर्भित हैं किन्तु फिर भी निबन्धों में उसके चिन्तन का प्रौढ़तम रूप व्यक्त नहीं हुआ है। निबन्ध उसके चिन्तन की विश्राम-भूमियाँ हैं। आचार्य शुक्ल के लिए ऐसा नहीं कहा जा सकता। बेकन के कुछ निबन्ध बहुत छोटे हैं। वह कुछ बातों को आधाररूप में सामने रखकर उन्हीं पर अपने को केन्द्रित कर लेता है। उदाहरण के लिए 'ईर्ष्या' के सम्बन्ध में विचार करते हुए वह तीन मुद्दों को सामने रखता है किस तरह के लोग दूसरों से ईर्ष्या करते हैं, कौन से लोग स्वयं ईर्ष्या के विषय बनते हैं व्यक्तिगत और सार्वजनिक ईर्ष्या में क्या अन्तर है—और इन्हीं को लेकर निबन्ध पूरा कर लेता है। शुक्ल जी के मन में विषय-प्रतिपादन की रूपरेखा चाहे जितनी स्पष्ट रही हो, किन्तु वे मुद्दों की घोषणा करके अपने को पहले से ही सीमित नहीं कर लेते। शुक्ल ज़ी ने श्री महावीरप्रसाद द्विवेदी द्वारा बेकन के निबन्धों के अनुवाद की चर्चा की है। वे इन निबन्धों की वैचारिक गम्भीरता से परिचित थे और चाहते थे कि हिन्दी में इस परम्परा के निबन्ध लिखे जाएँ इसलिए यदि बेकन के निबन्धों से उन्हें उसी परम्परा में गम्भीर निबन्ध लिखने की प्रेरणा मिली हो तो असम्भव नहीं।

व्यक्तित्व व्यंजना

शुक्ल जी ने अपने निबन्धों के सम्बन्ध में निवेदन करते हुए यह निर्णय विज्ञ पाठकों पर ही छोड़ दिया है कि ये निबन्ध विषय-प्रधान हैं या व्यक्ति प्रधान-निबन्ध-विधा का स्वतन्त्र कलात्मक अस्तित्व, व्यक्तित्व-व्यंजना की प्रधानता के कारण ही मान्य है। यह समझा जाता है कि सच्चा निबन्ध व्यक्तित्व-व्यञ्जक होता है। उसमें सांगोपांग विषय-प्रतिपादन पर विशेष बल नहीं दिया जाता। वह रचनाकार की मन:स्थिति विशेष से जुड़ा होता है। उसमें लेखक विषय-विवेचन की तार्किक पद्धति का अनुसरण नहीं करता। वह अपनी रुचि और प्रवृत्ति को ही विशेष महत्त्व देता है। प्रतिपाद्य विषय को केन्द्र में रखकर वह उसके प्रति अपनी निजी प्रतिक्रिया व्यक्त करता है। वह विवेच्य विषय से सम्बद्ध समग्र सामग्री के अध्ययन-अनुशीलन एवं अन्वेषण में प्रवृत्त नहीं होता। वह विषय-प्रतिपादन क्रम में मूल विषय से हटकर अवान्तर विषयों की चर्चा कर सकता है। अपने जीवन के बीच में लाकर निबन्ध में कथा का रस उत्पन्न कर सकता है। विषय की नीरसता को अनुभव-खंड को दूर करने के लिए पाठक से घरेलू बातचीत के लहजे में सम्पर्क स्थापित कर सकता है। अपने कथन को प्रभावपूर्ण और विश्वसनीय बनाने के लिए वह इतिहास-पुराण, लोक-वार्ता आदि से उद्धरण दे सकता है। अपने गम्भीर अध्ययन से प्राप्त ज्ञान को भी वह पारिभाषिक एवं शास्त्रीय-शैली में प्रस्तुत न कर सहज संवेद्य शैली में प्रस्तुत कर सकता है। वह किसी भी स्थिति में पाठक के मन पर दबाव नहीं डालना चाहता। वह छोटी-से-छोटी घटना या अति परिचित जीवन-प्रसंग को चर्चा का विषय बनाकर उसे अपने कौशल से गम्भीर-से-गम्भीर जीवन-सन्दर्भ या उच्चतर नैतिक-सांस्कृतिक मूल्य की ओर मोड़ सकता है। आचार्य शुक्ल को व्यक्तित्व व्यञ्जकता की उपरोक्त विशेषताओं का पता था। लेकिन वे नहीं चाहते थे कि उपरोक्त विशेषताओं के समावेश के लिए जान-बूझकर प्रयत्न किया जाए। अपने इतिहास में निबन्धों में व्यक्तित्व-व्यञ्जकता का तात्पर्य समझाते हुए वे कहते हैं—'आधुनिक पाश्चात्य लक्षणों के अनुसार निबन्ध उसी को कहना चाहिए जिसमें व्यक्तित्व अर्थात् व्यक्तिगत विशेषता हो। बात ठीक है, यदि ठीक तरह से समझी जाए। व्यक्तिगत विशेषता का यह मतलब नहीं कि उसके प्रदर्शन के लिए विचारों की श्रृंखला रखी ही न जाए या जान-बूझकर जगह-जगह से तोड़ दी जाए। इसके बाद व्यक्तिगत विशेषता का तात्पर्य समझाते हुए वे कहते हैं, 'संसार की हर एक बात और सब बातों से सम्बद्ध है। अपने-अपने मानसिक संघटन के अनुसार किसी का मन किसी सम्बन्ध-सूत्र पर दौड़ता है, किसी का किसी पर। ये सम्बन्ध-सूत्र एक-दूसरे से नथे हुए पत्तों के भीतर की नसों के समान, चारों ओर एक जाल के

रूप में फैले हैं। तत्त्व-चिन्तक या दार्शनिक केवल अपने व्यापक सिद्धान्तों के प्रतिपादन के लिए उपयोगी कुछ सम्बन्ध-सूत्रों को पकड़कर किसी ओर सीधा चलता है और बीच के ब्योरों में कहीं नहीं फँसता पर निबन्ध-लेखक अपने मन की प्रवृत्ति के अनुसार स्वच्छन्द गति से इधर-उधर फूटी हुई सूत्र-शाखाओं पर विचरता चलता है। यही उसकी अर्थ सम्बन्धी व्यक्तिगत विशेषता है।' (*हिन्दी-साहित्य का इतिहास,* पृ. 506) आचार्य शुक्ल ने व्यक्तित्व-व्यंजना का जो अर्थ लिया है उसे आधार बनाकर देखा जाए तो उनके निबन्ध भी व्यक्ति-प्रधान माने जाएँगे। उन्होंने अपनी रुचि के अनुसार मनोभावों और काव्य-सिद्धान्तों को विचार के लिए चुना। मनोभाव समस्त मानव-जीवन के प्रवर्तक होने के कारण उसकी पूरी विकास परम्परा से सम्बद्ध हैं। इसलिए उन्हें विचार का विषय बनाकर मानव-जीवन को अधिक गहराई से देखा-परखा जा सकता है। शुक्ल जी यह सोचकर उनके विवेचन में प्रवृत्त हुए थे। मनोविकारों पर विचार करते हुए शुक्ल जी मनोविज्ञानियों की तरह मनोविश्लेषण की दिशा में सीधे आगे नहीं बढ़े हैं, वरन अपनी मन:प्रवृत्ति के अनुसार कहीं साहित्य, कहीं व्यक्तिगत अनुभव, कहीं मनोविज्ञान, कहीं लोक-वार्ता, कहीं भाषा-शास्त्र, कहीं पुराण कथा, कहीं उपन्यास-कथा के सम्बन्ध-सूत्रों से जुड़ते हुए अपने लक्ष्य की ओर अग्रसर हुए हैं। 'लोभ और प्रीति' निबन्ध इसका अच्छा उदाहरण है। लोभ के साथ 'रुचि' की व्याख्या करते हुए वे पेड़े पर हाथ फेरनेवाले चौबे जी का बिम्ब सामने ले आते हैं। माँगने वाले और माँगने पर न देनेवाले दोनों को लोभी सिद्ध करते हुए वे रहीम का दोहा उद्धृत करते हैं। सबके लोभ का लक्ष्य पैसा होने से समाज में जो असंगति उत्पन्न हुई उसकी ओर संकेत करते हुए साम्राज्यवादी शक्तियों की अर्थनीति की जटिलता की ओर ध्यान आकृष्ट करते हैं। जन्मभूमि के प्रेम की चर्चा करते हुए 'रसखानि' का सवैया उद्धृत करते हैं। देश-प्रेम के लिए देश के स्वरूप से परिचय पर बल देते हैं और इसी क्रम में अपने लखनवी दोस्त के साथ साँची का स्तूप देखने के लिए की गई यात्रा का प्रसंग छेड़ देते हैं। लोभ के प्रशस्त रूप-जो रक्षा मात्र की इच्छा का प्रवर्तक होता है—का विवेचन करते हुए 'काजी और दो स्त्रियों की लोक प्रचलित कथा' का उदाहरण देते हैं। 'लोभ' और 'प्रेम' की मौलिक एकता का प्रतिपादन करते हुए अंग्रेजी, सैक्सन, लैटिन और संस्कृत भाषाओं में प्रचलित प्रेमवाचक शब्दों की धातुगत एकता दिखाते हैं। जीवन के नाना क्षेत्रों में अपना प्रकाश फैलानेवाले प्रेम को उदाहृत करने के लिए राम-कथा का पूरा प्रसंग सामने रख देते हैं। आत्म-तुष्टि की वासना से मुक्त प्रेम के निर्मल रूप की चर्चा करते हुए सूर की गोपियों तथा बंकिम बाबू की दुर्गेशनन्दिनी आयशा के प्रेम का उदाहरण देते हैं। इस प्रकार का विषयान्तर या मूल विषय से सम्बन्धित अन्य सूत्रों के पथ पर संचरण की स्थिति उनके अन्य निबन्धों में

भी देखी जा सकती है। यह होते हुए भी शुक्ल जी के निबन्धों में व्यक्तित्व-व्यंजना का रूप नहीं मिलता जो उनसे पूर्व प्रतापनारायण मिश्र, बालकृष्ण भट्ट और सरदार पूर्ण सिंह के निबन्धों में और उनके बाद पं. हजारीप्रसाद द्विवेदी के निबन्धों में प्राप्त होता है। प्रतापनारायण मिश्र की ठेठ बैसवाड़ी पहचान, भट्ट जी की राष्ट्र-गौरव से दीप्त प्रखरता, सरदार पूर्ण सिंह की नैतिक आधारभूमि के कगारों को तोड़कर उफन जानेवाली मनोलहरी और हजारीप्रसाद द्विवेदी की मनुष्यता की तलाश में इतिहास, पुराण, दर्शन, लोक-गाथा, समाजशास्त्र, संस्कृत साहित्य के बीच समान विश्वास और आत्मीयता के साथ विचरण करती हुई फक्कड़ी मनोवृत्ति उनके निबन्धों में प्रतिपाद्य विषय को ठेलकर अपनी स्वतन्त्रता का उद्घोष करती हुई प्रतीत होती है, किन्तु शुक्ल जी में ऐसा नहीं है। उनका ध्यान बराबर प्रतिपाद्य विषय पर ही केन्द्रित रहता है। उनके व्यक्तित्व संघटन में बुद्धि, मर्यादा तथा नैतिक मूल्यों का ही प्राधान्य है। इसलिए व्यक्तित्व की वह विशेष पहचान जो निबन्धों को निबन्ध बना देती है या उनमें गीति-तत्त्व का सन्निवेश करके लालित्य उत्पन्न करती है, शुक्ल जी के निबन्धों में सर्वत्र नहीं लक्षित होती है, कहीं-कहीं झलक अवश्य मार जाती है।

शैली और भाषा

शुक्ल जी की शैली मूलत: विचार और विवेचन की शैली है। उनके निबन्ध उनके बौद्धिक मन्थन के परिणाम हैं। उनके छोटे-से-छोटे निबन्ध में भी अनेक दिशाओं में आगे बढ़कर चिन्तन करने की सम्भावनाएँ विद्यमान हैं। उनके विचार विवेचन का एक अपना क्रम है। आरम्भ में वे प्रतिपाद्य विषय को नपी-तुली शब्दावली में प्रस्तुत करते हैं। यह प्रस्तुतीकरण कहाँ छोटी सी तीन चार पंक्तियों की भूमिका के साथ होता है, कहीं सीधे विषय को परिभाषित करते हुए विषय को प्रस्तुत करने के बाद से उसे अधिक स्पष्ट करना चाहते हैं। इस स्पष्टीकरण या व्याख्या के क्रम में वे विचार-सूत्रों को फैलाते हैं। चूँकि शुक्ल जी के निबन्ध मुख्यत: मनोभावों से सम्बद्ध हैं इसलिए विचार-सूत्रों का यह फैलाव मनोभाव विशेष की वर्गगत पहचान, उससे सम्बद्ध उसी कोटि में या उसके समकक्ष आनेवाले अन्य मनोभावों की चर्चा, उनकी समता-विषमता तथा सामाजिक जीवन में उनके महत्त्व के उल्लेख तक सीमित रहता है। मनोभावों की सही पहचान के लिए शुक्ल जी प्राय: उनके काव्य-कृतियों में वर्णित स्वरूप को उदाहृत करते हैं। कभी-कभी उनके सम्बन्ध में प्रचलित लोकोक्तियों या लोकस्वीकृतियों का हवाला देकर अपने कथन की पुष्टि करते हैं। विचार-सूत्रों को समेटते समय वे एक बार फिर अपने मूल मन्तव्य को संक्षेप में उपस्थित करते हैं। निबन्धों के अन्त करने का भी उनका अपना ढंग है। कभी प्रतिपाद्य

विषय की सबसे बड़ी विलक्षणता का उल्लेख करते हुए कभी उसके पूर्ण स्वरूप की व्यंजना को उदाहृत करते हुए, कभी सामाजिक जीवन में उसकी स्थिति को स्पष्ट करते हुए और कभी शील की दृष्टि से उसके महत्त्व की स्थापना करते हुए, वे अपने निबन्धों का अन्त करते हैं। लम्बे निबन्धों में भी उनका विवेचन-क्रम लगभग यही है। छोटे और अपेक्षाकृत बड़े निबन्धों में अन्तर केवल यह है कि छोटे निबन्धों में आनुषंगिक विवेच्य विषयों के क्रम-निर्धारण की कोई निर्दिष्ट योजना ऊपर-ऊपर दिखाई नहीं पड़ती किन्तु बड़े निबन्धों में यह योजना बहुत स्पष्ट होती है। उनकी शैली की गहनता तो इसी से प्रमाणित है कि उन्हें आरम्भ से ही ऐसे उत्कृष्ट कोटि के निबन्धों की तलाश थी 'जिनकी असाधारण शैली या गहन विचारधारा पाठकों को मानसिक श्रम-साध्य नूतन उपलब्धि के रूप में जान पड़े।' (हिन्दी-साहित्य का इतिहास, पृ. 558) उनके निबन्धों से इस तलाश की बहुत कुछ पूर्ति हुई थी।

विचारों की गूढ़-गुम्फित-परम्परा के भीतर जहाँ कहीं उनका हृदय रमण के लिए उपयुक्त स्थिति प्राप्त करता है वहाँ उनकी शैली भावात्मक हो जाती है। लोभ और प्रीति निबन्ध में देश-प्रेम का प्रसंग आने पर वे थोड़े भावुक हो गए हैं। वे कहते हैं, "यदि देश-प्रेम के लिए हृदय में जगह करनी है तो देश के स्वरूप से परिचित और अभ्यस्त हो जाओ। बाहर निकलो तो आँखें खोलकर देखो कि खेत कैसे लहलहा रहे हैं। नाले झाड़ियों के बीच कैसे बह रहे हैं, टेसू के फूलों से वनस्थली कैसी लाल हो रही है। चौपायों के झुंड चरते हैं; चरवाहे ताना लड़ा रहे हैं, अमराइयों के बीच गाँव झाँक रहे हैं। उनमें घुसो, देखो तो क्या हो रहा है।' यहाँ छोटे-छोटे वाक्यों में गाँव का जो रूप अंकित किया गया है वह भावना के रंग में रँगा हुआ है। इसे अंकित करने में मूल-प्रेरणा भावात्मक ही है। कहीं-कहीं शुक्ल जी की रागात्मक प्रवृत्ति दो अलग-अलग चित्रों के अन्तरावलम्बन के सहारे एक भाव-गर्भित संश्लिष्ट चित्र प्रस्तुत करके अपने को तुष्ट करती है। श्रद्धा-भक्ति निबन्ध में सत्कर्म में लीन महापुरुष किस प्रकार एक विस्तृत क्षेत्र में मनुष्य को सद्वृत्तियों के आकर्षण का शक्ति केन्द्र बनकर समाज में मंगल का विधान करता है, इसे स्पष्ट करते हुए वे कहते हैं, "जिस समाज में किसी ऐसे ज्योतिष्मान शक्ति केन्द्र का उदय होता है उस समाज में भिन्न-भिन्न हृदयों से शुभ भावनाएँ मेघ खंडों के समान उठकर तथा एक ओर एक साथ अग्रसर होने के कारण परस्पर मिलकर, इतनी घनी हो जाती है कि उनकी घटा-सी उमड़ पड़ती है और मंगल की ऐसी वर्षा होती है कि सारे दुःख और क्लेश बह जाते हैं।" ऐसे अलंकृत गद्य-विधान के मूल में भी लेखक की भावात्मक प्रवृत्ति ही प्रधान है। वस्तुतः वह श्रद्धा के आश्रय ज्योतिष्मान शक्ति केन्द्र के अभ्युदय पर मुग्ध होकर ही काव्यात्मक एवं अलंकृत गद्य रचने में प्रवृत्त हुआ है। तात्पर्य यह है कि शुक्ल

जी के निबन्धों में विचारों की व्यवस्थित परम्परा के भीतर कहीं-कहीं भावात्मक गद्य-विधान भी मिल जाता है।

शुक्ल जी की अमोघ व्यंग्य शैली प्रसिद्ध है। उन्होंने ऐसे लोगों पर व्यंग्य किया है जिनमें मानवीय मूल्यों का अभाव लक्षित हुआ है। उदाहरण के लिए 'लोभ और प्रीति' निबन्ध में लोभियों के दमन का प्रसंग लिया जा सकता है। धन के लोभ की प्रबलता से मानव अन्त:करण की शेष वृत्तियाँ कुंठित हो जाती हैं। मनुष्य, मनुष्य नहीं रह जाता। ऐसे मानवीय मूल्यों से रहित लोभियों के आत्म-दमन पर व्यंग्य करते हुए वे कहते हैं—"लोभियों तुम्हारा अक्रोध, तुम्हारा इन्द्रिय-निग्रह, तुम्हारी मानापमान-समता, तुम्हारा तप अनुकरणीय है, तुम्हारी निष्ठुरता, तुम्हारी निर्लज्जता, तुम्हारा अविवेक, तुम्हारा अन्याय विगर्हणीय है। तुम धन्य हो। तुम्हें धिक्कार है।" जो धन्य है, वह धिक्कार का पात्र कैसे हो सकता है? एक ही आश्रय एक ही साथ दो विरोधी प्रतिक्रियाओं का आधार कैसे बन सकता है? वास्तविकता यह है कि जिन गुणों को विकसित करके कोई भी व्यक्ति अनुकरणीय हो सकता है वे गुण यदि किसी गहरी लोभ-वृत्ति की तुष्टि के लिए विकसित किए गए हों तो उनके प्रति व्यक्त धन्यवाद और धिक्कार में कोई अन्तर नहीं रह जाता। ऐसे अवसरों पर शुक्ल जी की व्यंग्योक्तियों में गहरे क्षोभ और खीझ का भाव प्रधान है। किन्तु उनकी ऐसी भी व्यंग्योक्तियाँ हैं जिनमें खीझ नहीं है, बड़ा ही मृदु परिहास है, बड़ी ही मीठी चुटकी ली गई है। अपने से सम्बद्ध व्यक्तियों द्वारा किए गए अशोभन कार्यों पर हमें संकोच होता है, लज्जा आती है। इसी प्रसंग में वे 'लज्जा और ग्लानि' निबन्ध में कहते हैं,[6] 'यदि हमारा साथी हमारे सामने किसी तीसरे आदमी से बात चीत करने में भारी मूर्खता का प्रमाण देता है, भद्दी और ग्राम्य भाषा का प्रयोग करता है, तो हमें भी लज्जा आती है। मैंने कुत्ते के कई शौकीनों को अपने कुत्ते की बदतमीजी पर शरमाते देखा है।' यहाँ खीज नहीं है चुटकी ली गई है। शुक्ल जी ने अज्ञान पर भी व्यंग्य किया है। शुक्ल जी को सीधी-सादी काव्योक्तियों पर आध्यात्मिकता का रंग चढ़ाने वालों से चिढ़ थी। ऐसी आध्यात्मिकता के रंग में रंगी हुई उक्तियों को सुनकर जो प्रशंसा और विस्मय की मुद्रा में आँखें फाड़कर देखते रह जाते हैं, उन पर व्यंग्य करते हुए वे कहते हैं, "यदि कोई व्यक्ति अभिज्ञानशकुन्तल की आध्यात्मिक व्याख्या करे, मेध की यात्रा को जीवात्मा का परमात्मा में लीन होने का साधन-पथ बताए, तो कुछ लोग विरक्ति से मुँह फेर लेंगे, पर बहुत से लोग आँखें फाड़कर काष्ठकौशिक की तरह ताकते रह जाएँगे।' (*चिन्तामणि* भाग-2, पृ. 86) यहाँ प्रतिपक्ष पर सीधा प्रहार है। इस प्रकार के व्यंग्य शुक्ल जी के निबन्धों में स्थल-स्थल पर मिल जाते हैं। सन्दर्भ और विषय भेद से व्यंग्य के स्वरूप में परिवर्तन होता गया है। कहीं वह खीज-गर्भित है, कहीं परिहास प्रेरित प्रतिपक्ष की शक्ति

के अनुसार कहीं वह उस पर गहरी चोट करता है, कहीं हल्की। आचार्य शुक्ल का अमोघ व्यंग्य उनकी आलोचनाओं में देखने को मिलता है। इस अमोघ व्यंग्य के शिकार पं. महावीरप्रसाद द्विवेदी, मिश्रबन्धु, पद्मसिंह शर्मा, अयोध्यासिंह उपाध्याय, बाबू श्यामसुन्दरदास, रवीन्द्रनाथ टैगोर आदि अनेक आलोचक कवि एवं साहित्यकार हुए हैं। ये व्यंग्योक्तियाँ हिन्दी-साहित्य में चर्चा का विषय बन चुकी हैं। अत: यहाँ उन्हें उद्धृत करना आवश्यक नहीं प्रतीत होता।

विचारात्मकता, भावात्मकता एवं व्यंग्यप्रियता शुक्ल जी की निबन्ध-शैली की तीन प्रमुख विशेषताएँ हैं। उनके निबन्धों में इन्हें आसानी से पहचाना जा सकता है किन्तु उनकी शैली की कुछ ऐसी विशेषताएँ भी हैं जो उनके व्यक्तित्व के आन्तरिक संघटन से इस प्रकार संश्लिष्ट भाव से जुड़ी हुई हैं कि उन्हें सीधे-सीधे नाम देकर इंगित करना कठिन है। वस्तुत: शुक्ल जी का संयम, मर्यादा-प्रियता, सामंजस्यमयी जीवन-दृष्टि, तत्त्वान्वेषिणी प्रज्ञा, स्वाभिमान, देश-प्रेम, सौन्दर्य-चेतना, आत्म विश्वास, पसन्द-नापसन्द, रीझ और खीझ ये सब उनकी गद्यशैली को रूप देने में संघटक तत्त्व बन गए हैं। उनका शब्द चयन, पद-योजना, वाक्य-विन्यास, व्यापार-बोधक क्रिया-प्रयोग, विशेषण-विधान या यों कहिए कि भाषा-रचना के सभी उपादान उनके व्यक्तित्व से जुड़े हुए हैं। उनके व्यक्तित्व के संघटक-तत्त्वों से ही उनकी भाषा-चेतना का निर्माण हुआ है।

शुक्ल जी के संयम, मर्यादा-प्रियता और सामंजस्यमयी जीवन-दृष्टि का ही परिणाम है कि उनकी बातें नपी-तुली होती हैं। प्रत्येक शब्द एक निश्चित सार्थक अभिव्यक्ति के लिए प्रयुक्त होता है और आवश्यकतानुसार वे हिन्दी के तद्भव या संस्कृत के तत्सम या उर्दू के प्रचलित या अंग्रेजी के वांछित शब्दों को प्रयोग के लिए चुन लेते हैं। उनकी प्रखर बौद्धिक क्षमता और गम्भीर चिन्तन-शक्ति का ही परिणाम है कि उनके विषय-विवेचन-क्रम में विचार सघन होकर सूत्र बन जाते हैं। 'साहस पूर्ण आनन्द के उमंग का नाम उत्साह है' (*चिन्तामणि प्रथम भाग,* पृ. 6), 'यदि प्रेम स्वप्न है तो श्रद्धा जागरण है' (वही, पृ. 18), श्रद्धा और प्रेम के योग का नाम भक्ति है।' (वही, पृ. 32), 'लोभ सामान्योन्मुख होता है, प्रेम विशेषोन्मुख' (वही, पृ. 69), 'परिचय प्रेम का प्रवर्तक है' (वही, पृ. 77), 'प्रेम एक ही कोटि की दो सत्ताओं का योग है' (वही पृ. 86), 'वैर क्रोध का अचार या मुरब्बा है।' (वही, पृ. 138), इस प्रकार के व्याख्या-सापेक्ष्य सूत्र वाक्य उनके निबन्धों में बिखरे हुए है। ये वाक्य कहीं तो पूर्व विवेचन को एक संगतिपूर्ण परिणति देने के क्रम में निर्मित हुए हैं और कहीं आगे के विवेचन का सार्थक आधार प्रस्तुत करने के उपक्रम में। आचार्य शुक्ल के व्यक्तित्व में कहीं दुविधा के लिए स्थान नहीं था। इसलिए उनके कथन में निर्भ्रान्त निर्णय देने की प्रवृत्ति स्पष्ट है। दर्शन-विज्ञान, इतिहास और काव्य के क्षेत्रों की अलग-

अलग पहचान बताते हुए वे कहते हैं, 'अनुमति अर्थ का क्षेत्र दर्शन-विज्ञान है, आप्तोपलब्ध का क्षेत्र इतिहास है, कल्पित अर्थ का प्रधान क्षेत्र काव्य है। पर भाव या चमत्कार से समन्वित होकर ये तीनों प्रकार के अर्थ काव्य के आधार हो सकते हैं।'' (*चिन्तामणि, द्वितीय भाग,* पृ. 159) हिन्दी निबन्ध लेखन एवं आलोचना के क्षेत्र में जितना आत्मविश्वास शुक्ल जी में है उतना किसी अन्य निबन्धकार या आलोचक में नहीं। अज्ञात की लालसा' के अस्तित्व को अस्वीकार करते हुए वे कहते हैं—'अत: तत्त्वदृष्टि से, साहित्य की दृष्टि से, मनोविज्ञान की दृष्टि से, अज्ञात की लालसा कोई भाव ही नहीं है। यह केवल ज्ञात की लालसा है जो भाषा को छिपानेवाली वृत्ति के सहारे अज्ञात की लालसा कही जाती है।' (*चिन्तामणि,* द्वितीय भाग, पृ. 78) उपरोक्त पंक्तियों में उनका अपने निर्णय पर अखंड आत्मविश्वास व्यक्त हुआ है।

शुक्ल जी को जीवन के सभी क्षेत्रों में भोगलिप्सुओं और तमाशबीनों से चिढ़ थी। वे गम्भीर प्रकृति के व्यक्ति थे और प्रकृति के सभी प्रकार के रूपों में हृदय को लीन करने की प्रवृत्ति को सच्ची सहृदयता मानते थे। भोग-लिप्सु प्रकृति के मधुर-कोमल रूप के लोभी होते हैं और तमाशबीन कुतूहल वृत्ति को तुष्ट करनेवाले अद्‌भुत रूपों और दृश्यों को देखना चाहते हैं। इन दोनों की दृष्टियों से देखे जानेवाले प्रकृति के स्वरूपों को अलग-अलग मूर्त करते हुए शुक्ल जी ने जिस समास-गर्भित तत्सम पदावली का प्रयोग किया है वह देखने योग्य है। वे कहते हैं, ''जो केवल प्रफुल्ल-प्रसून प्रसाद के सौरभ-संचार, मकरन्द-लोलुप मधुप-गुंजार, कोकिल-कूजितनिकुंज और शीतल सुख-स्पर्श समीर इत्यादि की चर्चा किया करते हैं, वे विषयों या भोग-लिप्सु हैं। इसी प्रकार जो केवल मुक्ताभास-हिम-विन्दु-मंडित मरकताभ-शाद्वल-जाल, अत्यन्त विशाल गिरिशिखर से गिरते हुए जल-प्रपात के गम्भीर गर्त से उठी हुई सीकर-नीहारिका के बीच विविध-वर्ण-स्फुरण की विशालता, भव्यता और विचित्रता में ही अपने हृदय के लिए कुछ पाते हैं, वे तमाशबीन हैं—सच्चे भावुक सहृदय नहीं।' (*चिन्तामणि* प्रथम-भाग, 149) यहाँ रुचि-विशेष के परिचायक प्रकृति के खंड-चित्रों को अंकित करने के लिए, चित्र विशेष को मूर्त करनेवाली शब्दावली की योजना की गई है और मूर्ति-विधान भोग लिप्सुओं एवं तमाशबीनों की दृष्टि से किया गया है।

शुक्ल जी एक अच्छे विचारक ही नहीं सहृदय रचनाकार भी थे। कवि-रूप में उन्हें चाहे अपेक्षित सफलता न मिली हो किन्तु कवियों के अनुभव-लोक एवं रचना-संसार में प्रवेश करके उस संसार को अपने मानस में पुन: सर्जित करने में उन्हें पूरी सफलता प्राप्त हुई है। जायसी और तुलसी की जो समीक्षा शुक्ल जी ने की है वह उनकी कृतियों की ऊपरी पड़ताल नहीं है, वरन इन कवियों के

भाव-लोक को पुनर्रचना है। मनोविकारों पर लिखे गए उनके निबन्धों के अध्ययन से भी यह प्रतीत होता है कि मनोविकार विशेष विवेचन करने के पहले उन्होंने उसे अपने अनुभव का विषय बनाकर उसके घनत्व और व्याप्ति को अच्छी तरह महसूस किया है और तब उसके विवेचन में प्रवृत्त हुए हैं। इसी कारण शुक्ल जी की भाषा में रचनात्मक तत्त्व भी हैं। भाषा की रचनात्मकता से तात्पर्य उसकी सजीवता, मूर्तिमत्ता, व्यंजकता और सार्थकता से है। भाव-दीप्त भाषा ही सजीव होती है। भाषा में भाव दीप्ति रचनाकार की संवेदनशीलता से आती है। शुक्ल जी की भाव-दीप्त भाषा का एक उदाहरण देखिए, ''लड़कपन में जिस पेड़ के नीचे कभी हम खेला करते थे उसे बहुत दिनों पीछे देखने पर हमारी दृष्टि कुछ देर उस पर अवश्य थम जाती है। हम प्रेम से उसकी ओर देखते हुए उसके जीर्ण या बूढ़े होने की बात लोगों से कहते हैं। जिस कुत्ते ने कभी बहुत से कामों में हमारा साथ दिया था उसकी याद हमें कभी-कभी आया करती है। जो बिल्ली कभी-कभी जाड़े की धूप में हमारे छत की मुँडेर पर लेटकर अपना पेट चाटा करती थी उसके बच्चों को हम कुछ प्रेम के साथ पहचानते हैं।' (*चिन्तामणि,* द्वितीय भाग, पृ. 60) कहना न होगा कि वर्णनात्मक होने पर भी उपरोक्त गद्य-खंड का प्रत्येक वाक्य स्मृति दीप्त है। काव्य-भाषा में ही मूर्तिमत्ता आवश्यक नहीं है, रचनात्मक गद्य-भाषा भी बिम्बविधायिनी होती है। वाक्य में संज्ञा-पदों की तुलना में क्रिया-पद अपनी गत्यात्मकता के कारण अधिक मूर्तिविधायक होते हैं। जहाँ कहीं उनकी सार्थक आवृत्ति होती है, वहाँ पूरा वाक्य बिम्ब-विधायक हो जाता है। 'तुलसी का भक्ति मार्ग' शीर्षक निबन्ध में तुलसी की भक्ति की उच्चता का निदर्शन करते हुए शुक्ल जी कहते हैं, ''ऐसी उच्च मनोभूमि की प्राप्ति, जिसमें अपने दोषों को झुक-झुक कर देखने ही की नहीं, उठा-उठाकर दिखाने की भी प्रवृत्ति होती है, ऐसी नहीं जिसे कोई कहे कि यह कौन बड़ी बात है।' (*चिन्तामणि,* प्रथम भाग, पृ. 204) यहाँ 'झुक-झुक कर देखने' और 'उठा-उठा कर दिखाने' में क्रिया-पदों की जो आवृत्ति हुई है वह पूरे कार्य-व्यापार को मूर्त कर देती है। भाषा की व्यंजकता लाक्षणिक प्रयोगों पर निर्भर है। आचार्य शुक्ल सरदार पूर्ण सिंह की लाक्षणिक भाषा के प्रशंसक थे। अनेक अवसरों पर उन्होंने स्वयं लाक्षणिक प्रयोग किए हैं, ''करुणा अपना बीज अपने आलम्बन या पात्र में नहीं फेंकती' (*चिन्तामणि,* प्रथम भाग, पृ. 52) 'क्रोध सब मनोविकारों से फुर्तीला है। कभी वह दया के साथ कूदता है, कभी घृणा के।' (वही, पृ. 135) 'करुणा' और 'क्रोध' दोनों ही अमूर्त पदार्थ हैं। इनके साथ फेंकने या कूदने जैसी क्रियाओं के प्रयोग लाक्षणिक दृष्टि से ही सार्थक हो सकते हैं। इन क्रियाओं के प्रयोग से वाक्य व्यंजक हो गए हैं। भाषा की सार्थकता सन्दर्भ के अनुकूल शब्द-योजना पर निर्भर है। जीवन के सभी सन्दर्भ सभी भाषाओं में सार्थक अभिव्यक्ति नहीं

पाते। शुक्ल जी की विशेषता यह है कि हिन्दी की निजी प्रकृति के समर्थक होते हुए भी वे सटीक शब्दावली को कहीं से भी ग्रहण कर लेते हैं। फारसी की शायरी का उल्लेख करते हुए वे कहते हैं, ''इसी प्रकार फारसी की शायरी में बुल-बुल, शम: परवान:, शराब, प्याला आदि सिद्ध प्रतीक हैं' (*चिन्तामणि,* द्वितीय भाग, पृ. 111) इसी प्रकार फारस की सूफी शायरी का जिक्र करते हुए वे कहते हैं, ''फारस की सूफी शायरी में बाह्य जगत की सुन्दर वस्तुओं का प्रतीक 'बुत' (देवमूर्ति) रहा। बुत परस्ती के इलजाम के डर से भक्त कवि लोग अपने प्रेम को सीधे बुतों (प्रकृति की सुन्दर वस्तुओं) के प्रति न बताकर, 'बुतों के परदे में छिपे हुए खुदा के प्रति बताया करते थे।' (चिन्तामणि, द्वितीय भाग, पृ. 124) कहना न होगा कि फारसी की शायरी के उभय-रूपों का परिचय फारसी की प्रचलित शब्दावली में ही दिया जा सकता है। इसी प्रकार आवश्यक होने पर शुक्ल जी ने 'भड़कीला', 'कठहुज्जती' 'अटकल पच्चू', 'कछार', 'पटपर' और 'दुर्री' जैसे ठेठ शब्दों का भी प्रयोग किया है। संस्कृत साहित्य के सन्दर्भ में संस्कृत के तत्सम शब्दों और अंग्रेजी के सन्दर्भ में अंग्रेजी के मूल प्रयोगों के साथ उनके हिन्दी रूपान्तरों का प्रयोग तो शुक्ल जी की सर्वज्ञात विशेषता है।

उपरोक्त सार्थक और सटीक प्रयोगों के अतिरिक्त भाषा को अधिक प्रभावी बनाने के लिए उन्होंने कहीं वाक्य रचना को तुकदार बनाया है, कहीं उसमें विरोधाभास का चमत्कार उत्पन्न किया है और कहीं वाक्य के बीच में 'है' क्रिया को लाकर कथन को विशेष आकर्षक बना दिया है। ये सारे प्रयोग उनकी भाषा को रचनात्मक बनाने में सहायक हुए हैं।

आचार्य शुक्ल सच्चे अर्थों में आचार्य थे। अत: उनकी शैली में आचार्य सुलभ गरिमा है। वे सामान्य पाठक से बराबर एक दूरी बनाए रखते हैं। उनके निबन्धों में प्रवेश पाने के लिए एक सीमा तक काव्यशास्त्रीय एवं दार्शनिक विषयों का ज्ञान अपेक्षित है। उनके मनोविकारों से सम्बन्धित निबन्धों में तो नहीं किन्तु उनके काव्य-सिद्धान्तों से सम्बन्धित निबन्धों में आद्योपान्त पारिभाषिक शब्दों का प्रयोग किया गया है। पारिभाषिक शब्द भारतीय एवं पाश्चात्य काव्यशास्त्र तथा दर्शनशास्त्र के लिए गए हैं। संकेत-ग्रह, आलम्बन, आश्रय, विभाव, साधारणीकरण, ज्ञातृपक्ष (Subjective), ज्ञेय पक्ष (Objective), आप्तशब्द, आक्षेप, उद्दीपन, गत्यात्मक (Dynamic), स्थिर (Static), प्रतिवर्तन (Reaction), अभिव्यंजनवाद (Expressionism), मूर्त (Concrete), ज्ञानतीत (Transcendental), मनोमयकोश, प्रत्ययवाद (Idealism), निर्विशेष (Absolute), प्रतिबिम्बवाद, प्रत्यय (Cognition), अनुभूति (Feeling), इच्छा (Conation), प्रवृत्ति (Tendency), निर्णायात्मक (Judicial), प्रभाववादी (Impressiniosts), प्रतीकवाद

(Symbolism), परोक्षवाद (Occultism), इन्द्रियासक्ति (Sensualism), सर्ववाद (Pantheism), अद्वैतवाद (Monism), विवर्तवाद, अजातवाद एकान्विति (Unity), लय (Rythm), काव्यवस्तु (Matter), वस्तुवाद (Realism), योग्यता, उपपन्नता, प्रकरण-सम्बद्धता, लक्षणा, व्यंजना, प्रकरणच्युत, व्याहृत, स्वयंप्रकाश ज्ञान (Intuition), प्रभा (Concept), साँचा (Form), अनुभूत्याभास (Apparent Feelings), अन्त: संस्कार (Impressions), प्रतीति (Perception) सत्वोद्रेक, भावप्रवर्तक (Emotive), दाम्पत्यवासना (Sexinstinct) अप्रस्तुत-विधान, आदि सैकड़ों शब्दों ने अपनी पूरी अर्थव्याप्ति के साथ प्रयुक्त होकर शुक्ल की भाषा-शैली को शास्त्रीय एवं पारिभाषिक बना दिया है। तात्पर्य यह है कि आचार्य शुक्ल की भाषा-शैली में वे सभी तत्त्व विद्यमान हैं जो एक विचारशील आचार्य एवं सहृदय समीक्षक की शैली में होने चाहिए। उनकी भाषा और शैली में उनका समग्र व्यक्तित्व आभासित होता है।

आचार्य शुक्ल के निबन्धों की चर्चा समाप्त करते हुए हम यहाँ कुछ बातें उनकी इतिहास-दृष्टि एवं समग्र जीवन-दृष्टि के सम्बन्ध में कहना चाहेंगे। आचार्य शुक्ल की जीवन-दृष्टि पर मुख्यत: तीन आक्षेप किए गए हैं। एक यह कि उन्होंने साहित्य के इतिहास को एकांगी समाजशास्त्रीय दृष्टिकोण से देखा है। दूसरा यह कि उनका इतिहास शुद्ध ब्राह्मण दृष्टिकोण से लिखा गया है और तीसरा यह कि उनका चिन्तन 19वीं सदी के अन्त और बीसवीं सदी के आरम्भ के पाश्चात्य विचारकों के अध्ययन पर आधृत है जो मध्यवर्गीय और मध्यकालीन संस्कृति के हिमायती हैं। इन सभी आक्षेपों का उत्तर डॉ. रामविलास शर्मा ने अपनी प्रखर शैली में आचार्य रामचन्द्र शुक्ल और हिन्दी आलोचना नामक पुस्तक में दिया है। मुझे उभयपक्ष के तर्कों और स्वमत-निर्धारक आधारों के विषय में कुछ नहीं कहना है। मुझे सिर्फ इतना जानना है कि आचार्य शुक्ल के समय में उनसे अधिक अधीत, गम्भीर, सन्तुलित, व्यापक दृष्टि सम्पन्न एवं प्रगतिशील आलोचक दूसरा कौन था? उसके बाद आनेवाले आलोचकों में भी पं. नन्ददुलारे वाजपेयी और डॉ. नगेन्द्र जैसे आलोचक छायावाद-रहस्यवाद और गीति-काव्य के सम्बन्ध में चाहे जितने उदार रहे हों, समग्र काव्य-दृष्टि के विकास में वे शुक्ल जी से कितना आगे हैं? जिस व्यक्ति ने 1920 ई. में विश्वस्तर की ज्ञान-दृष्टि से हिन्दी पाठकों को परिचित कराने के लिए भौतिकशास्त्र, जीवशास्त्र, रसायनशास्त्र, विकासवाद तथा भौतिकवाद एवं भाववाद का तुलनात्मक अध्ययन किया था और जिसने इस नए ज्ञान के आलोक में समस्त भारतीय दर्शनों की प्रासंगिकता की गहरी छानबीन की थी वह ब्राह्मणवादी दृष्टिकोण से इतिहास को कैसे देख सकता था? आज भी हिन्दी-साहित्य का कौन सा इतिहास है जो शुक्ल जी के इतिहास

से अधिक प्रासंगिक है? यदि शुक्ल जी का दृष्टिकोण सीमित और एकांगी होता तो हिन्दी-साहित्य में उन्हें वह व्यापक स्वीकृति न मिलती जो आज भी उन्हें प्राप्त है। रही बात चिन्तन की सीमा की, तो यह बताया जाए कि संसार में ऐसा कौन मेधावी उत्पन्न हुआ है जिसने कई सौ वर्ष आगे के लिए दृष्टि दी है। प्रत्येक विचारक अपने समय की सीमा के भीतर ही, अपने अनुभव-संसार के अन्तर्गत ही, अपनी चिन्तन-पद्धति का विकास करता है। आचार्य शुक्ल तो अपने समय की विश्व-स्तर की चिन्तन धारा के साथ चल रहे थे। अपने समय के जितने दार्शनिकों और साहित्य मर्मज्ञों का अध्ययन आचार्य शुक्ल ने किया था आज विश्वस्तर पर उस कोटि के कितने दार्शनिकों के विचारों से हिन्दी-साहित्य का नेतृत्व करनेवाले साहित्यकारों का परिचय है? आचार्य शुक्ल को प्रतिक्रियावादी मानने का एक कारण और है। हिन्दी-साहित्य में यह मोटे तौर पर मान लिया गया है कि मध्यकाल में ब्राह्मणवादी विचारधारा के प्रतिनिधि तुलसीदास थे और जनवादी विचारधारा के प्रतिनिधि कबीरदास आचार्य शुक्ल का झुकाव तुलसीदास की ओर है। इसलिए वे ब्राह्मणवादी विचारधारा के हिमायती हैं। इसमें सन्देह नहीं कि कबीर ने उपेक्षित निम्नवर्गीय जनता का स्वर मुखरित किया है किन्तु कबीर की सारी मान्यताएँ प्रगतिशील नहीं कही जा सकतीं। श्रमण संस्कृति के विकास में भी प्रगति और प्रतिक्रिया की स्थितियाँ लक्षित की जा सकती हैं। ऐसा नहीं कि ब्राह्मण संस्कृति का पूरा विकास प्रतिक्रियावादी रहा है और श्रमण संस्कृति का प्रगतिवादी। ये दोनों संस्कृतियाँ एक-दूसरे को प्रभावित करती हुईं समानान्तर प्रवाहित हुई हैं। एक की प्रगतिशीलता ने दूसरी को गति दी है और दूसरे की रूढ़िवादिता ने पहले की गति को कुंठित किया है। मध्यकाल में दोनों संस्कृतियाँ एक-दूसरे के बहुत निकट आ गई थीं तुलसीदास पूरे भारतीय समाज की आन्तरिक बनावट को देखते हुए पर्याप्त उदार हैं। उन्होंने आगे बढ़कर निम्नवर्गीय जनता को गले लगाया है किन्तु कबीर ने दूर खड़े होकर उच्च वर्ग को चुनौती दी है। कबीर भी 'कर्मफल' और 'पुनर्जन्म' के सिद्धान्तों का अतिक्रमण नहीं कर सके हैं। मानव-मात्र की एकता का प्रतिपादन उन्होंने पूरी शक्ति से किया है किन्तु मनुष्य की पूर्ण स्वतन्त्रता का उद्घोष वे नहीं कर सकते हैं। उनके यहाँ भी नियामक ईश्वर ही है, मनुष्य नहीं। तुलसी और कबीर दोनों मनुष्य की नियति के निदर्शन में एक-दूसरे के बहुत निकट हैं। दोनों के संस्कार उनमें दूरी उत्पन्न करते हैं। यदि दोनों ने अपने को संस्कार-जनित सीमाओं से थोड़ा मुक्त कर लिया होता तो उत्तर भारत में भी निर्गुण और सगुण का वैसा ही समन्वय हो गया होता जैसा महाराष्ट्र और गुजरात में हो गया था। कुछ भी हो, आचार्य शुक्ल की जीवन-दृष्टि न एकांगी है, न प्रतिक्रियावादी। वे अपने को सामंजस्यवादी मानते रहे हैं। उनके सम्बन्ध में डॉ. रामविलास शर्मा का यह कथन बहुत सही

है—'हिन्दी-साहित्य में शुक्ल जी का वही महत्त्व है जो उपन्यासकार प्रेमचन्द या कवि निराला का।' निराला ने आचार्य शुक्ल के निधन पर लिखा था—

अमा निशा थी समालोचना के अम्बर पर
उदित हुए जब तुम हिन्दी के दिव्य कलाधर।

तो क्या 'निराला' को भी प्रतिक्रियावादी और ब्राह्मणवादी कहा जाए। यदि किसी को 'शुक्लता' से ही चिढ़ हो तो क्या किया जाए?

सन्दर्भ

1. As Spitz (1949) has observed, "Emotions are not present readymade from birth. Like any other sector of the human personality they have to develop." Emotional development is due to maturation and learning, not to either one alone. The fact that a certain emotional reaction does not appear early in life is no proof that it is not innate. It may develop later with the maturing of the intelligence of the child or with the develoment of the endocrine system.

   —Child Development, Elizabeth B. Hurlock, p. 217

2. काव्य में रहस्यवाद शीर्षक निबन्ध में इसका हवाला दिया गया है। यह निबन्ध सन् 1922 में पुस्तकाकार प्रकाशित हुआ था। अत: *कविता क्या है* निबन्ध सन् 1922 के पर्व ही लगभग पूर्ण रूप प्राप्त कर चुका था।
3. चिन्तामणि-3, पृ. 61

5

हिन्दी आलोचना के क्षेत्र में आचार्य शुक्ल की क्रान्तदर्शी भूमिका

आचार्य शुक्ल सच्चे अर्थों में एक क्रान्तदर्शी समीक्षक है। हिन्दी-आलोचना उनका व्यक्ति अप्रतिम है। एक चिन्तनशील और सहृदय समीक्षक के रूप में उन्होंने अपने युग का अतिक्रमण किया था। जिस समय हिन्दी के मान्य और प्रतिष्ठित समीक्षक मात्र रस. रीति, अलंकार, उक्तिवैचित्र्य आदि को दृष्टि में रखकर रीति कालीन रूढ़िग्रस्त मानसिकता के दायरे में ही नए-पुराने कवियों की श्रेष्ठता का प्रतिपादन या अधिक-से-अधिक सुधारवादी मनोवृत्ति से प्रेरित होकर स्थूल उपयोगिता के आधार पर उनकी काव्य-कृतियों की महत्ता का आकलन कर रहे थे उस समय भारतीय अस्मिता के तेज से दीप्त आचार्य शुक्ल एक ऐसे समर्थ समीक्षक के रूप में सामने आए जिसके आलोचक-व्यक्तित्व के घटक तत्त्वों का विश्लेषण किया जाए तो उसमें भारतीय काव्यशास्त्र के सिद्ध प्रतिमानों की सम्यक धारणा से समृद्ध आचार्य, कवियों की अन्त: प्रकृति की गहरी छानबीन करनेवाला मर्मी सहृदय; युग-चेतना के बोध से जागृत एवं राष्ट्रीय गौरव की प्रतिष्ठा के लिए संघर्षशील लोक-हितैषी; इतिहास, दर्शन, विज्ञान आदि के गम्भीर अध्ययन से व्यापक अन्तर्दृष्टि सम्मान विचारक प्राचीन एवं नवीन साहित्य के मर्म में प्रवेश करके मानवीय सन्दर्भ में उनके महत्त्व का प्रतिपादन करनेवाला व्याख्याता; साहित्य एवं लोक-प्रवृत्त के अन्तर सम्बन्धों का अन्यतम पारखी; सूक्ष्म अन्वीक्षण-बुद्धि-सम्पन्न तार्किक तथा मानव की कर्म-चेतना के मूल में मनोवेगों की सक्रिय भूमिका के विवेचन में प्रवृत नीतिवादी मनोवैज्ञानिक सभी एक साथ दिखाई देंगे। यों तो आचार्य शुक्ल की क्रान्तदर्शिता उन सभी क्षेत्रों में लक्षित होती है जिनमें उनकी गति है किन्तु यहाँ हम उन मूल बिन्दुओं

पर ही अपना ध्यान केन्द्रित करना चाहेंगे जिन्हें अपनी समीक्षा यात्रा के क्रम में आचार्य शुक्ल ने पूरी शक्ति से प्रतिमान के रूप में प्रतिष्ठित करके नए युग की शुरुआत की और जो आज भी हमें प्रेरणा और शक्ति प्रदान कर रहे हैं। आचार्य शुक्ल की क्रान्तदर्शी भूमिका के साक्षी उन मूल बिन्दुओं को निम्नलिखित रूप में प्रस्तुत किया जा सकता है।

1. काव्य-दृष्टि को दर्शन, धर्म और विज्ञान के साथ रखकर एक व्यापक तात्त्विक आधार पर प्रतिष्ठित करने का प्रयत्न।
2. काव्य-सौन्दर्य को लोकमंगल की साधनावस्था या कर्म-सौन्दर्य या शुभ-अशुभ के बीच होनेवाले द्वन्द्व के गत्यात्मक सौन्दर्य में देखना।
3. परम्परागत शास्त्रीय प्रतिमानों को आधुनिक सन्दर्भ में नई मर्यादा प्रदान करना।
4. साहित्य के स्वरूप में होनेवाले परिवर्तन को जनता की चित्त वृत्ति में होनेवाले परिवर्तन के साथ जोड़कर साहित्येतिहास को एक सामाजिक दर्शनिक आधार देने का प्रयत्न।
5. भाषा का सम्बन्ध जाति विशेष की मानसिक उन्नति या अवनति से जोड़ना और उसकी स्तब्धता या जड़ता पर प्रहार।

कहना न होगा कि आचार्य शुक्ल के पूर्व सामान्य जनमानस में काव्य-रचना का लक्ष्य मनोरंजन था। राजाश्रय में लिखा जानेवाला काव्य चमत्कारोत्पादन का साधन मात्र था। आचार्य शुक्ल के पूर्व आचार्य महावीरप्रसाद द्विवेदी ने काव्य को लोकहित से जोड़ने की कोशिश अवश्य की थी किन्तु वे उसे दर्शन, धर्म और विज्ञान के समकक्ष उच्चतर तात्त्विक आधार प्रदान नहीं कर सकते थे। आचार्य शुक्ल ने 1920 में 'विश्वप्रपंच' की भूमिका का अन्त करते हुए लिखा था, "भेदों में अभेद ही सच्ची तत्त्व-दृष्टि है। इसी के द्वारा सत्ता का आभास मिल सकता है। यही अभेद ज्ञान और धर्म का लक्ष्य है। विज्ञान इसी अभेद की खोज में है, धर्म इसी की ओर दिखा रहा है।" इसी स्तर पर काव्य की प्रतिष्ठा करते हुए आचार्य शुक्ल ने कहा था, "काव्य का जो चरम लक्ष्य सर्वभूत को आत्मभूत करके अनुभव कराना है, उसके साधन में भी अहंकार का त्याग आवश्यक है।" सर्वभूत को आत्मभूत करके अनुभव करना तभी सम्भव है जब अनुभवकर्ता भेदों में अभेद दर्शन में समर्थ हो। आचार्य शुक्ल ने 'रस दशा' को 'ज्ञान दशा' के स्तर पर प्रतिष्ठित करते हुए कहा था, "जिस प्रकार आत्मा की मुक्तावस्था ज्ञान-दशा कहलाती है, उसी प्रकार हृदय की यह मुक्तावस्था 'रस दशा' कहलाती है। हृदय की इसी मुक्ति की साधना के लिए मनुष्य की वाणी जो शब्द-विधान करती

आई है, उसे कविता कहते हैं।'' काव्य को ज्ञान, धर्म और विज्ञान के स्तर पर प्रतिष्ठित करके आचार्य शुक्ल ने अपनी क्रान्तदर्शी दृष्टि का परिचय दिया है। आज का युग विज्ञान का युग है। विज्ञान की चुनौती को स्वीकार करके ही आज धर्म, दर्शन और काव्य अपने अस्तित्व की सार्थकता प्रमाणित कर सकते हैं। आचार्य शुक्ल ने स्पष्ट किया कि जिस लक्ष्य का अनुसन्धान विज्ञान कर रहा है, जिस लक्ष्य की सिद्धि में दर्शन और धर्म तत्पर हैं, वही अभेद दृष्टि ही सच्ची तत्त्व-दृष्टि है और उसी की सिद्धि काव्य का भी लक्ष्य है। 'नाना भेदों में अभेद दृष्टि' का महत्त्व राष्ट्रीय एकता और मानवतावाद के सन्दर्भ में भी मान्य है। शम्भुनाथ ने 'बौद्धिक उपनिवेशवाद की चुनौती और रामचन्द्र' नामक अपनी पुस्तक में कहा है, ''उपनिवेशवाद से टकराहट में एकता के वैज्ञानिक राष्ट्रीय दृष्टिकोण को ही रामचन्द्र शुक्ल ने भेद में अभेद कहा। वह पर्तदार—बहुत से धर्मों, जातियों, भाषाओं तथा क्षेत्रीय खूबियोंवाले भारतीय समाज में 'नाना भेदों में अभेद दृष्टि ही सच्ची तत्त्व दृष्टि हो सकती है।' आचार्य शुक्ल ने अभेद दृष्टि की बात तत्कालीन राष्ट्रीय एकता के सन्दर्भ में चाहे न कही हो लेकिन यह निर्विवाद है कि अनेक धर्मों, जातियों, सम्प्रदायों और भाषाओं वाले इस देश में 'नाना भेदों में अभेद दृष्टि ही, सच्ची तत्त्व-दृष्टि के रूप में स्वीकार्य हो सकती है। आज भी धर्म, संस्कृति और साहित्य अभेद-दृष्टि सम्पन्न होकर ही राष्ट्र और मनुष्य के लिए कल्याणकारी हो सकते हैं।

आचार्य शुक्ल की क्रान्तदर्शिता का दूसरा प्रधान बिन्दु 'लोकमंगल की साधनावस्था' या कर्म-सौन्दर्य या शुभ-अशुभ के द्वन्द्व के गत्यात्मक सौन्दर्य को विशेष महत्त्व देना है। ब्रह्म की व्यक्त सत्ता अर्थात् जगत में सुन्दर और असुन्दर या मंगल और अमंगल का द्वन्द्व नित्य और अनिवार्य है। सृजन, प्रफुल्लता, हास विलास, रक्षा, रंजन आदि सौन्दर्य-पक्ष की वस्तुएँ हैं और विरूपता, क्लेश, ध्वंस आदि असुन्दर पक्ष की। इन दोनों के द्वन्द्व में ही सौन्दर्य की वास्तविक अभिव्यक्ति होती है। अत्याचार, क्रन्दन, पीड़न आदि की विरूप और अमंगलमयी छाया को हटाकर ही ब्रह्म की सत्ता वास्तविक सौन्दर्य का प्रकाश करती है। आचार्य शुक्ल के शब्दों में 'लोक में फैली दु:ख की छाया को हटाने में ब्रह्म की आनन्दकला जो शक्तिमय रूप धारण करती है, इसकी भीषणता में भी अद्भुत मनोहरता, कटुता में भी अपूर्व मधुरता, प्रचंडता में भी गहरी आर्द्रता साथ लगी रहती है। विरुद्धों का यही सामंजस्य कर्मक्षेत्र का सौन्दर्य है।' कर्मक्षेत्र का यह सौन्दर्य काव्य के क्षेत्र में भी लक्षित किया जा सकता है। ऐसे महाकाव्य जिनका बीज भाव 'करुणा' है और जिनके काव्य-नायक अत्याचार, क्रन्दन,

पीड़न आदि की अमंगलमयी छाया को हटाकर मंगल के विधान में सक्रिय और संघर्षरत रहते हैं, लोकमंगल की साधनावस्था के काव्य हैं। ऐसे ही नायकों के जीवन-संघर्ष में वास्तविक सौन्दर्य लक्षित होता है। इसके विपरीत जिन काव्यों में संघर्ष की चेतना नहीं होती और काव्य-नायक आनन्द को सिद्ध मानकर प्रयत्न या संघर्ष के स्थान पर भोग में लीन रहता है, वे आनन्द की सिद्धावस्था के काव्य हैं। ऐसे काव्यों में गत्यात्मक सौन्दर्य नहीं होता। आचार्य शुक्ल की यह स्थापना आज भी सृजनशील रचनाकारों और समीक्षकों को प्रभावित और प्रेरित कर रही है। आचार्य शुक्ल की इस स्थापना पर मुग्ध होकर डॉ. रामविलास शर्मा ने लिखा है—'शुक्ल जी भीषणता में भी अद्‌भुत मनोहरता, कटुता में भी अपूर्व मधुरता, प्रचंडता में भी गहरी आर्द्रता' का अस्तित्व बताते हुए लिखते हैं कि 'विरुद्धों का यही सामंजस्य कर्मक्षेत्र का सौन्दर्य है।'' आचार्य शुक्ल की उपरोक्त स्थापना पर डॉ. शर्मा की टिप्पणी ध्यान देने योग्य है, ''इस पद्धति को हम द्वन्द्व नाम दें तो अनुचित न होगा। विरोधी लगनेवाली वस्तुओं हिन्दी आलोचना के क्षेत्र में आचार्य शुक्ल की क्रान्तदर्शी भूमिका का सामंजस्य पहचानना, उन्हें गतिशील और विकासमान देखना, संसार के विभिन्न भौतिक और मानसिक व्यापारों का परस्पर सम्बन्ध स्थापित करके उनका अध्ययन करना इस पद्धति की विशेषताएँ हैं।' आचार्य शुक्ल की उपरोक्त स्थापना 'मलयज' जैसे संवेदनशील आधुनिक कवि को भी प्रभावित करती है और वे कहते हैं, ''प्रयत्न पक्ष की कविता का केन्द्र सिर्फ व्यक्ति-मन की एकतान, एकात्म स्थिति नहीं है, बल्कि उसके बाहर के सम-विषम ताने-बाने से बुने हुए संघर्षमय भाव-जाल में है। उसमें भाव-व्यापार की विविधता है, असमानता है, ऊबड़-खाबड़पन है, एक बाह्योन्मुख संघर्ष चेतना है। एक उदग्र बेचैनी, एक कश्मकश, स्थिर लयात्मकता नहीं। कुछ पाने की व्यग्रता; पा लेने पर अपने आप में तन्मय-डूब जाने की तन्द्रा नहीं।'' कहना न होगा कि आचार्य शुक्ल की स्थापना ने डॉ. शर्मा और 'मलयज' दोनों को अलग-अलग कारणों से प्रभावित किया है। डॉ. शर्मा मार्क्सवादी विचारक हैं। इसलिए उन्होंने आचार्य शुक्ल के 'विरुद्धों के सामंजस्य' में चिन्तन की द्वन्द्वात्मक पद्धति लक्षित किया और उसे अपनी विचारधारा के अनुकूल मानकर उसका समर्थन किया। 'मलयज' एक रचनाकार हैं। वे रचना के केन्द्र में व्यक्ति मन की एकतान एकात्म स्थिति नहीं देखना चाहते। वे कविता के केन्द्र में संघर्षमय जीवन का भाव-द्वन्द्व देखना चाहते हैं। आचार्य शुक्ल की स्थापना में उन्हें अपने रचना-कर्म के प्रेरक तत्त्व लक्षित होते हैं और वे मुक्त मन से आचार्य की स्थापना को दाद

देते हैं। आचार्य शुक्ल की उपरोक्त स्थापना ने नई कविता के प्रसिद्ध समीक्षक डॉ. रामस्वरूप चतुर्वेदी को भी स्पर्श किया है। उन्होंने अपने इतिहास में इसे बार-बार उद्धृत किया है और इसी के आधार पर 'निराला', 'मुक्तिबोध' और 'अज्ञेय' जैसे अलग-अलग रुचियों और संस्कारों के कवियों के प्रतिपाद्य में सामंजस्य स्थापित करने की चेष्टा की है। आचार्य शुक्ल ने 'काव्य में लोकमंगल की साधनावस्था' शीर्षक निबन्ध आज से लगभग 65 वर्ष पूर्व लिखा था। यदि वह आज भी कवियों और विचारकों को समान रूप से प्रेरित, प्रभावित और उत्तेजित करता है तो इसे आचार्य की क्रान्तदर्शिता का सशक्त प्रमाण मानना उचित होगा।

आचार्य शुक्ल परम्परागत काव्य-सिद्धान्तों—रस, अलंकार, रीति, वक्रोक्ति, ध्वनि, औचित्य—के पुनर्व्याख्याता के रूप में प्रसिद्ध हैं। उनकी दृष्टि में "शब्द शक्ति, रस और अलंकार ये विषय-विभाग काव्य-समीक्षा के लिए इतनी उपयोगी हैं कि इनको अन्तर्भूत करके संसार की नई-पुरानी सब प्रकार की कविताओं की बहुत ही सूक्ष्म मार्मिक और स्वच्छ आलोचना हो सकती है। इनमें भी आचार्य शुक्ल 'रस' को सर्वाधिक महत्त्व देते हैं। यहाँ हमारा प्रतिपाद्य यह नहीं है कि आचार्य शुक्ल ने 'रस सिद्धान्त' को जिस रूप में प्रतिष्ठित किया वह संस्कृत के आचार्यों के विवेचन के सर्वथा अनुकूल है या उससे हटकर। क्योंकि यह लगभग प्रमाणित हो चुका है कि आचार्य शुक्ल की रस दृष्टि ठीक वही नहीं है जो संस्कृत के भाववादी आचार्यों की थी। आचार्य शुक्ल रसानुभूति को अलौकिक या लोकोत्तर नहीं मानते। वे उसे जीवन के भीतर की ही अनुभूति मानते हैं। काव्यानुभूति को वे जीवनानुभूति से अलग नहीं मानते। उनके अनुसार, "रसानुभूति प्रत्यक्ष या वास्तविक अनुभूति से सर्वदा पृथक कोई अन्तर्वृत्ति नहीं है, बल्कि उसी का एक उदात्त और अवदात्त स्वरूप है।' संस्कृत का आचार्य इस स्थापना को स्वीकार नहीं कर सकता। यहाँ हम केवल इतना ही कहना चाहते हैं कि आचार्य शुक्ल ने रसानुभूति की जो व्याख्या की है उसने उनके वाद के समीक्षकों को किस रूप में कहाँ तक प्रभावित किया है। क्रान्तदर्शिता एक प्रकार की भवितव्यदर्शिता ही है। आचार्य शुक्ल की व्याख्या के स्वीकार का महत्त्व इसलिए भी है कि उनके बाद डॉ. नगेन्द्र के आग्रहपूर्वक किए गए प्रतिपादन कि, "काव्य के अनुचिन्तन से प्राप्त रागात्मक अनुभूति के सभी रूप और प्रकार—सूक्ष्म और प्रबल, सरल और जटिल, क्षणिक और स्थायी : संवेदन, स्पर्श, चित्तविकार, भाव-बिम्ब, संस्कार, मनोदशा, शील—सभी रस की परिधि में आ जाते हैं—को वह स्वीकृति नहीं मिली जो आचार्य शुक्ल की

व्याख्या को डॉ. रामविलास शर्मा ने आचार्य शुक्ल की व्याख्या का समर्थन करते हुए कहा—"लोक-हृदय में हृदय के लीन होने की दशा का नाम रस दशा बताकर शुक्ल जी ने हर तरह की संकुचित व्यक्तिवादी और भाववादी धारणाओं से साहित्य को मुक्त करके उसे सामाजिक जीवन का एक अंग बना दिया। इसलिए लोक-हृदय, लोक-मंगल या लोक-हित को दर किनार करके साहित्यकार आगे नहीं बढ़ सकता।" मलयज ने बड़े साहस के साथ कहा, "शास्त्रीयता की मोटी पर्त को हटाकर शुक्ल जी के 'रसवाद' को जरा उलटिए-पलटिए तो उसमें व्यक्ति और समाज, अन्तर्जगत और बाह्यजगत रूप और वस्तु, अनुभूति और विचार जैसी मानव-जीवन की हमारी परिचित द्वन्द्वात्मक इकाइयों को ही एक नए समीकरण में कसने की सर्जनात्मक उठान दिखाई देगी।' आचार्य रामचन्द्र शुक्ल को बौद्धिक उपनिवेशवाद के खिलाफ संघर्षशील समीक्षक मानने-वाले शम्भुनाथ का तो यहाँ तक कहना है कि, "रसमीमांसा' रसवाद के खिलाफ एक पालिमिक्स है। इसके विभिन्न सूत्रों में अलौकिकतावादी-सामन्ती रसवादी मान्यताओं की पराजय तथा लौकिक और जनतान्त्रिक मान्यताओं की विजय की गूंज है।' यह सत्य है कि रस-सिद्धान्त के परम्परागत औजारों का प्रयोग आज की आलोचना में नहीं किया जा रहा है। इसलिए रस सिद्धान्त की परम्परागत परिभाषिक शब्दावली को आचार्य शुक्ल ने जो नया अर्थ प्रदान किया था उसकी उपयोगिता सन्दिग्ध हो गई है किन्तु यह तो स्वीकार करना ही होगा कि हजारों वर्ष पुराने रस-सिद्धान्त को आधुनिक जनतान्त्रिक जीवन पद्धति के अनुकूल नए रूप में प्रतिष्ठित करके आचार्य शुक्ल ने अपनी अप्रतिम प्रतिभा और क्रान्तदर्शिता का परिचय दिया है।

आधुनिक-हिन्दी समीक्षा के क्षेत्र में आचार्य शुक्ल की क्रान्तदर्शी भूमिका का एक महत्त्वपूर्ण प्रमाण उनका हिन्दी-साहित्य का इतिहास भी है। आचार्य शुक्ल ने पहली बार हिन्दी-साहित्य के इतिहास को न केवल एक व्यवस्थित ढाँचा दिया वरन एक सुचिन्तित दृष्टि भी प्रदान की। उन्होंने साहित्य के इतिहास को परिभाषित करते हुए कहा, 'जब कि प्रत्येक देश का साहित्य वहाँ की जनता को चित्तवृत्ति का संचित प्रतिबिम्ब होता है, तब यह निश्चित है कि जनता की चित्तवृत्ति के परिवर्तन के साथ-साथ साहित्य के स्वरूप में भी परिवर्तन होता चला जाता है। आदि से अन्त तक इन्हीं चित्तवृत्तियों की परम्परा को परखते हुए साहित्य परम्परा के साथ उनका सामंजस्य दिखाना ही 'साहित्य का इतिहास' कहलाता है।'' कहना न होगा कि अपनी इस परिभाषा को आधार बनाकर आचार्य शुक्ल ने हिन्दी-साहित्य का जो ढाँचा प्रस्तुत किया है वह आज भी

प्रासंगिक है। उनके बाद के इतिहास ग्रन्थों में हिन्दी-साहित्य के उद्‌भव की सीमा को थोड़ा पीछे खींचा गया। 'वीरगाथा काल', नाम के औचित्य पर प्रश्नचिह्न लगाकर उसके स्थान पर 'आदिकाल' नाम प्रचलित किया गया। चित्तवृत्तियों के स्थान पर 'चेतना' और 'संवेदना' शब्दों के प्रयोग को अधिक उचित माना गया, किन्तु मूल ढाँचे में कोई आधारभूत परिवर्तन नहीं किया जा सका। आचार्य शुक्ल के ढाँचे में सबसे अधिक फेरबदल का प्रस्ताव डॉ. रामविलास शर्मा ने किया है किन्तु इस ढाँचे की उपयुक्तता का सबसे अधिक समर्थन भी उन्होंने ही किया है। आचार्य शुक्ल ने आदिकाल और मध्यकाल को अलग-अलग रखा है। डॉ. शर्मा दोनों को सामन्ती युग के अन्तर्गत मानते हुए एक साथ रखते हैं और कहते हैं, "शुक्ल जी का आदिकाल वास्तविक मध्यकाल है, हिन्दी जनपदों के इतिहास का सामन्तकाल है।" आचार्य शुक्ल ने जिसे 'पूर्वमध्यकाल' कहा है उसे डॉ. शर्मा 'लोकजागरण काल' कहते हैं क्योंकि इस काल में सामन्तीय ढाँचे के भीतर व्यापारिक पूँजीवाद के विकास के फलस्वरूप नए आर्थिक सम्बन्ध विकसित हो चुके थे और एक नई सांस्कृतिक चेतना भक्त कवियों के माध्यम से जागृत हो चुकी थी। शुक्ल जी ने आधुनिक युग की शुरुआत भारतेन्दु-युग से मानी है। डॉ. शर्मा इसे भक्तिकालीन लोक जागरण का दूसरा उत्थान मानते हैं। उनके अनुसार भक्तिकालीन लोक जागरण से ही आधुनिक युग की शुरुआत मान ली जानी चाहिए। इन सुझावों और प्रस्तावों के बावजूद डॉ. शर्मा आचार्य शुक्ल के इतिहास के प्रशंसक हैं। उनकी दृष्टि में आचार्य शुक्ल ने हमारे साहित्य के जातीय रूप को पहचानकर हिन्दी की जातीय प्रकृति को भलीभाँति रेखांकित किया है। उन्होंने बलपूर्वक कहा है कि हिन्दी का आधार उसकी जनपदीय बोलियाँ हैं और उसे लोक जीवन से सदैव रस ग्रहण करते रहना चाहिए। डॉ. शर्मा के अनुसार दरबारी काव्य परम्परा का विरोध, भारतीय स्वतन्त्रता आन्दोलन को विश्व साम्राज्यविरोधी आन्दोलन के ही एक अंग के रूप में प्रस्तुत करना, हिन्दी की जातीय प्रकृति की पहचान, भाषा के विकास को समाज के विकास के साथ जोड़कर देखना आदि ऐसी अनेक खूबियाँ हैं जिनके लिए इतिहासकार आचार्य शुक्ल सदैव स्मरणीय रहेंगे। आचार्य शुक्ल के भक्तिकालीन काव्यधाराओं के विभाजन पर भी आक्षेप किया गया है। यह कहा गया है कि शुक्ल जी का निर्गुण-सगुण भक्ति-धाराओं का विभाजन संगत नहीं है। साथ ही उनका निर्गुण कवियों की तुलना में सगुण को महत्त्व देना भी उचित नहीं है। निर्गुण कवि अधिक क्रान्तिकारी हैं। उनकी तुलना में सगुण कवि मुख्यतः तुलसीदास अधिक व्यवस्था प्रिय हैं। यद्यपि डॉ. रामविलास शर्मा इन

मान्यताओं से सहमत नहीं हैं और वे सीधे प्रश्न करते हैं कि, ''तुलसी यदि घोर व्यवस्थावादी थे तो प्रेम को सारे नियमों के समूची व्यवस्था के ऊपर क्यों मानते हैं?' फिर भी, यदि यह मान लिया जाए कि आचार्य शुक्ल निर्गुण और सगुण भक्त कवियों की प्रकृति को ठीक से नहीं समझ पाए और उनका निर्गुण-सगुण धाराओं का विभाजन तथा सगुण कवियों को तरजीह देने की प्रवृत्ति संगत नहीं है तो प्रश्न उठता है कि भक्ति कालीन काव्यधाराओं का उनकी प्रकृति के अनुसार विभाजन और नामकरण किस रूप में किया जाए? अभी तक किसी इतिहासकार ने कोई विकल्प पेश नहीं किया है। तात्पर्य यह कि सारे ऊहापोह के बावजूद आचार्य शुक्ल के इतिहास के ढाँचे का कोई ठोस विकल्प सामने नहीं आया है। डॉ. शर्मा ने जो विकल्प पेश किया है उसकी व्यापक छानबीन अभी नहीं हुई है। इतना तो स्पष्ट है कि डॉ. शर्मा ने सामाजिक विकास को ऐतिहासिक भौतिकवादी प्रक्रिया को सीधे-सीधे साहित्य के विकास-प्रक्रिया पर लागू कर दिया है। इसीलिए अभी उनके द्वारा प्रस्तावित विकल्पों को व्यापक समर्थन नहीं मिल पाया है। इस प्रकार सन् 1929 में आचार्य शुक्ल द्वारा निर्मित ढाँचा उनकी क्रान्तदर्शिता का प्रमाण बनकर आज भी अक्षुण्ण बना हुआ है।

आचार्य शुक्ल की क्रान्तदर्शिता का सबसे महत्त्वपूर्ण प्रमाण उनकी भाषा दृष्टि है। आज हम समीक्षा की जिस भाषा का प्रयोग करते हैं, वह आचार्य शुक्ल की ही देन है। उनकी भाषा-दृष्टि क्रान्तिकारी है। सन् 1907 ई. में उन्होंने घोषित किया था कि, ''किसी जाति को अशक्त करने का सबसे सहज उपाय उसकी भाषा को नष्ट करना है।'' आचार्य ने भाषा की उन्नति अवनति को जाति विशेष की मानसिक उन्नति-अवनति के साथ जोड़कर देखा। उनकी मान्यता थी कि देश की जिस प्रकृति ने हमारे हृदय में रूप-रंग भरा है उसी ने हमारी भाषा का भी रूप-रंग खड़ा किया है। इसलिए जीवन के प्रवाह के साथ निरन्तर जुड़ी रहकर जो भाषा हमारे संस्कार का अंग बन गई है वही हमारी चेतना को ठीक-ठीक शब्द बद्ध कर सकती है। उन्होंने भाषा की स्तब्धता, जड़ता एवं शिथिलता का प्रश्न उठाते हुए कहा, 'बने बनाए समास जिनका व्यवहार हजारों वर्ष पहले हो चुका था, लादकर भाषा अलंकृत की जाती थी। किसी परिचित वस्तु के लिए जो विशेषण बहुत काल से स्थिर थे, उनके अतिरिक्त कोई अपनी ओर से लाना मानो भारतभूमि के बाहर पैर बढ़ाना था। यहाँ तक कि उपमाएँ भी स्थिर थीं—मुख के लिए 'चन्द्रमा' हाथ-पैर के लिए 'कमल', प्रताप के लिए 'सूर्य' कहाँ तक गिनाएँ। जहाँ इनसे आगे कोई बढ़ा कि साहित्य में अनभिज्ञ ठहराया गया अर्थात् इन सब नियत उपमानों का जानना भी आवश्यक समझा जाता था। पाठक, यह

भाषा की स्तब्धता है, विचारों की शिथिलता है और जाति की मानसिक अवनति का चिह्न है। आचार्य शुक्ल की उपरोक्त स्थापना आज भी कितनी प्रासंगिक है, कहने की आवश्यकता नहीं। आचार्य शुक्ल ने उपरोक्त स्थापना उस समय की थी जब देश परतन्त्र था। भाषा को जीवन यथार्थ, प्राकृतिक वैभव और जातीय स्वाभिमान से जोड़कर आचार्य शुक्ल ने बौद्धिक गुलामी को चुनौती दी थी। यह लड़ाई अभी समाप्त नहीं हुई है। आज भाषा जातीय और राष्ट्रीय स्वाभिमान की वस्तु न मानी जाकर मात्र व्यावसायिक उपयोग की वस्तु मानी जा रही है। लोग विदेशी तकनीक की तरह विदेशी भाषा को भी उपयोगी मानकर ग्रहण कर रहे हैं। यदि यही स्थिति रही तो हम बौद्धिक और मानसिक गुलामी से कभी मुक्त नहीं हो पाएँगे और हमारा राष्ट्रीय स्वाभिमान समाप्त हो जाएगा। किसी भी भाषा की समृद्धि उसकी अभिव्यक्ति क्षमता और विचार सम्पदा पर निर्भर है। आचार्य शुक्ल ने इन दोनों स्तरों पर हिन्दी को कितना समृद्ध किया इसका अनुमान बाबू श्यामसुन्दरदास के निम्नलिखित उद्गार से लगाया जा सकता है, "शब्द-सागर की उपयोगिता और सर्वांगपूर्णता का अधिकांश श्रेय पं. रामचन्द्र शुक्ल को प्राप्त है। इतिहास, दर्शन, भाषा-विज्ञान, व्याकरण, साहित्य आदि सभी विषयों का समीचीन विवेचन प्राय: उन्हीं का किया हुआ है। यह कह देना अत्युक्ति न होगी कि कोश ने शुक्ल जी को बनाया और कोश को शुक्ल जी ने।" हिन्दी के प्रति पूरी निष्ठा के साथ समर्पित रहकर ही आचार्य शुक्ल ने उसे वह वैचारिक समृद्धि प्रदान की जिस पर हम गर्व कर सकते हैं।

जिस समय आचार्य शुक्ल भाषा को हिन्दी की जातीय चेतना के साथ देख रहे थे उस समय हिन्दी में अनुवाद की क्षमता बहुत कम थी। शुक्ल जी ने उस समय विश्वविख्यात भौतिक दर्शन की कृति 'रिडल् ऑव द यूनिवर्स' का अनुवाद करके हिन्दी में अनुवाद की भाषा का एक समुचित स्वरूप प्रस्तुत किया। उन्होंने अक्षरश: शाब्दिक अनुवाद न करके अपने देश की सांस्कृतिक चेतना के अनुकूल हैकेल की भाषा को समुचित रूप में ढाल कर मात्र हिन्दी जाननेवालों के लिए ग्राह बना दिया। अनुवाद की भाषा कैसी होनी चाहिए इसका उदाहरण देकर शुक्ल जी ने इस दिशा में भी मार्गदर्शन किया। हम चाहे तो इसे भी उनकी क्रान्तदर्शी चेतना का अंग मान सकते हैं।

समीक्षक आचार्य शुक्ल की क्रान्तदर्शिता का एक बहुत बड़ा प्रमाण नई पीढ़ी के अनेक समीक्षकों द्वारा विविध सन्दर्भों में उनका स्मरण किया जाना है। डॉ. नामवर सिंह ने व्यावहारिक समीक्षा में अर्थ-मीमांसा के सिद्धान्त का महत्त्व प्रतिपादित करते हुए, अमृत राय ने सामूहिक भाव और साधारणीकरण

का सम्बन्ध दिखाते हुए, डॉ. रवीन्द्र नाथ श्रीवास्तव ने 'साहित्यिक शैली-विज्ञान के विवेचन क्रम में संसर्गगत काव्य-संसार की चर्चा करते हुए, केदारनाथ सिंह ने हिन्दी आलोचना में बिम्ब-सिद्धान्त के विकास की चर्चा करते हुए, मैनेजर पांडेय ने साहित्य-रचना के सन्दर्भ में अनुभूति और सहानुभूति के महत्त्व पर विचार करते हुए, डॉ. रघुवंश ने रस-सिद्धान्त और आधुनिक मनोविज्ञान के सम्बन्ध में विचार करते हुए, डॉ. शिवकुमार मिश्र ने 'यथार्थवाद' के स्वरूप का विवेचन करते हुए तथा रमेशचन्द्र शाह ने छायावाद की प्रासंगिकता पर विचार करते हुए आचार्य शुक्ल को सम्मानपूर्वक याद किया है। इतने सन्दर्भों में आज भी स्मरण किए जाने का कारण यही है कि इन सभी सन्दर्भों के सूत्र आचार्य शुक्ल की समीक्षा में विद्यमान है और इनकी विद्यमानता आचार्य की क्रान्तदर्शिता का सबसे सबल प्रमाण है।

हिन्दी-साहित्य का यह सौभाग्य था कि उसे आचार्य शुक्ल जैसी विचक्षण क्रान्तदर्शी प्रतिभा उस समय प्राप्त हुई थी जिस समय देश स्वतन्त्रता के लिए संघर्ष कर रहा था और साम्राज्यवादी शक्तियाँ हमें हमेशा के लिए गुलाम बनाने के लिए हमारी सांस्कृतिक विरासत को नगण्य साबित करने के लिए तत्पर थीं। आचार्य शुक्ल ने बौद्धिक धरातल पर साम्राज्यवादी शक्तियों से टक्कर ली थी। उनका सम्पूर्ण साहित्य-चिन्तन इसी टकराहट की उपज है। आचार्य शुक्ल की हिन्दी आलोचना के क्षेत्र में क्रान्तदर्शी भूमिका साम्राज्यवादी शक्तियों के छद्म का पर्दाफाश करने और हिन्दी-समीक्षा को सही दिशा में विकसित करने में पदे-पदे लक्षित की जा सकती है।

6
आलोचना : सिद्धान्त और पद्धति

आलोचक शुक्ल जी की सैद्धान्तिक एवं व्यावहारिक दोनों प्रकार की आलोचनाएँ हमारे सम्मुख है। आपका सैद्धान्तिक समीक्षा-ग्रन्थ रस-मीमांसा है। आपकी व्यावहारिक आलोचना का प्रौढ़तम रूप 'तुलसी' और 'जायसी' ग्रन्थावली की भूमिकाओं, भ्रमरगीत-सार की भूमिका तथा हिन्दी-साहित्य का इतिहास में विभिन्न कवियों पर लिखी गई संक्षिप्त एवं सारगर्भित परिचयात्मक टिप्पणियों में प्रकट हुआ है। शुक्ल जी की समीक्षा का सैद्धान्तिक आधार भारतीय 'रसवाद' है। शुक्ल जी ने इसे सर्वथा पूर्ण मानदंड माना है। आपने जीवन की क्रिया-भूमि, काव्य की भावभूमि और समीक्षा की विचार-भूमि में अद्भुत सामंजस्य स्थापित किया है। आपके सिद्धान्त जीवन से गृहीत हैं। काव्य में उनको परीक्षित किया गया है और अन्ततः विवेक की कसौटी पर कसकर समीक्षा-सिद्धान्त के रूप में उपस्थित किया गया है। समीक्षा का जो सिद्धान्त इन तीनों में सामंजस्य नहीं ला सकता वह आपको मान्य नहीं। सामंजस्य की यह पूर्णता भारतीय 'रसवाद' में है; ऐसी आपकी मान्यता थी जो कभी बदली नहीं।

आचार्य शुक्ल ने 'रसवाद' को आध्यात्मिक भूमि से उतारकर मनोवैज्ञानिक आधार पर प्रतिष्ठित किया। उसे बौद्धिक चिन्तन की दृष्टि से अधिक पूर्ण और विश्वसनीय बनाया। 'रस' के प्रवर्तक भावों का विशद, सूक्ष्म और गम्भीर मनोवैज्ञानिक विवेचन किया। उनको नए ढंग से परिभाषित और वर्गीकृत किया। भारतीय और पाश्चात्य काव्य-सिद्धान्तों का अनुशीलन किया और 'रस' को काव्य की आत्मा स्वीकार करके शेष समस्त मान्यताओं को या तो इसी के भीतर समाविष्ट किया या अप्रासंगिक प्रमाणित किया। वस्तुतः उन्होंने 'रस-सिद्धान्त' को आधुनिक युग की आकांक्षा के अनुकूल परिभाषित करके पुनः प्रतिष्ठित किया। उनके समीक्षा-सिद्धान्त एक प्रकार से रस-सिद्धान्त की व्याख्या के रूप में ही विकसित हुए हैं। शुक्ल जी ने सैद्धान्तिक और व्यावहारिक दोनों ही प्रकार की समीक्षाओं के माध्यम से रस-सिद्धान्त की ही प्रतिष्ठा की है। उन्होंने

सौन्दर्यानुभूति पर विचार करते हुए उसे भी रसानुभूति के स्तर पर ही समझाने की चेष्टा की है। आचार्य शुक्ल के आलोचक रूप को समझने के लिए उनके समीक्षा-सिद्धान्तों पर थोड़ा विस्तार से विचार करना होगा।

आचार्य शुक्ल के समीक्षा सिद्धान्त

आधुनिक हिन्दी-समीक्षा के विकास-क्रम में आचार्य रामचन्द्र शुक्ल का व्यक्तित्व अनेक दृष्टियों से अप्रतिम है। वे सच्चे अर्थों में एक पथिकृत आचार्य हैं। उच्चकोटि की समीक्षा के लिए विस्तृत अध्ययन, सूक्ष्म अन्वीक्षण-बुद्धि और मर्मग्राहिणी प्रज्ञा अपेक्षित है। आचार्य शुक्ल के आलोचक व्यक्तित्व में उपरोक्त तीनों ही विशेषताओं का सामंजस्य लक्षित होता है। वे हिन्दी के पहले आलोचक हैं, जिन्होंने भारतीय काव्य-शास्त्र की अतल गहराई में प्रवेश करके उसकी महत्ता, सारवत्ता, व्यापकता और उपयोगिता के प्रति पूर्ण विश्वास व्यक्त किया है। उन्होंने घोषित किया कि, ''शब्द-शक्ति, रस और अलंकार ये विषय-विभाग काव्य-समीक्षा के लिए इतने उपयोगी है कि इनको अन्तर्भूत करके संसार की नई-पुरानी सब प्रकार की कविताओं की बहुत ही सूक्ष्म, मार्मिक और स्वच्छ आलोचना हो सकती है।''[1] उनका सिद्धान्त था कि, ''हमें अपनी दृष्टि से दूसरे देशों के साहित्य को देखना होगा, दूसरे देशों की दृष्टि से अपने साहित्य को नहीं।''[2] अपनी दृष्टि या भारतीय दृष्टि के सम्यक बोध के लिए उन्होंने नाट्यशास्त्र, काव्यादर्श, काव्यालंकार, अभिनवभारती, काव्यप्रकाश, ध्वन्यालोक, दशरूपक, काव्यमीमांसा, साहित्यदर्पण, रसतरंगिणी, रसगंगाधर आदि अनेक ग्रन्थों का अनुशीलन किया था। उनका कहना था, ''रस-निरूपण-पद्धति का आधुनिक मनोविज्ञान आदि की सहायता से खूब प्रसार और संस्कार करना पड़ेगा। इस पद्धति की नींव बहुत दूर तक डाली गई है।''[3] कहना न होगा कि इस नींव की गहराई का अनुभव उन्होंने स्वयं भलीभाँति किया था और आधुनिक मनोविज्ञान की सहायता से उसे व्यापक आधार पर प्रतिष्ठित करने की चेष्टा भी की थी। 'रस सिद्धान्त' के अतिरिक्त आचार्य शुक्ल ने रीति, अलंकार, ध्वनि, गुण, वक्रोक्ति और औचित्य सिद्धान्तों का अध्ययन भी किया था, किन्तु काव्य में इनकी स्थिति उन्हें वहीं तक मान्य थी जहाँ तक ये रस के पोषक, उपकारक, आश्रित या रक्षक बनकर उपस्थित हों। उनके अनुसार, 'काव्य का आभ्यान्तर स्वरूप या आत्मा भाव या रस है।''[4] अलंकार' उसके बाह्य स्वरूप हैं।[5] 'रीति' केवल संघटना है, शरीर का अंग-विन्यास है।[6] रस और गुण का सम्बन्ध 'अन्वय-व्यतिरेक सम्बन्ध है। 'ध्वनि' भी काव्य की आत्मा नहीं है, क्योंकि इसमें अव्याप्ति और अति-व्याप्ति दोष है। इसमें 'अलंकारध्वनि' और 'वस्तुध्वनि' भी जाती है। 'वक्रोक्ति'

भी काव्य में रसाश्रित होकर ही सार्थक होती है, स्वतन्त्र रूप में आ नहीं। 'औचित्य' रस का रक्षक है। उसकी अनुपस्थिति में रस रसाभास के स्तर पर पहुँच जाता है। इस प्रकार आचार्य शुक्ल की समीक्षा का आधार भारतीय रस सिद्धान्त है।

रस की परिभाषा करते हुए आचार्य शुक्ल ने कहा है

'हृदय की अनुभूति ही साहित्य में 'रस' और 'भाव' कहलाती है।'

चिन्तामणि, द्वितीय भाग, पृ. 189

× × ×

'लोक-हृदय में हृदय के लीन होने की दशा का नाम 'रस-दशा' है।'

× × ×

'हृदय के प्रभावित होने का नाम ही रसानुभूति है।'

—काव्य में रहस्यवाद, पृ. 88

'जिस प्रकार आत्मा की मुक्तावस्था ज्ञान-दशा कहलाती है, उसी प्रकार हृदय की यह मुक्तावस्था रसदशा कहलाती है।'

- रसमीमांसा, पृ. 1

उपरोक्त परिभाषाओं से प्रकट है कि शुक्ल जी की दृष्टि में हृदय की मुक्तावस्था' 'प्रभावित होने की दशा', 'लोक-हृदय में लीन होने की दशा' और 'अनुभूति दशा' लगभग एक ही है। इस मनोदशा तक पहुँचना ही काव्य का चरम लक्ष्य है। यह गोचर जगत अनेक रूपात्मक है और मानव-हृदय अनेक भावात्मक इन आन्तरिक भावों और बाह्य रूपों में सामंजस्य स्थापित करने में ही कवि की काव्य-साधना की सार्थकता मान्य हो सकती है। इस सामंजस्य के द्वारा ही अर्थात् भावों के अनुकूल विषय और विषय के अनुकूल भाव का चित्रण करके ही, कवि अपने कर्म-विधान को पूरा करता है। शास्त्रीय दृष्टि से इसे ही 'आलम्बन' और 'आश्रय' की यथोचित प्रतिष्ठा कहा जा सकता है। आश्रय तो कोई सहृदय मनुष्य ही हो सकता है, किन्तु आलम्बन रूप में हम 'मानव' तथा 'मानवेतर समस्त चराचर, का चित्रण कर सकते हैं। तात्पर्य यह कि पहले तो कवि स्वयं इस अनेक रूपात्मक जगत के (जिसमें मानव और मानवेतर प्रकृति दोनों ही आती है) मार्मिक तथ्यों में अपने हृदय को लीन करता हुआ अनुभूति ग्रहण करता है और फिर कल्पना द्वारा अपनी उस मनोभूति को व्यक्त करता है। यह अभिव्यक्ति तीन प्रकार से हो सकती है—(1) जहाँ आलम्बन मात्र का विशद वर्णन किया जाए, (2) जहाँ आलम्बन उपेक्षित हो और कवि केवल भाव-व्यंजना में ही लीन हो, (आचार्य शुक्ल इसे भाव-प्रदर्शक काव्य कहते हैं और आधुनिक गीति-मुक्तकों को इसी कोटि में रखते हैं। (3) जहाँ आश्रय, आलम्बन, उद्दीपन, अनुभाव और

संचारी भाव सभी चित्रित हों आचार्य शुक्ल ने आश्रय, आलम्बन, उद्दीपन इन तीनों को ही 'विभाव' के अन्तर्गत रखा है। 'अनुभाव' आश्रय की चेष्टाएँ हैं। उन्होंने इस विभाव पक्ष को काव्य में सर्वाधिक महत्त्वपूर्ण माना है, क्योंकि रस का आधार खड़ा करनेवाला तत्त्व यही है। वे तो यहाँ तक कहते हैं—'मैं आलम्बन मात्र के विशद वर्णन को श्रोता में रसानुभाव (भावानुभव सही) उत्पन्न करने में पूर्ण समर्थ मानता हूँ।''[7] आचार्य शुक्ल की दृष्टि में विभाव, अनुभाव और संचारी भावों की एकत्र स्थिति होने पर भी 'रसपरिपाक' होना आवश्यक नहीं है। कभी-कभी इनको एकत्र करके रस की शर्त पूरी की जाती है। रस-परिपाक के लिए मूल वस्तु है—विभाव-विधान। इसमें कवि को पूरी सतर्कता बरतनी चाहिए। विभाव में आलम्बन प्रधान वस्तु है। आलम्बन का लोक-धर्मी होना नितान्त आवश्यक है। उदाहरण के लिए वीररस की निष्पत्ति के लिए आलम्बन रूप में ऐसे वीर पुरुष का चित्रण करना अधिक उचित होगा जिसकी वीरता लोक-विश्रुत एवं लोक-समर्थित हो। इसी प्रकार रौद्र रस के वर्णन में आलम्बन का चित्रण इस रूप में होना चाहिए कि वह मनुष्यमात्र के क्रोध का पात्र हो सके। आलम्बन के लोक-धर्मी होने पर ही विभाव-विधान की पूर्णता मानी जा सकती है। विभाव-विधान की महत्ता और आलम्बन के लोक-धर्मी स्वरूप की अनिवार्यता पर बल देते हुए भी आचार्य ने पूर्ण रस व्यंजना के लिए कवि, आलम्बन तथा सहृदय तीनों की आनुभूतिक एकता को आवश्यक माना है। वे कहते हैं, ''जहाँ आचार्यों ने पूर्ण रस माना है, वहाँ तीन हृदयों का समन्वय चाहिए। आलम्बन द्वारा भाव की अनुभूति प्रथम तो कवि में चाहिए फिर उसके वर्णित पात्र में और फिर श्रोता या पाठक में। विभाव द्वारा जो 'साधारणकीरण' कहा गया है वह तभी चरितार्थ हो सकता है।[8] जो लोग यह समझंते हैं कि आचार्य शुक्ल ने केवल आलम्बनत्व धर्म के साधारणीकरण की बात कहकर कवि और पाठकों के पक्ष की उपेक्षा की है, उन्हें उपरोक्त कथन पर ध्यान देना चाहिए। आलम्बन के लोक धर्मी स्वरूप पर बल देने का कारण यह था कि आचार्य शुक्ल उसे ही कवि-हृदय में अनुभूति का उद्रेक करनेवाला तत्त्व मानते थे। तुलसी के हृदय में राम-भक्ति का उद्रेक सीतापति के (राम के) शीलस्वभाव को देख सुन कर ही हुआ था और वे चाहते थे कि सबके हृदय में वैसी ही अनुभूति हो। आदि कवि वाल्मीकि ने भी नारद द्वारा इक्ष्वाकुकुलोद्भव राम की लोक-विश्रुत गाथा सुनकर और उससे अभिभूत होकर ही रामायण में उनके लोक-धर्मी चरित्र की अवतरण की थी। कवि भूषण के चित्त को काव्याभिमुख करनेवाला प्रेरक-तत्व शिव-चरित्र ही था। जिस प्रकार उपास्य के लोक-पावन विरुद से आकृष्ट होकर उपासक उसके स्वरूप में अपने हृदय को लीन करने के लिए प्रेरित होता है, उसी प्रकार आलम्बन का लोक-समर्पित व्यक्तित्व' कवि-हृदय को प्रेरित करके उसे कवि-कर्म में लीन करता है। श्रोता

या पाठक भी ऐसे ही लोक-धर्मी आलम्बन के प्रति निष्ठावान होकर उसके साथ अपने हृदय का सामंजस्य स्थापित करता है। कवि अपने तप-बल (शब्द-साधना) से जिस किसी आलम्बन को सहृदय पाठक के हृदय में प्रविष्ट कराना चाहेगा तो उसकी स्थिति 'त्रिशंकुवत' होगी।

रस की मध्यम और निकृष्ट कोटियाँ

काव्य में ऐसी स्थितियाँ भी आती हैं जब हम आश्रय के साथ तादात्म्य नहीं कर पाते। उदाहरणार्थ, अर्जुन जब सहसा युधिष्ठिर पर क्रोधान्ध होकर दौड़ पड़ते हैं या रावण जब सीता के प्रति क्रोध व्यक्त करता है तब न तो हमारा तादात्म्य, अर्जुन के साथ होता है न रावण के साथ। ऐसी स्थिति में हम इन पात्रों के शीलद्रष्टा मात्र होते हैं। शास्त्रों में ऐसी स्थिति में 'रसाभास' माना गया है। आचार्य शुक्ल इसे रस की मध्यम कोटि कहते हैं। वस्तुत: आचार्य शुक्ल ने रसाभास, भावाभास आदि की स्थिति मे व्यक्त होनेवाले भाव को कवि की सहज अनुभूति से प्रेरित न मानकर आरोपित माना है। उदाहरणार्थ सीता के प्रति रावण का क्रोध तुलसी की सहज अनुभूति का परिणाम न होकर आरोपित है। ऐसे स्थलों पर अनौचित्य ज्ञान के कारण कवि व्यक्त भाव के प्रति उदासीन रहता है। रस की मध्यम कोटि के भीतर ही आचार्य शुक्ल ने 'भावोदय, भावसन्धि, भाव-शबलता, भावशान्ति, भावदशा, शीलदशा तथा विभावानुभाव सहित संचारी भावों के स्वतन्त्र वर्णन' को भी स्थान दिया है। इन स्थितियों द्वारा व्यक्ति की अन्त:प्रक्रिया की विलक्षणता व्यक्त होती है। अत: इन्हें रस के अन्तर्गत समाविष्ट करने से व्यक्तिवैचित्र्य या शीलवैशिष्ट्य को महत्त्व देनेवाले काव्यों की समीक्षा भी रस-दृष्टि से की जा सकती है। इस मध्यम कोटि की रसानुभूति का उल्लेख करते हुए शुक्ल जी ने कहा भी है, "अन्त: प्रकृति के वैचित्र्य-प्रदर्शन की दृष्टि से लिखे हुए पाश्चात्य नाटकों में इसी प्रकार की अनुभूति होती है।"[9] आचार्य शुक्ल रस की निकृष्ट कोटि भी मानते हैं और चमत्कारवादियों की कुतूहल-वृत्ति को उसके अन्तर्गत स्थान देते हैं। रस की इन तीन कोटियों की स्थापना आचार्य शुक्ल को कदाचित् इसलिए करनी पड़ी कि वे सभी प्रकार के काव्यों की समीक्षा रस-दृष्टि के आधार पर ही करना चाहते थे। रस की मध्यम कोटि की स्थापना शील-वैचित्र्य-प्रधान काव्यों एवं नाटकों की समीक्षा के लिए और निकृष्ट कोटि की स्थापना चमत्कार-प्रधान काव्यों—चित्र और कूट-काव्यों की समीक्षा के लिए की गई है। इन दोनों कोटियों की प्रेरणा भी आचार्य को प्राचीन आचार्यों की काव्य-मीमांसा से ही मिली थी। रस की मध्यम कोटि तो प्राचीन आचार्यों का 'रसाभास' ही है, निकृष्ट कोटि की प्रेरणा के मूल में सम्भवत: प्राचीनों की 'अधम काव्य' सम्बन्धी धारणा है।

रूप-विधान

काव्य में विभाववादि का रूप-विधान कल्पना द्वारा होता है। कल्पितरूप विधान ही रसोद्बोधन में समर्थ होता है। आचार्य शुक्ल की स्थापना यह है कि, 'प्रत्यक्ष रूप-विधान' और 'स्मृतरूप-विधान' द्वारा भी रसानुभूति हो सकती है और होती है। प्रत्यक्ष रूप-विधान के सम्बन्ध में आचार्य शुक्ल का कहना है कि, "जिस प्रकार काव्य में वर्णित आलम्बनों के कल्पना में उपस्थित होने पर 'साधारणीकरण' होता है, उसी प्रकार हमारे भावों के कुछ आलम्बनों में के प्रत्यक्ष सामने आने पर भी उन आलम्बनों के सम्बन्ध में लोक के साथ या कम-से-कम सहृदयों के साथ हमारा तादात्म्य रहता है।"[11] अपनी मान्यता की पुष्टि में उन्होंने लोककल्याणकारी विकट कर्म के प्रति व्यक्त उत्साह, लोकपीड़क के प्रति व्यक्त क्रोध, पर-पीड़ा देखकर जगनेवाली करुणा तथा प्राकृतिक दृश्यों को देखकर उद्‌बुद्ध होनेवाली मधुर भावना की रसात्मकता की ओर हमारा ध्यान आकृष्ट किया है। उनकी दृष्टि में 'रसानुभूति प्रत्यक्ष या वास्तविक अनुभूति से सर्वथा पृथक् कोई अन्तर्वृति नहीं है, बल्कि उसी का एक उदात्त और अवदात्त-स्वरूप है।"[11] इसी प्रकार आचार्य शुक्ल अतीत में वास्तविक रूप में घटित वृत्तों और व्यापारों की स्मृति को भी रसात्मक मानते हैं। उनके अनुसार रति, हास और करुणा से सम्बद्ध स्मरण रसात्मक बोध उत्पन्न करने की शक्ति रखता है। 'प्रिय का स्मरण', 'बाल्यकाल या यौवनकाल के अतीत जीवन का स्मरण, 'प्रवास में स्वदेश के स्थलों का स्मरण' ऐसा ही होता है।"[13] प्रत्यभिज्ञान या प्रत्यक्ष-मिश्रित स्मरण तथा इतिहास एवं शुद्ध अनुमानाधृत स्मरण भी रसात्मक होता है। यह स्मृत-रूप-विधान तो एक प्रकार से कल्पित रूप-विधान ही है। अत: उससे रसात्मक होने की बात मान्य हो सकती है; किन्तु प्रत्यक्ष रूप-विधान में हृदय का सर्वथा मुक्त होना और सत्य का उदृप्त होना सहज सम्भाव्य नहीं है।

रसानुभूति की प्रत्यक्षानुभूति से नितान्त भिन्न न मानने के कारण आचार्य शुक्ल रसानन्द को सुख-दु:खात्मक कोटि का ही मानते हैं। उनके अनुसार, 'मनोमय कोश ही प्रकृत काव्य भूमि है।"[14] बाह्यकरण अर्थात् पाँच ज्ञानेन्द्रियों और मन को ही मनोमय कोश कहा जाता है। आनन्दमय कोश की अनुभूति न होने के कारण ही काव्यनुभूति लोकोत्तर नहीं है। फिर भी लोक की अनुभूति के समय सदैव हमारा हृदय अपने व्यक्तिगत योग-क्षेम की भावना से मुक्त नहीं होता, जबकि रसानुभूति या काव्यानुभूति-काल में वह मुक्त होता है, इसलिए काव्यानुभूति सुख-दु:ख की भावना से पूरे मानसिक आनन्द का विधान करनेवाली होती है।

सौन्दर्यानुभूति

आचार्य शुक्ल ने सौन्दर्यानुभूति को भी रसानुभूति के स्तर पर ही देखा है। उनका कहना है, ''कुछ रूप-रंग की वस्तुएँ ऐसी होती हैं, जो हमारे मन में आते ही थोड़ी देर के लिए हमारी सत्ता पर ऐसा अधिकार कर लेती हैं कि उसका ज्ञान ही हवा हो जाता है और हम उन वस्तुओं की भावना के रूप में ही परिणत हो जाते हैं। हमारी अन्तस्सत्ता की यही 'तदाकारपरिणति' सौन्दर्य की अनुभूति है।''[15] यह तदाकारपरिणति ही रसमग्नता है। आचार्य शुक्ल लोक की 'सामान्यभूमि' और 'सामान्य हृदय' की स्थिति की भाँति ही सौन्दर्य के सामान्य आदर्श की स्थिति भी मानते हैं। इस प्रकार उसे आत्यन्तिक वस्तुनिष्ठता और आत्यन्तिक व्यक्तिनिष्ठता के बीच लोक-सामान्य धरातल पर प्रतिष्ठित करते हैं। सौन्दर्यानुभूति को वे मंगलविधायिनी मानते हैं। उनके अनुसार, ''तुलसी और सूर ऐसे सगुणोपासक भक्त राम और कृष्ण की सौन्दर्य-भावना में मग्न होकर ऐसी मंगलदशा का अनुभव कर गए हैं, जिसके सामने कैवल्य या मुक्ति की कामना का कहीं पता नहीं लगता।''[16]

रूपाकृति के सौन्दर्य के साथ ही वे कर्म और मनोवृत्ति के सौन्दर्य या शील-सौन्दर्य की मार्मिकता की चर्चा भी करते हैं। सौन्दर्य-भावना की सर्वांगपूर्णता के लिए वे मानव की रूप-विभूति तथा शील-सौन्दर्य के साथ ही वातावरण के सौन्दर्य-विधान को भी आवश्यक मानते हैं। अभिव्यक्ति के क्षेत्र में आचार्य शुक्ल गत्यात्मक सौन्दर्य की स्थिति ही स्वीकार करते हैं। सौन्दर्य और मंगल उनकी दृष्टि में पर्याय हैं।[17] ब्रह्म की व्यक्त सत्ता अर्थात् जगत में सुन्दर और असुन्दर या मंगल और अमंगल का द्वन्द्व नित्य और अनिवार्य है। सृजन, प्रफुल्लता, हास-विलास, रक्षा, रंजन आदि सौन्दर्य-पक्ष की वस्तुएँ हैं और विरूपता, क्लेश, ध्वंस आदि असुन्दर पक्ष की। इन दोनों के द्वन्द्व में ही सौन्दर्य की वास्तविक अभिव्यक्ति होती है। अत्याचार, क्रन्दन, पीड़न आदि की विरूप और अमंगलमयी छाया को हटाकर ही ब्रह्म की सत्ता वास्तविक सौन्दर्य का प्रकाश करती है। आचार्य के शब्दों में, ''लोक में फैली दु:ख की छाया को हटाने में ब्रह्म की आनन्दकला जो शक्तिमय रूप धारण करती है, उसकी भीषणता में भी अद्भुत मनोहरता, कटुता में भी अपूर्व मधुरता, प्रचंडता में भी गहरी आर्द्रता साथ लगी रहती है। विरुद्धों का यही सामंजस्य कर्मक्षेत्र का सौन्दर्य है।''[18] असौन्दर्य के आवरण को हटाकर सौन्दर्य की प्रतिष्ठा ही आनन्द की साधनावस्था है। आनन्द की सिद्धावस्था एक प्रकार की निष्क्रियता या गतिहीनता की अवस्था है। गत्यात्मकता के अभाव में वास्तविक सौन्दर्य की स्थिति मान्य नहीं हो सकती। काव्य के क्षेत्र में भी यह आनन्द की 'साधनावस्था' और 'सिद्धावस्था' लक्षित

की जा सकती है। रामायण, महाभारत आदि काव्य आनन्द की साधनावस्था के काव्य हैं और गीतगोविन्द, बिहारी सतसई, फुटकर शृंगारी काव्य, अधिकांश छायावादी कविताएँ आदि आनन्द की सिद्धावस्था के काव्य हैं। कहना न होगा कि आचार्य शुक्ल ने पूर्ण रसानुभूति की शक्ति आनन्द की साधनावस्था वाले काव्यों में ही स्वीकार की है, क्योंकि ऐसे ही काव्यों में आलम्बन असौन्दर्य के आवरण को हटाकर लोकरक्षा में रत रहता है और उसका स्वरूप लोकधर्मी होता है।

रसविरोधी-सिद्धान्तों का विरोध

आलम्बन के लोकधर्मी स्वरूप और रस-सिद्धान्त के प्रति अटूट निष्ठा के कारण ही आचार्य शुक्ल ने उन सारे काव्य-सिद्धान्तों का विरोध किया जो इससे भिन्न मान्यताओं पर आधृत थे। आचार्य ने साम्प्रदायिक रहस्यवाद और असम्बद्ध भावनाओं को लेकर चलनेवाले तथा उपमान वाक्यों का ढेर लगा देनेवाले छायावाद, कलावाद, अभिव्यंजनावाद, अन्तश्चेतनावाद, व्यक्तिवैचित्र्यवाद, मूर्तिमत्तावाद, प्रतीकवाद, संवेदनावाद तथा टाल्स्टाय के आदर्शवाद का विरोध किया है। परोक्ष रति पर आधृत होने के कारण आचार्य शुक्ल को रहस्यवादी कवि की अनुभूति की सच्चाई पर भी विश्वास नहीं है। 'छायावाद', 'कलावाद' और 'अभिव्यंजनावाद' आचार्य शुक्ल की दृष्टि में प्रस्तुत की उपेक्षा करनेवाले सिद्धान्त हैं। इनमें अप्रस्तुत विधान पर आवश्यकता से अधिक ध्यान दिया जाता है। यही स्थिति 'मूर्तिमत्तावाद' (इमेजिज़्म), 'संवेदनावाद' (इम्प्रेशनिज़्म) और 'प्रतीकवाद' में भी थोड़े बहुत अन्तर से लक्षित होती है। 'व्यक्तिवैचित्र्यवाद' नकली हृदयों के कारखाने में निर्मित होनेवाला वाद है। वह लोक-हृदय की सामान्य अन्तर्भूमि की मान्यता के विरुद्ध पड़ता है। फ्रायड के अन्तश्चेतनावाद से भी वे सहमत नहीं प्रतीत होते। उनकी दृष्टि में 'काव्यानुभूति और स्वप्न की अनुभूति में पर्याप्त अन्तर है।[19] टाल्स्टाय का आदर्शवाद केवल प्रेम और भ्रातृत्व के उत्कर्ष में ही कला की सार्थकता मानता है। आचार्य शुक्ल के अनुसार वह एकदेशीय है। काव्यकला की रमणीयता, पूर्ण-सौन्दर्य—जिसमें परुषता और मधुरता, कठोरता और मृदुता, क्रोध और विनय, जीवन के उभय-पक्ष सम्मिलित हैं— के विधान में है।

प्राचीन भारतीय सिद्धान्तों में आचार्य शुक्ल ने 'वक्रोक्तिवाद और 'चमत्कारवाद' का सर्वाधिक विरोध किया है। इसका कारण भी उनकी दृष्टि में इन सिद्धान्तों का रसविरोधी स्वरूप है। काव्य के सम्बन्ध में इनके हलकी धारणा का निर्माण होता है जब कि आचार्य काव्य को भाव-साधना मानते हुए उसे ज्ञान-साधना, और कर्म-साधना के समकक्ष रखना चाहते हैं। आचार्य शुक्ल

द्वारा 'वक्रोक्तिवाद' का विरोध तर्क-संगत नहीं है। 'वक्रोक्तिवाद' रस-विरोधी नहीं है। ऐसा लगता है कि शुक्ल जी को 'वक्रोक्तिवाद' के अध्ययन का अवसर नहीं मिला था। उन्होंने 'उक्ति की वक्रता' का शाब्दिक अर्थ ग्रहण किया और इस इसी आधार पर उसका विरोध किया। उन्हें 'भाव-प्रेरित वक्रता' मान्य थी। कहना न होगा कि 'वक्रोक्तिवाद' मात्र 'उक्तिचमत्कारवाद' नहीं है। कुन्तक ने रस-विहीन वक्रता को महत्त्व नहीं दिया है। यदि शुक्ल जी ने 'वक्रोक्तिवाद' का सम्यक अध्ययन किया होता तो वे इसका विरोध न करते।

आधुनिक सिद्धान्तों में आचार्य शुक्ल ने उस सिद्धान्तों को स्वीकार किया जिनसे 'रस-सिद्धान्त' का समर्थन हो जाता है। एबरक्रॉम्बी की प्रेषणीयता (कम्यूनिकेबिलिटी) का सिद्धान्त, एडीसन और कोलरिज का भाव-प्रेरित कल्पनावाद तथा रिचर्ड्स का सामान्यीकृत अनुभूतिवाद एवं कल्पनात्मक अनुभूतिवाद आचार्य शुक्ल के रस-सिद्धान्त के मेल में पड़ते हैं। इसी प्रकार रिचर्ड्स का जीवनानुभूति और काव्यानुभूति की एकता का सिद्धान्त भी आचार्य शुक्ल के प्रत्यक्ष रूप-विधानाधृत-रसात्मकता का समर्थक है। इसीलिए शुक्ल जी ने इस सिद्धान्तों को अनेक स्थलों पर उद्धृत किया है।

वस्तुत: आचार्य शुक्ल की मूलभूत धारणा यह है कि मनुष्य लोक-बद्ध प्राणी है। लोक के भीतर ही उसके ज्ञान और भाव-क्षेत्रों का प्रसार होता है। लोक की समस्त अनुभूतियाँ सुख-दु:खात्मक होती हैं। मानव-जीवन में अनुभूति समस्त भाव सुख-दु:खमूलक ही हैं। सुखात्मक भावों में राग या प्रेम प्रधान है, दु:खात्मक भावों में शोक या करुणा। अत: जीवन में प्रवृत्त करनेवाले बीजभाव 'प्रेम' तथा 'करुणा' ही है। प्रेमाख्यानक काव्यों में बीज-भाव 'प्रेम' होता है। आनन्द ही साधनावस्था के काव्यों में प्राय: 'करुणा' ही बीज-भाव के रूप में विद्यमान रहती है। काव्यानुभूति का मूल आधार लोकानुभूति ही है। काव्यानुभूति अपेक्षाकृत अधिक उदात्त होती है। आनन्द-विधान के लिए लोक के बाहर जाना, चाहे वह घट के भीतर हो या क्षितिज के पार, एक प्रकार का पलायनवाद ही है। जिस प्रकार समस्त भूतों में एक ही आत्मतत्त्व की सत्ता मान्य है, वैसे ही मानवमात्र में एक ही सामान्य हृदय की सत्ता भी मान्य होनी चाहिए। इस सामान्य हृदय का उद्घाटन करके कवि अभेदवाद का समर्थन करता है। जिस प्रकार मुक्त आत्मा समस्त विश्व में एक ही आत्मा का दर्शन करती है उसी प्रकार मुक्त हृदय समस्त गोचर जगत में एक ही सामान्य हृदय का प्रसार देखता है। सर्वभूत को आत्मभूत करके अनुभव करना ही काव्य का चरम लक्ष्य है। वास्तविक सहृदय वही जो सम्पूर्ण चराचर के साथ अपने हृदय का रागात्मक सम्बन्ध स्थापित करके जगत में भावरूप में रम जाता है। यही हमारे आदिकवि (वाल्मीकि) का सन्देश था और

यही आचार्य शुक्ल की मूल स्थापना है। जगत के समस्त गोचर पदार्थों के साथ हृदय का सामंजस्य स्थापित हो जाने पर यह जगत रस-रूप हो जाता है। कहना चाहें तो कह सकते हैं—

नहीं कोई चेतन नहीं कोई जड़ है,
सभी में अनुस्यूत पावन हृदय है।
हृदय में तरंगित सरस भाव-धारा,
यह रस-रूप ही है जगत का पसारा।

समीक्षा पद्धति

मनोवैज्ञानिक आधार पर विकसित एवं पुष्ट इसी रस-दृष्टि के आधार पर आचार्य शुक्ल ने अपनी जायसी, सूर और तुलसी की श्रेष्ठ समीक्षाएँ प्रस्तुत की हैं। जायसी की समीक्षा करते हुए आचार्य ने उनके संक्षिप्त जीवन-वृत्त के साथ ही प्रेम-गाथा-परम्परा, पद्मावत की कथा और उसका ऐतिहासिक आधार, पद्मावत की प्रेम-पद्धति, वियोग और संयोग-पक्ष, प्रेम-तत्त्व और उसकी ईश्वरोन्मुखता, प्रबन्ध-कल्पना, वस्तु-वर्णन, भावव्यंजना, अलंकार, स्वभाव-चित्रण, रहस्यवाद, मत और सिद्धान्त, सूक्तियाँ तथा भाषासम्बन्धी विशेषताओं का गम्भीर और विशद विवेचन किया है। उपरोक्त सभी शीर्षकों के अन्तर्गत आचार्य ने कुछ-न-कुछ नई बातें कही हैं। वस्तु-वर्णन के अन्तर्गत उन्होंने पहली बार वस्तुओं की संश्लिष्ट योजना द्वारा 'बिम्बग्रहण' कराने की बात पर बल दिया है। अलंकारों की विवेचन करते हुए उन्होंने कवि की प्रवृत्ति के साथ उनकी प्रयोग-बहुलता का सम्बन्ध स्थापित किया है। भावों के उत्कर्ष में उनके योगदान पर विचार किया है और अनेक अर्थच्छवियों के गूढ़ सन्निवेश में उनकी भूमिका की ओर हमारा ध्यान आकृष्ट किया है। उक्तियों का वैशिष्ट्य निदर्शित करते हुए उन्होंने कतिपय उक्तियों के भीतर अप्रस्तुत रूप में दबे हुए रूपविधान (Suppressed imagery) को लक्षित करते हुए आधुनिक काव्याभिव्यंजन की दृष्टि से जायसी की गूढ़ रमणीय रूप-योजना की प्रशंसा की है। जायसी की काव्य-भाषा की चर्चा करते हुए आचार्य ने भाषा के दो पक्षों—सांकेतिक (Symbolic) और बिम्बाधायक (Presentative)—का उल्लेख किया है और यह स्पष्ट किया है कि बिम्बाधायक भाषा रस-प्रतीति में सहायक होती है। तात्पर्य यह कि जायसी की आलोचना में आचार्य शुक्ल ने विषय-वस्तु की सूक्ष्म परख के साथ ही रूप-तत्त्व पर भी बारीकी से विचार किया है। कहीं-कहीं तो उनका विवेचन आधुनिक शैली-वैज्ञानिकों को भी चुनौती देता हुआ प्रतीत होता है। उदाहरण के लिए जायसी की निम्नलिखित चौपाइयों पर आचार्य शुक्ल की समीक्षात्मक टिप्पणी देखिए—

रतन छुवा जिन्ह हाथन्ह सेंती। और न छुंवौं सो हाथ संकेती॥
दमक रंग भए हाथ मँजीठी। मुकुत्ता लेउँ पै घुघुँची दीटी॥

''सबसे पहले तो 'रतन' पद में हमें 'श्लेष' मिलता है। फिर दूसरे चरण में काकु वक्रोक्ति। तीसरे-चौथे चरण में जटिलता है। 'उस रत्न के स्पर्श से मेरे हाथ लाल हुए, इसका विचार यदि हम गुण की दृष्टि से करते हैं तो 'तद्गुण' अलंकार ठहरता है। फिर जब हम विचार करते हैं कि पद्मिनी के हाथ तो स्वभावत: लाल हैं (उनमें लाली का आरोप नहीं है) तब हमें रत्न स्पर्श के रूप-हेतु का आरोप करके हेतूत्प्रेक्षा कहनी पड़ती है। अत: यहाँ इन दोनों अलंकारों का 'सन्देह संकर' हुआ। चौथे चरण में 'तद्गुण' अलंकार स्पष्ट है। यह अलंकार-निर्णय भी हमें व्यंग्य अर्थ तक नहीं पहुँचाता। अत: हम लक्षणा से 'मुक्ता' का अर्थ लेते हैं, 'बहुमूल्य वस्तु' और 'घुघुँची' का अर्थ लेते हैं 'तुच्छ वस्तु'। इस प्रकार हम इस व्यंग्य अर्थ पर पहुँचते हैं कि रत्नसेन के सामने मुझे संसार की उत्तम-से-उत्तम वस्तु तुच्छातितुच्छ दिखाई पड़ती है।'' (जायसी-ग्रन्थावली की भूमिका, पृ. 113) इस प्रकार का विवेचन काव्य-पाठ के गहन अध्ययन से ही सम्भव है।

भावों का विवेचन करते हुए आचार्य ने मात्र उनकी शास्त्रीय स्थिति का ही उल्लेख नहीं किया है, वरन उनके उत्कर्ष, उनकी व्याप्ति तथा मानव-चरित्र के साथ उनके संश्लिष्ट सम्बन्ध का भी विवेचन किया है। उन्होंने एक ही भाव के दो पात्रों में स्थितिगत वैशिष्ट्य को भी लक्षित किया है और मिलते-जुलते भावों से उसकी तुलना भी की है। प्रेम-प्रधान काव्य होने के कारण 'पद्मावत' में निरूपित प्रेम के स्वरूप पर आचार्य ने विस्तारपूर्वक विचार किया है और संस्कृत के महाकाव्यों तथा अरबी-फारसी की प्रेम-कथाओं से उसका पार्थक्य स्पष्ट किया है। उन्होंने निष्कर्ष देते हुए कहा है कि, 'जायसी एकान्तिक प्रेम की गूढ़ता और गम्भीरता के बीच-बीच में जीवन के और-और अंगों के साथ भी उस प्रेम के सम्पर्क का स्वरूप कुछ दिखाते गए हैं। इससे उनकी प्रेम-गाथा पारिवारिक और सामाजिक जीवन से विच्छिन्न होने से बच गई है।'

आचार्य शुक्ल ने जायसी की प्रतिनिधि रचना 'पद्मावत' के काव्य-रूप पर भी विस्तार से विचार किया है। उन्होंने घटनाओं की गति, मानव-जीवन की पूर्णता और विविधता, घटनाओं की सम्बन्ध-शृंखला, प्रसंगों की मार्मिकता, भावों की परिस्थितिगत अनुकूलता प्रतिकूलता तथा काव्यान्विति की दृष्टि से प्रबन्ध-काव्य की श्रेष्ठता निर्धारित करते हुए जायसी को प्रबन्ध-रचना की दृष्टि से तुलसी के बाद दूसरा स्थान दिया है। उन्होंने यह भी स्पष्ट किया है कि पद्मावत अन्योक्तिमूलक काव्य नहीं है। घटनाक्रम के बीच-बीच में प्रस्तुत के साथ अप्रस्तुत की व्यंजना के कारण इसे समासोक्तिमूलक काव्य कहा जा सकता है।

जायसी की भाषा की समीक्षा में आचार्य शुक्ल ने उसकी व्याकरणिक विशेषताओं की विस्तार से चर्चा की है। उन्होंने जायसी की भाषा में क्रिया-रूपों, कारक-रूपों सर्वनामों, लिंग सम्बन्धी प्रयोगों आदि पर विचार करते हुए ब्रजी और खड़ी बोली के प्रयोगों से उनकी भिन्नता प्रतिपादित की है। आचार्य शुक्ल का यह विवेचन पूर्वी अवधी के व्याकरण को समझने और उसके विशिष्ट प्रयोगों के ऐतिहासिक आधार को निर्दिष्ट करने की दृष्टि से बहुत महत्त्वपूर्ण है। सौष्ठव की दृष्टि से विचार करते हुए आचार्य शुक्ल ने जायसी की भाषा के माधुर्य को सराहा है किन्तु वाक्य-रचना के व्यवस्थित न होने और वाक्यों में न्यूनपदत्व, समाप्त पुनरातत्त्व, अप्रयुक्तत्व आदि दोषों के पाए जाने से उत्पन्न शैथिल्य पर चिन्ता व्यक्त की है। तात्पर्य यह है कि जायसी के काव्य की व्यावहारिक समीक्षा के साथ आचार्य शुक्ल ने पहली बार विषय-वस्तु और रूप-तत्त्व दोनों को समुचित महत्त्व देते हुए हिन्दी की व्यवस्थित समीक्षा-पद्धति का आदर्श उपस्थित किया।

आचार्य शुक्ल ने गोस्वामी तुलसीदास की आलोचना करते हुए आलोचना की उसी पद्धति का प्रयोग किया जिसका आदर्शरूप वे जायसी की विस्तृत समीक्षा करते हुए उपस्थित कर चुके थे। उन्होंने तुलसी की भक्ति का स्वरूप स्पष्ट करते हुए उनकी लोक-धर्मिता, मर्यादाप्रियता और शील-साधना का विस्तार से विवेचन किया है। उन्होंने यह प्रमाणित किया है कि तुलसी की भक्ति शास्त्रानुमोदित लोक-धर्म के माधुर्य को प्रतिष्ठित करनेवाली है। वह संसार में व्याप्त दु:ख, अनास्था और निराशा को दूर करके आशा का संचार और मंगल का विधान करनेवाली है। वह राम के शील के असाधारण उत्कर्ष पर आधृत है, इसलिए वह सदाचार को महत्त्व देकर लोक-कल्याण का मार्ग प्रशस्त करती है। राम के स्वरूप में शील के साथ लोकोत्तर सौन्दर्य और शक्ति है। इसलिए वे लोकचित्त को सहज ही आकृष्ट करते हैं और अपने आचरण के द्वारा लोक-मंगल का विधान करते हुए मनुष्य की पूर्णता के प्रति हमें आश्वस्त करते हैं।

तुलसी की भावुकता की विस्तृत चर्चा करते हुए आचार्य शुक्ल ने प्रतिपादित किया है कि रामचरितमानस में उन्होंने प्रत्येक मानव-स्थिति में अपने को डालकर उसके अनुरूप भाव का अनुभव किया है। इससे तुलसी के हृदय की विशालता, भाव-प्रसार की शक्ति और मर्मस्पर्शी स्वरूपों की उद्‌भावना की क्षमता प्रकट होती है। उनके भाव-चित्रण में पर्याप्त गहराई है। उन्होंने छोटे-छोटे ऐसे संचारी भावों की स्वतन्त्र व्यंजना की है जिनकी ओर अन्य कवियों का ध्यान ही नहीं गया है। इससे यह प्रकट होता है कि उन्हें मानवी प्रकृति का सूक्ष्मातिसूक्ष्म ज्ञान था। इस प्रसंग में आचार्य शुक्ल ने बीच-बीच में शास्त्रीय प्रश्न भी उठाए हैं और कहीं-कहीं आचार्यों के परम्परागत । निर्णयों से अपनी असहमति भी व्यक्त की

है। उन्होंने तर्क देकर प्रमाणित किया है कि 'उत्साह' का आलम्बन 'विजेतव्य शत्रु' न होकर विकट या दुष्कर कर्म होता है।

तुलसी के बाह्य दृश्य चित्रण पर विचार करते हुए आचार्य शुक्ल ने थोड़े खेद के साथ बताया है कि उनमें वाल्मीकि और कालिदास के समान समग्र बाह्य सृष्टि से सहज रागात्मक सम्बन्ध जोड़नेवाली सहृदयता न थी। इसलिए 'उनके राम-लक्ष्मण में प्रकृति के नाना रूपों और व्यापारों के प्रति वह हर्षोल्लास नहीं है जो वाल्मीकि के राम-लक्ष्मण में है।' चित्रकूट के वर्णन में उन्होंने सूक्ष्म निरीक्षण और संश्लिष्ट योजना का परिचय अवश्य दिया है, किन्तु इसका कारण उनका प्रकृति के रूप-व्यापार में मग्न होना नहीं है, अपने आराध्य राम के स्वरूप में मग्न होना है। चित्रकूट की भूमि 'राम-पद-अंकित' और उसके बन 'रघुवर-विहार-थल' होने के कारण तुलसी के लिए विशेष आकर्षण की वस्तु बन गए हैं। आचार्य शुक्ल को सन्तोष यह है कि तुलसीदास ने हिन्दी के अन्य कवियों की भाँति वस्तुवर्णन करते हुए 'वस्तु-परिगणन-शैली' का उपयोग नहीं किया है। यही नहीं, उन्होंने भिन्न-भिन्न व्यापारों में तत्पर मनुष्यों की विशिष्ट मुद्राओं का भी बड़ा ही स्वाभाविक और बिम्बात्मक चित्रण किया है। मारीच के पीछे सरसन्धान किए हुए राम और राम की प्रतीक्षा में माथे पर हाथ रखकर दूर देखती हुई शबरी की मुद्राओं का उदाहरण देकर उन्होंने अपनी बात पुष्ट की है।

तुलसी के अलंकार-विधान की चर्चा करते हुए शुक्ल जी ने उन्हीं अलंकारों को महत्त्व दिया है जो भावों को उत्कर्ष देने तथा वस्तुओं के रूप, गुण और क्रिया के अनुभवों को तीव्र करने में सहायक हैं। उन्होंने उपमा, रूपक, उत्प्रेक्षा, पर्यायोक्ति, विभावना, असंगति, व्यतिरेक, मीलित, उन्मीलित, सन्देह आदि अलंकारों के उदाहरण प्रस्तुत करते हुए विस्तृत व्याख्या के साथ प्रमाणित किया है कि गोस्वामी जी ने रूप, गुण, क्रिया और भाव को उत्कर्ष देने के लिए ही इनका प्रयोग किया है।

तुलसी की भाषा का विवेचन शुक्ल जी ने बहुत संक्षेप में किया है। उन्होंने लक्षित किया है कि तुलसी की भाषा 'चलती हुई और मुहावरेदार है। उनकी वाक्य-रचना निर्दोष है। उन्होंने पाद-पूर्ति के लिए शब्दों का प्रयोग नहीं किया है। ऐसा लगता है कि तुलसी की कला के विवेचन पर आचार्य शुक्ल ने बहुत कम ध्यान दिया है। उनकी पूरी शक्ति तुलसी की भक्ति और शील-निरूपण तथा भावुकता के विवेचन में ही लग गई है। जिस विस्तार और गहराई से उन्होंने जायसी की कला-मर्मज्ञता का विश्लेषण किया है, वह विस्तार और गहराई यहाँ नहीं है। वस्तुतः उन्होंने 'तुलसी के महत्त्व के साक्षात्कार के लघु प्रयत्न' के रूप में ही 'गोस्वामी तुलसीदास की रचना की है इसलिए मूल्यांकन में लाघवता स्वाभाविक है।

आचार्य शुक्ल जी समीक्षा का सन्तुलित प्रौढ़ और रूप में 'भ्रमरगीत सार' की भूमिका के रूप में प्रस्तुत सूर की सारगर्भित समीक्षा में दृष्टिगत होता है। उन्होंने संक्षेप में सूरदास की सीमाओं का उल्लेख किया है। उन्हें सूरदास में लोक-संग्रह की वृत्ति का अभाव खटका है। वस्तु-गाम्भीर्य की कमी और की परिमिति की ओर भी उनका ध्यान गया है। कहीं-कहीं उपमान-विधान में उपमेय-उपमान-सम्बन्धों में सन्तुलन की कमी और ऊहा के अतिरेक के कारण वर्णन की अस्वाभाविकता भी उन्हें अशोभन प्रतीत हुई है। इन छोटी-मोटी खटकनेवाली बातों को छोड़कर उन्होंने सूर के सम्बन्ध में जो निर्णय दिए है वे आज भी अत्यन्त मूल्यवान हैं। उन्होंने बताया है कि रति भाव के भीतर जितनी मानसिक वृत्तियों और अन्तर्दशाओं का अनुभव एवं प्रत्यक्षीकरण सूरदास ने किया है और बाल वृत्तियों की जैसी स्वाभाविक व्यंजना सूर के काव्य में हुई है, वह अन्यत्र दुर्लभ है। गोप-जीवन की स्वच्छन्दता और गोचारण के मधुर दृश्यों का अंकन करने में सूर अप्रतिम हैं। इसके अतिरिक्त बचपन के सहज एवं निर्विकार प्रेम का साहचर्य से पुष्ट होकर जीवनोत्सव के रूप में प्रस्फुटित होना; प्रकृति के खुले क्षेत्र में विलम्भ भाव के व्यापक एवं गम्भीर प्रसार; वियोग-विल गोपियों की मानसिक दशा के अन्तर्गत झल्लाहट, चकपकाहट, खिझलाहट, अनुताप, अधीनता, विनोद, चपलता, धृति, असूया, घनिष्ठता आदि के मार्मिक चित्र, मुरली-प्रसंग के अन्तर्गत सम्बन्ध-भावना के विस्तार और मुरली के प्रति सपत्नीभाव की व्यंजना; योग वात्सल्य के अन्तर्गत उदासीनता, निर्वेद, तिरस्कार और अमर्ष जैसे भावों की गूढ़ संश्लिष्ट व्यंजना, अप्रस्तुत-विधान के अन्तर्गत उपमानों की उपयुक्तता और व्यापार समष्टिसूचक उपमानों के विधान द्वारा पूरे प्रसंग की मार्मिक व्यंजना तथा उद्धव-गोपी-संवाद के अन्तर्गत गोपियों की उक्तियों में भाव-प्रेरित-वक्रता का वैविध्य आदि अनेक वस्तु एवं शिल्पगत विशेषताओं की ओर हमारा ध्यान आकृष्ट करके आचार्य शुक्ल ने सूर-काव्य की अपूर्व रस-धारा के भीतर अवगाहन के लिए मार्ग प्रशस्त कर दिया है। काव्य में भाव-पक्ष और कला-पक्ष की स्थिति अलग-अलग स्वीकार करते हुए भी वचन के स्तर पर आचार्य शुक्ल ने बराबर भाग-प्रेरित विदग्धता, भाव व्यंजक-शिलष्टता और भाव-प्रेरित-वचन-रचना पर बल देते हुए भाव और कला के संश्लिष्ट-विधान को काव्य-सौन्दर्य के लिए आवश्यक माना है। सूर की प्रतिभा को एकमुखी स्वीकार करते हुए भी आचार्य शुक्ल का मत दृढ़ है कि जिस क्षेत्र को सूर ने चुना है उस पर उनका अधिकार अपरिमित है। उसके वे सम्राट हैं। आचार्य शुक्ल के बाद उपरोक्त तीनों कवियों की अनेक दृष्टियों से समीक्षाएँ की गई हैं, किन्तु आचार्य शुक्ल के निर्णय आज भी अपने स्थान पर हैं।

आचार्य शुक्ल ने हिन्दी-साहित्य के इतिहास में प्राचीन एवं नवीन कवियों के सम्बन्ध में सूत्ररूप में जो सारगर्भित समीक्षात्मक टिप्पणियाँ दी हैं वे आगे चलकर

परवर्ती समीक्षकों द्वारा की गई विशद समीक्षा का आधार बन गई हैं। इन सूत्रों की व्याख्या करके अनेक समीक्षकों ने अपनी समीक्षा को कृतार्थ किया है। यहाँ कुछ सूत्रबद्ध टिप्पणियों को उद्धृत करना अप्रासंगिक न होगा।

(क) केशव को कवि-हृदय नहीं मिला था। उनमें वह सहृदयता और भावुकता न थी जो एक कवि में होनी चाहिए। (इतिहास, पृ. 209)

× × ×

(ख) जिस कवि में कल्पना की समाहार-शक्ति के साथ भाषा की समास शक्ति जितनी ही अधिक होगी उतना ही वह मुक्तक की रचना में सफल होगा। यह क्षमता बिहारी में पूर्ण रूप से वर्तमान थी। (वही, पृ. 247)

× × ×

(ग) इनकी (पद्माकर की) मधुर कल्पना ऐसी स्वाभाविक और हाव-भावपूर्ण मूर्ति-विधान करती है कि पाठक मानो प्रत्यक्ष अनुभूति में मग्न हो जाता है। (वही, पृ. 309)

× × ×

(घ) ये (घनानन्द) साक्षात रस मूर्ति और ब्रज भाषा के प्रधान स्तम्भो में हैं। (वही, पृ. 335) प्रेम की गूढ़ अन्तर्दशा का उद्घाटन जैसा इनमें है वैसा हिन्दी के अन्य श्रृंगारी कवि में नहीं। (वही, पृ. 338) अपनी भावनाओं के अनूठे रूप-रंग की व्यंजना के लिए भाषा का ऐसा बेधड़क प्रयोग करनेवाला हिन्दी के पुराने कवियों में दूसरा नहीं हुआ। (वही, 339)

× × ×

(ङ) इनका-सा (देव कवि-सा) अर्थ-सौष्ठव और नवोन्मेष विरले ही कवियों में मिलता है। रीतिकाल के कवियों में ये बड़े ही प्रगल्भ और प्रतिभासम्पन्न कवि थे इसमें सन्देह नहीं। (वही, पृ. 267)

× × ×

(च) वे (भारतेन्दु) सिद्ध वाणी के अत्यन्त सरस हृदय कवि थे। प्राचीन और नवीन का यही सुन्दर सामंजस्य भारतेन्दु की कला का विशेष माधुर्य है। (वही, पृ. 462)

× × ×

(छ) गुप्त जी की प्रतिभा की सबसे बड़ी विशेषता है कालानुसरण की क्षमता अर्थात् उत्तरोत्तर बदलती हुई भावनाओं और काव्य-प्रणालियों को ग्रहण करते चलने की शक्ति। (वही, पृ. 616)

× × ×

(ज) 'कामायनी' में उन्होंने (प्रसाद ने) नर-जीवन के विकास में भिन्न-भिन्न भावात्मिका वृत्तियों का योग और संघर्ष बड़ी प्रगल्भ रमणीय कल्पना द्वारा चित्रित करके मानवता का रसात्मक इतिहास प्रस्तुत किया है। (वही, पृ. 678)

× × ×

(झ) 'छायावाद' के भीतर माने जानेवाले सब कवियों में प्रकृति के साथ सीधा प्रेम सम्बन्ध पन्त जी का ही दिखाई पड़ता है। (वही, पृ. 700)

× × ×

(ञ) बहु वस्तु-स्पर्शिनी प्रतिभा निरालाजी में है। अज्ञात प्रिय की ओर इशारा करने की अतिरिक्त इन्होंने जगत के अनेक प्रस्तुत रूपों और व्यापारों को भी अपनी सरस भावनाओं के रंग में देखा है। (वही, पृ. 717)

× × ×

(ट) संगीत को काव्य के और काव्य को संगीत के अधिक निकट लाने का सबसे अधिक प्रयास निराला जी ने किया है। (वही, 715)

× × ×

कहना न होगा कि उपरोक्त टिप्पणियाँ हिन्दी-साहित्य के विद्यार्थियों का संस्कार बन चुकी हैं। उपरोक्त टिप्पणियों को प्रस्तुत करते समय आचार्य शुक्ल आदिकाल से लेकर अद्यतन काल तक हिन्दी-साहित्य का क्रमबद्ध इतिहास लिख रहे थे। उनके सामने भाषा और साहित्य-सम्बन्धी अनेक प्रश्न थे। फिर भी उन्होंने प्रत्येक कवि की अलग-अलग जो पहचान बताई है वह अविस्मरणीय है तथा नवीन और प्राचीन रचनाओं को जिस बारीकी से उन्होंने देखा-परखा है, वह श्लाघ्य है। उनका कोई भी निर्णय आरोपित नहीं है। रचनाओं के मर्म में प्रवेश करने के बाद ही उन्होंने अपनी धारणाएँ बनाई हैं। इसीलिए उनके निर्णयों का आज भी महत्त्व और मूल्य है।

आचार्य शुक्ल के समीक्षक व्यक्तित्व के महत्त्व को उनके बाद के प्रायः सभी ख्यातिलब्ध समीक्षकों ने स्वीकार किया है। आचार्य नन्ददुलारे वाजपेयी ने लिखा है, ''साहित्यिक कृतियों और साहित्यशास्त्र की पद्धतियों का निरूपण करने में भी शुक्ल जी ने असाधारण अन्तर्दृष्टि का परिचय दिया है। सच पूछिए तो रस, अलंकार, रीति, वक्रोक्ति आदि सम्प्रदायों की जो व्याख्याएँ आज प्रचलित हैं वे प्रमुखतः शुक्ल जी द्वारा ही उद्‌भावित हैं।' (नया साहित्य, नए प्रश्न, पृ. 52) आचार्य शुक्ल की समीक्षा-दृष्टि के सम्बन्ध में अपना मत प्रकट करते हुए वे कहते हैं—'शुक्ल जी की समीक्षा-दृष्टि अतिशय मार्मिक थी, परिणामस्वरूप उनकी समीक्षाओं ने जो साहित्यिक चेतना उत्पन्न की वह

पर्याप्त विशद और स्वस्थ थी। एक नया मानदंड शुक्ल जी ने संस्थापित कर दिया, जिसके आधार पर हिन्दी-समीक्षा उत्तरोत्तर उन्नति कर रही है।' (वही, पृ. 52) शुक्लोत्तर समीक्षा के दूसरे प्रमुख स्तम्भ डॉ. नगेन्द्र आचार्य शुक्ल जी के महत्त्व को स्वीकार करते हुए कहते हैं, ''आरम्भ में ही आचार्य शुक्ल के प्रभाववश मेरे मन में भारतीय रस-सिद्धान्त के प्रति गहरी आस्था हो गई थी। शुक्ल जी का मेरे मन पर विचित्र आतंक और प्रभाव रहा है। मेरे अपने संस्कार शुक्ल जी के संस्कारों से सर्वथा भिन्न थे। मेरा साहित्यिक संस्कार छायावादी युग में हुआ था। शुक्ल जी सुधार युग की विभूति थे। उनके निष्कर्षों को मानने के लिए में बिलकुल तैयार नहीं था। परन्तु उनके प्रौढ़ तर्क और अनिवार्य शैली मेरे ऊपर बुरी तरह हावी हो जाते थे और मैं यह मानने को विवश हो जाता था कि इस व्यक्ति की काव्य-दृष्टि चाहे संकुचित हो, लेकिन फिर भी अपनी सीमा में यह महारथी अजेय है।''[20] आचार्य नन्ददुलारे वाजपेयी और डॉ. नगेन्द्र दोनों की स्वच्छन्दतावादी-पद्धति के समीक्षक हैं। दोनों के ही समीक्षा संस्कार आचार्य शुक्ल से भिन्न हैं। किन्तु दोनों ने उनके आलोचक-व्यक्तित्व के महत्त्व को मुक्त हृदय से स्वीकार करके एक बहुत बड़ी सच्चाई को उजागर किया है। प्रसिद्ध मार्क्सवादी समीक्षक डॉ. रामविलास शर्मा तो आचार्य शुक्ल की समीक्षा-पद्धति को हिन्दी के लिए वरदान मानते हैं। शुक्ल जी के महत्त्व को स्वीकार करते हुए उन्होंने लिखा है, 'दृढ़ता, आत्म-विश्वास और निर्भीकता शुक्ल जी के विशेष गुण हैं। लाख विरोधी प्रचार हो, वह अपने सिद्धान्त पर अडिग रहे। रहस्यवाद की भारत-व्यापी धूम होने पर भी उन्होंने उसका विरोध करना नहीं छोड़ा। भारतीय अध्यात्मवाद की विश्व में डुग्गी पिटने पर भी उन्होंने वास्तविक जगत का सूत्र नहीं छोड़ा, इस जगत के चित्रण को भारतीय साहित्य की मूल विशेषता बतलाया और अध्यात्म शब्द को साहित्य के मैदान से बाहर निकाल देने को कहा। अंग्रेजी और संस्कृत की धाक की परवाह न करके उन्होंने इन भाषाओं के साहित्य में उन्हें जो कमजोरियाँ दिखीं उनका भी खुलकर विवेचन किया।'' (*आचार्य रामचन्द्र शुक्ल और हिन्दी आलोचना*, पृ. 225) आचार्य शुक्ल के आलोचक व्यक्तित्व को आचार्य हजारीप्रसाद द्विवेदी ने भी खुलकर सराहा है। वे कहते हैं, ''हिन्दी-संसार में शुक्ल जी एक और अद्वितीय व्यक्तित्व लेकर अवतीर्ण हुए थे। प्राचीन साहित्य का इस प्रकार मन्थन करनेवाले कम साहित्यिक समालोचक होंगे। संस्कृत के साहित्य-शास्त्र पर उनका पूर्ण अधिकार था। यह कह सकना बड़ा कठिन है कि आचार्य शुक्ल के ऊपर प्राचीन विचारों का प्रभाव अधिक है या नवीन विचारों का जिस लेखक का प्रभाव इतना व्यापक हो उसकी असाधारण प्रतिभा के लिए प्रमाण खोजने की आवश्यकता नहीं।''

आचार्य शुक्ल का महत्त्व स्वीकार करनेवाले उपरोक्त आलोचक हिन्दी-आलोचना के आधार स्तम्भ माने गए हैं। इसलिए उनकी आत्म-स्वीकृतियों का विशेष महत्त्व है। उनकी स्वीकृतियाँ इस बात का प्रमाण हैं कि आचार्य शुक्ल ने अपने बाद की पीढ़ी को बहुत दूर तक प्रभावित किया है। महत्त्वपूर्ण बात यह है विशेष कि आज भी उनका महत्त्व और प्रभाव कम नहीं हुआ है। 'रस के प्रतिमान की प्रसंगानुकूलता' की चर्चा करते हुए डॉ. नामवर सिंह ने शब्द-शक्ति-विवेचन के क्रम में आचार्य शुक्ल द्वारा प्रतिपादित अर्थ-मीमांसा के सिद्धान्त को उल्लेखनीय माना है और 'नई कविता' के सन्दर्भ में उसकी प्रासंगिकता स्वीकार की है। वे कहते हैं, "एक व्यावहारिक समीक्षक के नाते आचार्य शुक्ल इस बात को भलीभाँति जानते थे कि काव्य में अर्थ-मीमांसा के द्वारा ही रस-निरूपण किया जा सकता है और कविता की अर्थ-मीमांसा के बिना अनायास लब्ध अनुभूति के आधार पर कविता का मूल्यांकन करना मूल्यांकन नहीं, बल्कि 'प्रभावाभिव्यंजक' आलोचना का उपहासास्पद नमूना है।" (*कविता के नए प्रतिमान,* पृ. 47) नामवर सिंह के अतिरिक्त वर्तमान पीढ़ी के अनेक नए समीक्षकों ने विविध सन्दर्भों में आचार्य शुक्ल का उल्लेख करके उनकी प्रासंगिकता की पुष्टि की है। श्री अमृतराय ने 'सामूहिक भाव और साधारणीकरण' के सम्बन्ध का विवेचन करते हुए;[21] रवीन्द्रनाथ श्रीवास्तव ने 'साहित्यिक शैली विज्ञान' विषयक अपनी लेखमाला की दूसरी किश्त में 'संसर्गगत काव्य-संसार' की चर्चा करते हुए;[22] मैनेजर पांडेय ने साहित्य-रचना के सन्दर्भ में अनुभूति और सहानुभूति के महत्त्व पर विचार करते हुए;[23] डॉ. केदारनाथ सिंह ने 'हिन्दी-आलोचना में बिम्ब-सिद्धान्त के विकास' की चर्चा करते हुए;[24] डॉ. राममूर्ति त्रिपाठी ने 'भारतीय काव्य-सिद्धान्तों के प्रतिमानों का नई सम्भावनाओं में संचार' पर विचार करते हुए;[25] डॉ. रामस्वरूप चतुर्वेदी ने आलोचना की भाषा के वैशिष्ट्य का विश्लेषण करते हुए;[26] डॉ. शिवकुमार मिश्र ने यथार्थवाद के स्वरूप का विवेचन करते हुए;[27] डॉ. रघुवंश ने 'रस-सिद्धान्त और आधुनिक मनोविज्ञान' के सम्बन्ध में विचार करते हुए;[28] तथा रमेशचन्द्र शाह ने छायावाद की प्रासंगिकता के विवेचना क्रम में;[29] आचार्य शुक्ल का सम्मानपूर्वक स्मरण किया है। आलोचकों की इस सूची को बढ़ाया भी जा सकता है, किन्तु यहाँ हमारा लक्ष्य हिन्दी के नए समीक्षकों पर आचार्य शुक्ल का प्रभाव दिखाना नहीं है। हम केवल यह स्पष्ट करना चाहते हैं कि आज भी हिन्दी-आलोचना का ऐसा कोई सन्दर्भ नहीं है जिसके सूत्र आचार्य शुक्ल की समीक्षा में विद्यमान न हों। उनकी चर्चा के बिना हम किसी भी सूत्र को विकसित नहीं कर पाते। उनकी समीक्षा-दृष्टि की विशदता, गहनता, सूक्ष्मता और सन्तुलन का इससे बड़ा प्रमाण और क्या हो सकता है? आचार्य शुक्ल की समीक्षा में पूर्ववर्ती

समीक्षा के सारे उत्कृष्ट और ग्राह्य तत्त्व अन्तर्भुक्त हैं और परवर्ती समीक्षा की अनेक सम्भावनाएँ समाविष्ट हैं। वे सच्चे अर्थों में हिन्दी के पथिकृत आचार्य हैं।

सन्दर्भ

1. 'काव्य और अभिव्यंजनावाद', चिन्तामणि, भाग 2, पृ. 189.
2. वही, पृ. 3०9
3. वही, पृ. 157
4. रस-मीमांसा, पृ. 15
5. वहीं, पृ. 1०5
6. वही, पृ. 37०
7. 'काव्य में प्रकृति-चित्रण', रस-मीमांसा, पृ. 34
8. वही, पृ. 98
9. काव्य में अभिव्यंजनावाद, पृ. 22०
10. वही, पृ. 22०
11. रस-मीमांसा, पृ. 27०
12. वही, पृ. 275
13. वही, पृ. 278
14. काव्य में रहस्यवाद
15. चिन्तामणि, प्रथम भाग, पृ. 165
16. वही, पृ. 166
17. वही, पृ. 53
18. चिन्तामणि, प्रथम भाग, पृ. 216
19. काव्य में प्राकृतिक दृश्य, चिन्तामणि, द्वितीय भाग, पृ. 7
20. डॉ. नगेन्द्र व्यक्तित्व और कृतित्व, पृ. 21 पर उद्धृत
21. आचार्य शुक्ल का उल्लेख करके उनकी प्रासंगिकता की पुष्टि की है। श्री अमृतराय
22. आलोचना 42, पृ. 29
23. वहीं, 19, पृ.
24. 65 आधुनिक हिन्दी कविता में बिम्ब-विधान, पृ. 13
25. आलोचना, 2०, पृ. 48 6.
26. गद्य की सत्ता पृ. 6०
27. यथार्थवाद, पृ. 194
28. साहित्य का नया परिप्रेक्ष्य पृ. 72
29. छायावाद की प्रासंगिकता, पृ. 24

7

काव्य में लोक मंगल की अवधारणा

आचार्य शुक्ल ने ऐसे काव्यों को जिनमें मंगल का विधान करनेवाला भाव 'करुणा' बीज रूप में विद्यमान रहता है, श्रेष्ठ घोषित करके 'लोक-मंगल की साधना' को काव्य-प्रतिमान के रूप में प्रतिष्ठित किया है। उनका तर्क है कि लोक में मंगल का विधान करनेवाले दो भाव हैं—'करुणा' और 'प्रेम'। ''करुणा' की गति लोक की रक्षा की ओर होती है और प्रेम की गति लोक के रंजन की ओर इन दोनों भावों को वे सत्त्व गुण प्रधान मानते हैं। वे कहते हैं—'उच्च दशा का प्रेम और करुणा दोनों सत्त्व गुण प्रधान हैं। त्रिगुणों में सत्त्व गुण सबके ऊपर है। यहाँ तक कि उसकी ऊपरी सीमा नित्य पारमार्थिक सत्ता के पास तक- व्यक्त और अव्यक्त की सन्धि तक—जा पहुँचती है। इसी से शायद वल्लभाचार्य जी ने सच्चिदानन्द के सत स्वरूप का प्रकाश करनेवाली शक्ति को 'सन्धिनी' कहा है।'' यह जगत अ़व्यक्तावस्था से छूटी हुई प्रकृति का व्यक्त स्वरूप है। इसमें सत्त्व, रजस और तमस तीनों गुणों की स्थिति निरन्तर बनी रहती है। ऐसी स्थिति में मंगल का विधान तभी हो सकता है जब 'रजस' और 'तमस' गुण 'सत्त्व गुण' के अधीन रहकर कार्य करे। काव्य भाव-प्रधान होता है। भावों में 'करुणा' और 'प्रेम' सत्त्व गुण प्रधान होते हैं और क्रोध, भय, घृणा आदि प्रचंड भाव रजस् और तमस् प्रधान होते हैं। आचार्य शुक्ल की मान्यता यह है कि 'करुणा' और 'प्रेम' से प्रेरित होने पर (सत्त्व गुण युक्त भावों के अधीन रहने पर) ये 'रजस' और 'तमस'—प्रधान प्रचंड और उग्रभाव भी सुन्दर हो जाते हैं। वाल्मीकीय रामायण में लोक-पीड़क राक्षसराज रावण के प्रति राम का कालाग्निसदृश क्रोध इसीलिए लोकोत्तर सौन्दर्य का विधान कर सका है कि वह करुणा से, लोक-रक्षा की भावना से प्रेरित है। रावण की मृत्यु के बाद लोक से दुःख की छाया हट जाती है। लोक, पीड़ा और विघ्न बाधा से मुक्त हो जाता है और तब राम राज्य की स्थापना होती है। यह रामराज्य व्यावहारिक स्तर पर 'सत्त्व' और 'आनन्द' का प्रतीक है। आचार्य शुक्ल के शब्दों में—'लोक की रक्षा 'सत' का आभास है, लोक का मंगल 'परमानन्द' का आभास है।

इस व्यावहारिक 'सत' और 'आनन्द' का प्रतीक है—रामराज्य।'' (*गोस्वामी तुलसीदास,* पृ. 23) इस 'रामराज्य' की महिमा का वर्णन करते हुए शुक्ल जी कहते हैं, ''राज्य की कैसी व्यापक भावना है? आदर्श राज्य केवल बाहर कर्मों का प्रतिबन्धक और उत्तेजक नहीं है, हृदय को स्पर्श करनेवाला है, इसमें लोक रक्षा के अनुकूल भावों की प्रतिष्ठा करनेवाला है। यह धर्म राज्य है—प्रकृति का रंजन करनेवाला है। इस राज्य की स्थापना केवल शरीर पर ही नहीं होती, हृदय पर भी होती है। यह राज्य केवल चलती हुई जड़ मशीन नहीं है—आदर्श व्यक्ति का परिवर्धित रूप है।'' (*गोस्वामी तुलसीदास,* पृ. 25) राम-राज्य की स्थापना शरीर पर ही नहीं हृदय पर भी होती है। हृदय पर 'करुणा' और 'प्रेम' के द्वारा ही राज्य किया जा सकता है। इस प्रकार आचार्य शुक्ल की दृष्टि में 'करुणा' और 'प्रेम' के पुंज, लोक में धर्म के विग्रह के रूप में प्रतिष्ठित, शील के आगार राम जैसे नायक को—ऐसे नायक को जिसकी प्रचंड और उग्र वृत्तियाँ निरन्तर सत्त्व गुण के अधीन गतिशील हो—केन्द्र में रखकर रचित काव्य में हो पूर्ण सौन्दर्य के प्रकाशन की क्षमता होती है। वे कहते हैं, ''यदि बीजभाव की प्रकृति मंगल-विधायिनी होती है तो उसकी व्य।पकता और निर्विशेषता के अनुसार सारे प्रेरित भाव तीक्ष्ण और कठोर होने पर भी सुन्दर होते हैं। ऐसे बीज भाव की प्रतिष्ठा जिस पात्र में होती है, उसके सब भावों के साथ पाठकों की सहानुभूति होती है अर्थात् पाठक या श्रोता भी रस रूप में उन्हीं भावों का अनुभव करते हैं जिन भावों की वह व्यंजना करते हैं।'' (*चिन्तामणि,* पहला भाग, पृ. 222) यही नहीं वे यहाँ तक कह जाते हैं कि, ''ऐसे पात्र की गति में बाधा डालनेवाले पात्रों के उग्र या तीक्ष्ण भावों के साथ पाठकों का वास्तव में तादात्म्य नहीं होता; चाहे उनकी व्यंजना में रस की निष्पत्ति करनेवाले तीनों अवयव (विभाव, अनुभाव, संचारी भाव) वर्तमान हों।'' (वही, पृ. 222)

लोक-मंगल की साधना को काव्य-प्रतिमान रूप में प्रतिष्ठित करके आचार्य शुक्ल ने अपनी मौलिक दृष्टि का परिचय दिया है किन्तु इस प्रतिमान को लेकर हिन्दी-जगत में दो बिन्दुओं पर पर्याप्त विवाद चल पड़ा है। पहला बिन्दु 'लोक' सम्बन्धी अवधारणा है और दूसरा बिन्दु है—मंगल-विधायक बीज-भाव प्रेरित आदर्श नायक द्वारा व्यक्त भावों में ही सच्चे साधारणीकरण (रस-निष्पत्ति) की स्थिति का होना। सबसे पहले हम शुक्ल जी की 'लोक' सम्बन्धी अवधारणा पर विचार करेंगे। आचार्य शुक्ल ने अपने मनोविकारों पर लिखे गए निबन्धों, गोस्वामी तुलसीदास की समीक्षा, चिन्तामणि प्रथम भाग में संगृहीत प्रसिद्ध निबन्ध 'काव्य में लोक मंगल की साधनावस्था' तथा चिन्तामणि द्वितीय भाग में संगृहीत लम्बे निबन्ध 'काव्य में रहस्यवाद' में अनेक सन्दर्भों में 'लोक' शब्द का प्रयोग किया है। उन्होंने लोक के साथ अन्य शब्दों को जोड़कर अनेक सामासिक पदों

की रचना की है और विभिन्न सन्दर्भों में उनका प्रयोग करके 'लोक' शब्द को अधिक व्यञ्जक बना दिया है। लोक-मंगल, लोक-रंजन, लोक-संग्रह, लोक-सामान्य, लोक-पावन, लोक हृदय, लोक-जीवन, लोक-विप्लव, लोक-दर्शी, लोक-चरित्र, लोक-सत्ता, लोक बद्ध, लोक-व्यवस्था, लोक-धर्म, लोक-नीति, लोक व्यवहार, लोक-बाह्य, लोक गति, लोक-वाद जैसे कितने ही सामासिक पदों का प्रयोग उन्होंने किया है। इन प्रयोगों में कुछ ऐसे भी हैं जहाँ उन्होंने 'लोक' शब्द की व्याख्या करने का या उसका स्पष्ट करने का प्रयत्न किया है। यहाँ हम उन सन्दर्भों को प्रस्तुत करना चाहेंगे जिनमें 'लोक' शब्द का अर्थ स्पष्ट हुआ है।

—दूसरी बात यह है कि भारतीय भक्ति-मार्ग व्यक्ति-कल्याण और लोक-कल्याण दोनों के लिए है। वह लोक या जगत को छोड़कर नहीं चल सकता।

(गोस्वामी तुलसीदास, पृ. 5)

—अब तक जो कुछ कहा गया, उससे गोस्वमी जी व्यक्तिवाद (Individualism) के विरोधी और लोकवाद (Socialism) के समर्थक से लगते हैं।

(गोस्वामी तुलसीदास, पृ. 30)

—गृहधर्म पर दृष्टि रखनेवाली किसी परिवार की रक्षा देखकर, वर्गधर्म पर दृष्टि रखनेवाला किसी वर्ग या समाज की रक्षा देखकर और लोकधर्म पर दृष्टि रखनेवाला लोक या समस्त मानव जाति की रक्षा देखकर आनन्द का अनुभव करता है।

(चिन्तामणि, पहला भाग, पृ. 08)

—वही अवरकांवे जो कभी वाद-ग्रस्त होकर 'चेतना के कोने के बाहर की लगते हैं। बात कहने जाता है जब लोकवादी (Humanitarian) के रूप में हमारे सामने आता है, विशुद्ध काव्य-दृष्टि का प्रमाण देता है, तब उसकी सच्चाई में सन्देह करने की कोई जगह नहीं रह जाती।

(चिन्तामणि, द्वितीय भाग, पृ. 86)

—समाज-शास्त्र के आधुनिक विवेचकों ने भी लोक-संग्रह और लोक विरोध की दृष्टि से जनता का विभाग किया है। गिडिंग्ज़ के चार विभाग ये हैं —लोक संग्रही, लोक-बाह्य, अलोकोपयोगी और लोक-विरोधी।

सामूहिक, अतिरिक्त-सार्वजनिक, गैर-उपयोगितावादी और जन-विरोधी।

[The true social classes are—the social, the non-social, the pseudo-social and the anti-social—Giddings]

उपरोक्त सन्दर्भों में 'लोक' शब्द कहीं 'जगत' के अर्थ में, कहीं 'समाज' के अर्थ में, कहीं समस्त मानव-जाति के अर्थ में और कहीं मानवता के अर्थ में प्रयुक्त हुआ है। स्वयं संस्कृत साहित्य में 'लोक' शब्द 'संसार' (इहलोके), मानव-जाति, प्रजा (राष्ट्र के व्यक्ति), समुदाय, क्षेत्र, सामान्य जीवन आदि कई

अर्थों में प्रयुक्त होता रहा है। अब प्रश्न यह है कि 'लोक मंगल की साधना' के सन्दर्भ में प्रयुक्त लोक शब्द से क्या तात्पर्य है। तुलसी की 'लोक-नीति और लोक-मर्यादा' का विवेचन करते हुए आचार्य शुक्ल ने 'लोकवाद' के साथ 'सोशलिज़्म' शब्द का प्रयोग किया है। इससे यह धारणा बनती है कि उनका 'लोकवाद', 'समाजवाद' का ही पर्याय है लेकिन उन्होंने स्वयं इस भ्रम का निवारण करते हुए कहा है, "उनका (तुलसीदास का) लोकवाद वह 'लोकवाद' नहीं है जिसका अकांड तांडव रूस में हो रहा है। वे व्यक्ति की स्वतन्त्रता का हरण नहीं चाहते जिसमें व्यक्ति इच्छानुसार हाथ पैर भी न हिला सके, अपने श्रम, शक्ति और गुण का अपने लिए कोई फल ही न देख सके। वे व्यक्ति के आचरण का इतना ही प्रतिबन्ध चाहते हैं जितने से दूसरों के जीवन-मार्ग में बाधा न पड़े और हृदय की उदात्त वृत्तियों के साथ लौकिक सम्बन्धों का सामंजस्य बना रहे। राजा-प्रजा, उच्च-नीच, धनी-दरिद्र, सबल-निर्बल, शास्य-शासक, मूर्ख-पंडित, पति-पत्नी, गुरु-शिष्य, पिता-पुत्र इत्यादि भेदों के कारण जो अनेक रूपात्मक सम्बन्ध प्रतिष्ठित हैं उनके निर्वाह के अनुकूल मन (भाव), वचन और कर्म की व्यवस्था ही उनका लक्ष्य है, क्योंकि इन सम्बन्धों के सम्यक निर्वाह से ही वे सबका कल्याण मानते हैं। इन सम्बन्धों की उपेक्षा करनेवाले व्यक्ति प्राधान्यवाद के वे अवश्य विरोधी हैं।' (*गोस्वामी तुलसीदास,* पृ. 30)

उपरोक्त विवेचन में तुलसी के 'लोकवाद' के प्रति आचार्य शुक्ल के मन में एक प्रकार का आकर्षण, और रूसी समाजवाद के प्रति एक प्रकार का आक्रोश स्पष्ट रूप से व्यक्त हुआ है। इससे यह तो साफ हो जाता है कि आचार्य शुक्ल रूसी 'समाजवाद' के समर्थक नहीं हैं और उनका 'लोक' सर्वहारा वर्ग नहीं है। आचार्य शुक्ल की बद्धमूल धारणा थी कि जिस प्रकार परिवार में ऊँची-नीची श्रेणियाँ होती हैं उसी प्रकार समाज में भी शील, विद्या, बुद्धि, शक्ति आदि के भेद के आधार पर ऊँची-नीची श्रेणियाँ रहेंगी। उनके अनुसार 'फावड़ा लेकर मिट्टी खोदनेवाले और कलम लेकर वेदान्त-सूत्र लिखनेवाले के काम एक ही कोटि के नहीं माने जा सकते।' समाज में ऐसे लोगों की आवश्यकता बराबर रहेगी जो पठन-पाठन, तत्त्व चिन्तन और ज्ञान के नए-नए क्षेत्रों के अनुसन्धान में प्रवृत्त रहें। ऐसे लोग भी आवश्यक होंगे जो अस्त्र-शस्त्र से सज्जित होकर देश की रक्षा में निरन्तर प्रवृत्त रहें। कृषि, वाणिज्य व्यवसाय आदि से जुड़े लोग भी समाज के अंग रहेंगे और इन सभी के लिए आवश्यक सुविधाएँ जुटानेवाला एक वर्ग भी किसी-न-किसी रूप में विद्यमान रहेगा। इन वर्गों के द्वारा सम्पादित कार्य एक ही कोटि के नहीं माने जाएँगे। ऐसी स्थिति में जिन कार्यों को श्रेष्ठ समझा जाएगा। उनसे जुड़े लोगों के प्रति छोटा समझे जानेवाले कार्यों से जुड़े लोगों के मन में ईर्ष्या-द्वेष का भाव उत्पन्न हो सकता है। आचार्य शुक्ल की मान्यता है कि

वर्णाश्रम व्यवस्था में यह भाव इसलिए उत्पन्न नहीं होता था कि जो श्रेष्ठ थे समाज के प्रति उनका त्याग और कर्तव्य भाव भी उसी क्रम में अधिक होता था। ब्राह्मण और क्षत्रिय को लोक-हित में प्रतिक्षण अपने व्यक्तिगत सुख का त्याग करने के लिए तत्पर रहना पड़ता था। शेष वर्गों को अपने व्यक्तिगत और पारिवारिक सुख की व्यवस्था के लिए पूरा अवकाश रहता था। आचार्य शुक्ल के शब्दों में,''जब तक उच्च श्रेणियों के कर्तव्य की कठिनता प्रत्यक्ष रहेगी—कठिनता के साक्षात्कार के अवसर आते रहेंगे—तब तक नीची श्रेणियों में ईर्ष्या-द्वेष का भाव नहीं जाग्रत हो सकता। जब तक वे क्षत्रियों को अपने चारों ओर धन-जन की रक्षा में तत्पर देखेंगे, ब्राह्मणों को ज्ञान की रक्षा और वृद्धि में सब-कुछ त्याग कर लगे हुए पावेंगे, तब तक वे अपना सब-कुछ उन्हीं की बदौलत समझेंगे और उनके प्रति उनमें कृतज्ञता, श्रद्धा और मान का भाव बना रहेगा। जब कर्तव्य भाग शिथिल पड़ेगा और अधिकार-भाग ज्यों-का-त्यों रहेगा, तब स्थिति-विघातिनी विषमता उत्पन्न होगी।' (*गोस्वामी तुलसीदास,* पृ. 26) आचार्य शुक्ल का निष्कर्ष है, ''वर्णव्यवस्था की छोटाई-बड़ाई का यह अभिप्राय नहीं था कि छोटी श्रेणी के लोग दु:ख ही में समय काटें और जीवन के सारे सुभीते बड़ी श्रेणी के लोगों को ही रहें।'' (वही, पृ. 26) वर्ण-व्यवस्था अपने मूल रूप में चाहे जितनी सन्तुलित और सामंजस्यमयी रही हो, तुलसीदास उसे पुन: प्रतिष्ठित करने के लिए चाहे जितने प्रयत्नशील रहे हों, आचार्य शुक्ल यह अच्छी तरह जानते थे कि जिस युग में वे 'लोक मंगल की साधना' का प्रतिमान प्रतिष्ठित कर रहे हैं, उस युग में 'राजधर्म, आचार्यधर्म, वीर-धर्म सब पर सोने का पानी फिर गया है।' ब्राह्मणधर्म और क्षात्रधर्म दोनों का लोप हो गया है, केवल वणिग्धर्म रह गया है। ''व्यापार नीति राजनीति का प्रधान अंग हो गई है। बड़े-बड़े राज्य माल की बिक्री के लिए लड़नेवाले सौदागर हो गए हैं।'' (*चिन्तामणि-3,* पृ. 188)। वे यह भी जानते थे कि उनका देश गुलाम है। विश्व का सबसे शक्तिशाली साम्राज्यवादी देश उस पर शासन कर रहा है। वे यह भी देख रहे थे कि उसके शासन में उनका देश दिन-ब-दिन गरीब होता जा रहा है। सन् 1907 ई. में ही वहे अपने देशवासियों को बता देना चाहते थे कि, ''प्रत्येक ग्रामवासी को यह जानना चाहिए कि अधिक काम करने के बाद भी उसे उसके बदले में कम क्यों दिया जाता है, प्रत्येक नागरिक को यह बताया जाना चाहिए कि उसकी सेवाओं की इतनी कम माँग क्यों है? और वस्तुत: प्रत्येक भारतीय को यह साफ-साफ पता होना चाहिए कि उसका देश दिन-ब-दिन और गरीब क्यों होता जा रहा है।'' देखिए—(भारत को क्या करना चाहिए? निबन्ध *आलोचना,* वर्ष 34, अंक 74)। इस गरीबी और बेरोजगारी को दूर करने की दिशा में वे 'स्वदेशी आन्दोलन' को एक प्रयास मानते थे। इसका समर्थन करते हुए उन्होंने कहा था, ''इस दिशा में स्वदेशी

आन्दोलन द्वारा एक प्रयास किया गया है। यह लाखों लोगों की भुखमरी से बचने के लिए और नियमित रोजगार के अभाव में भटक रहे लाखों लोगों को काम देने के उद्देश्य से चलाया गया आन्दोलन है।'' (वही, वर्ष 34, अंक 74) वे अनुभव कर रहे थे कि ब्रिटिश शासन से मुक्त होने के लिए सभी प्रकार की सामाजिक बुराइयों को दूर करना होगा। देशी भाषा के साहित्य के विकास को प्रोत्साहन देना होगा। भारत के उद्योग-धन्धों का परिवर्द्धन और परिष्कार करना होगा और इसके लिए अपेक्षित तकनीकी शिक्षा प्राप्त करनी होगी। शिक्षा के क्षेत्र में गुणात्मक परिवर्तन करना होगा और उसे इस रूप में ढालना होगा कि अफसरों की 'जी हुजूरी' करने की प्रवृत्ति से ऊपर उठकर वह लोगों में उच्च उत्तरदायित्व का भाव भर सके। देश के लोगों में ऐसी जागृति पैदा करनी होगी जो राष्ट्रीय भावनाओं के विकास के अवरोधक तत्त्वों को निर्मूल कर दे। यह सब तभी सम्भव होगा जब सामान्य जनता को ब्रिटिश शासन के असली चरित्र की सही जानकारी दी जाए और इसके लिए 'हमें समाज सुधारक, राजनीतिक, आन्दोलनकर्ता कवि और शिक्षाविद्—इन सबकी एक ही साथ, एक ही समय में जरूरत है।' (आलोचना, वर्ष 34, अंक 74 में प्रकाशित 'भारत को क्या करना चाहिए?' निबन्ध) जाहिर है कि जिस समाज में आचार्य शुक्ल जी रहे थे उसमें से आमूल परिवर्तन चाहते थे। देश की स्वतन्त्रता के साथ ही वे उसे सम्पन्न और खुशहाल भी देखना चाहते थे। देश-प्रेम उनके लिए मात्र फैशन की चीज नहीं थी। वे अपने देश के मनुष्यों, पशु-पक्षियों, पेड़-पत्तों, वन-पर्वतों, नदी-निर्झरों सभी के प्रति गहरे लगाव को सच्चा देश-प्रेम मानते थे। 'लोभ और प्रीति' निबन्ध में वे कहते हैं, ''देश-प्रेम की दुहाई देनेवालों में से कितने अपने किसी थके माँदे भाई के फटे-पुराने कपड़ों और धूल भरे पैरों पर रीझकर, या कम-से-कम न खीझकर, बिना मन मैला किए कमरे की फर्श भी मैली होने देंगे ? मोटे आदमियों! तुम जरा-सा दुबले हो जाते—अपने अन्देशे से ही सही— तो न जाने कितनी 'ठठरियों पर मांस चढ़ जाता।' आचार्य शुक्ल की सहानुभूति सजे-सजाऐ कमरों में आरामकुर्सियों पर लेटे हुए अपने अन्देशे से भी दुबले न होनेवाले मोटे आदमियों के प्रति नहीं, फटे पुराने कपड़ों और धूल भरे पैरोंवाले गरीब भाइयों के प्रति थी। आप कल्पना कर सकते हैं कि जिस लोक के मंगल की साधना में वे करुणा से प्रेरित अपने काव्य नायक को प्रवृत्त करना चाहते थे वह लोक किसका होगा? 'लोक' शब्द का प्रयोग उन्होंने चाहे जितने अर्थों में किया हो, वह 'लोक' जो उनकी करुणा का आलम्बन था निश्चय ही पीड़ितों, दुःखियों, गरीबों और अभाव-ग्रस्तों का था। आखिर दुःख की छाया हटाने के लिए ही तो उनका काव्य-नायक प्रवृत्त होगा। यह दुःख की छाया का लोक सम्पन्नों, प्रभुओं, शोषकों अर्थात् 'मोटे आदमियों' का तो नहीं ही होगा। पूछा जा सकता है कि यदि आचार्य शुक्ल का लोक से तात्पर्य दुःखियों

और गरीबों से ही है तो उसे 'सर्वहारा' क्यों न माना जाए? तुलसी का 'लोकवाद' रुसी 'समाजवाद' भले न हो, शुक्ल जी तो आधुनिक सन्दर्भ में—सच्चे देश-प्रेम के सन्दर्भ में—फटे-पुराने कपड़ों और धूल भरे पैरों वाले देश-भाइयों की बात कर रहे हैं। वस्तुतः 'सर्वहारा वर्ग' का चरित्र पूर्णतः परिभाषित है। 'पूँजीवाद' से 'समाजवाद' में संक्रमण की अवधि में मजदूरों और किसानों का वह संघबद्ध वर्ग जो मेहनतकश जन साधारण को बूर्जुआ वर्ग से अलग करके अपनी ओर आकृष्ट करता है 'समाजवाद' के निर्माण में नियोजित करता है, सर्वहारा कहलाता है। उसकी अवधारणा उस समाज-दर्शन के अन्तर्गत की गई है जो पूरे समाज को शोषक और शोषित वर्गों में विभाजित करके देखता है और वर्ग-रहित समाज की स्थापना को अपना लक्ष्य मानता है। शुक्ल जी तो वर्ग-रहित समाज की सत्ता ही स्वीकार नहीं करते। वे कहते हैं, "एक-एक व्यक्ति के दूसरे-दूसरे व्यक्तियों के लिए सुखद और दु:खद दोनों रूप बराबर रहे हैं और बराबर रहेंगे। किसी प्रकार की राजनीतिक और सामाजिक व्यवस्था—एकाशाही से लेकर जनता साम्यवाद तक—इस दोरंगी झलक को दूर नहीं कर सकती। मानवी प्रकृति की अनेकरूपता शेष प्रकृति की अनेकरूपता के साथ-साथ चलती रहेगी। ऐसे समाज की कल्पना, ऐसी परिस्थिति का स्वप्न, जिसमें सुख-ही-सुख, प्रेम-ही-प्रेम हो या तो लम्बी-चौड़ी बात बनाने के लिए अथवा अपने को या दूसरों को फुसलाने के लिए ही समझा जा सकता है।" (*चिन्तामणि,* पहला भाग, पृ. 128-29)। उनका लोक अन्याय और अत्याचार से पीड़ित वह जन-समाज है जो अपनी दयनीय स्थिति से किसी शक्ति सम्पन्न और शीलवान राष्ट्र-नायक को करुणा-प्लावित करके अन्याय के प्रतिकार में प्रवृत्त करने की क्षमता रखता है। अन्याय के प्रतिकर में पीड़ित जन-समाज की भागेदारी के लिए आचार्य शुक्ल समाज-सुधार शिक्षा संस्कार और जन-जागरण की बात तो करते हैं किन्तु समाज को संघबद्ध करने के लिए कोई दर्शन नहीं देते। यह संकेत अवश्य देते हैं किं किसी भी अवस्था में समाज-व्यवस्था यान्त्रिक नहीं होनी चाहिए। मात्र दंड-भय से अर्थशक्ति खड़ी करके समाज व्यवस्था का संचालन उचित नहीं है। सत्ता को संवेदनशील होना चाहिए। व्यक्ति-वैशिष्ट्य को स्वीकार किया जाना चाहिए। समाज में व्यक्ति को गुण, शील, बुद्धि, प्रतिभा, कला-कौशल के विकास की पूरी सुविधा मिलनी चाहिए। अक्टूबर 1917 में लेनिन के नेतृत्व में रूस में होनेवाली सामाजिक क्रान्ति के फलस्वरूप स्थापित सामाजिक-राजनीतिक व्यवस्था को आचार्य शुक्ल ने कभी महत्त्व नहीं दिया। रूसी क्रान्ति को लेकर ब्रिटिश सरकार की चिन्ता और उसके सम्बन्ध में उसका दुष्प्रचार स्वाभाविक है।[1] आचार्य शुक्ल इस दुष्प्रचार से कुछ तो अवश्य प्रभावित रहे होंगे किन्तु उनका अपना मत भी इसके विरुद्ध ही रहा। वस्तुतः वे ऊपर से प्रयत्नपूर्वक स्थापित समता को प्रकृति-विरुद्ध

मानते थे। लेनिन के जीवन के सम्बन्ध में उनकी जानकारी कितनी थी, यह तो नहीं कहा जा सकता लेकिन यह निर्विवाद है कि वे यह मानकर चल रहे थे कि वहाँ की नीची श्रेणी के लोगों में उच्च श्रेणी के लोगों के प्रति जो ईर्ष्या-द्वेष है, उसी का लाभ उठाकर लेनिन महात्मा बन गए थे?[2] निष्कर्ष रूप में हम कह सकते हैं कि आचार्य शुक्ल का 'लोकवाद' रूसी 'समाजवाद' नहीं है। उनका 'लोक' भी रूसी सर्वहारा वर्ग नहीं है। किन्तु यह निर्विवाद है कि जिस लोक के मंगल की बात वे बार-बार करते हैं। वह लोक प्रभुओं, सत्ताधीशों, शोषकों, साधन-सम्पन्नों का लोक भी नहीं है। समाज का यह वर्ग कभी भी करुणा का आलम्बन नहीं हो सकता। यह वर्ग तो अपने हित-साधन के निमित्त अनेक प्रकार के अत्याचार करता है। अन्याय का सहारा लेता है। उनका लोक गरीबों, दुःखियों, पीड़ितों और सूखी ठठरियोंवाले लोगों का ही लोक है। इसी लोक का मंगल उन्हें काम्य है। यह अवश्य है कि इस वर्ग के लोगों में उच्च वर्ग के प्रति ईर्ष्या, द्वेष, अहंकार और घृणा का संचार करके वर्ग-संघर्ष की स्थिति उत्पन्न करना वे नहीं चाहते। इसे वे समाज के लिए श्रेयस्कर भी नहीं मानते। यह उनके चिन्तन की, संस्कार की और युग की सीमा है। वे शासक वर्ग को सत्ता च्युत करने के लिए तो शक्ति का प्रयोग करने के पक्ष में है किन्तु ऊँची श्रेणियों को मिटाने के लिए संघटित शक्ति के प्रयोग की बात नहीं सोच पाते। उनका विश्वास था कि समाज में ऊँची-नीची श्रेणियों की स्थिति स्वाभाविक है। अधिकार और कर्तव्य में सन्तुलन के आधार पर इनमें सामंजस्य बनाए रखना ही श्रेयस्कर है। यदि ऊँची श्रेणी के लोग अपने कर्तव्य और दायित्व से च्युत होकर या स्वार्थ-रत होकर सामाजिक सन्तुलन को विकृत करते हैं तो उन्हें सचेतन करने, उनको विगर्हणा करने और उनको सुधारने का दायित्व राज्य के या उसके वर्ग के ऊपर है। आचार्य शुक्ल यह नहीं सोच पाते कि यदि राज्य उसी वर्ग का हो या उस वर्ग के बहुसंख्यक लोग अनेक ऐतिहासिक कारणों से स्वार्थी, लोलुप और दायित्वहीन हो गए हों तो उस वर्ग को सुधारने का कार्य कौन करेगा? शायद तब वे यह कहेंगे कि ऐसी स्थिति में ब्रह्म की आनन्द कला इस अधर्म-जनित दुःख की छाया को हटाने के लिए शक्तिमय रूप धारण करेगी—लोक के बीच नर में नारायण की दिव्य कला प्रस्फुटित होगी दुःख की छाया हटेगी और समाज में सब-कुछ समंजसित हो जाएगा। अब इस उत्तर से सन्तुष्ट होना न होना आपका काम है उनका नहीं।

अब *काव्य में लोक-मंगल की साधना* के प्रतिमान की उपयुक्तता अनुपयुक्तता पर भी विचार करना चाहिए। आचार्य शुक्ल की मान्यता है कि काव्य मात्र का लक्ष्य आनन्द-मंगल का विधान है। आनन्द-मंगल की दो स्थितियाँ होती हैं। कभी यह सिद्ध या आविर्भूत होता है और कभी इसकी सिद्धि या आविर्भाव के लिए प्रयत्न या साधना करनी पड़ती है। जब यह सिद्ध होता तो सुख-सौन्दर्य, माधुर्य,

सुषमा, विभूति, उल्लास, प्रेम-व्यापार आदि का प्राधान्य होता है। जब यह सिद्ध नहीं होता और कभी इसकी सिद्धि के लिए साधना या प्रयत्न करना पड़ता है तो पीड़ा, बाधा, अन्याय अत्याचार आदि के दमन की आवश्यकता होती है और इस दमन में प्रवृत्त होने के लिए करुणा-प्रेरित क्रोध, उत्साह, घृणा, भय आदि प्रवृत्तियाँ गतिशील होती हैं। जिन काव्यों में आनन्द-मंगल की सिद्धावस्था को केंन्द्र में रखा जाता है उनमें सुख-सौन्दर्य-माधुर्य, सुषमा, उल्लास अर्थात् मधुचर्या को महत्त्व दिया जाता है। इसके विपरीत जिन काव्यों में आनन्द मंगल की साधनावस्था को केन्द्र में रखा जाता है उनमें काव्य-नायक करुणा से प्रेरित होकर अन्याय-अत्याचार के दमन में प्रवृत्त होता है और उसके क्रोध, उत्साह, घृणा आदि वृत्तियों की व्यंजना होती है। आचार्य शुक्ल ऐसे कवियों को ही पूर्ण कवि मानते हैं। उनकी दृष्टि में लोक-मंगल की साधना को लक्ष्य मानकर चलनेवाले कवि जीवन की अनेक परिस्थितियों के भीतर सौन्दर्य का साक्षात्कार करते हैं। लोक-मंगल की सिद्धावस्था वाले काव्यों में जीवन के मधुर पक्ष का ही विधान होता है। प्रयत्न में गति होती है। इसलिए प्रयत्न पक्ष या साधना-पक्ष प्रधान काव्यों में व्यक्त सौन्दर्य गत्यात्मक होता। है। उदाहरण के लिए 'रामायण' महाकाव्य को लीजिए। इसमें रावण लोक-पीड़क है। अत्याचारी है। उसका दमन करने के लिए राम प्रवृत्त होते हैं। राम का उत्साह और क्रोध करुणा-प्रेरित है। राम जीवन को अनेक सम-विषम परिस्थितियों से अपना मार्ग निकालते हुए आगे बढ़ते हैं। उन्हें लोक में आनन्द-मंगल का विधान करता है। ऐसी स्थिति में उनके प्रत्येक आचरण में चाहे वह प्रचंड और उग्र हो, चाहे कोमल और मधुर सौन्दर्य की व्यंजना होगी। यहाँ तक तो ठीक। आचार्य शुक्ल और आगे बढ़कर यह स्थापित करते हैं कि ऐसे पात्र (लोक-मंगल की साधना में प्रवृत्त राम जैसे पात्र) की गति में बाधा डालनेवाले पात्रों (रावण जैसे पात्रों के उग्र या तीक्ष्ण भावों के साथ पाठकों का वास्तव में तादात्म्य, नहीं होता। चूँकि आचार्य शुक्ल 'साधारणीकरण' के लिए पाठक या श्रोता का आश्रय के साथ तादात्म्य आवश्यक मानते हैं इसलिए उन्हें यह निर्णय लेना पड़ता है. कि रावण द्वारा राम के प्रति व्यक्त क्रोध में रौद्र रस की व्यंजना नहीं होगी। आचार्य शुक्ल की इस स्थापना पर टिप्पणी, करते हुए डॉ. नगेन्द्र कहते हैं—'इस प्रकार आलम्बन का क्षेत्र सीमित हो जाता है और परम्परा द्वारा निर्धारित आलम्बन ही काव्य में ग्राह्य हो सकते हैं—अर्थात् रामादि सदा प्रीतिकर भावों के और रावणादि अप्रीतिकर भावों के ही आलम्बन बन सकते हैं। अत: यह रस-दृष्टि परम्परागत नैतिक मूल्यों से परिबद्ध है। सामान्यत: परम्परा एवं नैतिक मूल्यों का अनुशासन श्रेयस्कर ही होता है और काव्य-मूल्य उससे सर्वथा स्वतन्त्र नहीं हो सकते, फिर भी नैतिक मूल्य और साहित्यिक मूल्य पर्याय नहीं बन सकते। इस तरह तो भाव-क्षेत्र का

विकास ही रुक जाएगा और 'मेघनाद-वध' जैसे महान काव्यों की रसवत्ता ही खंडित हो जाएगी।" (*रस-सिद्धान्त* पृ. 206) वस्तुत: प्रश्न राम, रावण का नहीं, मंगल-अमंगल, न्याय-अन्याय तथा सत-असत का है। जब तक समाज में इन मूल्यों की प्रतिष्ठा रहेगी तब तक न्याय के पक्ष में अपने व्यक्तिगत सुखों का परित्याग करनेवाले और लोक-पीड़क अन्यायी का दमन करनेवाले लोक-नायक के प्रति लोक-चित्त में श्रद्धा का भाव रहेगा। ऐसी स्थिति में अन्यायी के प्रति व्यक्त उसके क्रोध के सौन्दर्य की प्रतिष्ठा लोक-चित्त में सहजभाव से होगी। इसके विपरीत लोक-पीडक अत्याचारी और अन्याय-रत प्रति नायक के द्वारा न्याय-पक्ष समर्थन करनेवाले क्रकाव्य-नायक के प्रति व्यक्त क्रोध या घृणा को पाठक और श्रोता अपनी सहानुभूति नहीं दे सकेंगे। आधुनिक काल में यदि कोई 'जलियाँवाला बाग' की घटना को केन्द्र में रखकर काव्य-रचना करता है और वह 'जनरल डायर' के प्रति गाँधी द्वारा भर्त्सना का भाव व्यक्त करवाता है तब निश्चय ही पाठक उसका स्वागत क़रेंगे किन्तु यदि वह जनरल डायर द्वारा गोली चलने के अमानवीय कार्य को न्यायोचित ठहराता है और उसके प्रति सहानुभूति दिखाता है तो क्या स्थिति होगी? जनरल डायर ने जब गोली चलाने का आदेश दिया होगा तब उसने भारतीयों के प्रति क्रोध और घृणा का भाव भी व्यक्त किया होगा। क्या उसके क्रोध के साथ किसी भारतीय का तादात्म्य हो सकता है? यहाँ यह स्मरणीय है कि इस घटना से उत्तेजित होकर रवीन्द्रनाथ टैगोर ने ब्रिटिश सरकार द्वारा प्रदान की गई 'नाइट हुड' की उपाधि लौटा दी थी। यहाँ यह भी स्मरणीय है कि ब्रिटिश पार्लियामेंट के अनुदारवादी सदस्यों ने जनरल डायर को पुरस्कार रूप में सम्मान की तलवार और 26,000 पौंड की धनराशि प्रदान की थी। जो व्यक्ति हमारे लिए घृणा और भर्त्सना का पात्र है, वही देश-काल-भेद से दूसरों की दृष्टि में आदर और सम्मान का पात्र है। माना कि काव्य इतिहास नहीं है। वह काल्पनिक सृष्टि हैं किन्तु कल्पना इतिहास का अतिक्रमण किस सीमा तक कर सकती है? यथार्थ- निरपेक्ष कल्पना सम्भव नहीं है। आचार्य शुक्ल की अत्याचारी के प्रति सहानुभूति और उसके भावों से तादात्म्य न हो सकनेवाली स्थापना' प्रसाद' जी के सामने भी थी। उन्होंने यह कहकर "किन्तु रस में फलयोग अर्थात् अन्तिम सन्धि मुख्य है, इन बीच के व्यापारों में जो संचारी भावों के प्रतीक हैं, रस की खोज कर उसे छिन्न-भिन्न कर देना है। ये सब मुख्य रस-वस्तु के सहायक मात्र हैं" बात समाप्त कर दी। उन्होंने यह भी कह दिया कि वर्तमान काल में चरित्र-चित्रण और व्यक्ति-वैचित्र्य पर विशेष बल देनेवाले जो नाटक लिखे जा रहे हैं उनका रस से सीधा सम्बन्ध तो नहीं दिखाई देता, "क्योंकि इसमें वर्तमान युग की मानवीय मान्यताएँ अधिक प्रभाव डाल चुकी हैं, जिसमें व्यक्ति अपने को विरुद्ध स्थिति में पाता है।" (*काव्य और कला तथा*

अन्य निबन्ध, पृ. 84) मूल बात यह है कि भावों की विभाव निरपेक्ष शुद्ध अनुभूति लोक-बद्ध प्राणी के लिए सम्भव नहीं है। ऐसी मनोदशा जिसमें सहृदय यह भूल जाए कि यह क्रोध राम का हैं या रावण का, वह क्रोध की शुद्ध अनुभूति करे, एक आदर्श कल्पना है। व्यक्तिगत राग-द्वेष से पूर्णत: मुक्त होकर अखंड रस की अनुभूति की अवधारणा काव्यानुभूति को शैवाद्वैत के अखंड आत्मानन्द के स्तर पर प्रतिष्ठित करने के निमित्त की गई है। इसलिए यदि काव्य को एक भौतिक या लौकिक शक्ति के रूप में देखना है, यदि यह स्वीकार करके चलना है कि काव्य में दो पक्ष होते हैं—एक न्याय का, दूसरा अन्याय का; यदि अपना सर्वस्व निछावर करके समाज को भयमुक्त और अमंगल बनाने की साधना में लोक-चित्त को प्रभावित करने की बात, शील के उत्कर्ष के प्रति सहज श्रद्धा के उद्रेक की बात, स्वीकार्य है तो शुक्ल जी के पक्ष से असहमत होना सम्भव नहीं है। हाँ, यदि यह मान लिया जाए कि आज का साहित्य रागात्मक न होकर पूर्णत: बौद्धिक हो गया है; आज का जीवन-यथार्थ सभी प्रकार के नैतिक मूल्यों से निरपेक्ष हो गया है; आज न्याय में अन्याय और अन्याय में न्याय के सन्दर्भ इस प्रकार संश्लिष्ट हो गए हैं कि उन्हें अलग किया ही नहीं जा सकता; आज का काव्य-नायक पाठक या श्रोता के मन में मात्र कुतूहल या विस्मय की ही सृष्टि कर सकता है; आज की कविता खंडित भाव-चित्रों की ऐसी अद्‌भुत सृष्टि है कि उसमें चित्त को भाव-दीप्त करने की क्षमता ही नहीं रह गई है; आज हम संशय, विडम्बना, विद्रूप, भटकाव, अनिर्णय, असहमति, तनाव और द्वन्द्व की ऐसी मन:स्थिति में जीने के लिए अभिशप्त हैं कि किसी भी प्रकार की भावगत तन्मयता की स्थिति असम्भव हो जाने के कारण रसानुभूति की अवधारणा सर्वथा अप्रासंगिक हो गई है, तो बात दूसरी है। निष्कर्ष यह कि जब तक समाज में अच्छे-बुरे सत-असत, मंगल-अमंगल, न्याय-अन्याय का द्वन्द्व विद्यमान रहेगा; मंगल-विधायक भावों की अवधारणा रहेगी; चरित्र के औदात्य के मान-बिन्दु रहेंगे, तब तक काव्य के उत्कर्ष के प्रतिमान के रूप में लोक-मंगल की साधना की प्रासंगिकता बनी रहेगी!

सन्दर्भ

1. सन् 192० में अंग्रेजी सरकार को सन्देह हुआ कि भारत में बोल्शेविक प्रचार हेतु रूसी रूबल भेजा जा रहा है। अत: इसकी रोक के लिए एक उच्चस्तरीय अफसरों की बैठक में दो अफसरों को नियुक्त किया गया, जो इस कार्य पर रोक लगाए। *भारत में उपनिवेशवाद और राष्ट्रवाद,* पृ. 436
2. ऐसा प्रतीत होता है कि लेनिन के सम्बन्ध में आचार्य शुक्ल को उतनी जानकारी भी नहीं थी कि जितनी लोकमान्य तिलक को थी। क्योंकि 'तिलक ने अपने समाचार पत्र 'केसरी' के माध्यम से बोल्शेविकवाद के विरुद्ध सराकर के प्रचार का खण्डन किया तथा लेनिन को एक महान् चिन्तक एवं मानवप्रेमी बताया।' वही, पृ. 437

8

आधुनिकता और आचार्य शुक्ल का लोकादर्श

आचार्य शुक्ल के चिन्तन एवं लेखन की परम्परा तो सन् 1900 ई. के आसपास से ही शुरू हो गई थी किन्तु 1918 के बाद उन्होंने एक आचार्य का आत्मविश्वास प्राप्त कर लिया था। 1920 ई. में उन्होंने जर्मनी के विख्यात प्राणीतत्त्व वेत्ता हैकल की विख्यात पुस्तक 'रिडल ऑव द यूनिवर्स' का हिन्दी अनुवाद प्रस्तुत किया था। हैकल की स्थापनाओं से वे सहमत तो नहीं थे, किन्तु प्रभावित अवश्य थे। सन् 1917 में तिलक की प्रसिद्ध कृति 'गीता रहस्य' का हिन्दी अनुवाद हो गया था। आचार्य शुक्ल तिलक की कर्मयोग की व्याख्या से भी प्रभावित थे। यहाँ स्मरणीय है कि इस समय तक हिन्दी-नवजागरण का दूसरा चरण समाप्त हो रहा था और हम सुधार-जागरण युग से आगे बढ़कर स्वच्छन्दतावाद छायावाद के नवयुग में प्रवेश कर रहे थे और आचार्य शुक्ल कविता का सम्बन्ध हृदय की मुक्तावस्था और लोक सामान्य भावभूमि से जोड़ रहे थे। वे काव्य में उस भाव-भूमि की कल्पना करने लगे थे जिसमें व्यक्ति जीवन का लोक-जीवन में लय हो जाता है और विश्व हृदय का आभास मिलने लगता है। तात्पर्य यह कि अपनी प्रख्यात आलोचना-कृतियों और 'हिन्दी-साहित्य का इतिहास' लिखने के पूर्व आचार्य शुक्ल एक तरह का 'आधुनिकबोध' विकसित कर चुके थे जिसे हम 'विवेकनिष्ठ, वैज्ञानिक और विधेयवादी' कह सकते हैं। क्रमशः उनकी आधुनिकता की अवधारणा विकसित होती गई है। अपने इतिहास के नए संस्करण में उन्होंने 'भारतेन्दु' की कविताओं की समीक्षा करते हुए यह कहा है कि उनमें आधुनिकता की चेतना बहुत कम है। इतिहास-लेखन के क्रम में उन्होंने पाश्चात्य साहित्य में प्रयुक्त अनेक आधुनिक पारिभाषिक शब्दों पर टिप्पणियाँ दी हैं। इससे प्रकट है कि वे आधुनिक चेतना के विकास से पूरी तरह परिचित थे। इसी आधुनिकबोध के चलते उन्होंने साहित्य के स्वरूप-परिवर्तन का सम्बन्ध जनता की चित्तवृत्ति के परिवर्तन के साथ जोड़ा, अकर्मण्य आश्रयदाता राजाओं की रुचि के साथ जुड़े होने के कारण श्रृंगारिक रीति-कविता का विरोध किया, जीवन और साहित्य के बीच बढ़ते विच्छेद को दूर कर साहित्य को नए-नए

विषयों की ओर प्रवृत्त करने के कारण भारतेन्दु की प्रशंसा की, श्रीधरपाठक, मुकुटधर पांडेय, लोचनप्रसाद पांडेय आदि कवियों में स्वच्छन्दतावादी प्रवृत्ति का उन्मेष लक्षित किया। 'छायावाद' की काव्य-भूमि को संकुचित बताया, काव्य में धुन्ध और रहस्य का विरोध किया, काव्य और कला के क्षेत्र में अध्यात्म शब्द को अनावश्यक माना, क्रोचे के अभिव्यंजनावाद का विरोध किया, काव्य में विभावपक्ष को विशेष महत्त्व दिया, प्रत्यक्ष रूप-विधान को भी रसानुभूति कराने में समर्थ घोषित किया, सौन्दर्य को वस्तु का गुण मानकर उसकी वस्तुनिष्ठ व्याख्या की और 'लोकमंगल की साधनावस्था' के काव्य को उत्कृष्ट घोषित किया। इसी स्तर पर आचार्य शुक्ल आधुनिक थे। ध्यान रखना होगा कि आचार्य शुक्ल की इस आधुनिकता का सन् 1954 के आसपास से नई कविता के समानान्तर चर्चित और स्वीकृत आधुनिकता से जिसमें सन्त्रास, निरुद्देश्यता, ऊब, अजनबीपन, कुंठा, घुटन, मृत्यु-बोध आदि को अभिलक्षण के रूप में पेश किया जाता था, कोई सम्बन्ध नहीं था। आचार्य शुक्ल का आधुनिक-बोध यदि किसी से तुलनीय है तो मुक्तिबोध से। काव्य एक सांस्कृतिक प्रक्रिया शीर्षक निबन्ध में मुक्तिबोध कहते हैं, "वस्तुत: आधुनिक भावबोध क्या है? मैं अपनी खुद की जिन्दगी और दोस्तों की जिन्दगी के तजरुबे से बता सकता हूँ कि अन्याय के खिलाफ आवाज बुलन्द करना, आधुनिक भावबोध के अन्तर्गत है। आधुनिक भावबोध के अन्तर्गत यह भी है कि मानवता के भविष्य-निर्माण के संघर्ष में हम और भी अधिक दत्तचित्त हों तथा हम वर्तमान परिस्थिति को सुधारें, नैतिक ह्रास को थामें, उत्पीड़ित मनुष्य के साथ एकात्म होकर उसकी मुक्ति की उपाय-योजना करें। क्या यह आधुनिक भावबोध के अन्तर्गत नहीं है कि मैं अपनी लेखनी द्वारा किसी विशेष 'लोकादर्श' के लिए कविता लिखूँ।" (मुक्तिबोध रचनावली 5.2.192) आचार्य शुक्ल ने जहाँ तक हमें ज्ञात है, कहीं भी 'आधुनिकता' शब्द को परिभाषित नहीं किया है किन्तु जिस दृष्टि से उन्होंने चीजों को देखा है वह विवेकनिष्ठ और बुद्धिसम्मत है। जिसे उन्होंने तत्त्व दृष्टि कहा है और जिसे 'भेदों में अभेद' दृष्टि कहकर परिभाषित किया है, उसे विज्ञान से पुष्ट करते हुए वे सन्तोष का अनुभव करते हैं। विश्वप्रपंच की भूमिका में उन्होंने लिखा है, "प्रकृति के नाना व्यापारों के अनुसन्धान द्वारा ही वैज्ञानिकों को भेद में अभेद इस गूढ़ तत्त्व की उपलब्धि हुई है जो सत्ता सम्बन्धी ज्ञान का मूल है। भूतों की विशेष क्रियाओं के अभ्यास द्वारा ही क्रिया के एक निर्विशेष रूप अक्षर-शक्ति तक विज्ञान पहुँचा है, नाना क्रियाएँ जिसकी अभिव्यक्ति मात्र है। विज्ञान के किसी क्षेत्र में जाइये वहाँ एक सामान्य अनेक की तह में ओत-प्रोत मिलेगा। यही सामान्य सत्ता के स्वरूप का आभास है।" (विश्वप्रपंच की भूमिका, पृ. 81) आचार्य शुक्ल को यह लगता है कि चिद्वादी या आत्मवादी और आधिभौतिक या पदार्थवादी दार्शनिक दोनों एक-दूसरे

के बहुत निकट आ गए हैं। पदार्थवादी शक्ति को चैतन्य का अधिष्ठान मानते हैं जबकि आत्मवादी भी चैतन्य को शक्ति का अधिष्ठान मानते हैं।

भाववादी दार्शनिक अभेद से चलकर भेद की ओर आते हैं जबकि पदार्थवादी भेद से चलकर अभेद तक पहुँचते हैं। इसी अभेद दृष्टि के स्तर पर आचार्य शुक्ल ने काव्य को परिभाषित किया। उन्होंने कहा, ''कविता ही मनुष्य को 'स्वार्थ सम्बन्धों के संकुचित मंडल' से ऊपर उठाकर 'लोक सामान्य भावभूमि' पर ले जाती है, जहाँ जगत की नाना गतियों के मार्मिक स्वरूप का साक्षात्कार और शुद्ध अनुभूतियों का संचार होता है।' (*चिन्तामणि,* भाग 1, पृ. 141) यहाँ 'स्वार्थ-सम्बन्धों के संकुचित दायरे' में तब तक बँधा रहता है, जब तक उसमें भेद दृष्टि बनी रहती है। यहाँ से उठकर वह 'लोक सामान्य भावभूमि' तक पहुँचता है, यह तब सम्भव होता है जब वह 'अभेद-दृष्टि' सम्पन्न हो जाता है। जिस प्रकार विज्ञान के क्षेत्र में अनेक की तह में एक सामान्य ओत-प्रोत है, उसी प्रकार काव्य के क्षेत्र में अनेक स्वार्थ सम्बन्धों से ऊपर 'लोक सामान्य भावभूमि' प्रतिष्ठित है। यह भूमि पूरे लोक को या मनुष्य मात्र को एकता के सूत्र में बाँधे है। कविता रचनाकार कवि और उसके समानधर्मा पाठक दोनों को इस भूमि तक ले जाती है। यहाँ पहुँचकर दोनों मुक्त हृदय हो जाते हैं। यह हृदय की मुक्तावस्था, आत्मा की मुक्तावस्था के समान है। पहली रस दशा है, दूसरी ज्ञानदशा। पहली का सम्बन्ध काव्य-क्षेत्र से है, दूसरी का दर्शन-क्षेत्र से। संसार में अनीति, अन्याय, अत्याचार, लूट-खसोट, दलन, शोषण, दोहन यह सब क्यों है? इसलिए है कि हम स्वार्थग्रस्त हैं। एक-दूसरे से भेद करते हैं। विद्या, धन, बल, कुल, जाति आदि का अहंकार हमें दूसरों को छोटा और नीच समझने की प्रेरणा देता है। कविता इस भेद-दृष्टि को मिटाती है। अन्याय के विरुद्ध संघर्ष करती है। शोषण और दोहन के प्रतिपक्ष में खड़ी होती है और हमें एक ऐसे हृदय समर्थित आदर्श लोक के निर्माण की दिशा में अग्रसर करती है, जिसमें अन्याय, अनीति, अत्याचार, शोषण, दलन और दोहन के लिए कोई स्थान नहीं है। अपनी विवेक-निष्ठ विज्ञान दर्शन समर्थित अभेद-दृष्टि के बल पर आचार्य शुक्ल इस निष्कर्ष पर पहुँचे थे। इसे ही हम उनकी आधुनिकता कह सकते हैं। मुक्तिबोध की आधुनिकता भी इसी कोटि की है। वे भी वर्तमान परिस्थिति को सुधारने, नैतिक ह्रास को थामने, भविष्य-निर्माण के लिए संघर्ष करने, पीड़ित मनुष्य के साथ एकात्म होने और कविता द्वारा किसी विशेष 'लोकादर्श' के निर्माण की बात कहते हैं।

आचार्य शुक्ल ने 'लोकादर्श' और 'आदर्श लोक' इन दोनों शब्दों का प्रयोग 'काव्य में रहस्यवाद' वाले निबन्ध में किया है। यह निबन्ध सन् 1929 ई. में लिखा गया बताया जाता है। इसके पूर्व सन् 1923 ई. में तुलसीदास की समीक्षा करते हुए उन्होंने 'लोकधर्म', 'लोकनीति', 'लोक-रक्षा', 'लोक-संग्रह', 'लोक-

वाह्य', 'लोक-मंगल', 'लोक-पक्ष', 'लोक-पावन', 'लोकवाद' (सोशलिज़्म) आदि शब्दों का प्रयोग किया था। स्पष्ट है कि यह 'लोक' शब्द उन्हें विशेष प्रिय है। अनेक शब्दों के साथ जोड़कर आचार्य शुक्ल ने इसको अनेकार्थवादी बना दिया है। अनेकार्थी तो यह पहले से रहा है। कहना न होगा कि आचार्य शुक्ल का सबसे प्रिय शब्द है—'लोक-मंगल'। इसे उन्होंने काव्य की श्रेष्ठता का 'प्रतिमान' बना दिया है। अब देखना यह है कि आचार्य शुक्ल ने 'लोकादर्शवाद' का प्रयोग किस सन्दर्भ में और किस अर्थ में किया है और लोकमंगल से इसका क्या सम्बन्ध है? 'काव्य में रहस्यवाद' निबन्ध में वे कहते हैं, ''यूरोप का वर्तमान 'लोकादर्शवाद' (Humanitarian Idealism) मनुष्य की अन्त:प्रकृति के एक समूचे पक्ष के सर्वथा निराकरण में केवल प्रेम और भ्रातृ-भाव की भीतरी शक्ति द्वारा क्रूरता, क्रोध, स्वार्थमद, हिंसावृत्ति आदि को चिर शान्ति में काव्य का परम उत्कर्ष मानना है। उसका कहना कुछ इस प्रकार है—सौन्दर्य से, प्रेम से, मंगल से, पाप को एकदम समूल नष्ट कर देना ही हमारी आध्यात्मिक प्रकृति की एकमात्र आकांक्षा है... उच्च साहित्य स्वभाव-नि:सृत-अश्रुजल से कलंक-मोचन करते हैं और स्वाभाविक आनन्द से पुण्य का स्वागत करते हैं।'' (काव्य में रहस्यवाद, पृ. 48) यूरोप के जिस 'लोकादर्शवाद' की बात शुक्ल जी ने की है, उसके प्रवक्ता महान साहित्यकार टाल्स्टाय हैं। जो उद्धरण शुक्ल जी ने दिया है, वह रवीन्द्रनाथ टैगोर का है। इस सन्दर्भ में टैगोर को उन्होंने इसलिए उद्धृत किया है कि उनकी दृष्टि में टैगोर के कथन में टाल्स्टाय की मान्यताएँ ही प्रतिध्वनित हैं। इन मान्यताओं का खुलासा करते हुए वे कहते हैं, ''थोड़े शब्दों में इसका खुलासा यह है कि यदि संसार में क्रूरता, हिंसा, अत्याचार, स्वार्थमद आदि हैं तो अत्याचारी को विवेकी, क्रूर को सदय, पापी को पुण्यात्मा, अनिष्टकारी को प्रेमी बनाने के अविचल प्रयत्न-प्रदर्शन में ही साहित्य की उच्चता है अर्थात् शुभ और सात्त्विक भावों की अशुभ और तामस भावों पर चढ़ाई और विजय ऊँचे साहित्य का विधान है। क्रूरता पर क्रोध, अत्याचारियों का ध्वंस, पापियों को जगत के मार्ग से हटाना, मध्यम काव्य का विधान है।'' (काव्य में रहस्यवाद, पृ. 48) आचार्य शुक्ल के अनुसार टाल्स्टाय ने जिस 'लोकादर्श' की कल्पना की है उसमें केवल दो पक्ष हैं। अत्याचारी और पीड़ित पीड़ित व्यक्ति निरन्तर अत्याचार सहन करते हुए अत्याचारी के प्रति सदय रहता है और अन्तत: उसके हृदय को कोमल बना देता है। वे मानते हैं कि यह एक ऊँचा आदर्श है। किन्तु इसमें तीसरा पक्ष गायब है। वह पक्ष जो निरन्तर पीड़ा सहनेवाले के प्रति करुणार्द्र होकर अत्याचारी के दमन में तत्पर हो जाता है। वे अपना पक्ष प्रस्तुत करते हुए कहते हैं, ''हम तो करुणा और क्रोध के इसी सामंजस्य में—(करुणा पीड़ित के प्रति—और क्रोध अत्याचारी के प्रति)—मनुष्य के कर्म-सौन्दर्य की पूर्ण अभिव्यक्ति और काव्य

की चरम सफलता मानते हैं।' (वही, पृ. 49) अपने मत को और स्पष्ट करते हुए वे कहते हैं, ''आदर्श व्यक्ति 'सिद्ध' हो सकता है पर 'आदर्श लोक' साध्य ही रहा है और रहेगा। जिस दिन यह सिद्ध हो जाएगा उस दिन यह लोक कर्मलोक न रहेगा। फिर इसके रहने की भी जरूरत रहेगी या नहीं, नहीं कह सकते। प्रयत्न ही जीवन की शोभा है, जीवन का सौन्दर्य है—केवल अपना पेट भरने या आनन्द से तृप्त होने का प्रयत्न नहीं, लोक में उपस्थित बाधा, क्लेश, विषमता से भिड़ने का प्रयत्न।'' (काव्य में रहस्यवाद पृ. 49)

तात्पर्य यह है कि आचार्य शुक्ल जिस' 'लोकादर्श' की कल्पना करते हैं उसमें (उस आदर्श लोक में) अत्याचारी है, पीड़ित है और पीड़ित के प्रति करुणार्द्र होकर अत्याचारी, अन्यायी से भिड़ने और उसे मिटाने में प्रयत्नशील लोकनायक भी है। इसलिए आचार्य शुक्ल उस काव्य को श्रेष्ठ मानते हैं जिसमें नायक, लोक में व्याप्त अन्याय, अनीति और अत्याचार का दमन करने में निरन्तर प्रयत्नशील रहता है। आचार्य शुक्ल ऐसे काव्यों का बीज-भाव करुणा मानते हैं। यहाँ यह स्पष्ट हो जाना चाहिए कि शुक्ल जी के 'लोकादर्शवाद' और 'लोकमंगलवाद' में कोई मौलिक अन्तर नहीं है। 'रस, सीमांसा' में उन्होंने यह प्रश्न फिर उठाया है। यहाँ यूरोप के उन्हीं लोकादर्शवादियों की चर्चा करते हुए उन्होंने उन्हें 'लोकमंगलवादी' कहा है। वे कहते हैं, ''पर आनन्द की साधनावस्था या प्रयत्नपक्ष को लेकर चलनेवाले यूरोपीय 'लोक मंगलवादियों' का एक दल, जिसके अनुयायी हमारे यहाँ के श्री रवीन्द्रनाथ ठाकुर भी हैं, मनुष्य-मनुष्य के बीच भ्रातृप्रेम को ही काव्यभूमि का एकमात्र आधिकारिक भाव मानता है। इस दल के लोग साधनावस्था को लेकर भी माधुर्य और कोमलता के बाहर नहीं जाना चाहते।'' (रस मीमांसा, पृ. 77) इससे यह प्रकट है कि शुक्ल जी का 'लोक' एक ही है। 'लोकादर्श' और 'लोकमंगल' दोनों के 'लोक' में कोई मौलिक अन्तर नहीं है। शुक्ल जी की 'लोक' की अवधारणा साहित्यजगत में विवादास्पद है। वस्तुत: वह उतनी विवादास्पद है नहीं, जितनी बना दी गई है। 'लोक' शब्द का प्रयोग उन्होंने कई अर्थों में किया अवश्य है किन्तु जिस 'लोक' के मंगल की बात वे करते हैं, वह एक ऐसा 'समाज' है जिसमें अत्याचारी, पीड़ित और अत्याचारी से संघर्ष करनेवाला नायक या नेता दोनों की उपस्थिति है। यह बात वे यूरोपीय लोकादर्शवाद से अपना मतभेद प्रकट करते समय स्पष्ट कर चुके हैं। वस्तुत: विवादास्पद 'लोक' नहीं, उनका 'लोकादर्शवाद' है। यह विवादास्पद इसलिए है कि आलोचकों का एक वर्ग उन्हें वर्णव्यवस्था का समर्थक और मर्यादावादी विचारक मानता है और उसी दृष्टि से उनके लोकमंगल की व्याख्या करता है। दूसरा वर्ग उन्हें प्रगतिशील और पूँजीवाद का विरोधी मानकर उनके 'लोकमंगल' की अवधारणा को 'समाजवादी व्यवस्था' का पोषक मानता है।

इस सम्बन्ध में कोई भी निर्णय लेने के पूर्व हमें शुक्ल जी की कुछ सीमाओं को ध्यान में रखना होगा। आचार्य शुक्ल की पहली सीमा यह है कि वे श्रेणी-विहीन समाज की कल्पना नहीं करते। तुलसीदास के सन्दर्भ में वे स्पष्ट करते हैं, ''परिवार में जिस प्रकार ऊँची-नीची श्रेणियाँ होती हैं, उसी प्रकार शील, विद्या, बुद्धि, शक्ति आदि की विचित्रता से समाज में भी ऊँची-नीची श्रेणियाँ रहेंगी। कोई आचार्य होगा, कोई शिष्य, कोई राजा होगा, कोई प्रजा, कोई अफसर होगा, कोई मातहत, कोई सिपाही होगा, कोई सेनापति।'' (गोस्वामी तुलसीदास, पृ. 25) इन श्रेणियों में परस्पर सामंजस्य कैसे स्थापित होगा? नीच और छोटा समझे जानेवाले लोग उच्च श्रेणी का विरोध क्यों नहीं करेंगे? वे यह क्यों नहीं कहेंगे कि हम फावड़ा क्यों चलावें? भूमि के अधिकारी क्यों न बनें? इसका समाधान शुक्ल जी इस प्रकार करते हैं, ''जब तक उच्च श्रेणियों के कर्तव्य की कठिनता प्रत्यक्ष रहेगी-कठिनता के साक्षात्कार के अवसर आते रहेंगे—तब तक नीची श्रेणियों में ईर्ष्या-द्वेष का भाव नहीं जागृत हो सकता। जब तक वे क्षत्रियों को अपने चारों ओर धन-जन की रक्षा में तत्पर देखेंगे, ब्राह्मणों को ज्ञान की रक्षा और वृद्धि में सब-कुछ त्यागकर लगे हुए पाएँगे, तब तक वे अपना सब-कुछ उन्हीं की बदौलत समझेंगे और उनके प्रति उनमें कृतज्ञता, श्रद्धा और मान का भाव बना रहेगा।'' आचार्य शुक्ल का निष्कर्ष है, ''जब कर्तव्य भाग शिथिल पड़ेगा और अधिकार भाग ज्यों-का-त्यों रहेगा तब स्थिति विघातिनी विषमता उत्पन्न होगी।'' (गोस्वामी तुलसीदास, पृ. 27) वर्णव्यवस्था का तात्पर्य समझाते हुए शुक्ल जी कहते हैं, ''वर्णव्यवस्था की छोटाई' बड़ाई का यह अभिप्राय नहीं था कि छोटी श्रेणी के लोग दु:ख ही में समय काटें और जीवन के सारे सुभीते बड़ी श्रेणी के लोगों को ही रहें।'' (वही, पृ. 27)

इस पूरे सन्दर्भ का सारांश यह है कि आचार्य शुक्ल छोटी श्रेणी के लोगों के प्रति पूरी सहानुभूति रखते हैं। वे नहीं चाहते कि ये लोग प्रत्येक दशा में सुविधावंचित और दु:खी रहें किन्तु वे यह कल्पना भी नहीं कर पाते कि कभी श्रेणी विहीन या वर्ग-विहीन समाज की स्थापना हो सकेगी। आचार्य शुक्ल की दूसरी सीमा यह है कि वे कभी भी रूसी समाजवाद को अपना समर्थन नहीं देते। वे यह मानते थे कि यूरोप में ऊँची श्रेणियों के कर्तव्य की पुष्ट व्यवस्था नहीं थी। इस श्रेणी के लोग, समाज की छोटी श्रेणी के लोगों में उनके प्रति द्वेष, ईर्ष्या और आक्रोश का भाव पूँजीभूत था जिसका लाभ उठाकर लेनिन महात्मा बन गए थे। वे 'साम्य' शब्द को अल्प शक्तिवालों की अहंकार वृत्ति को तुष्ट करनेवाला और उत्कर्ष-विरोधी मानते थे। (गोस्वामी तुलसीदास, पृ. 28) उनकी दृष्टि में साम्यवादी व्यवस्था-गुण, शील, कला-कौशल, बल, बुद्धि के असामान्य उत्कर्ष की सम्भावना कभी नहीं रहेगी। प्रतिभा का विकास कभी नहीं रहेगा।

उनका अनुमान था कि, "रूस में भारी-भारी विद्वानों और गुणियों का भागना इस बात का आभास दे रहा है।" (वही, पृ. 28) आचार्य शुक्ल की तीसरी सीमा यह है कि लोक में दीन-दु:खियों और पीड़ितों के लिए संघर्ष करनेवाले और लोक-मंगल की साधना में रत लोक-नायक को मनुष्य मानते हुए भी वे यह विश्वास करते थे कि ब्रह्म की आनन्द कला ही शक्तिमय रूप धारण करके उसके माध्यम से प्रकट हुई है। वे उसमें सत्त्वगुण का प्राधान्य मानते थे। तात्पर्य यह कि उनकी आधुनिकता यह नहीं मानती कि 'लोकादर्श' या 'लोक-मंगल' के विधान के लिए संघर्ष करनेवाले लोक-नायक के शील के उत्कर्ष में सामाजिक आर्थिक परिस्थितियाँ बीज रूप में विद्यमान हैं, वरन वे यह विश्वास करते हैं कि उनके लोक-नायक में बीज रूप में नारायणत्व विद्यमान है। यही शुक्ल की आधुनिकता मुक्तिबोध से तुलनीय होती हुई भी उनसे अलग हो जाती है। अन्याय और उत्पीड़न के विरुद्ध संघर्ष और एक 'आदर्श लोक' के निर्माण की चेतना दोनों में है किन्तु जहाँ मुक्तिबोध के लिए यह संघर्ष उनका अपना संघर्ष है, वही शुक्ल जी में यह संघर्ष उनके लोक नायक का है जिसकी कल्पना उन्होंने तुलसी के राम के आधार पर की है। इसीलिए उनका आदर्श लोक 'राम राज्य' की अवधारणा से आगे नहीं बढ़ पाया है। यह अवश्य है कि तुलसी के राम के संघर्ष में कहीं-न-कहीं शुक्ल जी के अपने संघर्ष की छाया भी विद्यमान है। शुक्ल जी ने तुलसी को एक निष्ठावान आधुनिक आलोचक की दृष्टि से देखा है। उन्हें भक्तों की सीमा से अलग कवि रूप में प्रतिष्ठित किया है। रामचरितमानस में बालि-वध के प्रसंग की चर्चा करते हुए वे कहते हैं—'वाल्मीकि और तुलसीदास दोनों ने इस धब्बे पर कुछ सफेद रंग पोतने का प्रयत्न किया है, पर हमारे देखने में तो यह धब्बा ही सम्पूर्ण रामचरित को आदर्श के अनुरूप एक कल्पना मात्र समझे जाने से बचाता है।" (गोस्वामी तुलसीदास, पृ. 75) इसी सन्दर्भ में वे आगे कहते हैं, "यह धब्बा ही सूचित करता है कि ईश्वरावतार राम हमारे बीच हमारे भाई-बन्धु बनकर आए थे और हमारे ही समान सुख-दु:ख भोगकर चले गए। वे ईश्वरता दिखाने नहीं आए थे, मनुष्यता दिखाने आए थे।" (वही, पृ. 75)

वे शब्द एक आधुनिक आलोचक के ही हो सकते हैं। आचार्य शुक्ल का आधुनिक बोध अपने समय की सीमा में कम विकसित नहीं है। गोस्वामी तुलसीदास की रचना के दो वर्ष पूर्व सन् 1922 में ही उन्होंने अपने समय की सभ्यता की समीक्षा करते हुए कहा था, "व्यापार नीति राजनीति का प्रधान अंग हो गई है। बड़े-बड़े राज्य माल की बिक्री के लिए लड़नेवाले सौदागर हो गए हैं। अब सदा एक-दूसरे देशों का चुपचाप दबे पाँव धन-हरण करने की ताक में रहता है। कोई-कोई देश लोभवश इतना अधिक माल तैयार करते हैं कि उसे किसी देश के गले मढ़ने की फिक्र में दिन-रात मरते रहते हैं। जब तक यह व्यापारोन्माद दूर

न होगा तब तक इसी पृथ्वी पर सुख शान्ति न होगी।'' (चिन्तामणि, तीन, पृ. 188) स्पष्ट है कि समस्या की पकड़ उनकी पूरी तरह आधुनिक है। किन्तु इसका समाधान वे क्षात्रधर्म के उचित उपयोग में देखते हैं। वे कहते हैं, ''आधुनिक व्यापार की अन्याय रक्षा भी शस्त्रों द्वारा ही की जाती है। क्षात्रधर्म का उपयोग कहीं गया नहीं है—केवल धर्म के साथ उसका असहयोग हो गया है।'' (वही, 188) वस्तुतः आचार्य शुक्ल का व्यक्तित्व स्वतन्त्रता-संघर्ष के दौरान विकसित हुआ था। वे भारतीय मनीषा का प्रतिनिधित्व करते हैं। यूरोपीय प्रत्ययों और अवधारणाओं को वे आशंका और अविश्वास की दृष्टि से देखते हैं। टाल्स्टाय के भ्रातृभाववाद और लेनिन के समाजवाद दोनों को खारिज करके वे अपनी परम्परा के अनुकूल समकालीन समस्याओं का समाधान देना चाहते हैं। उनकी दृष्टि अपने समय के दो लोक नायकों—तिलक और गाँधी पर केन्द्रित होती है। वे तिलक से अनासक्त कर्मयोग की प्रेरणा लेते हैं और गाँधी से सत्त्वगुण प्रधानशील के उत्कर्ष का आदर्श ग्रहण करते हैं। तुलसी के राम में उन्हें यह दोनों तत्त्व लक्षित होते हैं। राम के मनुष्य रूप को सामने रखकर वे अपने आदर्श लोक-नायक की कल्पना करते हैं और राम की आदर्श राज्यव्यवस्था की स्वर्णित छाया में उन्हें अपना आदर्श लोक झिलमिलाता दिखाई पड़ता है। आधुनिक दृष्टि से सोचते हुए ये निर्णय देते हैं कि व्यक्ति तो आदर्श की सीमा तक (चाहे वह आदर्श टाल्स्टाय का ही क्यों न हो) पहुँच सकता है किन्तु लोकादर्श (आदर्श लोक) तो सदैव साध्य ही रहेगा। प्रकारान्तर से वे घोषित करते हैं कि तुलसी के राम-राज्य का आदर्श भी साध्य ही है। गुण-दोषमय संसार में उसकी सिद्धि सम्भव नहीं। आचार्य शुक्ल के लोकादर्श पर विचार करते हुए हमें उनकी सीमाओं और उनके युग के अन्तर्विरोधों पर भी ध्यान देना चाहिए।

9

कवि-कर्म और कल्पना-व्यापार

पाश्चात्य काव्य-चिन्तन में 'कल्पना' को विशेष महत्त्व दिया गया है। यह सत्य है कि अंग्रेजी साहित्य में इस विषय पर विस्तृत विचार जोसेफ एडिसन और सैम्युअल टेलर कोलरिज ने किया है, किन्तु वास्तविकता यह है कि प्लेटो और अरस्तू के काव्य-चिन्तन में भी' कल्पना' के सम्बन्ध में स्फुट विचार लक्षित होते हैं। पाश्चात्य विचारकों ने कल्पना को दो रूपों में मान्यता दी है। प्रथम तो यह कि कल्पना वस्तुओं का इन्द्रियों के माध्यम से प्राप्त मन:बिम्ब है। इसका दूसरा रूप वह है जो वस्तुओं की अनुपस्थिति में उनके मूल स्वरूप से पृथक बहुविध बिम्बों एवं छायाओं को संयोजित एवं संघटित करता है। हम चाहें तो इसे मिथ्या कह सकते हैं, तीव्र भावावेग से उत्पन्न मान सकते हैं, दैवी शक्ति द्वारा प्रेरित समझ सकते हैं या मात्र एक मनोवैज्ञानिक प्रक्रिया के रूप में स्वीकार कर सकते हैं। वस्तुवादी विचारक इसे पदार्थ की प्रतिच्छाया मानकर इसकी सत्ता को वास्तविक स्वीकार करते हैं। भाववादी इसकी सत्ता को प्रातीतिक मानते हैं और द्वैतवादी इसका थोड़ा अवमूल्यन करके इसकी स्वतन्त्र सत्ता को अस्वीकार कर इसे पदार्थ और इन्द्रियबोध पर आधृत बताते हैं। काव्य तथा अन्य कलाओं के सन्दर्भ में कल्पना का महत्त्व इसीलिए मान्य है कि जीवन और जगत से प्राप्त यथार्थ अनुभव रचनाकार के मनोजगत में जाकर जब पुन: सर्जित होकर काव्य या कला का रूप ग्रहण करता है तो सर्जन की इस प्रक्रिया में कल्पना-शक्ति की मुख्य भूमिका होती है। प्रत्येक मानसिक रचना कल्पना-शक्ति के द्वारा ही मूर्त होती है। कल्पना सम्बन्धी चिन्तन वस्तुवादी या पदार्थवादी तथा भाववादी या चित्वादी चिन्तकों के दृष्टि-भेद से प्रभावित होता रहा है। ऐसा समझा जाता है कि एडिसन ने 'कल्पना' की जो व्याख्या की है वह प्रसिद्ध दार्शनिक लॉक के चिन्तन से प्रेरित है। 'लॉक को अनुभववादी (Empiricist) विचारक माना जाता है। 'अनुभववाद' ज्ञान के मूल में अनुभव की स्थिति को सर्वोपरि मानता है। अनुभव-इन्द्रिय-बोध पर आधृत है। इन्द्रिय-बोध से ही ज्ञान के उपादान की प्राप्ति होती है। इन्द्रिय-बोध बाह्य और आन्तरिक दो प्रकार का होता है। बाह्य

इन्द्रिय-बोध से वस्तु के मूल प्रतिरूप (Image) मिलते हैं। इनके विविध मिश्रण और संयोग से ज्ञान की वृद्धि होती है।[1] आन्तरिक इन्द्रिय-बोध बाह्य इन्द्रियों से प्राप्त बिम्बों के प्रति मन की प्रतिक्रिया का अवलोकन करता है। इस प्रक्रिया को रिफ्लेक्शन (Reflection) कहते हैं। बाह्य इन्द्रियों से प्राप्त ज्ञान को संवेदन (Sen sation) कहते हैं। यह संवेदन और अन्तरवलोकन ही सारे ज्ञान का आधार है। तात्पर्य यह कि मनुष्य का सारा ज्ञान अन्ततः इन्द्रियों द्वारा प्राप्त संवेदन एवं अन्तरवलोकन के अनुभव पर निर्भर है इसलिए वह अत्यन्त सीमित है। एडिसन ने भी कल्पना का आधार नेत्रों द्वारा प्राप्त वस्तु-संवेदना को ही माना है। उसके अनुसार कल्पना मन की वह शक्ति है जो नेत्रों द्वारा प्राप्त प्रत्यक्ष वस्तु-संवेदना को बिम्बों के रूप में ग्रहण करती है। मन की यह शक्ति चित्रों, मूर्तियों या वर्णनों द्वारा जागृत बिम्बों को भी स्मृति-पटल पर अंकित कर लेती है।[2] मन किसी ऐसे पदार्थ को मूर्त नहीं कर सकता जिसे उसने नेत्रों द्वारा प्रत्यक्ष ग्रहण न किया हो किन्तु यह नेत्रों द्वारा प्राप्त वस्तु बिम्बों को सुरक्षित रखने, परिवर्तित करने, मार्जित करने तथा अनेक रूपों में इन्हें संयोजित करने की क्षमता रखता है।''[3] एडिसन ने स्पेक्टैटर के 411वें से 421वें अंकों तक 'कल्पना' के आनन्द पर जो निबन्ध लिखे थे उनमें स्पष्टतः लॉक के दार्शनिक चिन्तन का आधार लिया था।[4] आचार्य शुक्ल ने एडिसन के 'कल्पना का आनन्द' शीर्षक लेखमाला का अनुवाद 1901 ई. में पूरा कर लिया था। यह अनुवाद नागरी प्रचारिणी पत्रिका के भाग 9 (सन् 1905 ई.) में प्रकाशित हुआ था। उस समय तक हिन्दी में 'कल्पना' के सम्बन्ध में व्यवस्थित चर्चा का आरम्भ नहीं हुआ था। श्री बालकृष्ण भट्ट ने हिन्दी प्रदीप के सन् 1904 के 'अगस्त से अक्टूबर, वाले अंक में तीन पृष्ठों में 'कल्पनाशक्ति' शीर्षक एक निबन्ध अवश्य लिखा था, किन्तु उसमें उन्होंने कल्पना के स्वरूप का विवेचन कम, अनेक प्रकार के कल्पना चित्रों का संयोजन अधिक किया था।[5] ऐसा प्रतीत होता है कि अंग्रेजी साहित्य का अध्ययन करते हुए आचार्य शुक्ल एडिसन के कल्पना सम्बन्धी विचारों से प्रभावित हुए थे, इसीलिए उन्होंने उसकी पूरी लेखमाला का अनुवाद कर डाला था। आचार्य शुक्ल कोलरिज के कल्पना सम्बन्धी चिन्तन से भी भलीभाँति परिचित थे। उन्होंने उसे कवि-कल्पना का अच्छा विवेचक स्वीकार करते हुए उसकी एक कविता का हवाला देकर यह प्रमाणित किया है कि हृदय-प्रेरित कल्पना द्वारा निर्मित रूपान्तरण जब तक जीवन के साथ लगा चलता है तब तक जीवन में रोचकता रहती है और दुःख की परिस्थिति में भी आनन्द-स्वप्न नहीं टूटता।[6] आचार्य शुक्ल ने 'कल्पना' के स्वरूप- विवेचन का आधार भले ही पाश्चात्य आलोचकों और दार्शनिकों से ग्रहण किया हो उसके सम्ब में अपने चिन्तन को आगे बढ़ाते हुए उन्होंने उसके सम रूप भारतीय शब्दों को बराबर सामने रखा है। यही नहीं,

उन्होंने भारतीय काव्य-चिन्तन के दो प्रमुख सम्प्रदायों 'रस' और 'अलंकार' को केन्द्र में रखकर रस के विभाव-पक्ष तथा अलंकार के अप्रस्तुत-विधान के सन्दर्भ में ही कल्पना के महत्त्व और प्रयोजन का विवेचन किया है। इससे यह अनुमान लगाया जा सकता है कि काव्य में कल्पना के स्वरूप और महत्त्व के सम्बन्ध में उनकी मान्यताएँ उनके मौलिक चिन्तन का ही परिणाम है। जिस प्रकार काव्य के अन्य तत्त्वों की व्याख्या उन्होंने अपने ढंग से अपनी स्थापनाओं के अनुकूल की है उसी प्रकार कल्पना के सम्बन्ध में भी उनके विचार उनके समग्र काव्य-चिन्तन के अनुकूल हैं।

कल्पना का स्वरूप

आचार्य शुक्ल ने 'मानसिक रूप-विधान' को ही सम्भावना या कल्पना माना है।[7] उनका स्पष्ट कथन है कि मनुष्य का अन्तर्जगत भी बाह्य जगत में दृष्टिगत होनेवाली रूप-तरंगों से ही निर्मित है। हम अपनी ज्ञानेन्द्रियों द्वारा बाह्य जगत के दृश्यों एवं रूपों का बोध करते हैं। इन्हीं रूपों की भावना जब हम अन्तर्मुखी होकर मन के भीतर करते हैं तब ये कल्पना-बिम्बों के रूप में मूर्त होते हैं। आचार्य शुक्ल के अनुसार सम्भावना या कल्पना का ही नहीं, भावों या मनोविकारों का विधान भी बाह्य-जगत की रूप-तरंगों से ही हुआ है। वे कहते हैं, ''हमारे प्रेम, भय, आश्चर्य, क्रोध, करुणा इत्यादि भावों की प्रतिष्ठा करनेवाले मूल आलम्बन बाहर ही के हैं —इसी चारों ओर फैले हुए रूपात्मक जगत के ही हैं। जब हमारी आँखें देखने में प्रवृत्त रहती हैं तब रूप हमारे बाहर प्रतीत होते हैं, जब हमारी वृत्ति अन्तर्मुख होती है तब रूप हमारे भीतर दिखाई पड़ते हैं। बाहर-भीतर दोनों ओर रहते हैं रूप ही। सुन्दर, मधुर, भीषण या क्रूर लगनेवाले रूपों या व्यापारों से भिन्न सौन्दर्य, माधुर्य, भीषणता या क्रूरता कोई पदार्थ नहीं।''[8] जिस प्रकार बाह्य-जगत के रूप-व्यापार या दृश्य अन्तर्जगत् में भावरूप हो जाते हैं उसी प्रकार अन्तर्जगत की वृत्तियों या भावों की प्रतीति भी उनके रूपात्मक होने पर ही होती है।

आचार्य शुक्ल के अनुसार मानसिक रूप-विधान दो प्रकार का होता है। एक तो प्रत्यक्ष देखी हुई वस्तुओं के ज्यों-के-त्यों प्रतिबिम्बित रूप में और दूसरे प्रत्यक्ष देखी हुई वस्तुओं के रूप, रंग, गति आदि के आधार पर संयोजित नवीन वस्तु-विधान के रूप में। आचार्य शुक्ल प्रथम प्रकार की आभ्यन्तर रूप-प्रतीति को 'स्मृति' कहते हैं और दूसरे प्रकार की रूप-योजना को कल्पना?[9]

आचार्य शुक्ल भावना, उपासना, ध्यान और कल्पना को समस्तरीय मानते हैं। उनके अनुसार, ''जो वस्तु हमसे अलग है, हमसे दूर प्रतीत होती है, उसकी मूर्ति मन में लाकर उसके सामीप्य का अनुभव करना ही 'उपासना' है। साहित्यवाले इसी को 'भावना' कहते हैं। और आजकल के लोग 'कल्पना'?[10] वे उपासना के

साथ कल्पना की पूरी संगति बैठाते हुए कहते हैं, "जिस प्रकार भक्ति के लिए उपासना या ध्यान की आवश्यकता होती है उसी प्रकार और भावों के प्रवर्तन के लिए भी 'भावना' या 'कल्पना' अपेक्षित होती है।"[11] यहाँ और भावों' का प्रयोग ध्यान देने योग्य है। आचार्य शुक्ल यह कहना चाहते हैं कि भक्ति एक भाव है। इसके प्रवर्तन के लिए हम अपने इष्टदेव की मूर्ति भावना या कल्पना में लाते हैं। इसी प्रकार रति, उत्साह, करुणा, क्रोध आदि भावों के प्रवर्तन या उद्दीपन के लिए भी उनके आलम्बनों का मन के भीतर मूर्त होना आवश्यक है। यह कार्य मन की कल्पना शक्ति द्वारा ही होता है।

कवि-कर्म और कल्पना व्यापार

काव्य-चिन्तन के क्रम में यह प्रश्न स्वभावत: उठता है कि कवि-कर्म क्या है? और कल्पना व्यापार का उससे क्या सम्बन्ध है? आचार्य शुक्ल का मत है कि, 'अनुभूति को दूसरे तक पहुँचाना ही कवि-कर्म है।' (*चिन्तामणि,* भाग 2, पृ. 194) इस कवि-कर्म में कल्पना की सहायता अनिवार्य है। कल्पना-शक्ति के सहारे कवि अपनी अनुभूति के अनुकूल आलम्बन का स्वरूप खड़ा करता है। अनुभूति की तीव्रता कल्पना को प्रेरित करती है। कवि अपनी भावुकता की तुष्टि के लिए ही कल्पना को रूप-विधान में प्रवृत्त करता है। (*चिन्तामणि,* भाग पृ. 304) इस प्रकार कवि-कर्म में मूल तत्त्व काव्यानुभूति है। इस अनुभूति की सहयोगिनी है। शुक्ल जी के अनुसार 'यह (कल्पना) ऐसी सहयोगिनी है जिसके बिना कवि अपनी अनुभूति को दूसरे तक पहुँचा ही नहीं सकता (*चिन्तामणि,* भाग 2, पृ. 104) कवि की विधायक-कल्पना ही रस की सामग्री श्रोता या पाठक के सम्मुख प्रस्तुत करती है। रस की अनुभूति श्रोता या पाठक को होती है। श्रोता या पाठक का सहृदय होने के साथ कल्पना-शील होना भी आवश्यक है। उसकी कल्पना ग्राहिका होती है। इस प्रकार, काव्यानुभूति को श्रोता या पाठक तक पहुँचाकर उसे भाव-मग्न कर देना ही यदि कवि-कर्म है तो कल्पना-व्यापार इसका एक अनिवार्य साधन है। कल्पना-व्यापार दोनों पक्षों में गतिशील होता है। रचनाकार या कवि को यह अनुभूति का स्वरूप खड़ा करने में विभावपक्ष को संघटित करने में सहयोग देता है और श्रोता या पाठक को रसमग्न करने में सक्रिय भूमिका निभाता है। इस प्रकार कवि-कर्म और कल्पना व्यापार की स्थिति अन्योन्याश्रित है। शुक्ल जी का निष्कर्ष है—'काव्य के सम्बन्ध में भाव और कल्पना, ये दो शब्द बराबर सुनते-सुनते कभी-कभी यह जिज्ञासा होती है कि ये दोनों समकक्ष हैं या इनमें कोई प्रधान है। यह प्रश्न या इसका उत्तर, जरा टेढ़ा है, क्योंकि रस-काल के भीतर इनका युगपद अन्योन्याश्रित व्यापार होता है।" (चिन्तामणि, भाग 2, पृ. 103)

कल्पना और रस-तत्त्व

आचार्य शुक्ल काव्य की आत्मा भाव या रस को मानते हैं। 'रस' स्थायी भावों- रति, हास, शोक, उत्साह, क्रोध, घृणा, आश्चर्य, भय, निर्वेद—पर आधृत हैं। ये भाव आश्रय और आलम्बन एवं उद्दीपन के सहारे जागृत होते हैं। आश्रय आलम्बन एवं उद्दीपन रस-शास्त्र के अन्तर्गत 'विभाव' कहे जाते हैं। विभाव ही भाव को जागृत करके रसदशा तक पहुँचाते हैं। आचार्य शुक्ल के अनुसार विभाव का स्वरूप खड़ा करने में कल्पना ही मुख्य रूप से सक्रिय रहती है। आचार्य शुक्ल का कथन है, "जबकि रस ही काव्य में प्रधान वस्तु है तब उसके संयोजकों में जो कल्पना का प्रयोग होता है, वही आवश्यक और प्रधान ठहरा। रस का आधार खड़ा करनेवाला जो विभावन व्यापार है, कल्पना का प्रधान कर्मक्षेत्र वही है"[12] आलम्बन विभाव के अन्तर्गत मनुष्य और मनुष्येतर पूरी सृष्टि आ सकती है। आश्रय हृदय-सम्पन्न मनुष्य ही हो सकता है। आश्रय और आलम्बन दोनों को मिला देने पर मानव और प्रकृति दोनों ही विभाव-पक्ष के अन्तर्गत आ जाते हैं। आचार्य शुक्ल का कथन है, "प्राचीन कविगण इन दोनों (आश्रय और आलम्बन) का स्वरूप प्रतिष्ठित करने में इनका बिम्ब-ग्रहण कराने में—कल्पना का पूरा-पूरा उपयोग करते थे।"[13] विश्व-हृदय वाल्मीकि का हवाला देते हुए शुक्ल जी कहते हैं, "वाल्मीकीय रामायण को मैं आर्य काव्य का आदर्श मानता हूँ। उसमें राम के रूप, गुण, शील, स्वभाव तथा रावण की विरूपता, अनीति, अत्याचार आदि का पूरा चित्रण तो मिलता ही है, साथ ही अयोध्या, चित्रकूट, दंडकारण्य आदि का चित्र भी पूरे ब्योरे के साथ सामने आता है। इन स्थलों के वर्णन में हमें हाट, बाट, वन, पर्वत, नदी, निर्झर, ग्राम, जनपद इत्यादि न जाने कितने पदार्थों का प्रत्यक्षीकरण मिलता है।"[14] आचार्य शुक्ल का मत है कि ये सारे पदार्थ आलम्बन-विभाव के अन्तर्गत आते हैं। वे यह मानते हैं कि, "हमारी पूरी परिस्थिति हमारे जीवन का आलम्बन है, अत: उपचार से वह हमारे भावों का भी आलम्बन है। उसी परिस्थिति में उसी संसार में उन्हीं दृश्यों के बीच जिनमें हम रहते हैं, राम-लक्ष्मण को पाकर हम उसके साथ तादात्म्य सम्बन्ध का अधिक अनुभव करते हैं, जिससे 'साधारणीकरण' पूरा-पूरा होता है।[15] उपरोक्त कथन से यह निष्कर्ष निकलता है कि काव्य में भाव-तत्त्व को छोड़कर जो कुछ वर्ण्य है उस सबका स्वरूप कल्पना द्वारा ही खड़ा होता है। यह कल्पना, व्यक्तियों, वस्तुओं और परिस्थितियों का जितना ही संश्लिष्ट बिम्ब प्रस्तुत करेगी उतनी ही रस-निष्पत्ति में सहायक होगी।

जो लोग रस-सिद्धान्त के अन्तर्गत कल्पना की उपेक्षा का आरोप लगाते हैं उनसे आचार्य शुक्ल का कहना है कि वे प्राचीन 'रसपद्धति' और आधुनिक

मनोविज्ञान द्वारा निरूपित भाव (Emotion) के स्वरूप से ठीक-ठीक परिचय प्राप्त करें। 'भाव एक वृत्तिचक्र (System) है जिसके अन्तर्गत प्रत्यय (Cognition), अनुभूति (Feeling), इच्छा (Conation), गति या प्रवृत्ति (Tendency), शरीरधर्म (Symptoms) सबका योग रहता है। हमारे यहाँ रस-निष्पन्न करनेवाली पूर्ण भाव-पद्धति में ये सब अवयव रखे हुए हैं। विभावों और अनुभावों की प्रतिष्ठा कवि की कल्पना द्वारा ही होती है और श्रोता या पाठक भी उनकी मूर्ति या रूप का ग्रहण अच्छी कल्पना के बिना पूरा-पूरा नहीं कर सकता। विभाव और अनुभाव कल्पना-साध्य है।''[16]

कल्पना का लोक नित्य नहीं है

आचार्य शुक्ल का निश्चित मत है कि कल्पना की सत्ता नित्य और पारमार्थिक नहीं है। इंग्लैंड के रहस्यवादी कवि विलियम ब्लेक (1757-1827 ई.) ने कल्पना के लोक को नित्य और असीम माना है।[17] आचार्य शुक्ल ने इस मत का खंडन करते हुए कहा है, ''यह तो प्रत्यक्ष बात है कि कल्पना के भीतर जो कुछ रहता है या आता है वह प्रकृति के ही विशाल क्षेत्र से प्राप्त होता है। अत: जब तक हम किसी 'वाद' का सहारा न लें तब तक कहेंगे कि कल्पना में आए हुए रूप ही प्रकृति के नाना रूपों के प्रतिबिम्ब हैं; प्रकृति के रूप कल्पना के प्रतिबिम्ब नहीं।'' (*चिन्तामणि,* भाग 2, पृ. 116) आचार्य शुक्ल का यह भी कहना है कि ब्लेक ने जिस 'कल्पनावाद' का प्रतिपादन किया है उसका ''आभास न तो वेदान्त के प्रतिबिम्बवाद में है; न कांट से लेकर हेगल तक जर्मन दार्शनिकों के 'प्रत्ययवाद' (Idealism) में।'' (*चिन्तामणि,* भाग 2, पृ. 16) आचार्य शुक्ल का तर्क यह है कि काव्य-रचना करते समय कवि के मन में आलम्बन आदि कल्पना के रूप में रहते हैं जब यह काल्पनिक रूप ही वस्तुओं की सार-सत्ता है तब रहस्यवादी कवि प्रिय के वियोग में व्याकुल क्यों होते हैं? प्रिय के जिस साक्षात्कार के लिए वे तड़पते हैं वह साक्षात्कार तो कल्पना में हो ही जाता है। आचार्य शुक्ल का कथन है कि, ''ब्लेक ने कुछ सूफियों के कल्पनावाद से प्रभावित होकर और कुछ-कुछ बर्कले (Berkeley) के इशारे पर परमात्मा के समान दृश्य जगत से परे 'परमकल्पना' का प्रतिपादन किया है और मनुष्य कल्पना को उस 'परम कल्पना' का अंग या अंशलाब्धि माना, प्रकृति के नाना रूप जिसकी छाया हैं।'' (*चिन्तामणि,* भाग 2, पृ. 116) ब्लेक ने सूफियों के जिस 'कल्पनावाद' से प्रभावित होकर 'परमकल्पना' की अवधारणा की थी उसका आधार 'प्रतिबिम्बवाद' है। 'प्रतिबिम्बवाद' के अनुसार जगत जिस रूप में हमारे सामने है उस रूप में ब्रह्म तो नहीं है, हाँ, उसकी छाया या प्रतिबिम्ब अवश्य है। सूफियों ने जगत और ब्रह्म के सम्बन्ध में इसी 'प्रतिबिम्बवाद' को अपनाया था, किन्तु इसे उन्होंने ध्यान के लिए

साधना या सिद्धान्त पक्ष में ही रखा था, काव्य-क्षेत्र में नहीं घसीटा था। शुक्ल जी का मत है, ''काव्य-क्षेत्र में उन्होंने प्रतिबिम्बवाद के साथ 'अभिव्यक्तिवाद' का मेल किया जिससे उनकी कविता का रंग वैसा ही स्वाभाविक और हृदय-ग्राही रहा जैसा और कविता का।'' (*चिन्तामणि,* भाग 2, पृ. 141) वस्तुत: कल्पना के लोक को नित्य, असीम एवं पारमार्थिक मान लेने से काव्य के क्षेत्र में उस रहस्यवादी प्रवृत्ति को समर्थन मिलता था जिसे आचार्य शुक्ल साम्प्रदायिक और काव्य के प्रकृत क्षेत्र के बाहर की चीज मानते थे। कल्पना की पारमार्थिक और नित्य सत्ता मानने वाले कवि ब्लेक की रहस्यवादी कविताएँ, जिन्हें वह संसार की भव्यतम रचनाएँ मानता था और जिनके मूल रचयिता को नित्य लोक-निवासी बताकर अपने को सेक्रेटरी कहता था, लोक-दृष्टि में निकम्मी मानी गई है।[18] इससे यह प्रमाणित होता है कि कल्पना की नित्यता का सिद्धान्त एक प्रकार से काव्य के प्रकृत क्षेत्र के बाहर का सिद्धान्त है। वह साम्प्रदायिक है। आचार्य शुक्ल का स्पष्ट मत है, ''हमारे हृदय का सीधा लगाव गोचर जगत से है। इसी बात के आधार पर सारे संसार में रस-पद्धति चली है और सच्चे स्वाभाविक रूप में चल सकती है। मजहबी सुभीते के लिए अनुभूति के स्वाभाविक क्रम का विपर्यय करने से मूल आलम्बनों को छाया और छाया को मूल आलम्बन बनाने से-कला के क्षेत्र में कितना आडम्बर खड़ा हुआ है, इसका अन्दाजा ऊपर के ब्योरे से लग सकता है।' (चिन्तामणि, भाग 2, पृ. 118)

कल्पना और अलंकार

काव्य में अलंकारों का विधान भाव-सौन्दर्य या वस्तु-सौन्दर्य के उत्कर्ष के लिए आवश्यक है। यह कार्य उपमान-विधान के द्वारा किया जाता है। आचार्य शुक्ल की स्थापना है कि उपयुक्त उपमान-विधान कल्पना शक्ति के द्वारा का किया जाता है। वे कहते हैं, ''कहने की आवश्यकता नहीं कि अलंकार-विधान में उपयुक्त उपमान लाने में कल्पना ही काम करती है।''[19] उपमान-विधान ही अप्रस्तुत-विधान है। इसलिए कहा जा सकता है कि अप्रस्तुत रूप-विधान में कल्पना का विशेष योगदान होता है। अप्रस्तुतविधान दो प्रकार का होता है। एक तो किसी प्रस्तुत वस्तु-विशेष के लिए अप्रस्तुत वस्तु-विशेष का विधान और दूसरे किसी एक पूर्ण-प्रसंग के मेल में किसी दूसरे प्रसंग का विधान पहले-प्रकार के अप्रस्तुत विधान में कवि-कल्पना का सौन्दर्य उभरकर सामने नहीं आता, क्योंकि प्रस्तुत वस्तु के लिए चुनकर लाई हुई अप्रस्तुत वस्तु प्राय: कवि-परम्परा-प्रसिद्ध हुआ करती है। किन्तु दूसरे प्रकार के अप्रस्तुत-विधान में कवि को एक पूरा प्रसंग अनेक व्यापारों की संश्लिष्ट योजना के आधार पर कल्पित-करना पड़ता है। ऐसी स्थिति में उसकी नवीन उद्भावना करनेवाली रचनात्मक कल्पना शक्ति का परिचय मिलता है। ऐसे अवसरों पर कवि दृष्टान्त, अर्थान्तरन्यास

और अन्योक्ति जैसे अलंकारों का प्रयोग करता है। प्रथम प्रकार के अप्रस्तुत-विधान में भी जहाँ एक वस्तु के लिए दूसरी वस्तु सामने लाना पड़ता है—कवि को रूप, गुण, धर्म, प्रभाव आदि के साम्य को ध्यान में रखकर ऐसे उपमानों (अप्रस्तुतों) का चयन करना पड़ता है जो प्रस्तुत के स्वरूप का बोध ही नहीं करते वरन उसके द्वारा जगाए गए भाव को और तीव्र कर देते हैं अत: प्रस्तुत वस्तु-विशेष के लिए सादृश्य के आधार पर अप्रस्तुत वस्तु-विशेष का विधान करनेवाले अलंकारों— उपमा, रूपक, दीपक, उत्प्रेक्षा, सन्देह, अप्रस्तुत प्रशंसा आदि— में भी कवि-कल्पना सौन्दर्य-विधायिनी होनी चाहिए। ऊपर नाप-जोख के आधार पर सादृश्य-विधान करके चमत्कार उत्पन्न करनेवाली नहीं। आचार्य शुक्ल का कथन है, "सिद्ध कवियों की दृष्टि ऐसे ही अप्रस्तुतों की ओर जाती है जो प्रस्तुतों के समान ही सौन्दर्य, दीप्ति, कान्ति, कोमलता, प्रचंडा, भीषणता, उग्रता, उदासी, अवसाद, खिन्नता इत्यादि की भावना जगाते हैं।"[20] उपमेय और उपमान या प्रस्तुत और अप्रस्तुत में साम्य दो प्रकार का होता है। बाहरी' 'रूप-साम्य' और आभ्यन्तर 'प्रभाव-साम्य'। कहीं-कहीं बाहरी सादृश्य के न रहने या अत्यल्प रहने पर भी आभ्यन्तर प्रभाव-साम्य को ध्यान में रखकर अप्रस्तुतों का विधान करते हैं। ऐसे विधान भी काव्य-सौन्दर्य का उत्कर्ष करनेवाले होते हैं। आचार्य शुक्ल ने ऐसे अप्रस्तुत-विधानों का प्रयोग छायावादी कवियों में लक्षित किया है और उसकी मुक्त कंठ से प्रशंसा की है। वे कहते हैं, "ऐसे अप्रस्तुत अधिकतर उपलक्षण के रूप में या प्रतीकवत (Symbolic) होते हैं, "जैसे, सुख, आनन्द, प्रफुल्लता, यौवनकाल इत्यादि के स्थान पर उनके द्योतक उषा, प्रभात, मधुकाल; प्रिया के स्थान पर मुकुल; प्रेमी के स्थान पर मधुप, श्वेत या शुभ्र के स्थान पर कुन्द, रजत; माधुर्य के स्थान पर मधु; दीप्तिमान या कान्तिमान के स्थान पर स्वर्ण; विषाद या अवसाद के स्थान पर अन्धकार, अँधेरी रात, सन्ध्या की छाया, पतझड़; मानसिक आकुलता या क्षोभ के स्थान पर झंझा, तूफान; भाव-तरंग के लिए झंकार, भाव-प्रवाह के लिए संगीत या मुरली का स्वर इत्यादि।"[21] आचार्य शुक्ल के अनुसार अप्रस्तुत का विधान करते समय साम्य का एकदेशीय, सूक्ष्म और धुँधला होना आपत्तिजनक नहीं है, आपत्तिजनक है उसका मर्म-व्यञ्जक न होना। साम्य भावना के सम्बन्ध में टिप्पणी करते हुए वे कहते हैं, "साम्य-भावना हमारे हृदय का प्रसार करनेवाली; शेष-सृष्टि के साथ मनुष्य के गूढ़ सम्बन्ध की धारणा बँधानेवाली, अत्यन्त अपेक्षित मनोभूमि है, इसमें सन्देह नहीं। पर वह सच्चा मार्मिक प्रभाव वहीं उत्पन्न करती है जहाँ यह प्राकृतिक वस्तु या व्यापार से प्राप्त सच्चे आभास के आधार पर खड़ी होती है। प्रकृति अपने अनन्त रूपों और व्यापारों के द्वारा अनेक बातों की गूढ़ या अगूढ़ व्यंजना करती रहती है। इस व्यंजना को न परखकर या न ग्रहण करके जो

साम्य-विधान होगा वह मनमाना आरोपमात्र होगा। इस अनन्त विश्व महाकाव्य की व्यंजनाओं की परख के साथ जो साम्य-विधान होता है वही मार्मिक और उद्बोधक होता है।''[22] आचार्य शुक्ल का स्पष्ट मत है कि अप्रस्तुत-विधान काव्योपयुक्त होना चाहिए। उसका चयन रसात्मकता के विचार से किया जाना चाहिए। प्रस्तुत के समानान्तर अप्रस्तुत का विधान करते समय पहले यह देखना चाहिए कि प्रस्तुत वस्तु किसी भाव का आलम्बन तो नहीं है। यदि वह किसी भाव का आलम्बन है तो उसके समानान्तर चयन किए जानेवाले अप्रस्तुत को भी उसी भाव का आलम्बन होना चाहिए। उदाहरण के लिए रमणी के नेत्र, वीर का युद्ध के लिए प्रस्थान और सहृदय की कोमलता को लीजिए। ये तीनों क्रमश: रति, उत्साह और श्रद्धा के आलम्बन हैं। इनके लिए कवि क्रमश: 'कमल', 'सिंह' और 'नवनीत' जैसे अप्रस्तुततों का विधान करता है। ये अप्रस्तुत भी रति, वीरता और श्रद्धा को जागृत करनेवाले हैं। आचार्य शुक्ल का कहना है कि, ''यदि हम इनके स्थान पर रसात्मकता का विचार न करके केवल नेत्र के आकार, झपटने की तेजी और हृदय की नरमी की मात्रा पर ही दृष्टि रखकर कहें कि, 'नेत्र बड़ी कौड़ी या बादाम के सपने हैं, 'वीर बिल्ली की तरह झपटता है' और 'हृदय सेमर के पूए के समान है' तो काव्योपयुक्त कभी न होगा।''[23] आचार्य शुक्ल ने प्रत्येक प्रकार के अलंकार-विधान में इस बात पर बल दिया है कि उसका स्वरूप मर्म-व्यजक होना चाहिए। इसीलिए उन्होंने ऐसे उपमानों या अप्रस्तुतों के विधान का विरोध किया है जिसका आधार मात्र कवि-प्रौढ़ोक्ति-सिद्ध है। वस्तु या गुण के परिमाण को अधिक बढ़ाकर व्यंजित करने के प्रयत्न में कवियों ने जब से कवि-प्रौढ़ोक्ति-सिद्ध उपमानों (अप्रस्तुत वस्तुओं) का प्रयोग करना आरम्भ किया तभी से हास्यास्पद कल्पनाएँ सामने आईं। वाग्वैदग्ध्य द्वारा मनोरंजन की प्रवृत्ति बढ़ी और कवि-कल्पना-क्रीड़ा बनकर रह गई। मंखक कवि का उदाहरण देते हुए शुक्ल जी किंचित खीझ के साथ कहते हैं, ''जो कल्पना पहले भावों और रसों की सामग्री जुटाया करती थी वह बाजीगर का तमाशा करने लगी। होते-होते यहाँ तक हुआ कि 'पिपीलिका नृत्यति यह्निमध्ये' और 'मोम के मन्दिर माखन के मुनि बैठे हुतासन आसन मारे' की नौबत आ गई।''[24] कहना न होगा कि आचार्य शुक्ल ने अलंकार-विधान में ऐसी बाजीगरी दिखानेवाली कल्पना का निषेध किया है।

कल्पना की संचार-भूमि

कल्पना की संचार-भूमि अतीत और भविष्य है। कभी-कभी वह यथार्थ जगत से परे किसी अज्ञात रहस्य-लोक और व्यक्त जगत के भीतर ही किसी अन्य लोक में भी संचरण करती है। वस्तुत: अतीत और भविष्य में वह इसीलिए रमण करती है कि वर्तमान का कटु यथार्थ उसे अपने में लीन नहीं करता। सभ्यता के

नवीन उपादान शीघ्र कल्पना के विषय नहीं बन पाते। आचार्य शुक्ल की मान्यता है कि हम अतीत में रमण इसलिए करते हैं कि इससे हमें आत्मप्रसार का अवसर मिलता है। अतीत में रमण करते हुए स्थूल स्वार्थ से ऊपर उठकर शुद्ध मनुष्यत्व का दर्शन करते हैं। वे कहते हैं, "मनुष्य उस कोटि की पहुँची हुई सत्ता है जो उस अल्प क्षण में ही आत्म-प्रसार को बद्ध रखकर सन्तुष्ट नहीं रह सकती जिसे वर्तमान कहते हैं। वह अतीत के दीर्घ पटल को भेदकर अपनी अन्वीक्षण बुद्धि को ही नहीं, रागात्मिका वृत्ति को भी ले जाती है। हमारे भावों के लिए, भूतकाल का क्षेत्र अत्यन्त पवित्र क्षेत्र है। वहाँ वे शरीर-यात्रा के स्थूल स्वार्थ से संश्लिष्ट होकर कलुषित नहीं होते—अपने विशुद्ध रूप में दिखाई पड़ते हैं।"[25] प्राचीन ऐतिहासिक स्थलों को देखते हुए हमारी कल्पना हमें अपने पूर्व-पुरुषों के निकट पहुँचा देती है। सिप्रा-तट का स्मरण करते हुए आचार्य शुक्ल कहते हैं, "सिप्रा के किनारे दूर तक फैले हुए प्राचीन उज्जयिनी के ढूहों पर सूर्यास्त के समय खड़े हो जाइए इधर-उधर उठी हुई पहाड़ियाँ कह रही हैं कि महाकाल के दर्शन को जाते हुए कालिदास जी हमें देर तक देखा करते थे, उस समय 'सिप्रावात' उनके उत्तरीय को फहराता था।"[26] अतीत के स्मृति-चिह्नों के आधार पर उठ खड़ी होनेवाली कल्पना एक प्रकार की स्मृत्याभास कल्पना कही जाएगी। स्मृत्याभास-कल्पना का महत्त्व स्पष्ट करते हुए शुक्ल जी ने कहा है कि सत्य का आधार लेकर खड़ी होने के कारण वह विशेष मार्मिक प्रभाव उत्पन्न करती है। उनका कथन है, "अतीत की कल्पना भावुकों में स्मृति की-सी सजीवता प्राप्त करती है और कभी-कभी अतीत का कोई बचा हुआ चिह्न पाकर प्रत्यभिज्ञान का-सा रूप ग्रहण करती है। ऐसी कल्पना के विशेष मार्मिक प्रभाव का कारण यह है कि यह सत्य का आधार लेकर खड़ी होती है।"[27] वर्तमान सभ्यता ने जहाँ अभी अपना प्रसार नहीं किया है ऐसे गाँवों, पहाड़ों, मैदानों और जंगलों में जाकर हम अब भी अपने को वाल्मीकि, कालिदास या भवभूति के समय में खड़ा कल्पित कर सकते हैं। ऐसी कल्पना हमारे भाव-जगत को अधिक उद्दीप्त करती है रहस्यवादी कवि कभी-कभी कल्पना के सहारे परोक्ष-जगत की झलक दिखाते हैं। परोक्ष-जगत की यह कल्पना जहाँ प्रत्यक्ष के अभावों और अपूर्णताओं को पूर्ण करके एक आदर्श लोक की रचना तक सीमित रहती है, वहाँ तक तो ठीक, किन्तु जहाँ वह प्रत्यक्ष से बिलकुल भिन्न विचित्र और असम्भाव्य रचने लगती है यहाँ काव्योचित नहीं रह जाती।

कल्पना और स्वप्न

आचार्य शुक्ल स्वप्न-जगत और कल्पना-जगत को एक नहीं मानते। फ्रायड आदि मनोवैज्ञानिक काव्य को अतृप्त वासनाओं की पूर्ति के लिए निर्मित कल्पना

लोक के रूप में देखते हैं। स्वप्नों की व्याख्या भी वे इसी स्तर पर करते हैं। आचार्य शुक्ल मनोवैज्ञानिकों की इस मान्यता से परिचित हैं, किन्तु वे उनसे अपना मतभेद भी प्रकट करते हैं, वे कहते हैं, ''जैसे स्वप्न को वे (मनोवैज्ञानिक) अन्तस्संज्ञा में निहित अतृप्त वासनाओं की अन्तर्व्यंजना कहते हैं, वैसे ही काव्य को भी। इस सम्बन्ध में हम यहाँ इतना ही कहना चाहते हैं कि काव्य सर्वथा स्वप्न के रूप की वस्तु नहीं है। स्वप्न के साथ यदि उसका कुछ मेल है तो केवल इतना ही कि स्वप्न भी हमारी बाह्य इन्द्रियों के सामने नहीं रहता और काव्य-वस्तु भी। दोनों के आविर्भाव का स्थान भर एक है। स्वरूप में भेद है। कल्पना में आई वस्तुओं की प्रतीति से स्वप्न में दिखाई पड़नेवाली वस्तुओं की प्रतीति भिन्न प्रकार की होती है। स्वप्नकाल की प्रतीति प्राय: प्रत्यक्ष ही के समान होती है। दूसरी बात यह हैं कि काव्य में शोक के प्रसंग भी रहते हैं। शोक की वासना की तृप्ति शायद ही कोई प्राणी चाहता है।''[28]

कल्पना और सौन्दर्यानुभूति

आचार्य शुक्ल ने सीधे-सीधे कल्पना और सौन्दर्यानुभूति के सम्बन्धों पर विचार नहीं किया है, किन्तु उन्होंने अनेक अवसरों पर कल्पना के सम्बन्ध में जो कुछ कहा है उसके आधार पर सौन्दर्यानुभूति और कल्पना के सम्बन्धों की व्याख्या हो सकती है। वे यह मानते हैं कि काव्य में रूप-विधान का सारा कार्य कल्पना करती है। रूप-विधान में भाव-तत्त्व को छोड़कर शेष सब-विभाव-अनुभाव आ जाता है। यह रूप-विधान भाव का बोध कराने या उसे उत्कर्ष देने या उसका प्रसार करने के लिए किया जाता है। इसकी सर्जना या विधान में कवि की विधायक-कल्पना कार्य करती है। आचार्य शुक्ल ने कवि की कल्पना को विधायिका और पाठक या श्रोता की कल्पना को ग्राहिका माना है। कवि अपनी विधायिका कल्पना के बल पर भाव की अभिव्यक्ति करता है। इस कार्य में उसकी कल्पना तुष्ट होती है और वह सुख का अनुभव करता है। श्रोता या पाठक कवि द्वारा व्यक्त भाव की अपनी ग्राहिका कल्पना के सहारे ग्रहण करके उसमें मग्न होता है। उसकी भी कल्पना तुष्ट होती है और वह भी परम सुख का अनुभव करता है। आचार्य शुक्ल ने सौन्दर्य का विवेचन करते हुए भाव-सौन्दर्य, वस्तु-सौन्दर्य तथा कर्म एवं शील-सौन्दर्य की चर्चा की है। प्रकट है कि काव्य में सौन्दर्य के सभी रूपों को मूर्त आधार बैंकर आस्वाद योग्य बनाने का कार्या कल्पना ही करती है। आचार्य कहते हैं कि सौन्दर्य की भावना जगता सुन्दर सुन्दर वस्तुओं या व्यापारों का आना है।[29] कहना न होगा कि यह कार्यकल्पना का ही है। इस प्रकार कल्पना सौन्दर्य को पूर्त करनेवाली शक्ति के रूप में मान्य हो सकती है। वस्तुओं को जो सुन्दर बनाते हैं उनका विधान कल्पना ही करती

है। श्रोता और पाठक की कल्पना उसे काव्य सौन्दर्य में लीन करती है अर्थात् उसके मन में उन्हीं सौन्दर्य विधायक तत्त्वों को सजीव कर देती है जिसका उपयोग कवि की विधायिका कल्पना काव्य में सौन्दर्य का विधान करते समय करती है। अंत: दोनों में पक्ष-भेद मात्र है। कवि के पक्ष से व जो विधायिका है, श्रोता या पाठक के पक्ष से ही ग्राहिका है। तात्पर्य यह कि कल्पना शक्ति है जो काव्य में सौन्दर्य का विधान भी करती है और काव्य के सौन्दर्य का ग्रहण भी कराती है।

कल्पना विशेष को उपस्थित करती है, जाति को नहीं

आचार्य शुक्ल के अनुसार कल्पना का कार्य बिम्ब-विधान करना है। सामान्य का या जाति का बिम्ब-विधान नहीं हो सकता। वे कहते हैं, ''कल्पना में जो कुछ उपस्थित होगा वह व्यक्ति या वस्तु-विशेष ही होगा। सामान्य या जाति की तो मूर्त-भावना हो ही नहीं सकती।''[30] वस्तुत: कोई भी मूर्ति-विधायिनी कला सामान्य सिद्धान्तों को मूर्त नहीं कर सकती विचार मूर्त भी होंगे तो किसी व्यक्ति के माध्यम से ही कवि काव्य में विशेष व्यक्तित्ववाले पात्रों की ही सृष्टि करता है, सामान्य मानव की नहीं। सिद्धान्त-निरूपण या विचार प्रस्तवन तर्कशास्त्र का कार्य है, काव्य का नहीं। आचार्य शुक्ल उदाहरण देकर स्पष्ट करते हैं कि, ''क्रोध में मनुष्य बावला हो जाता है, यह काव्य की उक्ति नहीं होगी। काव्य की उक्ति तो किसी क्रुद्ध मनुष्य के उग्र वचनों और उन्मुक्त चेष्टाओं को कल्पना में उपस्थित भर कर देगी।''[31] यह प्रतिपादित करने के बाद कि काव्य में 'विशेष' ही मूर्त होगा आचार्य शुक्ल को लगा कि कहीं लोग यह न समझ लें कि उनका प्रतिपादन 'साधारणीकरण' सिद्धान्त के विरुद्ध है। इसलिए उन्होंने कहा कि साधारणीकरण आलम्बनत्व धर्म का होता है। अर्थात् काव्य में मूर्त व्यक्ति तो विशेष ही (दुष्यन्त, शकुन्तला, राम, सीता आदि) रहता है पर उसमें प्रतिष्ठा ऐसे सामान्य धर्म की रहती है जिसके साक्षात्कार से सब श्रोताओं या पाठकों के मन में एक ही भाव का उदय थोड़ा या बहुत होता है।[32]

कल्पना काव्य का बोध-पक्ष है

काव्य में कल्पना के महत्त्व को स्वीकार करते हुए भी आचार्य शुक्ल उसे काव्य का साध्य नहीं मानते। यूरोपीय साहित्य-मीमांसा में कल्पना की प्रधानता की चर्चा करते हुए वे कहते हैं, ''यूरोपीय साहित्य-मीमांसा में कल्पना को बहुत प्रधानता दी गई है। है भी यह काव्य का अनिवार्य साधन; पर है साधन ही, साध्य नहीं।''[33] कल्पना काव्य का साध्य क्यों नहीं है? इस पर विचार करते हुए वे कहते हैं कि 'कल्पना काव्य का बोध-पक्ष है। कल्पना में आई हुई रूप-व्यापार-योजना

का कवि या श्रोता को अन्त:साक्षात्कार या बोध होता है। पर इस बोध-पक्ष के अतिरिक्त काव्य का भाव-पक्ष भी है।''[34] यहाँ कल्पनाश्रित बोध से क्या तात्पर्य है? इसे समझ लेना चाहिए। वस्तुत: बोध दो प्रकार का होता है। तर्काश्रित और कल्पनाश्रित तर्काश्रित या बुद्धिलब्धबोध (ज्ञान) प्रत्ययों या अवधारणाओं का होता है। यह बिम्बात्मक नहीं होता। कल्पनाश्रित बोध वस्तु या व्यक्ति विशेष का होता है। यह बिम्बात्मक या मूर्त होता है। काव्य में विभावादि का जो बिम्बात्मक बोध होता है, वह कल्पना द्वारा ही होता है। इसीलिए कल्पना को आचार्य शुक्ल काव्य का बोधपक्ष मानते हैं और भावपक्ष को अलग महत्त्व देते हैं। स्पष्ट है कि शुक्ल जी काव्य में भाव-पक्ष को प्रधानता देते हैं। भाव की अनुभूति को वे कल्पना व्यापार नहीं मानते। भावों को जागृत एवं दीप्त करने के लिए विभाव और अनुभाव की योजना करनी पड़ती है। शुक्ल जी के अनुसार विभाव-विधान कल्पना का कार्य है। यह कार्य कल्पना भावों या मनोविकारों से प्रेरित होकर करती है। इसलिए काव्य में प्रधानता भावों और मनोविकारों की है। काव्य का साध्य भावाभिव्यक्ति है, वस्तु व्यापार योजना नहीं। कल्पना को अधिक महत्त्व देने से पाठक का ध्यान वस्तु व्यापार योजना की विलक्षणता पर चला जाता है और काव्य की रमणीयता हलके फुलके मनोरंजन का स्थान ले लेती है। इसलिए काव्य में कल्पना को साधन मानकर चलना ही उचित होगा।

कल्पना और काव्य-भाषा

काव्योचित भाषा के प्रयोग में भी कल्पना-शक्ति का पूरा योगदान होता है। यह कहा जा चुका है कि कल्पना का कार्य बिम्ब-विधान करना है। काव्य में भावों को शब्दों के सहारे अर्थात् भाषा के माध्यम से ही मूर्त किया जाता है। इसलिए मूर्ति-विधान करनेवाली भाषा ही उचित-काव्य-भाषा हो सकती है। कहना न होगा कि लाक्षणिक और मार्मिक भाव-वक्रता से युक्त भाषा ही अधिक मूर्तिविधायिनी होती है। रीतिकालीन कवियों में घनानन्द तथा छायावादी कवियों में पन्त और प्रसाद ने लाक्षणिक भाषा का खूब प्रयोग किया है। लाक्षणिक प्रयोग करते समय कवि या तो प्रभाव-साम्य पर ध्यान केन्द्रित रखता है या वस्तुओं को उपलक्षण एवं प्रतीक के रूप में ग्रहण करता है। ऐसे प्रयोग सर्जनात्मक कल्पना से ही सम्भव है। भाषा के की रचना को उदाहृत करके आचार्य शुक्ल अपनी बात स्पष्ट करते हैं।

1. धूलि की ढ़ेरी में अनजान।
   छिपे है मेरे मधुमय गन।
2. रुदन क्रीड़ा आलिंगन
   शशि की-सी ये कलित कलाएँ किलक रहीं हैं पुरपुर में

3. मर्म पीड़ा के हास
4. अहह। यह मेरा गीला गान।

भूलि की ढेरी = तुच्छ या असार कहा जानेवाला संसार।

मधुमय गान = मधुमय गान के विषय = मधुर और सुन्दर वस्तुएँ।

कलाएँ किलक रही हैं = जोर से हँस रही हैं—आनन्द का प्रकाश कर रही हैं। पीड़ा का हास = पीड़ा का विकास या प्रसार (विरोध का चमत्कार)

गीला गान = आर्द्र हृदय या अश्रुपूर्ण व्यक्ति की वाणी (सामान्य कथन में जो गुण)

व्यक्ति का कहा जाता है वह गान का कहा गया। (विशेषण-विपर्यय)

कहना न होगा कि उपरोक्त प्रयोगों में लक्षणा या विरोध के चमत्कार या विशेषण-विपर्यय के द्वारा भाषा में जो वक्रता उत्पन्न की गई है वह मूर्त-विधान की दृष्टि से ही जब कभी कवि का ध्यान बिम्ब-विधान पर केन्द्रित होगा और उसके सामने हृदय के अमूर्त व्यापारों एवं गूढ़ अनुभूतियों को व्यक्त करने की समस्या होगी तो उसकी कल्पना-शक्ति लाक्षणिक प्रयोगों और प्रतीकों का आधार लेकर बिम्ब-व्यञ्जक भाषा का स्वरूप तैयार करेगी।

निष्कर्ष

उपरोक्त विवेचन से स्पष्ट है कि आचार्य शुक्ल ने अनेक सन्दर्भों में कवि कल्पना पर विचार किया है। कल्पना का स्वरूप, कल्पना के भेद, कल्पना के कार्य, कल्पना की नित्यता, कल्पना और कवि-कर्म, रस और अलंकार के सन्दर्भ में कल्पना की उपयोगिता, कल्पना और प्रस्तुत-विधान, कल्पना और काव्य का साध्य, कल्पना और स्वप्न-प्रतीति, कल्पना और भाषा-शैली आदि सन्दर्भों में कल्पना की विस्तृत समीक्षा हिन्दी काव्य-चिन्तन के विकास-क्रम में आचार्य शुक्ल ने पहली बार की है। आचार्य शुक्ल ने कल्पना के लिए प्रायः 'उपासना', 'ध्यान' और 'भावना' शब्दों का प्रयोग किया है। 'काव्य में अभिव्यंजनवाद' शीर्षक लम्बे निबन्ध में उन्होंने अवश्य 'प्रतिभा या कल्पना' का प्रयोग किया है। भारतीय काव्य-चिन्तन में 'कल्पना' का समानार्थक यदि कोई शब्द हो सकता है, तो वह प्रतिभा है। क्रोचे ने कल्पना को बहुत महत्त्व दिया है। उसने कल्पना को प्रातिभज्ञान (Intuition) से अभिन्न माना है। इसलिए उसके सन्दर्भ में उसके अभिप्राय की सम्यक व्यंजना के लिए उन्होंने प्रतिभा या कल्पना का प्रयोग किया हो तो आश्चर्य नहीं भारतीय सन्दर्भ में प्रतिभा से जो अर्थ व्यजित होता है। वह कल्पना से व्यक्त अर्थ से कुछ विशिष्ट है। पाश्चात्य विचारकों में कोलरिज ने द्वितीय कल्पना के सम्बन्ध में जो कुछ कहा है वह प्रतिभा के बहुत

निकट पड़ता है। उसके अनुसार कल्पना (द्वितीय कल्पना) संयोजन, संघटन एवं समन्वय के द्वारा नवीन सृष्टि का विधान करती है। अभिनव गुप्त ने प्रतिभा को 'अपूर्व वस्तु निर्माण क्षमा प्रज्ञा' कहा है। तुलनात्मक सौन्दर्य-शास्त्र के क्षेत्र में कार्य करनेवाले आधुनिक विचारकों ने कोलरिज के कल्पना-सम्बन्धी विचारों को अभिनवगुप्त की 'प्रतिभा' विषयक मान्यता से तुलनीय माना है। यह तो कहा नहीं जा सकता कि शुक्ल जी 'प्रतिभा' के काव्यशास्त्रीय अर्थ से परिचित नहीं थे। सूर की प्रतिभा को उन्होंने 'नवीन प्रसंगोद्भावना' करनेवाली कहा है। 'श्रद्धा' और 'भक्ति' निबन्ध में उन्होंने 'प्रतिभा' को परिभाषित करते हुए कहा है—'प्रतिभा से मेरा अभिप्राय अन्त:करण की उस उद्भाविका क्रिया से है जिसके द्वारा कला, विज्ञान आदि नाना क्षेत्रों में नई-नई बातें या कृतियाँ उपस्थित की जाती हैं। कहना न होगा कि यह परिभाषा भारतीय काव्यशास्त्रीय परिभाषा के अनुसार ही दी गई है। ऐसी स्थिति में क्रोचे के विचारों को व्यक्त करने के सन्दर्भ को छोड़कर उन्होंने जो 'कल्पना' के लिए 'प्रतिभा' का प्रयोग नहीं किया उसका कारण क्या है? ऐसा लगता है कि, ''कल्पना' को वे वह स्थान नहीं देना चाहते थे जो भारतीय काव्य-चिन्तन में 'प्रतिभा' को प्राप्त है। वे एडिसन से पूर्णत: सहमत होते हुए यह मानते थे कि 'कल्पना सर्वथा नवीन और मौलिक सृष्टि नहीं कर सकती।'' वे कहते हैं—'प्रत्यक्ष रूप-विधान के उपादान से ही कल्पित रूप विधान होता है।'' ऐसी स्थिति में 'कल्पना' 'प्रतिभा' नहीं हो सकती। प्रतिभा में जो नवीन उद्भावना की क्षमता होती है उसे लोकातिकान्तगोचरनिर्मिति' कहा गया है। आचार्य शुक्ल के अनुसार कल्पना में लोक के अतिक्रमण की क्षमता नहीं होती। इससे यह अनुमान लगाया जा सकता है कि, 'शब्दों' के प्रयोग में वे कितने सतर्क थे। इसमें सन्देह नहीं कि उन्होंने 'कल्पना' सम्बन्धी अवधारणा पाश्चात्य विचारकों (विशेषत: एडिसन) से ली किन्तु उस अवधारणा को उन्होंने अपने अनुभव और अध्ययन के बल पर विकसित और पुष्ट किया। एडिसन के बाद भी पाश्चात्य समीक्षा के क्षेत्र में 'कल्पना' के सम्बन्ध में जो विमर्श हुआ उससे वे परिचित थे। कल्पना को अधिक महत्त्व देने और उसे सर्वथा नवीन उद्भावना करनेवाली शक्ति मान लेने के परिणामस्वरूप ही 'व्यक्ति-वैचित्र्य' का सिद्धान्त सामने आया जो आचार्य शुक्ल के अनुसार हृदय के नकली कारखाने में ही ढल सकता था और जिससे मात्र कुतूहल की ही सृष्टि हो सकती थी। इसीलिए उन्होंने कल्पना को काव्य का साधन माना। इससे आगे वे नहीं गए। इससे उनके आत्मविश्वास का अनुमान लगाया जा सकता है। नि:सन्देह हिन्दी काव्य-चिन्तन के क्षेत्र में आचार्य शुक्ल का व्यक्तित्व अन्यतम है। हम काव्य-सम्बन्धी उनके विचारों का जितना ही अनुशीलन करेंगे उनके व्यक्तित्व की महत्ता से उतना ही अधिक प्रभावित होंगे।

सन्दर्भ

1. The History starts with the elementrary recongition, first, of a mental image accompanying sense perception (and viewed by the materia list as real and an impress made by the object, by the idealist as mere appearance by the dualist with depreciation as dependent on matter and the senses), and secondly of images occurring in the absence of any object and in various combination, which might be depreciated as fictitious, suspected as proceeding from the passsions, valued as divinely inspired, of simply examined as psychological phenomena.

   Princetion: Encyclopedia of poetry and poetics, p. 371
2. पाश्चात्य दर्शन की मुख्य अवधारणाएँ पृ. 2०
3. Imagination, which is used throughout as identical with fancy, is defined as a faculty of the human mind, which receives images of external objectss such as are conveyed in it by the eyes when they are in contact with them or such as are drawn by the menory of visual imagess. aroused by paitings, statues, and descriptions of those objects. The mind can not have any object which it does not originally receive therought eyes. But it is copable is retaining, altering, eliminating and combining these images in innumerable ways. Literary Criticism p. 180
4. But Lockian and Cartesian Schools were responsible for shaping the aesthetic theory as presented by him in his papers on 'pleasures of the Imagination.' In the spectator from No. 411 to 421 -Comparative Aesthetics, vol, II, p. 234
5. हिन्दी गद्य के नर्माता पं. बालकृष्ण भट्ट, पृ. 317
6. रस मीमांसा, पृ. 348
7. वही, पृ. 26०
8. रस-मीमांसा, पृ. 259
9. वही, पृ. 26०
10. वहीं, पृ. 251
11. वही, पृ. 251
12. रस मीमांसा, पृ. 1०5
13. रस-मीमांसा, पृ. 11०
14. वही, पृ. 11०
15. वहीं, पृ.111
16. चिन्तामणि, भाग 2, पृ. 88

17. 'The world of imagination is the world of eternity...The world of imagination is infinite and eternal, whereas the world of generation or vegatation is finite and temporal.
18. Of this, he said he was merely secrelary, 'the authore are in Eternity. I Consider it the grandest poem this world contains. Unfortunalely was World' was radically different, and its opinions was entirely correct. The mystic, writings which form so large a part of Blake's output were valueless'
19. रस मीमांसा, पृ. 349
20. रस-मीमांसा, पृ. 339
21. वही, पृ. 340
22. रस-मीमांसा, पृ. 341
23. वही, पृ. 345
24. वही, पृ. 127
25. रस-मीमांसा, पृ. 148
26. वही, पृ. 150
27. वही, पृ. 281
28. रस-मीमांसा, पृ. 294
29. रस-मीमांसा, पृ. 259
30. वही, पृ. 310
31. वही, पृ. 310
32. वही, पृ. 312
33. रस-मीमांसा, पु. 26
34. वही, पृ. 308
35. 'It (The secondary imagination) dissolves; diffuses, dissipates, in order to recreate; or where this process is rendered impossible, yet still at all events it struggles to idealize and to unify'.—Literary Criticism, p. 265
36. देखिये, रस सिद्धान्त और सौन्दर्य-शास्त्र, डॉ. निर्मला जैन, पृ. 413
37. श्रद्धा भक्ति, चिन्तामणि, भाग 1, पृ. 22
38. 'The mind can not have any object which it does not originally receive through eyes.'—Literary Criticism, p. 180

10

आचार्य रामचन्द्र शुक्ल और परवर्ती हिन्दी-आलोचना

आचार्य रामचन्द्र शुक्ल का साहित्यिक व्यक्तित्व बहुआयामी था। आज उन्हें एक आचार्य एवं आलोचक के रूप में विशेष प्रतिष्ठा प्राप्त है, किन्तु वे एक सफल इतिहास-लेखक, भाषा-विद, अन्वेषक, कोशकार' सम्पादक और अनुवादक के रूप में भी समान प्रतिष्ठा के अधिकारी हैं। आज साहित्य के इन क्षेत्रों में जिस स्तर का कार्य अलग-अलग विशेषज्ञ कर रहे हैं, अपने समय में उन्होंने अकेले सभी क्षेत्रों में उससे उच्चस्तर का कार्य किया है। यहाँ हम केवल यह देखने की चेष्टा करेंगे कि आलोचना के क्षेत्र में उन्होंने जिस 'लोक-मंगल-विधायक रसवाद, की प्रतिष्ठा की थी और व्यावहारिक स्तर पर जिस विवेचनात्मक पद्धति की शुरुआत की थी उनके बाद उसका विकास किस रूप में हुआ। उनके बाद की हिन्दी आलोचना उनके प्रभाव से कहाँ तक मुक्त है और कहाँ तक वह उनके दिखाए हुए मार्ग पर अग्रसर हुई है।

आलोचना के क्षेत्र में भी आचार्य शुक्ल ने कई दिशाओं में कार्य किया है। उनके कार्य की एक दिशा है—भारतीय काव्य-सिद्धान्तों का पुनराख्यान या युग-प्रवृत्ति के सन्दर्भ में उनकी पुनर्व्याख्या। दूसरी दिशा है—पाश्चात्य सिद्धान्तों का अनुशीलन और भारतीय काव्य-सन्दर्भ में उनका विवेकपूर्ण संग्रह। तीसरी दिशा है— काव्य-कृतियों एवं प्रवृत्तियों का विवेचन कहना न होगा कि इन तीनों दिशाओं में उनका कार्य महनीय है। काव्य-कृतियों के विवेचन की भी तीन दिशाएँ हैं। एक है कृतियों में अन्तर्निहित विचारधारा को लक्षित करना और उसका स्वरूप स्पष्ट करना-दूसरी है कृति के ऐतिहासिक-सांस्कृतिक परिवेश की व्यापक पीठिका को उभारकर उसके सन्दर्भ में कृति का महत्त्व प्रतिपादन करना और तीसरी है—भाषिक विश्लेषण के द्वारा कृति में निहित भाव-सौन्दर्य का उद्घाटन करना। आचार्य शुक्ल की समीक्षा में इन तीनों दिशाओं को लक्षित किया जा सकता है। आचार्य शुक्ल के बाद भारतीय काव्य-सिद्धान्तों के पुनराख्यान की परम्परा

विश्वविद्यालयों में होनेवाली शोध-परक समीक्षा के माध्यम से पर्याप्त समृद्ध हुई हैं। इस दिशा में डॉ. नगेन्द्र, डॉ. देवेन्द्र शर्मा, छैलविहारी गुप्त, 'राकेश', डॉ. राममूर्ति त्रिपाठी, डॉ. वटेकृष्ण, डॉ. भोलाशंकर व्यास, डॉ. आनन्द प्रकाश दीक्षित, डॉ. तारकनाथ बाली, डॉ. देशराज सिंह भाटी, डॉ. भगीरथ दीक्षित, डॉ. शंकरदेव अवतरे, डॉ. प्रेमस्वरूप गुप्त तथा डॉ. विजेन्द्रनारायण सिंह के कार्य उल्लेखनीय हैं। इस सन्दर्भ में यह ध्यान देने की बात है कि सर्वाधिक विवेचन रस-सिद्धान्त को लेकर किया गया है। उसे मनोवैज्ञानिक, सामाजिक और द्वन्द्वात्मक भौतिकवाद के आलोक में देखा-परखा गया है। समग्र काव्यशास्त्र का पुनराख्यान कम हुआ है। रस के बाद 'ध्वनि' और 'वक्रोक्ति' सिद्धान्तों की चर्चा हुई है। पाश्चात्य काव्य-चिन्तन और भारतीय सन्दर्भ में उसकी उपयोगिता पर विचार तथा दोनों के आधार पर संश्लिष्ट समीक्षा-सिद्धान्त की रचना की जो शुरुआत आचार्य शुक्ल ने की थी ठीक उसी रूप में उसका विकास तो नहीं हुआ, किन्तु उनके बाद तुलनात्मक काव्य-शास्त्र की एक परम्परा अवश्य चल पड़ी। आचार्य शुक्ल के जीवनकाल में ही लक्ष्मीनारायण सुधांशु ने काव्य में अभिव्यंजनवाद (सन् 1963 ई.) लिखकर इस दिशा में प्रयास आरम्भ कर दिया था। उसके बाद डॉ. नगेन्द्र, डॉ. देवेन्द्र शर्मा, डॉ. विष्णुदत्त राकेश, डॉ. निर्मला जैन, डॉ. रामनरेश वर्मा, डॉ. जगदीश शर्मा, डॉ. प्रेमकान्त टंडन आदि ने इस दिशा में उल्लेखनीय कार्य किया है। डॉ. नगेन्द्र अभिनन्दन ग्रन्थ के दूसरे खंड को नए-पुराने समीक्षकों ने मिलकर एक प्रकार से तुलनात्मक साहित्य शास्त्र ही बना दिया है। इस प्रकार के अध्ययन से हिन्दी की सैद्धान्तिक समीक्षा का क्षितिज तो निस्सन्देह विस्तृत हुआ है और उसमें विश्वजनीनता आई है, किन्तु इससे आचार्य शुक्ल का उद्‌देश्य पूरा नहीं हुआ है। आचार्य शुक्ल पाश्चात्य सिद्धान्तों के उपयोगी तत्त्वों को ग्रहण करके भारतीय एवं पाश्चात्य दोनों के संश्लेष से हिन्दी का एक स्वतन्त्र समीक्षाशास्त्र विकसित करना चाहते थे। इसीलिए उन्होंने पाश्चात्य सिद्धान्तों की मौलिक व्याख्या करके उनका भारतीय काव्य-सिद्धान्त के भीतर उचित सन्निवेश किया है। रस-सिद्धान्त का पुनराख्यान जिस स्तर पर आचार्य शुक्ल ने किया था उसे भी विकसित नहीं किया जा सका। आचार्य शुक्ल ने रस-सूत्र के भीतर 'विभाव' के महत्त्व को पहचाना। विभाव, भाव के कारण हैं। चूँकि हमारे भीतर भावों को जगाने और तीव्र करने का काम बाह्य दृश्य और परिस्थितियाँ करती हैं इसलिए हमारी परिस्थिति हमारे भावों का आलम्बन है। काल की गति के अनुसार किसी जन समाज के बीच जो गूढ़ और चिन्त्य परिस्थितियाँ उत्पन्न होती रहती हैं वे सब हमारे भावों का विषय हो सकती हैं। इन परिस्थितियों को अपने अनुकूल बनाकर जीवन में सुख-शान्ति की स्थापना के लिए 'उत्साह' का संचार आवश्यक है। यह 'उत्साह' तभी जागृत हो सकता है

जब हमारे भीतर दूसरे के दु:ख से दु:खी होकर उसे दूर करने की बलवती भावना या 'करुणा' बीजरूप में हमें प्रेरित करती रहे। 'प्रेम' भी हमें उत्साहित कर सकता है, किन्तु 'करुणा' में उससे अधिक व्याप्ति है। इसलिए ऐसे महाकाव्य जिनका बीजभाव 'करुणा' है, हमें लोक-मंगल में प्रवृत्त कर सकते हैं। शुक्ल जी ने ऐसे काव्यों को लोक-मंगल की साधनावस्था का काव्य कहा। ऋषि वाल्मीकि प्रणीत 'रामायण' और तुलसीकृत 'रामचरितमानस' इसी कोटि के महाकाव्य हैं। दोनों में राम के रूप, गुण, शील, स्वभाव तथा रावण की विरूपता, अनीति, अत्याचार का विशद चित्र अंकित है। रावण लोक-पीड़क है, राम लोक रक्षक राम पूरे उत्साह से रावण और उसके अनुयायी राक्षसों का दमन करते हैं। उनके प्रत्येक कार्य और प्रत्येक भावना को पाठकों का समर्थन प्राप्त है। पाठक उनके क्रोध, प्रेम, उत्साह, करुणा सभी के साथ तादाम्य अनुभव करता हुआ रस-मग्न होता है। ऋषि वाल्मीकि और महात्मा तुलसीदास का जन-मानस पर व्यापक प्रभाव इसीलिए है कि उनकी कृतियाँ लोक-मंगल की प्रेरणा से लिखी गई है। इस प्रकार साहित्य में लोक-मंगल-विधायिनी कृतियों की श्रेष्ठता निर्विवाद है। साहित्य के सम्बन्ध में इसे आप उपयोगितावादी सिद्धान्त कह सकते हैं और यह भी कह सकते हैं कि यह 'पाश्चात्य उपयोगितावाद का भारतीयकरण है।''[1] या यह कि, उनका लोकहितवाद रस्किन और टाल्स्टाय के धार्मिक उपयोगितावाद का भारतीय संस्कृति के अनुरूप नवीन रूपान्तर है।''[2] इसे मान लेने पर भी (यद्यपि आचार्य शुक्ल ने टाल्स्टाय के 'पापी के प्रति घृणा नहीं, दया' वाले सिद्धान्त का विरोध किया है और इस तथा इसी प्रकार के अन्य विलायती मन्त्रों के उच्चारण के प्रति सावधान किया है?3) यह स्वीकार करना होगा कि पाश्चात्य चिन्तन को भारतीय संस्कृति के अनुरूप रूपान्तरित करना और फिर परम्परागत रस सिद्धान्त के सूत्र के भीतर उसका समावेश करते हुए अपने देश में सर्वाधिक मान्य काव्य-कृतियों के आधार पर उसका विवेचन करना असाधारण प्रतिभा का कार्य है। यह कार्य उनके बाद किसी दूसरे ने नहीं किया।

पाश्चात्य काव्य-सिद्धान्तों का अध्ययन करनेवालों में डॉ. नगेन्द्र, डॉ. देवेन्द्र शर्मा, श्री नेमिचन्द्र जैन, डॉ. निर्मला जैन, डॉ. महेन्द्र चतुर्वेदी, डॉ जगदीशचन्द्र जैन, डॉ. भगीरथ दीक्षित उल्लेखनीय हैं। इनके अध्ययनों से हिन्दी का पाठक पाश्चात्य काव्य-सिद्धान्तों से परिचित हुआ है। किन्तु इन सिद्धान्तों का भारतीय निकष पर मूल्यांकन बहुत कम हुआ है। इन सिद्धान्तों को यहाँ-वहाँ उद्धृत अवश्य किया जाने लगा है, किन्तु इनके आधार पर भारतीय क्लैसिकल साहित्य या नए हिन्दी-साहित्य का सहज विवेचन नहीं हुआ है। तात्पर्य यह कि अनुसन्धानात्मक दृष्टि से भारतीय काव्य-सिद्धान्तों एवं पाश्चात्य सिद्धान्तों के स्वतन्त्र अध्यन तथा तुलनात्मक अध्ययन के क्षेत्र में तो विशेष कार्य हुआ है, किन्तु दोनों के विवेकपूर्ण

संश्लेष का कार्य आगे नहीं बढ़ा है। इसका कारण यह है कि द्वितीय महायुद्ध की समाप्ति तथा स्वतन्त्रता प्राप्ति के बाद—'नवलेखन' का आन्दोलन चल पड़ा जिसके लिए आधुनिक होना पहली शर्त थी। नव-लेखकों ने 'प्रसाद' और प्रेमचद के साथ ही आचार्य शुक्ल की चिन्तन परम्परा को भी नकार दिया। यह उनकी असमर्थता भी हो सकती है और सांस्कृतिक संक्रान्ति के क्षणों में जीवन के नए दृष्टिकोण की तलाश की त्वरा में पिछली पीढ़ी को नकारने की सतर्क चेष्ठा भी। इस सम्बन्ध में डॉ. रामस्वरूप चतुर्वेदी का साक्ष्य पर्याप्त होगा। "यह एक विचित्र सादृश्य है कि प्रेमचन्द तथा प्रसाद के समान ही साहित्य-चिन्तन के क्षेत्र में भी विकास का क्रम आचार्य रामचन्द्र शुक्ल पर 'रुक गया। समीक्षा के जिन सिद्धान्तों के प्रतिपादन शुक्ल जी न किया था, आगे चलकर उनका कुछ संशोधन परिवर्द्धन भले ही किया गया हो, परन्तु इस दिशा में साहित्य-चिन्तन की कोई नवीन-पद्धति जन्म न ले सकी।"[4]

वस्तुत: आचार्य शुक्ल के उपयोगितावादी या लोक-मंगलवादी दृष्टि का विरोध तो उनके समय में ही स्वच्छन्दतावादी या सौष्ठववादी समीक्षक आचार्य नन्ददुलारे वाजपेयी ने बड़े उत्साह से आरम्भ कर दिया था। उन्होंने शुक्ल जी की 'छायावाद' सम्बन्धी मान्यता का विरोध करते हुए कहा था, "इस छायावाद को हम पंडित रामचन्द्र शुक्ल जी के कथनुसार केवल अभिव्यक्ति की एक लाक्षणिक प्रणाली विशेष नहीं मान सकेंगे। इसमें एक नूतन सांस्कृतिक मनोभावना का उद्‌गम है और एक स्वतन्त्र दर्शन की वियोजना भी। पूर्ववर्ती काव्य से इसका स्पष्टत: पृथक अस्तित्व और गहराई है।"[5] इसी प्रकार शुक्ल जी के 'अभिव्यंजनावाद' सम्बन्धी विचारों का विरोध करते हुए उन्होंने कहा, "शुक्ल जी क्रोचे के 'अभिव्यंजनावाद' का विरोध करते हैं और 'कला के लिए कला' सिद्धान्त की खिल्ली उड़ाते हैं जब कि क्रोचे और ब्रैडले जैसे कलावादियों ने 'अभिव्यंजनावाद' या कलावाद के मूल में उत्कृष्टतम मानसिक तत्त्व और प्रतिभा का अध्याहार कर दिया।"[6] वाजपेयी जी के बाद डॉ. नगेन्द्र दूसरे बड़े समीक्षक हैं जिन्होंने आचार्य शुक्ल के नैतिक एवं उपयोगितावादी दृष्टिकोण को संकुचित बताया है। वे कहते हैं, "कविता को—व्यापक अर्थ में रस के साहित्य अथवा ललित वाङ्मय को—मैं मूलत: आत्माभिव्यक्ति ही मानता हूँ।"[7] कहना न होगा कि आत्माभिव्यक्ति का सिद्धान्त वस्तु-तत्त्व को गौण मानता है। आचार्य शुक्ल कभी भी वस्तु-तत्त्व को गौण स्वीकार नहीं कर सकते थे। डॉ. नगेन्द्र आत्माभिव्यक्ति से उत्पन्न आनन्द को परिष्कृत और सभी प्रकार के नैतिक-सामाजिक मूल्यों से स्वतन्त्र मानते हैं। उनका कहना है, "लेखक की निश्छल आत्माभिव्यक्ति के द्वारा जो परिष्कृत आनन्द प्राप्त होता है वह स्वयं एक बड़ा वरदान है—नैतिक एवं सामाजिक मूल्य से स्वतन्त्र भी उसका एक

स्वतन्त्र महत्त्व है, जिसको तुच्छ मझना स्थूल बुद्धि का परिचय देना है।''[8] शुक्ल जी अभिव्यक्ति के आनन्द को नैतिक-सामाजिक मूल्यों से स्वतन्त्र स्वीकार नहीं कर सकते थे।

सौष्ठववादी आलोचकों की भाँति मार्क्सवादी समीक्षकों ने भी आरम्भ में आचार्य शुक्ल का विरोध किया। उनके विरोध का कारण यह था कि आचार्य शुक्ल की दृष्टि उपयोगितावादी होते हुए भी मार्क्सवादी नहीं थी। डॉ. रांगेय रामधव, श्री शिवदान सिंह चौहान तथा डॉ. नामवर सिंह ने आचार्य शुक्ल की इतिहास-दृष्टि के विषय में जो बातें कही हैं ये प्रकारान्तर से उनकी आलोचना-दृष्टि पर भी लागू होती हैं। यहाँ सभी मार्क्सवादियों द्वारा शुक्ल जी की समीक्षा की सीमाओं की उद्धरणी प्रस्तुत करना हमारा लक्ष्य नहीं है। हम केवल यह कहना चाहते हैं कि शुक्ल जी के बाद आलोचना की दो प्रमुख धाराओं-सौष्ठववादी और मार्क्सवादी ने उनके द्वारा प्रतिष्ठित मूल्यों का विरोध किया। आचार्य शुक्ल ने अपने समय में मनोविश्लेषणवादी फ्रायडीय समीक्षा-दृष्टि का भी विरोध किया था। उनके बाद कुछ दिनों तक यह दृष्टि हिन्दी-साहित्य के सन्दर्भ में आकर्षण का विषय बनी रही। डॉ. नगेन्द्र ने अपनी 'छायावाद' सम्बन्धी समीक्षाओं में इसका उपयोग किया। श्री इलाचन्द्र जोशी ने इसके सिद्धान्त-पक्ष का विवेचन प्रस्तुत किया। श्री अज्ञेय ने यत्र-तत्र स्फुट रूप से इसकी चर्चा की और कला की व्याख्या में एडलर के क्षतिपूर्ति के सिद्धान्त को वरीयता दी। इसके बाद डॉ. देवराज उपाध्याय ने कथा साहित्य के सन्दर्भ में इसका व्यापक प्रयोग किया, किन्तु धीरे-धीरे इस मत की प्रतिष्ठा के साथ कि, ''आलोच्य कृति की समीक्षा भाषिक-विश्लेषण के आधार पर की जानी चाहिए, किन्हीं बाहरी ऐतिहासिक, सामाजिक या मनोवैज्ञानिक मूल्यों के आधार पर नहीं", आलोचना की इस पद्धति का आकर्षण कम हो गया। 2 फरवरी, 1941 को आचार्य शुक्ल का शरीरान्त हुआ। 1943 ई. में तारसप्तक का प्रकाशन हुआ 1946 ई. में अज्ञेय' ने प्रतीक का प्रकाशन आरम्भ किया। 15 अगस्त, 1947 ई. को देश स्वतन्त्र हुआ और 1951 ई. में दूसरे सप्तक का प्रकाशन और 'नई कविता' के युग का आरम्भ साथ-साथ हुआ। तार सप्तक के कवि मार्क्सवाद से सम्बद्ध थे। दूसरे सप्तक के कवि मार्क्सवाद के प्रति कभी आकृष्ट भले रहे हों, वे अन्ततः इसके प्रभाव क्षेत्र से बाहर हो चुके थे। इस प्रकार 1941 से लेकर 1951 ई. तक साहित्य के क्षेत्र में एक प्रकार का मन्थन चल रहा था। मार्क्सवाद-प्रेरित 'प्रगतिवाद' का आन्दोलन धीरे-धीरे अपना प्रभाव खो रहा था और साहित्य के क्षेत्र में नए मूल्यों और अभिव्यक्ति की नई भंगिमा की तलाश जारी थी। 'नई कविता' और उसके समर्थक समीक्षकों का मूल स्वर उपयोगितावादी नहीं था। जो कवि और समीक्षक नए मार्ग का अन्वेषण कर रहे थे, आचार्य शुक्ल जैसे दृढ़ लोक मंगलवादी

विचारक से प्रेरणा या शक्ति कैसे ग्रहण कर सकते थे।?

1952 ई. के आसपास ही प्रसिद्ध मार्क्सवादी समीक्षक श्री शिवदान सिंह चौहान ने शुक्ल जी की समीक्षा दृष्टि पर एकांगी समाजशास्त्रीय होने का आरोप लगाया था। इसके पूर्व 1943 ई. (2000 वि.) में ही श्री शिवनाथ ने आचार्य शुक्ल को फ्रान्स की राज्यक्रान्ति (1789) के आगे-पीछे उत्पन्न मध्यवर्ग के उत्थानकाल के प्रतिनिधि यूरोपीय चिन्तकों कांट, हीगेल, स्पिनोजा, लॉक, ह्वूम, मिल, स्पेंसर आदि के विज्ञान-प्रसूत-बुद्धिवादी विचारों से प्रभावित बताकर प्रकारान्तर से उनके 'लोकवाद' को मध्यवर्गीय हितों तक ही सीमित सिद्ध करने का प्रयास किया था। 1955 ई. में आलोचना के अक्टूबर अंक में उन्होंने इस आरोप को और अधिक स्पष्ट रूप में दुहराया। 1955 ई. में डॉ. रामविलास शर्मा ने आचार्य रामचन्द्र शुक्ल और हिन्दी आलोचना लिखकर पूरे विश्वास से रांगेय राघव, प्रकाशचद्र गुप्त, नामवर सिंह जैसे मार्क्सवादियों और आचार्य हजारीप्रसाद द्विवेदी जैसे सांस्कृतिक दृष्टि सम्पन्न मानवतावादी विचारकों के मतों का तर्कपूर्ण खंडन करके आचार्य शुक्ल के मत का विस्तार से प्रतिपादन किया। इसी समय आचार्य नन्ददुलारे वाजपेयी का नया साहित्य नए प्रश्न प्रकाशित हुआ। इस समय तक आते-आते उनका शुक्ल जी के विरोध का स्वर एकदम शान्त हो गया है और वे उनकी आलोचनात्मक उपलब्धियों की प्रशंसा करते हुए कहते हैं, ''शुक्ल जी की समीक्षाएँ एक अतिशय सन्तुलित ऐतिहासिक चेतना का निर्माण और विन्यास करती हैं।''[9] यही नहीं, वे यह भी कहते हैं, ''आचार्य रामचन्द्र शुक्ल ने भारतीय साहित्य के विशाल अध्ययन के आधार पर हिन्दी के नवीन और प्राचीन कवियों के सम्बन्ध में अन्तरंग समीक्षाएँ लिखी हैं, वे ही हमारे लिए आलोक-स्तम्भ का काम दे रही हैं।''[10] इस प्रकार 1955 ई. के आसपास सौष्ठववादी समीक्षक आचार्य वाजपेयी और प्रखर मार्क्सवादी समीक्षक डॉ. रामविलास शर्मा दोनों दो भिन्न चिन्तन पद्धतियों से चलकर आचार्य रामचन्द्र शुक्ल के निकट आते हैं। आचार्य वाजपेयी 'भाववादी विचारधारा के प्रतिनिधि हैं और डॉ. रामविवास शर्मा वस्तुवादी विचारधारा के आचार्य वाजपेयी आचार्य शुक्ल के नैतिक और मर्यादावादी काव्यादर्श को इसलिए महत्त्व देते हैं कि वह द्विवेदी-युग की सुधारवादी जीवन दृष्टि को रामचरितमानस जैसे आध्यात्मिक ग्रन्थ की आदर्शवादी चेतना के भीतर समाहित करके प्रतिष्ठित हुआ है। डॉ. शर्मा आचार्य शुक्ल को इसलिए महत्त्व देते हैं कि उनकी चिन्तन-पद्धति वैज्ञानिक है और वे विकासवाद को बहुत दूर तक स्वीकार करके ऐतिहासिक भौतिकवाद के निकट आ गए हैं। इससे हम एक निष्कर्ष यह निकाल सकते हैं कि किसी तात्कालिक प्रतिक्रिया या प्रभाव के कारण आन्दोलन के रूप में उभरनेवाली काव्य-प्रवृत्ति के आधार पर उद्भावित आलोचना-दृष्टि बहुत दूर तक हमारा साथ

नहीं दे सकती। अन्ततः हमें मानव-जीवन की गम्भीर व्याख्या करनेवाली तत्त्व-दृष्टि से अपने को समृद्ध करना ही होगा, चाहे वह भाववादी हो या वस्तुवादी। आचार्य वाजपेयी जब आचार्य शुक्ल का प्रखर विरोध कर रहे थे तब वे बहुत कुछ छायावादी काव्य-वैभव और अभिव्यंजनवादी काव्य दर्शन के तात्कालिक प्रभाव से उत्साहित थे। 1955 ई. में जब उन्होंने शुक्ल जी की उपलब्धियों की प्रशंसा की तब वे पूरे भारतीय एवं पाश्चात्य काव्य-चिन्तन को ध्यान में रखकर प्राचीन एवं सामयिक साहित्य के मूल्यांकन के लिए एक सामान्य निकष की आवश्यकता का अनुभव कर रहे थे। इसी प्रकार प्रगतिवादी काव्यान्दोलन को विशेष महत्त्व देने तथा मार्क्सवादी दर्शन को भारतीय साहित्य एवं जन-जीवन की गहरी छानबीन किए बिना ही शीघ्र प्रतिष्ठित कर देने की त्वरा में आरम्भ में मार्क्सवादी समीक्षकों ने शुक्ल जी का विरोध किया। डॉ. रामविलास शर्मा ने इस विवेक-हीनता को पहचाना और उन्होंने न केवल 1955 ई. में शुक्ल जी का समर्थन किया, वरन् 1973 ई. में अपनी पुस्तक के तीसरे संस्करण में जोर देकर कहा, ''आधुनिक हिन्दी-साहित्य के विकास के सन्दर्भ में शुक्ल जी के आलोचना कार्य का अध्ययन अत्यन्त आवश्यक है, यह विश्वास मुझे सन् '55 में भी था; सन् '73 में वह विश्वास और भी दृढ़ हो गया है।''[11] डॉ. शर्मा के बाद प्रसिद्ध मार्क्सवादी समीक्षक डॉ. शिवकुमार मिश्र ने सन् 1975 में 'यथार्थवाद' के सम्बन्ध में विचार करते हुए लिखा, ''हिन्दी-साहित्य-चिन्तन के क्षेत्र में आचार्य शुक्ल का उदय एक युगप्रवर्तक घटना है। आचार्य शुक्ल के माध्यम से हिन्दी के साहित्य-चिन्तन को न केवल एक पुष्ट वैचारिक आधार प्राप्त हुआ, वरन अपने जागृत विवेक एवं प्रखर सामाजिक चेतना के बल पर उन्होंने साहित्य एवं कला की समस्त प्रकार की अस्पष्ट मान्यताओं को एक ओर रखते हुए उनके दृढ़ सामाजिक एवं लौकिक आधार की विवेचना की। उनके प्रखर सामाजिक चिन्तन का ही परिणाम है कि आगे साहित्य एवं कला की सुस्पष्ट एवं सही व्याख्या के लिए मार्ग प्रशस्त हुआ।''[12] इस प्रकार डॉ. शर्मा के '73 के विश्वास को 75 ई. में डॉ. मिश्र ने पुष्ट किया। प्रसन्नता, का विषय यह है कि युवा मार्क्सवादी समीक्षकों में विशेष उत्साही नन्दकिशोर नवल 1981 ई. में भी शुक्ल जी की श्रेष्ठता स्वीकार करते हुए लिखते हैं, ''यह शुक्ल जी की श्रेष्ठता का प्रमाण है कि वे शास्त्रीयतावाद के साथ-साथ स्वच्छन्दतावाद की विकृतियों से भी परिचति थे। इसी से एक ओर जहाँ उन्होंने शास्त्रीयतावाद की रूढ़ियाँ तोड़ीं, वहीं दूसरी ओर स्वच्छन्दतावाद की भी व्यक्ति वैचित्र्यवाद' से बचाने की चेष्टा की।''[13] मार्क्सवादी समीक्षकों में अपनी बुद्धिमत्ता, विवेक और समय की गति की पहचान के लिए विख्यात डॉ. नामवर सिंह में आचार्य शुक्ल को अनेक सन्दर्भों में याद किया है। यह दूसरी बात है कि जब वे आचार्य द्विवेदी के साथ उनका स्मरण

करते हैं तो उन्हें उनकी काव्य-दृष्टि और इतिहास-दृष्टि संकुचित दिखाई पड़ती है और जब अलग से पूरे हिन्दी-साहित्य के विकास-क्रम में विचार करते हैं तो उन्हें विश्वप्रपंच की भूमिका 'उस युग को ही नहीं, बल्कि आज के युग को देखते हुए भी दार्शनिक विवेचन का अप्रतिम निबन्ध' प्रतीत होता है?[14] और शुक्ल जी की रसानुभूति की 'यथार्थवादी धारणा काव्यशास्त्र ही नहीं, सौन्दर्यशास्त्र के लिए भी क्रान्तिकारी'[15] लगने लगती है। 1983 ई. में सम्पादित चिन्तामणि-3 की भूमिका में उन्होंने अनेक स्थलों पर शुक्ल जी के आलोचक व्यक्तित्व के वैशिष्ट्य की सराहना की है। सम्भव है, आचार्य शुक्ल की ग्रन्थावली के सम्पादक डॉ. नामवर सिंह ग्रन्थावली की भूमिका के रूप में आचार्य की हिन्दी में प्रतिष्ठित गरिमामयी मूर्ति के सम्बन्ध में कुछ विशेष कहकर उसके महत्त्व का प्रतिपादन करें।

यह हम कह चुके हैं कि 1955 ई. तक आते-आते वाजपेयी जी शुक्ल जी के व्यापक महत्त्व को स्वीकार करने लगे थे। उनके बाद भाववादी विचारकों के एक शुद्ध अध्यात्मवादी वर्ग ने भले ही शुक्ल जी के रस-चिन्तन को स्वीकार न किया हो, किन्तु मार्क्सवाद के प्रभाव क्षेत्र के बाहर के अनेक साहित्यकार उनके विचारों का महत्त्व बराबर स्वीकार करते रहे। इस परम्परा में बाबू गुलाबराय, आचार्य विश्वनाथ मिश्र, कृष्णशंकर शुक्ल, डॉ. देवराज, डॉ. भगीरथ मिश्र जैसे विद्वानों का नाम विशेष रूप से उल्लेखनीय है। इस क्रम में डॉ. राममूर्ति त्रिपाठी विशेष रूप से उल्लेखनीय हैं। उन्होंने आचार्य शुक्ल के लोक-मंगल के सिद्धान्त की विस्तृत विवेचना करते हुए न केवल उसके विरुद्ध आचार्य नन्ददुलारे वाजपेयी द्वारा उठाई गई शंकाओं का समाधान किया है, वरन नामवर सिंह द्वारा निर्दिष्ट की गई सीमाओं का अनौचित्य भी प्रतिपादित किया है।''[16]

उपरोक्त विवेचन के आधार पर हम विश्वासपूर्वक कह सकते हैं कि परवर्ती हिन्दी आलोचना के मार्क्सवादी और गैर मार्क्सवादी दोनों खेमों में शुक्ल जी का महत्त्व अपनी-अपनी सीमाओं में स्वीकार किया गया है।

हम आरम्भ में कह आए हैं कि आचार्य शुक्ल के कार्य की तीसरी दिशा है—काव्य कृतियों एवं प्रवृत्तियों का विवेचन। इस दिशा में आचार्य शुक्ल की सर्वोत्तम उपलब्धि है जायसी के पद्मावत की समीक्षा इस समीक्षा में आचार्य शुक्ल ने पद्मावत में अन्तर्निहित विचारधारा को लक्षित किया है। उसकी ऐतिहासिक-सांस्कृतिक पीठिका का विस्तार से विवेचन किया है और काव्य-भाषा के विश्लेषण द्वारा उसके भाव-सौन्दर्य को उभारकर सामने रखा है। शुक्ल जी के बाद नव लेखन और नई कविता के आन्दोलन के समानान्तर क्रमशः काव्य-भाषा के विश्लेषण की प्रवृत्ति बढ़ने लगी। नई समीक्षा की प्रतिष्ठा के साथ विचारधारा और ऐतिहासिक परिवेश दोनों का अध्ययन उपेक्षित हुआ। 'शैली-वैज्ञानिक' और 'संरचनावादी' आलोचना ने भी भाषिक विश्लेषण को

सर्वाधिक महत्त्व दिया। इन समीक्षा-पद्धतियों के अन्तर्गत काव्य-कृतियों की समीक्षा करते हुए भी आचार्य शुक्ल को ही बार-बार याद किया गया है। इसका कारण यह है कि प्राचीन भारतीय समीक्षा के अन्तर्गत अलंकार, वक्रोक्ति और ध्वनि ऐसे सम्प्रदाय हैं जिनमें भाषिक विश्लेषण को पर्याप्त महत्त्व दिया गया है। शब्द-शक्तियों के विवेचन के सहारे काव्य के लक्ष्यार्थ एवं व्यंग्यार्थ तक पहुँचने की प्रक्रिया का विश्लेषण किया गया है। काव्यार्थ तक पहुँचने के लिए आधुनिक शैली-विज्ञान और संरचनावादी विवेचन से कहीं अधिक ठोस पद्धति का विकास भारतीय शब्द-शक्ति-मीमांसा में किया जा चुका है। आचार्य शुक्ल जायसी, घनानन्द और छायावादी कवियों के काव्य का विवेचन करते हुए बानगी के तौर पर काव्यार्थ तक पहुँचने के लिए शब्द-शक्तियों का प्रयोग कर चुके हैं। वे इस पद्धति को विकसित करना चाहते थे। यदि वे कुछ दिन और रहे होते तो निश्चित रूप से शब्द-शक्तियों के विवेचन द्वारा काव्य-सौन्दर्य के उद्घाटन की युगानुकूल कोई नई पद्धति अवश्य विकसित करते। कुछ भी हो, नई समीक्षा और शैली वैज्ञानिक समीक्षा के सन्दर्भ में आचार्य शुक्ल को कई बार स्मरण किया गया है। आलोचना में प्रकाशित साहित्यिक शैली-विज्ञान विषयक लेखमाला की दूसरी किश्त में डॉ. रवीन्द्रनाथ श्रीवास्तव आचार्य शुक्ल को स्मरण करते हुए कहते हैं, ''साहित्यिक सर्जनात्मक आलोचना का एक प्रमुख कार्य यह भी है कि वह प्रत्यक्ष को दृष्टान्तपरक संसार के आधार पर परोक्ष कला-रूप को उद्भासित करे। आचार्य शुक्ल ने इसे 'सामान्य' और 'विशेष' की शब्दावली में इन शब्दों में व्यक्त किया है—भारतीय काव्य-दृष्टि भिन्न-भिन्न विशेषों के भीतर से सामान्य' के उद्घाटन की ओर बराबर रही है। किसी-न-किसी 'सामान्य' के प्रतिनिधि होकर ही 'विशेष' हमारे यहाँ काव्यों में आते रहे हैं।''[17] यही नहीं, डॉ. सियाराम तिवारी ने तो 'आचार्य शुक्ल की आलोचना में नई आलोचना के तत्त्वों की खोज करते हुए बताया है कि ''नई आलोचना में काव्य-भाषा की जो सात विशेषताएँ-बिम्बात्मकता, वक्रता, विरोधाभास, अर्थ के विभिन्न स्तर, सम्पृक्तार्थों का टकराव, प्रतीक-विधान और व्यंग्योक्ति मानी जाती है, उनमें चार-बिम्ब, वक्रता, अर्थ के विभिन्न स्तर तथा विरोधाभास का उल्लेख शुक्ल जी काव्य-भाषा के अपने विवेचन-क्रम में पहले ही कर चुके हैं। अपना निष्कर्ष देते हुए वे कहते हैं, ''निष्कर्ष यह है कि नई आलोचना में स्वीकृत काव्य-भाषा की अधिकांश एवं आवश्यक विशेषताएँ रामचन्द्र शुक्ल को भी स्वीकार है।''[18] काव्य-भाषा के विश्लेषण-क्रम में विकसित 'संरचनावाद' के सन्दर्भ में आचार्य शुक्ल को स्मरण किया गया है या नहीं? मैं नहीं जानता, किन्तु कृति-विशेष की संरचनाओं के विश्लेषण में यदि कभी संरचनावादी समीक्षक शब्द-शक्तियों का उपयोग करेंगे तो आचार्य शुक्ल की चर्चा अवश्य की जाएगी। तात्पर्य यह कि आज की नवीनतम

समीक्षा पद्धतियों के बीज आचार्य शुक्ल के काव्य-भाषा विषयक चिन्तन में मिल जाते हैं। यह आकस्मिक नहीं है कि, 'सर्जन और भाषिक संरचना' नामक अपनी पुस्तक में रामस्वरूप चतुर्वेदी ने बिम्ब-विधान की चर्चा करते हुए आचार्य शुक्ल को बार-बार स्मरण किया है। हिन्दी कविता के विकास क्रम में मध्यकालीन कवियों की चर्चा करते हुए वे कहते हैं, ''जायसी और सूर की बिम्बग्राहिणी शक्ति की आचार्य रामचन्द्र शुक्ल ने सही सराहना की है।''[19] आगे वे फिर कहते हैं, ''इस प्रसंग में बिम्ब-विधान से सम्बद्ध शुक्ल जी की मान्यता उद्धृत करना उचित होगा, ''काव्य में विम्ब स्थापना (Imagery) प्रधान वस्तु है। वाल्मीकि, कालिदास आदि प्राचीन कवियों में यह पूर्णता को प्राप्त है। अंग्रेजी कवि शैली इसके लिए प्रसिद्ध हैं।''[20] 'विम्ब' शब्द आचार्य शुक्ल को भारतीय काव्य-शास्त्र से ही प्राप्त हुआ था। डॉ. चतुर्वेदी कहते हैं—'बिम्ब भारतीय काव्य-शास्त्र में न हो, कविता में है।' भारतीय काव्यशास्त्र में 'बिम्ब' पर स्वतन्त्र चिन्तन तो नहीं है, किन्तु उसकी अवधारणा के बीज अलंकार-शास्त्र में विद्यमान हैं। 'दृष्टान्त' अलंकार की परिभाषा है—'दृष्टान्तस्तु सधर्मस्य वस्तुनः प्रतिबिम्बनम्'। यदि उपमेय-उपमान में विम्ब-प्रतिबिम्ब भाव हो तो दृष्टान्त अलंकार होता है। इसी प्रकार 'निदर्शना' अलंकार में भी दो वाक्यार्थी के परस्परान्वय में 'बिम्ब-प्रतिबिम्ब-भाव' की झलक होती है। वस्तुतः ये अलंकार वस्तुसौन्दर्य के गोचर प्रत्यक्षीकरण के लिए प्रयुक्त होते हैं। आचार्य शुक्ल ने 'गोचर प्रत्यक्षीकरण' और 'बिम्ब-स्थापना' शब्दों का प्रयोग जायसी के काव्य-सौन्दर्य पर विचार करते हुए किया है। वास्तविकता तो यह है कि 'काव्य-भाषा' शब्द जो आज इतना प्रचलित है, पहली बार आचार्य शुक्ल द्वारा ही प्रयुक्त हुआ है। उन्होंने इसका प्रयोग 'मध्यकाल में काव्य-रचना के लिए स्वीकृत भाषा' के अर्थ में किया है जिसका ढाँचा पश्चिमी था, किन्तु जो ब्रजमंडल से गुजरात तक सारे उत्तरापथ में प्रचलित थी। उसके बाद 'कविता की भाषा' पद का प्रयोग उन्होंने काव्य-भाषा की विशेषताओं को लक्षित करने के लिए किया है। किसी भी कवि की समीक्षा करते हुए आचार्य शुक्ल भाषा-पक्ष का विवेचन अवश्य करते हैं। उन्होंने काव्य के वस्तु-पक्ष के मूल्यांकन के लिए ही नहीं, भाषा-पक्ष के मूल्यांकन के लिए भी शब्द रचे हैं। 'गोचर-प्रत्यक्षीकरण', 'बिम्ब-विधान', 'संश्लिष्ट योजना', 'सांकेतिक (Symbolic) भाषा', 'मूर्ति-विधान', 'जाति संकेतवाले शब्द', 'व्यापारसूचक शब्द', 'कार्य-बोधक शब्द', इस प्रकार के विशिष्ट शब्द-प्रयोगों से उन्होंने भाषागत विशेषताओं को स्पष्ट किया है। यहाँ एक बात और विचार करने की है कि आचार्य शुक्ल द्वारा विवेचित भाषा-गत वैशिष्ट्य का सूत्र पकड़कर हम कवि-विशेष या प्रवृत्ति विशेष की अन्तर्वर्ती प्राणधारा तक पहुँच सकते हैं। उदाहरण के लिए रीति-मुक्त कवि घनानन्द और छायावादी कवि पन्त

और प्रसाद की काव्य-भाषा का विवेचन करते हुए शुक्ल जी ने उसमें लक्षणा के चमत्कार की विशिष्ट प्रवृत्ति का निदर्शन किया है। लक्षणा एक प्रकार से विचलन ही है। इसके द्वारा भी अभिधेय अर्थ से हटकर एक सर्जनात्मक चमत्कारिक अर्थ लिया जाता है। लक्षणा का अधिक प्रयोग तथा भावगर्भित उक्ति-चमत्कार विशेष रूप से उन कवियों में मिलता है जो जीवन की बँधी हुई धारा से हटकर उन्मुक्त या स्वच्छन्द जीवन के आकांक्षी रहे हैं। इस प्रकार हम देखते हैं कि भाषिक-विश्लेषण के क्षेत्र में भी शुक्ल जी की पकड़ बहुत गहरी है और उसमें आधुनिक भाषिक-विश्लेषण के बीज लक्षित किए जा सकते हैं।

सन्दर्भ

1. हिन्दी-साहित्य का वृहत इतिहास, त्रयोदश भाग, पृ. 246
2. वहीं, पृ. 248
3. हिन्दी साहित्य का इतिहास, पृ. 533
4. हिन्दी नवलेखन, पृ. 17
5. हिन्दी साहित्य : बीसवीं शताब्दी, पृ. 89
6. वही, पृ. 71
7. आलोचक की आस्था, पृ. 2
8. आस्था के चरण
9. नया साहित्य: नए प्रश्न 26
10. वही, पृ. 227
11. आचार्य रामचन्द्र शुक्ल और हिन्दी आलोचना, तृतीय संस्करण की भूमिका, पृ. 26
12. यथार्थवाद, पृ. 192-93
13. हिन्दी आलोचना का विकास पृ. 157
14. चिन्तामणि-3, भूमिका, पृ. 2०
15. वही, पृ. 1०
16. देखिये—आचार्य रामचन्द्र शुक्ल जन्मशती संगोष्ठी के अवसर पर साहित्य सम्मेलन में पढ़ा गया निबन्ध, 12 मई, 1984 ई.
17. आलोचना, 42, पृ. 29
18. आलोचना, पृ. 3०
19. सर्जन भाषाई संरचना, पृ. 57
20. वही, पृ. 58

11

हिन्दी-साहित्य का इतिहास और इतिहास-दृष्टि

यह सर्वस्वीकृत तथ्य है कि आचार्य शुक्ल ने हिन्दी-साहित्य के इतिहास का एक 'पक्का और व्यवस्थित ढाँचा' पहली बार खड़ा किया है। आचार्य शुक्ल का उद्देश्य भी यही था।[1] इसलिए जिस सीमित उद्देश्य को लेकर आचार्य शुक्ल ने अपना इतिहास प्रस्तुत किया है उसमें वे पूर्णतः सफल हुए हैं, इस बात से किसी का कोई विरोध नहीं है। मतभेद, विरोध या आपत्ति उन बातों को लेकर है जो आचार्य शुक्ल के उद्देश्य की परिधि के बाहर की हैं। इसलिए परवर्ती आलोचकों के मतभेदों को देखकर यह धारणा नहीं बनानी चाहिए कि अब उनके इतिहास का महत्त्व नहीं रह गया है और वे अपने उद्देश्य में असफल रहे हैं। यहाँ पहले हम आचार्य शुक्ल की इतिहास-दृष्टि और उनके इतिहास में उसके प्रतिफलन के प्रश्न पर विचार करना चाहेंगे।

इतिहास सम्बन्धी धारणा और उसका प्रतिफलन

आचार्य शुक्ल ने साहित्य के इतिहास के सम्बन्ध में अपनी धारणा दो स्थानों पर व्यक्त की है। हिन्दी-साहित्य के इतिहास के काल-विभाजन के सम्बन्ध में विचार करते हुए और हिन्दी-साहित्य के इतिहास (प्रथम संस्करण) के सम्बन्ध में आरम्भिक वक्तव्य देते हुए काल-विभाजन के सम्बन्ध में विचार करते हुए वे कहते हैं, "जब कि प्रत्येक देश का साहित्य वहाँ की जनता की चित्तवृत्ति का संचित प्रतिबिम्ब होता है, तब यह निश्चित है कि जनता की चित्तवृत्ति के परिवर्तन के साथ-साथ साहित्य के स्वरूप में भी परिवर्तन होता चला जाता है। आदि से अन्त तक इन्हीं चित्तवृत्तियों की परम्परा को परखते हुए साहित्य परम्परा के साथ उनका सामंजस्य दिखाना ही 'साहित्य का इतिहास' कहलाता है।"[2] हिन्दी-साहित्य के इतिहास के प्रथम संस्करण के आरम्भिक वक्तव्य में वे कहते हैं—'शिक्षित जनता की जिन-जिन प्रवृत्तियों के अनुसार हमारे साहित्य के स्वरूप में जो-जो परिवर्तन होते आए हैं, जिन-जिन प्रभावों की प्रेरणा से काव्यधारा की

भिन्न-भिन्न शाखाएँ फूटती रही हैं, उन सबके सम्यक निरूपण तथा उनकी दृष्टि से किए हुए सुसंगत काल-विभाग के बिना साहित्य के इतिहास का सच्चा अध्ययन कठिन दिखाई पड़ता है।''[3] उपरोक्त प्रथम उद्धरण में तीन बातें कही गई हैं। एक तो यह कि किसी देश का साहित्य वहाँ की जनता की चित्तवृत्ति का संचित प्रतिबिम्ब होता है। दूसरी यह कि जनता की चित्त-वृत्ति के परिवर्तन के साथ-साथ साहित्य के स्वरूप में भी परिवर्तन होता चला जाता है और तीसरी यह कि चित्त-वृत्तियों (जनता की) की परम्परा को परखते हुए साहित्य परम्परा के साथ उनका सामंजस्य दिखाना ही 'साहित्य का इतिहास' कहलाता है। दूसरे उद्धरण में चित्तवृत्तियों के स्थान पर 'प्रवृत्तियों' शब्द का प्रयोग किया गया है और जनता के पहले 'शिक्षित' विशेषण लगा दिया गया है। प्रवृत्तियों के अनुसार साहित्य के स्वरूप में परिवर्तन की बात दूसरे उद्धरण में भी कही गई है। यहाँ यह स्पष्ट कर देना आवश्यक है कि दोनों उद्धरणों से साहित्य के इतिहास की जो अवधारणा बनती है उसमें कोई आधारभूत अन्तर नहीं है। 'चित्त-वृत्ति' और 'प्रवृत्ति' दोनों शब्द जनता के मानसिक रुझान के लिए ही प्रयुक्त किए गए हैं। जनता और शिक्षित जनता में अन्तर अवश्य है। साहित्य के सन्दर्भ में इस अन्तर को शुक्ल जी खूब पहचानते हैं आधुनिक काल के काव्य-खंड की नई धारा के द्वितीय उत्थान का विवेचन करते हुए वे कहते हैं ''पंडितों'' की बन्धी प्रणाली पर चलनेवाली काव्यधारा के साथ-साथ सामान्य अपढ़ जनता के बीच एक स्वच्छन्द और प्राकृतिक भाव-धारा भी गीतों के रूप में चलती रहती है।[4] आचार्य शुक्ल का संकेत ग्राम-गीतों की ओर है। उन्होंने कहा भी है 'भारतीय हृदय का सामान्य स्वरूप पहचानने के लिए पुराने परिचित ग्राम-गीतों की ओर भी ध्यान देने की आवश्यकता है, केवल पंडितों द्वारा प्रवर्तित काव्य-परम्परा का अनुशीलन ही अलम् नहीं है।''[5] वे यह भी मानते हैं कि, 'जब-जब शिष्टों का काव्य-पंडितों द्वारा बँधकर निश्चेष्ट और संकुचित होगा तब-तब उसे सजीव और चेतन-प्रसार देश की सामान्य-जनता के बीच स्वच्छन्द बहती हुई प्राकृतिक भावधारा से जीवन तत्त्व ग्रहण करने से ही प्राप्त होगा।''[6] इन उद्धरणों से स्पष्ट है कि साहित्य के सन्दर्भ में शिक्षित या शिष्ट जनता तथा अपढ़ या सामान्य जनता की भूमिकाओं से आचार्य शुक्ल अच्छी तरह परिचित हैं और वे जानते हैं कि अब तक का साहित्य का इतिहास शिक्षित लोगों की मन:प्रवृत्ति का ही निदर्शन करता है। अपढ़ या सामान्य जनता की मन:प्रवृत्ति का निदर्शन लोक-साहित्य के माध्यम से हो सकता है, किन्तु उसका इतिहास लेखन इसलिए सम्भव नहीं है कि वह मूलत: लोक-कंठ में जीवित रहता है और उसकी रचना लोक-मानस में होती है। शिक्षितों या शिष्टजनों द्वारा रचित साहित्य स्वयं समय-समय पर लोकोन्मुख होकर लोक-मानस की जीवन्त भावधारा से अपने को सिक्त करके

प्राणवान बन जाता है। यहाँ यह सब इसलिए लिखना पड़ा कि आचार्य द्विवेदी ने शिक्षित जनता की प्रवृत्तियों के स्थान पर साहित्य को 'मानव-समाज के सामूहिक चित्त की अभिव्यक्ति के रूप में देखने की बात कही है। इसमें सन्देह नहीं कि शिक्षित-जनता की प्रवृत्ति की तुलना में 'मानव-समाज' के सामूहिक चित्त की परिधि व्यापक होगी, किन्तु पोथियों में सुरक्षित साहित्य का अनुशीलन करके हम शिक्षित जनता की प्रवृत्ति को ही समझ सकते हैं। मध्यकाल के सिद्ध योगी अशिक्षित नहीं थे। बहुश्रुत होना, शिक्षित होना ही है। आधुनिक काल का पूरा साहित्य शिक्षित जनों के द्वारा ही लिखा गया है। जब हम भारतेन्दु और द्विवेदी काल की जागरण-सुधारवादी प्रवृत्ति और छायावाद-युग की राष्ट्रीय एवं सांस्कृतिक जागरण की प्रवृत्ति की चर्चा करते हैं तो शिक्षित जनता की प्रवृत्ति को ध्यान में रखकर ही ऐसा कहते हैं। अशिक्षित सामान्य जन के हृदय की अनुभूति भी शिक्षित रचनाकारों की सहानुभूति के माध्यम से ही व्यक्त होती है। अर्थात् जिन रचनाओं में अशिक्षित गँवार सर्वहारा पात्रों को चित्रित किया जाता है उनमें भी रचनाकार की ही जीवन-दृष्टि प्रधान होती है। वस्तुत: मानव समाज के सामूहिक चित्त की अभिव्यक्ति सांस्कृतिक-सामाजिक इतिहास में अधिक सम्भव है। ऐसे इतिहासकारों में अशिक्षित आदिम जातियों एवं समाज की पिछड़ी हुई उपेक्षित जातियों के रीति-रिवाज, रहन-सहन, आचार विचार, व्यवहार विश्वास, पूजा-संस्कार आदि के अध्ययन एवं उनमें प्रचलित गीतों एवं गाथाओं के विवेचन के आधार पर उनकी प्रवृत्ति का निदर्शन किया जाता है। स्वयं आचार्य द्विवेदी के इतिहास को आद्योपान्त पढ़ने के बाद ऐसा नहीं लगता कि वह मानव-समाज के सामूहिक चित्त की अभिव्यक्ति का इतिहास है। हाँ, एक बात अवश्य है। आदि काल और पूर्व मध्यकाल के बौद्ध सिद्धों, नाथ-योगियों, जैन आचार्यों एवं निर्गुण सन्तों के साहित्य के प्रति आचार्य द्विवेदी की दृष्टि अपेक्षाकृत उदार है। इसका कारण यह है कि आचार्य शुक्ल की साहित्य-दृष्टि मूलत: रस दृष्टि है। रस-दृष्टि को व्यापक आधार पर प्रतिष्ठित करते हुए वे उसे व्यक्त प्रकृति के समस्त रूपों और मानव जीवन की सभी परिस्थितियों के साथ रागात्मक सम्बन्ध की स्थापना के रूप में व्याख्यायित करते हैं और रस-सिद्ध कवि के लिए आवश्यक मानते हैं कि वह सम्पूर्ण जीवन-क्षेत्र और समस्त चराचर-क्षेत्र से मार्मिक तथ्यों का चयन करे। इसीलिए सिद्धों, योगियों और सन्तों की वाणी का अधिकांश भाग उन्हें प्रभावित नहीं करता। वह उन्हें ठोस साम्प्रदायिक उपदेश या धर्म-कथन मात्र प्रतीत होता है। वे यह अनुभव नहीं करते कि इन कवियों ने जीवन के व्यापक सन्दर्भों से मार्मिक तथ्यों का चयन किया है। द्विवेदी जी की साहित्य-दृष्टि मानववादी है। यदि डॉ. नामवर सिंह को प्रमाण माना जाए तो कहा जा सकता है—''कबीर के माध्यम से जाति-धर्म-निरपेक्ष मानव की प्रतिष्ठा

का श्रेय तो द्विवेदी जी को ही है।"[7] साहित्य की मानववादी दृष्टि के कारण हो आचार्य द्विवेदी ने 'धार्मिक प्रेरणा' या 'आध्यात्मिक उपदेश' को काव्यत का बाधक नहीं समझा और कहा कि, "धार्मिक साहित्य होने मात्र से कोई रचना साहित्यिक कोटि से अलग नहीं की जा सकती।"[8] इस प्रकार आचार्य शुक्ल और आचार्य द्विवेदी की साहित्य दृष्टि में जो अन्तर है, उसने उनको इतिहास-दृष्टि को प्रभावित किया है, किन्तु धार्मिक साहित्य या यों कहिए कि बौद्ध-सिद्धों, जैन आचार्यो, नाथ-योगियों एवं निर्गुण सन्तों के साहित्य के महत्त्व प्रतिपादन के सन्दर्भ को छोड़ दिया जाए तो शेष इतिहास लेखन में द्विवेदी जी को जाति-धर्म-निरपेक्ष मानववादी या मानव-समाज के सामूहिक चित्त को अभिव्यक्ति को महत्त्व देनेवाली दृष्टि लक्षित नहीं होती।

अब हम आचार्य शुक्ल के प्रथम उद्धरण में निर्दिष्ट दूसरी बात को लेते हैं। आचार्य शुक्ल ने कहा है कि जनता की चित्तवृत्ति के परिवर्तन के साथ-साथ साहित्य के स्वरूप में भी परिवर्तन होता चला जाता है। आचार्य द्वारा स्थापित इस बात का विरोध किसी आलोचक ने नहीं किया है। स्वयं आचार्य द्विवेदी ने हिन्दी-साहित्य को 'भारतीय चिन्ता के स्वाभाविक विकास' के रूप में स्वीकार किया है। साहित्य के स्वरूप के परिवर्तन की दिशा और गति किस प्रकार की है? यह परिवर्तन या विकास रैखिक है या चाक्रिक? धारावाहिक है या द्वन्द्वात्मक ? इन प्रश्नों को आचार्य शुक्ल ने नहीं उठाया है। उन्होंने 'परिवर्तन', 'प्रगति' एवं 'विकास' जैसे शब्दों के पारिभाषिक अन्तर पर भी विचार नहीं किया है। यह अवश्य है कि आधुनिक युग का इतिहास प्रस्तुत करते हुए उन्होंने काव्य की नई धारा के प्रथम उत्थान, द्वितीय उत्थान, तृतीय उत्थान और गद्य के प्रवर्तन, प्रसार, गति आदि की चर्चा करके विकास को निरन्तरता को रेखांकित करने का प्रयास अवश्य किया है। इन साहित्यिक उत्थानों में अन्तर्निहित चेतना के उत्कर्ष और औचित्य का मूल्याकन उन्होंने देश-भक्ति और स्वतन्त्रता आन्दोलन की सक्रियता और तीव्रता के परिणामस्वरूप बदली हुई स्थिति और मनोवृत्ति के साथ जोड़कर किया है। इसीलिए वर्तमान काव्य-धारा के तीसरे उत्थान का आकलन करते हुए वे गाँव-गाँव में राजनीतिक और आर्थिक परतन्त्रता के विरोध की भावना के जगने, कवियों द्वारा देशवासियों को स्वतन्त्रता की वेदी पर बलिदान होने की प्रेरणा देने, सामान्य जन समुदाय को साथ लेकर चलने के कारण जन-आन्दोलनों में अधिक बल का संचार होने तथा इन आन्दोलनों को संसार के और भागों में चलनेवाले आन्दोलनों के मेल में लाए जाने की प्रवृत्ति का स्वागत करते हुए कहते हैं, "सबसे बड़ी बात यह हुई कि ये आन्दोलन संसार के और भागों में चलनेवाले आन्दोलनों के मेल में लाए गए, जिससे ये क्षोभ की एक सार्वभौम धारा की शाखाओं से प्रतीत हुए। वर्तमान सभ्यता और लोक की घोर आर्थिक

विषमता से जो असन्तोष का ऊँचा स्वर पश्चिम में उठा उसकी गूँज यहाँ भी पहुँची। दूसरे देशों का धनने के लिए यूरोप में महायन्त्र प्रवर्तन का जो क्रम चला उससे पूँजी लगानेवाले थोड़े से लोगों के पास अपार धन राशि इकट्ठी होने लगी पर अधिकांश श्रमजीवी जनता के लिए भोजन वस्त्र मिलना भी कठिन हो गया। अत: एक ओर तो यूरोप में मशीनों की सभ्यता के विरुद्ध टाल्स्टाय की धर्मबुद्धि जगानेवाली वाणी सुनाई पड़ी जिसका भारतीय अनुवाद गाँधी जी ने किया; दूसरी ओर इस घोर आर्थिक विषमता की घोर प्रतिक्रिया के रूप में साम्यवाद और समाजवाद नामक सिद्धान्त चले जिन्होंने रूस में अत्यन्त उग्र रूप धारण करके भारी उलट-फेर कर दिया।'' (*इतिहास,* पृ. 645) आचार्य शुक्ल ने अपने देश में शोषक साम्राज्यवाद के विरुद्ध चलनेवाले राजनीतिक आन्दोलन के अतिरिक्त किसान आन्दोलन, मजदूर आन्दोलन, अछूत आन्दोलन को विश्व के विराट परिवर्तनवाद का अंग माना और यह भी लक्षित किया कि, ''श्री रामधारी सिंह 'दिनकर', बालकृष्ण शर्मा 'नवीन' और माखनलाल चतुर्वेदी आदि कई कवियों की वाणी द्वारा ये भिन्न-भिन्न प्रकार के आन्दोलन प्रतिध्वनित हुए।' (वही, पृ. 646) उपरोक्त विवेचन से स्पष्ट है कि ऐतिहासिक भौतिकवादी न होते हुए भी आचार्य शुक्ल देश-विदेश में घटित विश्वव्यापी प्रभाव डालनेवाली प्रत्येक घटना को सतर्क दृष्टि से देखते थे और उसके सन्दर्भ में साहित्यिक प्रवृत्तियों का विश्लेषण करते थे। प्रथम उद्धरण में तीसरी बात अधिक महत्त्वपूर्ण है, जिसमें जनता की चित्तवृत्तियों की परम्परा और साहित्य की परम्परा के सामंजस्य को साहित्य के इतिहास की मूल विशेषता बताया गया है। देखना यह है कि आचार्य शुक्ल अपने इतिहास में यह सामंजस्य दिखा सके हैं या नहीं। पहले 'वीरगाथाकाल' को लें। आचार्य शुक्ल का कथन है कि, ''वीरगाथाकाल का साहित्य मुख्यत: भारत के पश्चिमी भाग में रचा गया। अत: यह स्वाभाविक है कि उसी भू-भाग की जनता की चित्त-वृत्ति की छाप उस साहित्य पर हो।'[9] पश्चिमी भू-भाग की जनता की चित्त वृत्ति धर्म की रक्षा में प्रवृत्त राजपूत राजाओं के वीर प्रयत्नों के प्रति प्रशंसा की थी। यह उनका निष्कर्ष है। 'वीरगाथाकाल' का उपसंहार करते हुए वे कहते हैं, ''मोटे हिसाब से वीरगाथाकाल महाराज हम्मीर के समय तक ही समझना चाहिए। उसके उपरान्त मुसलमानों का साम्राज्य भारत में स्थिर हो गया और हिन्दू राजाओं को न तो आपस में लड़ने का उत्साह रहा, न मुसलमानों से जनता की चित्तवृत्ति बदलने लगी और विचारधारा दूसरी ओर चली-मुसलमानों के न जमने तक तो उन्हें हटाकर अपने धर्म की रक्षा का वीर प्रयत्न होता रहा पर मुसलमानों के जम जाने पर अपने धर्म के उस व्यापक और हृदयग्राह्य रूप के प्रचार की ओर ध्यान हुआ जो सारी जनता को आकर्षित रखे और धर्म से विचलित न होने दें।''[10] उपरोक्त उद्धरण से स्पष्ट है कि शुक्ल जी की दृष्टि में

'वीर गाथाओं' में जनता की चित्त-वृत्ति प्रतिबिम्बित है। जनता वीर गाथाओं में वर्णित राजाओं के शौर्यपूर्ण युद्धों को धर्म की रक्षा के लिए किए जानेवाले वीर प्रयत्न के रूप में देखती थी। आचार्य शुक्ल ने 'वीरगाथाकाल' में अजमेर, दिल्ली और रणथम्भौर के राजाओं द्वारा किए गए युद्धों का जो ब्योरा प्रस्तुत किया है उससे ऐसा प्रतीत होता है कि सचमुच इन राजाओं ने अपने शौर्य का उपयोग देश, जाति एवं धर्म की रक्षा के लिए ही किया था। अजमेर को बसानेवाले अजयदेव का मुसलमानों को परास्त करना, उसके पुत्र अर्णोराज का उनसे निरन्तर लड़ते रहना, अजमेर के चौहान राजा दुर्लभराज द्वितीय का मुसलमानों से लड़ते हुए मारा जाना, पृथ्वीराज चौहान का अनेक बार शहाबुद्दीन को परास्त करना और अन्त में घोर युद्ध के बाद मारा जाना, उनकी मृत्यु के बाद भी राजपूताने के स्वतन्त्र हिन्दू राजाओं का मुसलमानों से बराबर लड़ते रहना, पृथ्वीराज चौहान की वंश-परम्परा में आनेवाले रणथम्भौर के महाराज हम्मीरदेव का निरन्तर युद्धरत रहना, इतिहास का ठोस सत्य है। इन राजाओं के प्रति जनता के मन में निश्चय ही आदर का भाव रहा होगा और वह इन राजाओं की शौर्य-गाथाओं में रुचि लेती रही होगी। डॉ. नामवर सिंह इसका प्रतिवाद करते हुए कहते हैं, "ऐसी वीर गाथाओं को तत्कालीन जनता की चित्त-वृत्ति का प्रतिफलन कैसे स्वीकार कर लिया जाए जबकि बख्तियार खिलजी ने केवल दो सौ घोड़ों से समूचे अंग-बंग के राजाओं को एक लपेट में सर कर लिया और जनता के कानों पर जूँ नहीं रेंगी।"[1] डॉ. नामवर सिंह इस देश की जनता को अच्छी तरह समझते हैं। उनका निष्कर्ष इतिहास-सिद्ध घटना पर आधृत है। पर उसी इतिहास का दूसरा पक्ष भी है। भटिंडा के राजपूत राजा आनन्दपाल पर जब महमूद गजनवी ने आक्रमण किया था तो हिन्दू स्त्रियों ने अपने गहने बेचकर रुपयों से आनन्दपाल की सहायता की थी। गरीब स्त्रियों ने चर्खा कातकर और मजदूरी करके सैनिकों की मदद के लिए रुपये भेजे थे। इस ऐतिहासिक तथ्य को कैसे झुठलाया जाएगा। हाँ, यह अवश्य है कि आनन्दपाल का राज्य भारत के पश्चिमी भाग में था, जिस भाग की जनता की चित्त-वृत्ति की बात शुक्ल जी ने की है और उन राजाओं का राज देश के पूर्वी भाग में था, जिनके बख्तियार खिलजी द्वारा एक लपेट में सर कर लेने की बात नामवर सिंह ने कही है। वीर गाथाओं जनता की चित्त-वृत्ति से कोई सम्बन्ध नहीं था यह प्रतिपादित करने के बाद डॉ. नामवर सिंह कहते हैं, "जिस समाज में दुःख, दर्द, अत्याचार का स्वरूप जात-पाँत जैसी धार्मिक और नैतिक मान्यताओं के माध्यम से प्रकट होता है उस समाज में सामान्य जनता का असन्तोष स्वभावतः धार्मिक-नैतिक रूप में ही व्यक्त हो सकता है। इसलिए तत्कालीन हिन्दी जनता की भावनाओं का धार्मिक प्रतीकों में व्यक्त होना स्वाभाविक है।"[12] तात्पर्य यह कि डॉ. नामवर सिंह के अनुसार तत्कालीन जनता

की चित्त-वृत्ति का प्रतिबिम्ब धार्मिक-नैतिक साहित्य अर्थात् सिद्धों और योगियों के साहित्य में लक्षित होता है। वीरगाथा की प्रवृत्ति आदिकाल की क्षीयमाण प्रवृत्ति है और योगधारा उस समय के साहित्य की वर्द्धमान धारा है। वे कहते हैं, ''हिन्दी-साहित्य के आदिकाल में प्रवृत्ति की अराजकता नहीं थी, उसमें बेतरतीब उगी हुई प्रवृत्तियों का जंगल नहीं था। उस विविधता में भी व्यवस्था थी और वह व्यवस्था यह थी कि दो स्पष्ट विरोधी साहित्यिक प्रवृत्तियाँ -प्रचलित थीं। एक प्रवृत्ति वह थी जो क्रमशः क्षीयमाण थी, दूसरी वह थी जो क्रमशः वर्द्धमान थी। पहली का सम्बन्ध राजस्तुति, सामन्तों के चरित-वर्णन, युद्ध-वर्णन, केलि-विलास, बहुविवाह के लिए विजयोन्माद आदि से था और दूसरी का सम्बन्ध नीची समझी जानेवाली जातियों के धार्मिक असन्तोष, रूढ़ि-विरोध, बाह्याडम्बर खंडन, जातिभेद की आलोचना, उच्चतम आचार, व्यापक भगवत्प्रेम, मानवीय आत्मगौरव आदि से था एक का नाम तथाकथित वीरगाथा-काव्य है और दूसरी का तथाकथित योगधारा।''[13] इस सम्बन्ध में इतना ही निवेदन करना है कि यहाँ की सामान्य जनता के चित्त में वीर पूजा का भाव और धर्मभाव दोनों ही विद्यमान रहा है। जनता देश, जाति और धर्म-रक्षक को ही सच्चा वीर मानती रही है। रीतिकालीन कवि भूषण का वीर-काव्य इसका उदाहरण है। आश्रयदाताओं की झूठी प्रशंसा को लोक-चित्त ने कभी महत्त्व नहीं दिया। आचार्य शुक्ल ने प्रवृत्ति-निर्धारण में रचनाओं की लोक-प्रसिद्धि को भी एक आधार माना है। उन्होंने उन्हीं रचनाओं को महत्त्व दिया है जिनकी लोक-प्रसिद्धि रही है। हम्मीर के बाद वीर-काव्यों को उन्होंने स्वयं मन्दगति से प्रवाहित काव्य-धारा के रूप में देखा है। जहाँ तक योगधारा की प्रवृत्ति का प्रश्न है उसके प्रति जनता का आकर्षण सदैव एक समान नहीं रहा है। सिद्धों और योगियों की अपनी स्वनिर्मित रूढ़ियाँ भी रही हैं। यह धारा भी समय-समय पर क्षीयमाण हुई है। सिद्धों की धारा के क्षीयमाण होने पर ही योगियों की धारा वेग से प्रवाहित हुई थी और योगियों की धारा के क्षीयमाण होने पर ही निर्गुण सन्तों ने जोर पकड़ा था। इस 'योगधारा' में और चाहे जो कुछ रहा हो, 'व्यापक भगवत प्रेम' (भक्ति) तो नहीं ही था आचार्य हजारीप्रसाद द्विवेदी ने लिखा है, ''उन्होंने (गोरखनाथ ने) समस्त प्रचलित साधना मार्ग से उचित भाव ग्रहण किया। केवल एक वस्तु वे कहीं से न ले सके, वह है भक्ति।'' उन्होंने पूरे भारत में जो योग का चाला (आधारभूमि) तैयार किया था उसी में भक्ति का बीज पड़ने से निर्गुण सन्तमत की लता अंकुरित और पल्लवित हुई थी। कबीर के आविर्भाव के पहले योगधारा अपनी रचनात्मक ऊर्जा खो चुकी थी। अन्यथा कबीर योगियों को 'कच्चा सिद्ध' क्यों कहते? आचार्य द्विवेदी का तो यह भी मानना है कि, ''कबीरदास के जमाने में ही योगियों का सैनिक संगठन हो चुका था' (*नाथ सम्प्रदाय,* पृ. 22) इसके और पहले इब्नबतूता (1333 ई. के

आसपास भारत आने वाला मिस्त्री यात्री) की गवाही पर यह मान लिया जा सकता है कि, ''दीर्घकाल से साधारण जनता इन योगियों को भय की दृष्टि से देखती रही है।'' साधारण जनता योगियों से भय खाती थी और योगधारा थी कि अपनी प्रगति के प्रवाह में जनता को बहाए लिए जा रही थी। वास्तविकता यह है कि कोई भी धर्ममत अपने उदयकाल में जिन प्रगतिशील तत्त्वों को लेकर सामने आता है आगे चलकर धीरे-धीरे उन तत्त्वों के विकृत होने पर रूढ़ि-ग्रस्त होने लगता है। धर्ममत विशेष के प्रवर्तक महान धर्मगुरु के प्रति जनता की श्रद्धा बनी रहती है। यही कारण है कि सामान्य जनता इन धाराओं के अन्तर्गत होनेवाले महान पुरुषों के प्रति आकृष्ट होती रही है, पूरी धारा के प्रति नहीं। आचार्य शुक्ल की कठिनाई यह थी कि एक तो उनके सामने सामग्री कम थी, दूसरे वे रस के साहित्य को ही महत्त्व देने के पक्ष में थे। इसीलिए सिद्धों, जैनियों और योगियों की बहुत-सी रचनाओं को वे साहित्य के भीतर समाहित नहीं करना चाहते थे। हिन्दी-साहित्य के सम्बन्ध में एक विचित्र बात यह है कि आलोचकों ने आदिकाल का विवेचन करते हुए जो स्थापनाएँ की हैं, आगे चलकर उनका ध्यान नहीं रखा है। यदि धर्म का साहित्य महत्त्वपूर्ण है तो सभी कालों में उसकी महत्ता स्वीकार्य होनी चाहिए। यहाँ धर्म प्रेरित साहित्य और धार्मिक साहित्य में अन्तर करके चलना होगा। जायसी का 'पद्मावत' और तुलसी का 'मानस' धर्म-प्रेरित रचनाएँ हैं, किन्तु जैन आचार्य देवसेन का 'नयचक्र' और माइल्ल धवल का 'दव्यसहाव पयास' (द्रव्यस्वभाव प्रकाश) धार्मिक साहित्य के अन्तर्गत आनेवाली रचनाएँ हैं। यदि धार्मिक साहित्य जनता की प्रवृत्ति को सही ढंग से प्रतिबिम्बित करता है तो उसे 'रीति-काल' और 'आधुनिक काल' में भी इस दृष्टि से व्यापक प्रतिष्ठा मिलनी चाहिए। यदि यह कहा जाए कि आधुनिक काल में जाति-भेद, धर्म-भेद, वर्ग-भेद और वर्ण-भेद कम हो गया है और जनता का असन्तोष राजनीतिक तथा आर्थिक क्षेत्रों में सीधे व्यक्त होता है तो ऐसे असन्तोष को अभिव्यक्ति देनेवाली सम्पादकीय टिप्पणियों एवं लेखों को अधिक महत्त्व देना चाहिए। प्रश्न समाज-विशेष में दुःख दर्द की अभिव्यक्ति के माध्यम का ही नहीं अभिव्यक्ति के रमणीय, मार्मिक, हृदयस्पर्शी और चुटीली होने का भी है। प्रचार की दृष्टि से दिए गए धार्मिक उपदेश पद्यात्मक होने पर भी काव्यात्मक नहीं हो सकते। सिद्धों के चर्यापदों का महत्त्व मुख्यतः भाषात्मक और धार्मिक दृष्टि से ही माना जाता है। इनके सम्बन्ध में डॉ. सुनीति कुमार चाटुर्ज्या का कथन है, ''चर्यापद का प्रमुख महत्त्व भाषात्मक और धार्मिक है। फिर भी कहीं-कहीं उनमें ऐसे पद मिल जाते हैं जिनमें असाहित्यिक वातावरण के बावजूद शुद्ध काव्य की छटा दीख पड़ती है। (*आचार्य शुक्ल का इतिहास पढ़ते हुए*, पृ. 18) किसी धार्मिक रचना धारा में कहीं-कहीं काव्य की छटा का दीख पड़ना और बात है और पूरी धारा का काव्यात्मक होना

दूसरी बात है। अभिव्यक्ति की रमणीयता का मानदंड तो प्रत्येक युग में स्वीकार्य होगा। दु:ख दर्द की अभिव्यक्ति का क्षेत्र समाज-विशेष में अलग-अलग हो सकता है किन्तु दु:ख दर्द की वाणी के मार्मिक और काव्यात्मक होने की शर्त तो पूरी ही करनी होगी। आखिर आज क्यों साहित्य के इतिहास में लालित्य एवं रचनात्मकता को अधिक महत्त्व दिया जा रहा है। ज्ञान के साहित्य की चर्चा अलग से की जा रही है। रस के साहित्य की कोई-न-कोई सीमा निर्धारित करके ही आगे चलना पड़ेगा। खैर, इस सम्बन्ध में यहाँ अधिक न कहकर हम 'जनता की चित्त-वृत्ति के प्रतिफलन' के सन्दर्भ में 'भक्ति-काव्य' पर विचार करना चाहेंगे।

भक्ति-काल का सामान्य परिचय देते हुए आचार्य शुक्ल ने कहा है, "देश में मुसलमानों का राज्य प्रतिष्ठित हो जाने पर हिन्दू जनता के हृदय में गौरव, गर्व और उत्साह के लिए वह अवकाश न रह गया।××× ऐसी दशा में अपनी वीरता के गीत न तो वे गा ही सकते थे और न बिना लज्जित हुए सुन ही सकते थे।××× इतने भारी राजनीतिक उलट-फेर के पीछे हिन्दू जन समुदाय पर बहुत दिनों तक उदासी छायी रही। अपने पौरुष से हताश जाति के लिए भगवान् की शक्ति और करुणा की ओर ध्यान ले जाने के अतिरिक्त दूसरा मार्ग ही क्या था?"[14] उपरोक्त कथन का इतना ही अर्थ है कि मुसलमानों से पराजित होने के कारण हिन्दू जनता की चित्त-वृत्ति सहज ही ईश्वर की ओर उन्मुख हुई। यह भक्ति-साधना में प्रवृत्त होने का राजनीतिक कारण था। भक्ति में लीन होने का धार्मिक कारण शुक्ल जी की दृष्टि में दूसरा था। धर्म का प्रवाह कर्म, ज्ञान और भक्ति तीनों से मिलकर पूर्ण होता है। ज्ञान सर्वसाधारण की वस्तु नहीं है। आदिकाल में प्रचलित योग-साधना में ईश्वर को प्राप्ति के लिए भक्ति का विधान नहीं था सिद्धों और योगियों के ज्ञान-निदर्शन में ऐसा कुछ नहीं था जो पंडितों और शास्त्रज्ञों को प्रभावित करे। जहाँ तक कर्म साधना का प्रश्न है। उसके दो रूप हैं। एक तो तीर्थ-व्रत, पूजा-अर्चा तथा धार्मिक संस्कारों में प्रकट होता है, दूसरा लोक-हित के लिए किए जानेवाले सदाशयतापूर्ण कार्यों में योगियों में तीर्थ-व्रत एवं अन्य ब्रह्मचारों का विरोध किया था। तत्त्व-दृष्टि और आचारप्रधान सहज जीवन-यापन इन दोनों दृष्टियों से ये (तीर्थ व्रत) बेकार थे। लोकहित के धार्मिक कार्यों के विधान की दिशा में तत्कालीन सिद्धि-चमत्कार प्रदर्शन-प्रिय योगी-सम्प्रदाय समाज को कोई प्रेरणा नहीं दे पा रहा था। ऐसी स्थिति में योगियों की चित्तवृत्ति-निरोधप्रधान अन्तर्मुखी साधना सामान्य जनता को आकृष्ट नहीं कर पा रही थी। इसलिए धर्म के क्षेत्र में भी सर्वाधिक अनुकूल परिस्थिति भक्ति के स्वीकार की ही थी। आचार्य शुक्ल ने यह निष्कर्ष अपने मन से नहीं निकाला है। उनका निष्कर्ष भक्ति काव्य की दो विभक्तियों-सूर और तुलसी के साक्ष्य पर आधृत है। दोनों ने योग-मार्ग

को अस्वीकार किया है और जनसाधारण को धर्म में प्रवृत्त करने के लिए भक्ति को सर्वाधिक श्रेयस्कर माना है। इस प्रकार भक्ति-युग में जनता की चित्त-वृत्ति के भक्ति-भाव युक्त होकर ईश्वरोन्मुख होने के दो कारण थे। राजनीतिक कारण था पराजय-जन्य नैराश्य और धार्मिक कारण था, हठयोग की साधना में हृदय की सहज रागवृत्ति को तुष्ट करने की क्षमता का अभाव। यह शुक्ल जी का पक्ष है। शुक्ल जी के इस कथन को उसके पूरे सन्दर्भ में प्रस्तुत न करके आचार्य द्विवेदी ने बिना उनका नाम लिए उन पर कुछ आरोप लगाए हैं और कहा है, ''दुर्भाग्यवश, हिन्दी-साहित्य के अध्ययन और लोक-चक्षु गोचर करने का भार जिन विद्वानों ने अपने ऊपर लिया है, वे भी हिन्दी-साहित्य का सम्बन्ध हिन्दू जाति के साथ ही अधिक बतलाते हैं। और इस प्रकार अनजान आदमी को दो ढंग से सोचने का मौका देते हैं। एक यह कि हिन्दी-साहित्य का हतदर्प पराजित जाति की सम्पत्ति है, इसलिए इसका महत्त्व इस जाति के राजनीतिक उत्थान-पतन के साथ अंगागिंभाव से सम्बद्ध है और दूसरा यह कि ऐसा न भी हो तो भी वह एक निरन्तर पतनशील जाति की चिन्ताओं का मूर्त प्रतीक है, जो अपने आप में कोई विशेष महत्त्व नहीं रखता। मैं इन दोनों बातों का प्रतिवाद करता हूँ और अगर ये बातें मान भी ली जाएँ तो भी यह कहने का साहस करता हूँ कि फिर भी इस साहित्य का अध्ययन करना नितान्त आवश्यक है, क्योंकि दस सौ वर्षों तक दस करोड़ कुचले हुए मनुष्यों की बात भी मानवता की प्रगति के अनुसन्धान के लिए केवल अनुपेक्षणीय ही नहीं, बल्कि अवश्य ज्ञातव्य वस्तु है। ऐसा करके मैं इस्लाम के महत्त्व को भूल नहीं रहा हूँ। लेकिन जोर देकर कहना चाहता हूँ कि अगर इस्लाम नहीं आया होता तो भी इस साहित्य का बारह आना वैसा ही होता जैसा आज है।''[15] यों तो किसी के कथन को सामने रखकर कोई भी अपने ढंग से उसका अर्थ निकाल सकता है, किन्तु द्विवेदी जी ने निश्चय ही आचार्य शुक्ल के अभिप्राय को कुछ ज्यादा ही तोड़ा-मरोड़ा है। आचार्य शुक्ल संवत 1375 या वीरगाथा-काल की समाप्ति के बाद हिन्दी क्षेत्र में भक्ति-धारा के अभ्युदय और विकास का कारण बता रहे थे। उन्होंने यह कहीं नहीं कहा है कि इससे पहले भक्ति का अस्तित्व नहीं था। उन्होंने स्पष्ट कहा है, ''भक्ति का जो सोता दक्षिण की ओर से धीरे-धीरे उत्तर भारत की ओर पहले से ही आ रहा था उसे राजनीतिक परिवर्तन के कारण शून्य पड़ते हुए जनता के हृदय-क्षेत्र में फैलने के लिए पूरा स्थान मिला''[16] दक्षिण की भक्ति परम्परा ईसवी शती के कुछ आगे-पीछे आरम्भ मानी गई है।''[17] इस परम्परा को रंगनाथ मुनि (824-924 ई.) और रामानुजाचार्य (1016-1137 ई.) का समर्थन प्राप्त करने में एक हजार वर्ष लग गए उत्तर भारत में श्री रामानन्द ने 1300 ई. के बाद से भक्ति का प्रचार आरम्भ किया और यह भक्ति सूरदास के समय (1500 ई. के लगभग) तक पूरे उत्तर

भारत में निर्गुण-सगुण दोनों धाराओं के माध्यम से व्याप्त हो गई। इस व्याप्ति की तीव्रता का कोई ऐतिहासिक कारण होना चाहिए। शुक्ल जी ने राजनीतिक पराजय को ऐतिहासिक कारण के रूप में देखा है। शुक्ल जी ने पूरा हिन्दी-साहित्य हतदर्प पराजित जाति का साहित्य है, ऐसा कहीं नहीं कहा है। उन्होंने उपरोक्त सन्दर्भ में केवल भक्ति-साहित्य के लिए अनुकूल मनोभूमि के निर्माण की प्रक्रिया का एक आधार 'राजनीतिक पराजयजन्य नैराश्य' माना है। उन्होंने यह कहीं नहीं कहा है कि हिन्दी एक निरन्तर पतनशील जाति की चिन्ताओं का मूर्त प्रतीक है और इसका कोई विशेष महत्त्व नहीं है। आचार्य शुक्ल ने यदि हिन्दी का महत्त्व स्वीकार न किया होता तो हिन्दी को समृद्ध करने के लिए आजीवन साधना न की होती रह गई हिन्दी का सम्बन्ध हिन्दू जाति से जोड़ने की बात, तो वह भी शुक्ल जी के कथन की निजी व्याख्या के आधार पर ही निकाली गई है। शुक्ल जी कुल इतना ही कहना चाहते हैं कि पराजय के कारण हिन्दू जनता निराश थी और उसकी निराशा भक्ति-काव्य में व्यक्त हुई। इससे यदि यह अर्थ निकाला जाए कि हिन्दी हिन्दुओं की है और उनके राजनीतिक उत्थान-पतन से उसका सीधा सम्बन्ध है, तो क्या कहा जा सकता है? शुक्ल जी हिन्दी को क्या समझते थे? यह उनके फैजाबाद के प्रान्तीय साहित्य सम्मेलन में दिए गए भाषण में देखा जा सकता है। उन्होंने कहा है, "हमारे व्यावहारिक और भावात्मक जीवन से जिस भाषा का सम्बन्ध सदा से चला आ रहा है, वह पहले से चाहे जो कुछ कही जाती रही हो, अब हिन्दी कही जाती है। इसका एक-एक शब्द हमारी सत्ता का व्यंजक है, हमारी संस्कृति का सम्पुट है, हमारी जन्मभूमि का स्मारक है, हमारे हृदय का प्रतिबिम्ब है, हमारी बुद्धि का वैभव है। देश की जिस प्रकृति ने हमारे हृदय में रूप-रंग भरा है, उसी ने हमारी भाषा का भी रूप-रंग खड़ा किया है। यहाँ के वन, पर्वत, नदी, नाले, वृक्ष, लता, पशु, पक्षी सब इसी हमारी बोली में परिचय देते हैं और अपनी ओर हमें खींचते हैं।"[18] उपरोक्त उद्धरण से स्पष्ट है कि शुक्ल जी हिन्दी को पूरे देश, उसकी प्रकृति और संस्कृति का मूर्त रूप मानते हैं। किसी के पूरे व्यक्तित्व को नजरअन्दाज करके, किसी विशेष सन्दर्भ में कही हुई किसी बात को लेकर अपने अनुकूल अर्थ निकाल लेना और फिर उसका प्रतिवाद करना समीचीन नहीं है।

रीति-काल का सामान्य परिचय देते हुए आचार्य शुक्ल ने आरम्भ में जनता को चित्त-वृत्ति की चर्चा नहीं की है। अन्त में चलते-चलाते लिखा है, "शृंगार के वर्णन को बहुतेरे कवियों ने अश्लीलता की सीमा तक पहुँचा दिया था। इसका कारण जनता को रुचि नहीं, आश्रयदाता, राजा-महाराजाओं की रुचि थी, जिनके लिए कर्मण्यता और वीरता का जीवन बहुत कम रह गया था।"[19] इससे प्रकट है कि शुक्ल जी की दृष्टि में रीतिकालीन शृंगारिक प्रवृत्ति की अतिशयता का

सम्बन्ध जनता की प्रवृत्ति से नहीं था। 'कविता क्या है?' निबन्ध में शुक्ल जी ने रीतिकालीन कवियों की प्रवृत्ति का निदर्शन करते हुए लिखा है, "हिन्दी के रीति-काल के कवि तो मानो राजा-महाराजाओं की काम-वासना उत्तेजित करने के लिए रखे जाते थे। एक प्रकार के कविराज तो रईसों के मुँह में मकरध्वज-रस झोंकते थे, दूसरे प्रकार के कविराज कान में मकरध्वज-रस की पिचकारी देते थे।"[20]

इससे भी यही प्रकट होता है कि रीतिकालीन शृंगारिक काव्य जन-रुचि का द्योतक न होकर राजाओं और रईसों की ही मनस्तुष्टि का साधनमात्र था। भूषण के काव्य की समीक्षा करते हुए शुक्ल जी ने पुन: जनता की सहानुभूति का प्रश्न उठाया है। उन्होंने कहा है, "रीति-काल के कुछ कवियों ने आश्रयदाताओं के झूठे प्रताप और शौर्य का वर्णन किया है, उन्हें जनता की सहानुभूति नहीं प्राप्त हुई है, किन्तु भूषण ने जिन दो नायकों की कीर्ति को अपने वीर काव्य का विषय बनाया वे अन्याय-दमन में तत्पर, हिन्दू धर्म के रक्षक, दो इतिहास प्रसिद्ध वीर थे। इसी से भूषण के वीर-रस के उद्गार सारी जनता के हृदय की सम्पत्ति हुए"[21] तात्पर्य यह कि भूषण के वीर-रस-पूर्ण काव्य को छोड़कर शेष रीतिकालीन शृंगारिक कविता के साथ जनता की रुचि या चित्त-वृत्ति का सामंजस्य नहीं था। आचार्य शुक्ल की इस स्थापना का विरोध आचार्य द्विवेदी ने नहीं किया है। उन्होंने स्वयं लक्षित किया है कि इस काल की शृंगार-भावना में एक प्रकार का रुग्ण मनोभाव है। परवर्ती आलोचकों में डॉ. नगेन्द्र ने रीतिकालीन शृंगार-भावना का जन-रुचि से सामंजस्य दिखाया है, किन्तु डॉ. रामविलास शर्मा ने आचार्य शुक्ल का समर्थन किया है।

आधुनिक युग का इतिहास लिखते हुए भी शुक्ल जी को शिक्षित जनता की प्रवृत्ति का ध्यान रहा है। गद्य-साहित्य के आविर्भाव के सम्बन्ध में अपनी बात समाप्त करते हुए वे कहते हैं, "अब आवश्यकता ऐसे शक्तिसम्पन्न लेखकों की थी जो अपनी प्रतिभा और उद्भावना के बल से उसे सुव्यवस्थित और परिमार्जित करते और उसमें ऐसे साहित्य का विधान करते जो शिक्षित जनता की रूचि के अनुकूल होता। ठीक इसी परिस्थिति में भारतेन्दु का उदय हुआ।"[22] इसके बाद साहित्य में भारतेन्दु के योगदान का आकलन करते हुए उन्होंने नई शिक्षा के प्रभाव से लोगों की विचारधारा के बदलने और उनके मन में देश-हित और समाज-हित की उमंगों के उत्पन्न होने की बात कही है और बताया है कि भारतेन्दु ने साहित्य को नए विषयों की ओर प्रवृत्त करके उसे शिक्षित लोगों के मनोनुकूल बनाया तथा जीवन और साहित्य के अन्तराल को दूर किया। इसके बाद गद्य-साहित्य एवं काव्य प्रवाह दोनों के विकास की क्रम-बद्ध रूप-रेखा प्रस्तुत करते हुए आचार्य शुक्ल ने बराबर यह दिखाने की चेष्टा की है कि

द्विवेदी-युग और उसके बाद जो कुछ लिखा गया वह शिक्षित जनता के चित्त पर पड़नेवाले भीतरी और बाहरी प्रभावों और उनके अनुसार उसकी बदलती हुई मन:प्रवृत्ति से जुड़ा हुआ है।

आचार्य शुक्ल की इतिहास-सम्बन्धी अवधारणा और उनके इतिहास में उसके प्रतिफलन की चर्चा के बाद उनके इतिहास के कुछ अन्य पक्षों पर विचार करना आवश्यक है। ये पक्ष हैं—1. नामकरण और काल-विभाजन, 2. सामग्री एवं तथ्य-संचयन और 3. प्रवृत्ति-निरूपण। वस्तुत: ये सारे पक्ष एक-दूसरे से जुड़े हैं। नामकरण प्रवृत्तियों को दृष्टि में रखकर किया गया है और काल विभाजन प्रवृत्ति विशेष के क्षीयमाण होने एवं नई प्रवृत्ति के उदय होने की अवधि को ध्यान में रखकर-प्रवृत्तियों के निर्णय में प्राप्त रचनाओं की संख्या, प्रसिद्धि एवं वर्ण्य विषय को आधार बनाया गया है। सबसे पहले नामकरण और काल-विभाजन को लिया जाए। आचार्य शुक्ल का विभाजन इस प्रकार है—

आदिकाल (वीरगाथा-काल, संवत् 1050-1375)
पूर्व मध्यकाल (भक्ति-काल, संवत् 1375-1700)
उत्तर मध्यकाल (रीति-काल, संवत् 1700-1900)
आधुनिक काल (गद्य-काल, संवत् 1900-1984)

अपने काल-विभाजन के आधार को स्पष्ट करते हुए आचार्य शुक्ल ने लिखा है, ''जिस काल खंड के भीतर किसी विशेष ढंग की रचनाओं की प्रचुरता दिखाई पड़ती है वह एक अलग काल माना गया है और उसका नामकरण उन्हीं रचनाओं के स्वरूप के अनुसार किया गया है। इस प्रकार प्रत्येक काल का एक निर्दिष्ट सामान्य लक्षण बताया जा सकता है। किसी एक ढंग की रचना की प्रचुरता से अभिप्राय यह है कि शेष दूसरे ढंग की रचनाओं में से चाहे किसी (एक) ढंग की रखना को लें वह परिणाम में प्रथम के बराबर न होगी। यह नहीं कि और सब दंगों की रचनाएँ मिलकर भी उसके बराबर न होंगी××× दूसरी बात है ग्रन्थों की प्रसिद्धि, किसी काल के भीतर जिस एक ही ढंग के बहुत अधिक ग्रन्थ प्रसिद्ध चले आते हैं उस ढंग की रचना उस काल के लक्षण के अन्तर्गत मानी जाएगी, चाहे और दूसरे-दूसरे ढंग की अप्रसिद्ध और साधारण कोटि की बहुत-सी पुस्तकें भी इधर उधर कोनों में पड़ी मिल जाया करें। प्रसिद्धि भी किसी काल की लोक-प्रवृत्ति की प्रतिध्वनि है।''[23] आदिकाल या वीरगाथा-काल का आरम्भ संवत् 1050 से मानने का आधार देते हुए शुक्ल जी कहते हैं, ''अपभ्रंश या प्राकृताभास हिन्दी के पद्यों का सबसे पुराना पता तान्त्रिक और योगमार्गी बौद्धों की साम्प्रदायिक रचनाओं के भीतर विक्रम की सातवीं शताब्दी के अन्तिम चरण में लगता है। मुंज और भोज के समय (संवत् 1050 के लगभग) में तो ऐसी अपभ्रंश या पुरानी हिन्दी का पूरा प्रचार शुद्ध साहित्य या काव्य-रचनाओं में भी

पाया जाता है। अत: हिन्दी-साहित्य का आदिकाल संवत् 1050 से लेकर संवत् 1375 तक अर्थात् महाराज भोज के समय से लेकर हम्मीरदेव के समय के कुछ पीछे तक माना जा सकता है। यद्यपि जनश्रुति इस काल का आरम्भ और पीछे ले जाती है और संवत् 770 में भोज के पूर्वपुरुष राजा मान के सभासद पुष्य नामक किसी बन्दीजन का दोहों में एक अलंकार-ग्रन्थ लिखना बताती है (दे. शिवसिंह सरोज) पर इसका कहीं कोई प्रमाण नहीं है।''[24] उपरोक्त उद्धरणों से निम्नलिखित निष्कर्ष निकलते हैं—

1. कालों का अलगाव विशेष प्रकार की रचनाओं की प्रचुरता को ध्यान में रखकर किया गया है।
2. नामकरण, रचनाओं के स्वरूप को दृष्टि में रखकर किया गया है।
3. प्रवृत्ति-निर्धारण में रचनाओं की प्रसिद्धि को भी ध्यान में रखा गया है।
4. काल-विशेष के आरम्भ का निर्णय (साम्प्रदायिक रचनाओं को छोड़कर) शुद्ध साहित्य के आरम्भ को ध्यान में रखकर किया गया है।

आदिकाल के भीतर अपभ्रंश की रचनाओं को स्थान देने में आचार्य शुक्ल को आपत्ति नहीं है ''क्योंकि वे सदा से 'भाषा काव्य' के अन्तर्गत ही मानी जाती रही हैं। और कवि-परम्परा के बीच प्रचलित जनश्रुति कई ऐसे प्राचीन भाषा काव्यों के नाम गिनाती चली आई है जो अपभ्रंश में हैं—जैसे *कुमारपालचरित* और शार्ङ्गधर-कृत *हम्मीर रासो*।'[25] इसीलिए उन्होंने आदिकाल के भीतर 'अपभ्रंश काल' को स्थान भी दिया है और बौद्ध-सिद्धों तथा नाथ-योगियों की चर्चा भी की किन्तु उनकी रचनाओं को साम्प्रदायिक शिक्षा मानकर साहित्य के इतिहास से अलग रखने का प्रस्ताव किया है।

आचार्य शुक्ल की नामकरण एवं काल-विभाजन-सम्बन्धी उपरोक्त स्थापनाओं में से परवर्ती आलोचकों एवं इतिहास लेखकों ने केवल अन्तिम अर्थात् 'शुद्ध साहित्य की रचना के आरम्भ के आधार पर काल-विशेष के आरम्भ' को स्वीकार करने का विरोध किया है। विरोधियों में आचार्य द्विवेदी और राहुल सांकृत्यायन प्रमुख हैं। राहुल जी ने लिखा है, ''शायद कविता के रूढ़ि-बद्ध संकीर्ण लक्षण को लेने पर कबीर की तरह सिद्धों की कविता भी कविता न गिनी जाए या कम-से-कम अच्छी कविता न समझी जाए, लेकिन लाखों नर-नारियों को उनमें रस, एक तरह की आत्मतृप्ति मिलती थी और आज भी उस तरह की मनोवृत्ति रखनेवाले कितने पाठकों को वह उतनी ही रुचिकर मालूम होती है, इसलिए उन्हें कविता मानना ही पड़ेगा।''[26] आचार्य द्विवेदी ने अपेक्षाकृत संयत स्वर में कहा है ''उपदेशविषयक उन रचनाओं को जिनमें केवल सूखा धर्मोपदेश मात्र लिखा गया है, साहित्यिक विवेचना के योग्य नहीं समझना उचित ही है। परन्तु ऊपर जिस सामग्री की चर्चा की गई है, उनमें कई रचनाएँ ऐसी हैं

जो धार्मिक तो हैं, किन्तु उनमें साहित्यिक सरसता बनाए रखने का पूरा प्रयास है। धर्म वहाँ कवि को केवल प्रेरणा दे रहा है।''[27] द्विवेदी जी ने इसके बाद अपभ्रंश की 'मूलत: जैन धर्म-भावना से प्रेरित कई रचनाओं' और 'बौद्ध सिद्धों की कुछ रचनाओं को विजयपाल रासो और हम्मीर रासो की भाँति ही साहित्यिक इतिहास के लिए स्वीकार्य हो सकने की बात कही है। यहाँ यह ध्यान देने की बात है कि राहुल जी ने सिद्धों की सभी प्रकार की रचनाओं और द्विवेदी जी ने 'कई' और 'कुछ' रचनाओं को ही साहित्य के भीतर स्थान देने की बात कही है। इससे यह प्रकट है कि शुक्ल जी से असहमत सभी विद्वान आपस में सहमत नहीं हैं और साहित्य की सीमा और स्वरूप' के सम्बन्ध में अन्तिम निर्णय अभी भी नहीं हुआ है। मेरा विश्वास है कि यदि शुक्ल जी ने बौद्ध सिद्धों का पूरा साहित्य और जैन आचार्यों का द्विवेदी जी द्वारा उल्लिखित साहित्य देखा होता तो उसमें से कुछ को साहित्य के भीतर अवश्य स्थान देते। उन्होंने जैन आचार्य सिद्ध हेमचन्द्र, सोमप्रभसूरि और मेरुतुंग की रचनाओं को साहित्यिक कोटि में रखा है। ऐसी स्थिति में वे हिन्दी के आदिकाल की सीमा को और पीछे भी ले जाते। जहाँ तक नामकरण का प्रश्न है, उसके सम्बन्ध में आवश्यकता से कुछ अधिक ही चर्चा हुई है। आचार्य शुक्ल ने प्रवृत्ति के आधार पर 'वीरगाथा-काल' कहा है। उनसे पूर्व डॉ. ग्रियर्सन ने इसे 'चारण-काल' कहा था। हिन्दुस्तान के 'प्राचीनतम भाषा-साहित्य के रचयिता राजपूताने के चारण हैं,' उन्हें यही सूचना प्राप्त थी।[28] प्रकट है कि रचयिताओं को दृष्टि में रखकर उस समय तक की अपनी जानकारी के आधार पर उन्होंने यह नामकरण किया था। इस नाम का संस्कार कहीं-न-कहीं आचार्य शुक्ल के मन पर था। राजपूतों के इतिहास, उनके शौर्य, देश-जाति धर्म के लिए उनके त्याग और वीरकर्म से वे प्रभावित थे। शुक्ल जी को अध्ययन का चस्का लगानेवालों में एक पं. रामगरीब चौबे ने डॉ. गौरीशंकर ओझा के साथ कर्नल टाड के एनल्स ऑव राजस्थान का अनुवाद किया था। सम्भव है, टाड के इतिहास में वर्णित राजपूतों के शौर्य का प्रभाव आचार्य शुक्ल के किशोर मन पर पड़ा हो और उपलब्ध एवं सूचित रासो काव्यों के आधार पर आदिकाल की साहित्यिक प्रवृत्ति का निर्धारण करते समय उन्हें 'वीरगाथा' शब्द का प्रयोग उचित प्रतीत हुआ हो। उनकी धारणा थी कि मुसलमानों से निरन्तर युद्ध के उस काल में केवल वीरगाथाओं की उन्नति सम्भव थी।'[29] आदिकाल का लक्षण-निरुपण और नामकरण शुक्ल जी ने *विजयपाल रासो, हम्मीर रासो, कीर्तिलता, कीर्तिपताका, खुमान रासो, बीसलदेव रासो, पृथ्वीराज रासो, जयचन्द प्रकाश, जयमयंक जस चन्द्रिका, परमाल रासो, खुसरो की पहेलियाँ और विद्यापति पदावली* इन बारह ग्रन्थों के आधार पर किया है। इनमें बीसलदेव रासो, खुसरो की पहेलियाँ और विद्यापति पदावली को छोड़कर उनकी दृष्टि में शेष सब

वीरगाथात्मक थीं। अब यह भली प्रकार से सिद्ध हो चुका है कि *विजयपाल रासो, खुमान रासो, जयचन्द प्रकाश, जयमयंक जस चन्द्रिका, परमाल रासो,* वीरगाथा-काल के बहुत बाद की रचनाएँ हैं। हम्मीर रासो का अस्तित्व अनुमानित है और अनुमान का आधार प्राकृत पैंगलम् में प्राप्त कुल 6 छन्द हैं। अब वीरगाथा नाम को सार्थक करनेवाली तीन कृतियाँ बचती हैं—*पृथ्वीराज रासो, कीर्तिलता और कीर्तिपताका।* इनमें पृथ्वीराज रासो का बहुत बड़ा अंश परवर्ती और प्रक्षिप्त है। यदि इसके लघु रूप को प्राचीन मान लिया जाए तो भी कुल तीन ही रचनाएँ वीरगाथात्मक रह जाती हैं। इधर जो जैनधर्म-प्रेरित रचनाएँ प्राप्त हुई हैं उनमें शालिभद्र-सूरिकृत भरत *बाहुबलिरास* (1241 वि.) और हरिभद्ररचित सनत्कुमार चरित (1216 वि.) में ही वीर रस की प्रधानता है। जैन धर्म अहिंसामूलक था। इसलिए उसका महत्त्व प्रतिपादन करने के लिए जो रचनाएँ लिखी गई हैं उनमें हिंसात्मक युद्धों का वर्णन नहीं किया गया है। प्राकृत पैंगलम् में उदाहरण रूप में संगृहीत छन्दों के आधार पर जैनेतर अपभ्रंश महाभारत तथा चेदिराज कर्म एवं काशीश्वर सम्बन्धी प्रबन्ध-काव्यों के अस्तित्व का अनुमान विद्वानों ने लगाया है।[30] किन्तु जब तक अनुमानित ग्रन्थों का अस्तित्व प्रमाणित न हो जाए तब तक नामकरण के लिए उनका आधार नहीं लिया जा सकता। इसलिए यह तो निर्विवाद है कि अब हिन्दी-साहित्य के आदिकाल को वीरगाथा-काल कहने का औचित्य नहीं रह गया है। लेकिन प्रवृत्ति के आधार पर कौन सा नाम दिया जाए यह भी निर्दिष्ट नहीं हो पा रहा है। राहुल जी का दिया हुआ 'सिद्ध सामन्त युग' नाम प्रवृत्ति का द्योतक नहीं है। सिद्धों और सामन्तों के प्रभाव का द्योतक है। इस प्रकार किसी एक ढर्रे की रचनाओं की प्रचुरता के अभाव में किसी सामान्य प्रवृत्ति का निदर्शन न होने पर इस काल को 'आदिकाल' कहकर सन्तोष कर लेने के अलावा और कोई चारा फिलहाल नहीं है। लेकिन इस सम्बन्ध में कभी-कभी जो यह कहा जाता है कि 'आदिकाल' नाम आचार्य द्विवेदी का दिया हुआ है और उसका औचित्य सर्वमान्य है। यह बात समझ में नहीं आती। आदिकाल नाम भी शुक्ल जी ने ही दिया है और उसकी प्रधान साहित्यिक प्रवृत्ति को ध्यान में रखकर उसे ही 'वीरगाथा-काल' भी कहा है। अत: वीरगाथा-काल नाम का औचित्य सिद्ध न होने पर हम उनके द्वारा दिए गए' 'आदिकाल' नाम से सन्तोष कर सकते हैं। इस प्रकार आदिकाल के नामकरण को लेकर सारी यात्रा शुक्ल जी से आरम्भ होकर शुक्ल जी तक ही रुकी हुई है।

जहाँ तक काल-विभाजन का सम्बन्ध है बौद्ध सिद्धों और जैन आचार्यों की मान्य कृतियों के साहित्य में समाविष्ट कर लिए जाने पर निश्चय ही हिन्दी-साहित्य के आदिकाल की आरम्भिक सीमा आठवीं शती ई. के अन्तिम चरण तक पीछे खिसक जाती है। शुक्ल जी द्वारा निर्धारित आदिकाल की अन्तिम सीमा

संवत् 1375 (सन् 1318 ई.) है। इससे प्राय: सभी परवर्ती इतिहासकार और समीक्षक सहमत हैं। जिन्होंने थोड़ा मतभेद प्रकट किया है वे इस सीमा को 1400 ई. तक खींचकर ले गए हैं।

भक्ति-काल के नामकरण के सम्बन्ध में कोई मतभेद नहीं है। इसकी अन्तिम सीमा आचार्य शुक्ल ने संवत् 1700 (सन् 1643) तक मानी है। इस सम्बन्ध में भी कोई आपत्ति नहीं की गई है। भक्तिकाव्य की उपशाखाओं के विभाजन—निर्गुण और सगुण; ज्ञानाश्रयी और प्रेममार्गी तथा कृष्ण-भक्ति और राम-भक्ति के सम्बन्ध में कभी-कभी दबी जबान से कहा जाता है कि बहुत उचित नहीं है। लेकिन भक्ति काव्य के पूरे प्रभाव की अलग-अलग पहचान के लिए इससे अधिक स्पष्ट कोई नामकरण अभी तक प्रस्तावित नहीं है। इसलिए शुक्ल जी का यह विभाजन और नामकरण अभी तक ग्राह्य और मान्य है।

भक्ति-काल के बाद के काल को रीति-काल नाम ग्रियर्सन का दिया हुआ है। ग्रियर्सन ने 'रीति-काव्य' शीर्षक देकर लिखा है, ''सोलहवीं शती के अन्तिम काल एवं सम्पूर्ण सत्रहवीं शती ने, जो मुगल साम्राज्य के आधिपत्य काल का प्राय: संगती है, काव्य-प्रतिभा की एक असाधारण श्रेणी ही प्रस्तुत कर दी है। इस युग के अत्यन्त प्रसिद्ध कवि जिनका विवरण पहले नहीं आया है, केशवदास, चिन्तामणि त्रिपाठी और बिहारीलाल हैं। केशव और चिन्तामणि काव्यशास्त्र लिखनेवाले उस कवि-सम्प्रदाय के सर्वाधिक महत्त्वपूर्ण प्रतिनिधि हैं, जिनकी स्थापना केशव ने की और जो काव्य-काल के शास्त्रीय पक्ष का ही निरन्तर विवेचन करता रहा।''[31] ग्रियर्सन ने 'रीति' शब्द की व्याख्या नहीं की है। किन्तु उनके कथन से ऐसा लगता है कि काव्यशास्त्र लिखनेवाले कवि-सम्प्रदाय के काव्य को वे 'रीति-काव्य' समझते थे। इस प्रकार नाम का संकेत तो शुक्ल जी को ग्रियर्सन से मिला, लेकिन उसकी व्याख्या और तत्कालीन हिन्दी रचनाओं के सन्दर्भ में उस व्याख्या की संगति बैठाने का कार्य उन्होंने ही किया। इस काल की अन्तिम सीमा का सही निर्धारण (संवत् 1900, सन् 1843 ई.) भी उन्होंने ही किया निर्धारण ने 17वीं शती तक ही इस काल की मर्यादा निर्धारित की थी। आचार्य शुक्ल के बाद पं. विश्वनाथ मिश्र ने इस काल का दूसरा नाम ' शृंगार-काल' प्रस्तावित किया। शुक्ल जी ने स्वयं भी यह कहा था 'वास्तव में शृंगार और वीर इन्हीं दो रसों की कविता इस काल में हुई। प्रधानता शृंगार की ही रही। इससे इस काल को रस के विचार से कोई शृंगार काल' कहे तो कह सकता है।''[32] आचार्य शुक्ल ने 'रीति' को 'विशिष्टापदरचना' के अर्थ में न लेकर 'काव्यरीति' के अर्थ में लिया है और तत्कालीन सम्पूर्ण काव्य को 'रीतिबद्ध' और 'रीतिमुक्त' दो श्रेणियों में विभक्त किया है। पं. विश्वनाथ मिश्र ने इसके अन्तर्गत और गहराई

में जाकर रीति-सिद्ध कवियों की एक तीसरी श्रेणी भी स्थापित की है। इस काल को आचार्य शुक्ल का दिया हुआ 'रीति-काल' नाम ही अधिक स्वीकृत और मान्य है।

संवत् 1900 (सन् 1843) के बाद के काल को आचार्य शुक्ल ने 'आधुनिक काल' या 'गद्यकाल' कहा है। डॉ. नगेन्द्र ने सन् 1857 से आधुनिक काल का आरम्भ मानने की बात प्रस्तावित की है।[33] यह कोई बड़ा मतभेद नहीं है। आधुनिक काल के पूरे साहित्य को गद्य-खंड और काव्य-खंड में बाँटकर शुक्ल जी ने दोनों का अलग-अलग परिचय प्रथम, द्वितीय एवं तृतीय उत्थानों के अन्तर्गत दिया है। इन उत्थानों की अवधि 25 वर्षों की निर्धारित की गई है। इस प्रकार इनकी स्थिति भारतेन्दु-काल, द्विवेदी-काल और छायावादी रहस्यवादी-काल के समकक्ष समझनी चाहिए।

उपरोक्त विवेचन से स्पष्ट है कि शुक्ल जी नामकरण और काल-विभाजन को सामान्यत: अब भी स्वीकार किया जाता है। सारा मतभेद 'वीरगाथा-काल' को लेकर है। इसे 'आदि-काल' कहकर सारे ऊहापोह को समाप्त किया जा सकता है। इस सम्बन्ध में डॉ. रामविलास शर्मा ने कुछ नितान्त नई स्थापनाएँ की हैं। उन पर आगे चलकर विचार करेंगे।

तथ्य-संचयन

तथ्यों के संचयन में आचार्य शुक्ल ने विशेष श्रम नहीं किया है। इसका यह अर्थ नहीं है कि हिन्दी-साहित्य का इतिहास लिखते हुए उन्होंने बहुत कम पुस्तकों का अवलोकन किया है। इसका इतना ही अर्थ है कि इतिहास में उल्लिखित कवियों की जीवनी और उनकी रचनाओं की सूची आदि का विस्तृत और प्रामाणिक बनाने में उन्होंने विशेष प्रयास नहीं किया है। उन्होंने स्वयं जिन ग्रन्थों से सहायता लेने की बात स्वीकार की है वे निम्नलिखित हैं—

1. मिश्रबन्धु विनोद।
2. हिन्दी पुस्तकों की खोज रिपोर्ट।
3. हिन्दी कोविद रत्नमाला।
4. कविता कौमुदी।
5. ब्रज-माधुरी-सार।
6. पं. केदारनाथ पाठक द्वारा उपलब्ध कराई गई पुस्तकें (आधुनिक काल का प्रारम्भिक प्रकरण लिखने के सन्दर्भ में)।

इनके अतिरिक्त शिवसिंह सेंगर का *शिवसिंह सरोज* तथा जॉर्ज ग्रियर्सन का *दी मॉडर्न वर्नाक्युलर लिटरेचर ऑव हिन्दुस्तान* इन दो ग्रन्थों का आधार भी शुक्ल जी ने लिया है। शुक्ल जी ने अपने इतिहास में फुटनोट बहुत कम

दिया है, लेकिन कवियों की कविताओं को नमूने के तौर पर उद्धृत करते हुए उन्होंने कहीं-कहीं मूल ग्रन्थों का नाम दिया है। ऐसे ग्रन्थों की संख्या कम नहीं है। *वीसलदेव रासो, पद्मावती समयो (पृथ्वीराज रासो का एक समयो), हंस जवाहर, योग चिन्तामणि, रामरक्षा स्तोत्र, सूरसागर सारावली, कृपानिवास पदावली, श्री रामअवतार भजन तरंगिणी, भक्तमाल, सूरसागर (वेंकटेश्वर प्रेस), कबीर ग्रन्थावली, रासपंचाध्यायी, प्रेमवाटिका, सिंगार सत. नेहमंजरी भजन सत, रामचन्द्रिका, बरवैनायिका-भेद, मदनाष्टक, नगरशोभा, अलकशतक, छत्र प्रकाश, विरह-लीला, वैराग्यसागर, मनोरथमंजरी, इश्क चयन, मनिहारी लीला, राधा सुधा शतक, सुजान चरित्र, राधाकृष्ण विलास, महाभारत (गोकुलनाथ कृत अनुवाद), सुरभीदान लीला, कृष्णायन, जरासन्धवध, भारती-भूषण, रसरत्नाकर,* आदि अनेक ग्रन्थों से उन्होंने कहीं पृष्ठों का हवाला देकर और कहीं बिना हवाला दिए कविताएँ उद्धृत की हैं। जहाँ उन्होंने उद्धृत कविताओं के मूल स्रोतों का अलग से उल्लेख नहीं किया है वहाँ अनुमान लगाया जा सकता है कि उन्होंने दूसरों द्वारा उद्धृत या खोज रिपोर्टों में उद्धृत कविताओं से अपने नमूने जुटाए हैं। आधुनिक काल का इतिहास लिखते समय उन्होंने कई सौ पुस्तकों को सामने रखा है। अनेक कलियों की कविताओं के नमूने उद्धृत करते हुए तो उन्होंने मूल ग्रन्थों का हवाला दिया है जिन बहुसंख्यक ग्रन्थों की उन्होंने विस्तृत समीक्षा की है वे सब उनके सामने रहे हैं। इन ग्रन्थों की सूची देना यहाँ अनावश्यक विस्तार होगा। वस्तुतः आचार्य शुक्ल द्वारा पठित ग्रन्थों का अनुसन्धान अपने आप में एक श्रमसाध्य कार्य है।

आचार्य शुक्ल के इतिहास में कवियों की रचनाओं और जीवन-वृत्त सम्बन्धी तिथियों के उल्लेख में अनेक भूलें रह गई हैं। इनकी विस्तृत सूचना डॉ. किशोरीलाल गुप्त ने अपने हिन्दी-साहित्य के इतिहासों का इतिहास के पांचवें अध्याय में 178 टिप्पणियाँ लिखकर दी हैं। इसमें कुछ टिप्पणियाँ तो मात्र प्रेस की भूलों को दिखाने के लिए दी गई हैं और कुछ शुक्ल जी द्वारा प्रस्तुत अनुमानाधृत तथ्यों की सप्रमाण पुष्टि के लिए दी गई हैं और बहुत-सी उनकी सचमुच की त्रुटियों की ओर संकेत करनेवाली हैं। यहाँ इन टिप्पणियों का उल्लेख अनावश्यक है। ऐसी भूलें सभी इतिहास ग्रन्थों में कम या अधिक पाई जाती हैं। शुक्ल जी के सामने प्रामाणिक सामग्री बहुत कम थी। इसलिए तिथियों और रचनाओं के नामों में भूल हो जाना स्वाभाविक है।

प्रवृत्ति-निरूपण

आचार्य शुक्ल के इतिहास के विभिन्न कालों के नाम स्वयं प्रवृत्तियों के निदर्शक हैं। यहाँ प्रवृत्ति-निरूपण पर कुछ विस्तार से विचार इसलिए आवश्यक

है कि नई सामग्री की उपलब्धि और पुरानी सामग्री की अप्रामाणिकता ने प्रवृत्ति निर्धारण को भी प्रभावित किया है। आचार्य शुक्ल ने प्रत्येक काल की एक प्रमुख प्रवृत्ति निर्दिष्ट करने का प्रयत्न किया है। उसके बाद अन्य प्रवृत्तियों के निदर्शन की चेष्टा की है। वीरगाथा-काल की दीर्घ परम्परा के प्रथम डेढ़ सौ वर्षों के भीतर उन्हें धर्म, नीति, श्रृंगार, वीर आदि कई प्रकार की रचनाएँ उपलब्ध हुईं। इसीलिए वे उस काल की किसी विशेष प्रवृत्ति का निदर्शन नहीं कर सके थे और उसे अनिर्दिष्ट लोक-प्रवृत्ति का काल कहा था। उसके बाद उन्हें चारण कवियों द्वारा अपने आश्रयदाता राजाओं के पराक्रमपूर्ण चरितों या गाथाओं की रचना की परम्परा लक्षित हुई थी और उन्होंने आदिकाल की उस प्रमुख प्रवृत्ति को वीरगाथा की प्रवृत्ति कहा था। अब यह सिद्ध हो जाने पर कि आदिकाल के वे वीरगाथापरक रासो ग्रन्थ परवर्ती हैं यह मान्य हो चला है कि वीरगाथा की प्रवृत्ति आदिकाल की प्रमुख प्रवृत्ति नहीं है। यहाँ हमारा लक्ष्य हिन्दी-साहित्य के इतिहास के प्रत्येक काल की प्रवृत्तियों का निरूपण करना नहीं है, सिर्फ यह दिखाना है कि नई सामग्री की उपलब्धि और पुरानी समझी जानेवाली सामग्री के परवर्ती घोषित होने से शुक्ल जी का प्रवृत्ति विश्लेषण कहाँ तक प्रभावित हुआ है। आदिकाल से सम्बद्ध जो नई रचनाएँ प्राप्त हुई हैं उनसे श्रृंगार की प्रवृत्ति को विशेष समर्थन मिला है। अब्दुल रहमान कृत *सन्देशरासक* (बारहवीं शती का उत्तरार्द्ध) और रोडा कृत राउलवेलि (दसवीं शती) दोनों ही श्रृंगार-प्रधान रचनाएँ हैं। राउलबेलि चम्पूकाव्य है। इसमें गद्य भी प्रयुक्त है। गद्य की एक अन्य रचना दामोदर शर्मा कृत *उक्ति-व्यक्ति* प्रकरण (बारहवीं शती) उपलब्ध हुई है। इसमें तत्कालीन 'कोशली' भाषा का स्वरूप देखा जा सकता है। इस प्रकार अब आदिकालीन गद्य की एक परम्परा भी लक्षित की जा सकती है, क्योंकि इस क्रम में 14वीं शती में ज्योतिरीश्वर ठाकुर रचित *वर्णरत्नाकर* को भी रखा जा सकता है। ये सभी गद्य कृतियाँ जैनेतर हैं। जैनियों के धार्मिक साहित्य में भी गद्य की एक अखंड परम्परा लक्षित की जा सकती है। आचार्य शुक्ल के सामने यह गद्य कृतियाँ नहीं थीं। उन्होंने संवत् 1407 के आसपास की लिखी किसी गोरखपन्थी कृति से गद्य का एक उद्धरण देकर उसे तत्कालीन वृज भाषा-गद्य का नमूना बताया है।[34] इस प्रकार आचार्य शुक्ल द्वारा आदिकाल के प्रवृत्ति-विश्लेषण को संशोधित रूप में इस प्रकार प्रस्तुत किया जा सकता है।

1. बौद्ध सिद्धों और जैन आचार्यों के धर्मप्रेरित काव्यों की संख्या अधिक होने के कारण अब आदिकाल को वीरगाथा-काल नहीं कहा जा सकता। वीर-काव्य-रचना इस काल की प्रमुख प्रवृत्ति नहीं है। अब उसे आदिकाल की एक प्रवृत्ति मात्र कहा जा सकता है, यद्यपि वीरकाव्य मुक्तक एवं प्रबन्ध दोनों रूपों में अब भी प्राप्त है।

2. बौद्ध सिद्धों और जैन आचार्यों की रचनाओं को दृष्टि में रखकर देखा जाए तो आदिकालीन काव्यधारा की तीन प्रमुख प्रवृत्तियाँ लक्षित की जा सकती हैं—

(क) मुक्तक रचनाओं में धार्मिक जीवन-पद्धति के निरूपण की प्रवृत्ति ।

(ख) कथा-प्रबन्धों के माध्यम से सामन्तीय जीवन और उसके अंगरूप में वीरता तथा विलास एवं शृंगार-निरूपण की प्रवृत्ति।

(ग) लोक-कथाओं को संशोधित करके उनके माध्यम से धर्म-शिक्षा देने की प्रवृत्ति ।

3. लोक-जीवन की सहज स्वच्छन्द भूमि पर विरहप्रधान गीतिबन्ध लिखने की प्रवृत्ति ।

4. विविध सन्दर्भों में गद्य के प्रयोग की प्रवृत्ति।

यदि पूरे युग मानस पर व्यापक प्रभाव की दृष्टि से देखा जाए तो यह युग निस्सन्देह सिद्धों और सामन्तों का था। इस युग में प्रवृत्तियों की अराजकता तो नहीं थी, किन्तु साहित्य की कोई ऐसी एक प्रधान प्रवृत्ति भी नहीं थी जिसके आधार पर पूरे युग का नामकरण किया जाए। जहाँ तक प्रवृत्तियों की गतिशीलता और रूढ़िग्रस्तता का प्रश्न है, यह नहीं कहा जा सकता कि पश्चिमी प्रदेश में रचे गए काव्य रूढ़ियों से बँधे हैं और पूर्वी प्रदेशों के प्रगतिशील। यदि सामन्त विलासी थे और उनका जीवन प्रवाह अवरुद्ध था तो उनके जीवन का अंकन करनेवाला काव्य प्रगतिशील कैसे हो सकता है? बौद्ध सिद्धों में आनेवाली रूढ़ियों को तो राहुल सांकृत्यायन ने स्वयं स्वीकार किया है और कहा है, ''सहज-मार्ग से पाखंड मार्ग पकड़ना अधिक आसान था। इसलिए सरहपा का सहज-भाव, तन्तर-मन्तर, भूत प्रेत, देवी-देवता-सम्बन्धी हजारों मिथ्या विश्वासों और ढोंगों के पैदा करने का कारण बना।''[35] जैनियों के विषय में उनका कहना है, ''भूत-प्रेत, जादू-मन्तर और देवी-देवता-वाद में जैन भी किसी के पीछे नहीं थे, रहा सवाल वाम मार्ग का, शायद उसका उतना जोर नहीं हुआ, लेकिन वह बिलकुल नहीं था यह भी नहीं कहा जा सकता। आखिर 'चक्रेश्वरी' देवी वहाँ भी विराजमान हुई और हमारे मुनि कवि भी निर्वाण-कामिनी के आलिंगन का खूब गीत गाने लगे।''[36] यह सर्वविदित है कि बौद्ध और जैन धर्मों का उदय यज्ञ-संस्कृति के विरोध में हुआ था। निश्चय ही अपने उदयकाल में ये धर्म प्रगतिशील थे। इनका मूल स्वर मानतवावादी था। ये जाति-भेद और वर्ण-व्यवस्था के विरोधी थे। वर्ण-व्यवस्था सामन्तीय समाज व्यवस्था का अंग थी। सामन्त वर्ग उसका पोषक और समर्थक था। वर्ण-व्यवस्था में ब्राह्मणों की श्रेष्ठता सर्वमान्य थी। इसलिए वे भी इसके समर्थक थे। इसलिए बौद्धों और जैनियों के प्रति उनका विरोध-भाव बद्धमूल

था। लेकिन कालान्तर में इन धर्मों का प्रगतिशील मानवतावादी स्वरूप विकृत हो चुका था। यह विकृति बौद्धों और शैवों के संश्लेषण से विकसित योगियों में भी आ गई थी। राहुल जी ने इनकी विकृतियों को लक्षित करते हुए ही अपना स्पष्ट मत व्यक्त किया है। उत्तर भारत में वैष्णव भक्ति जिस समय सामान्य जनता को आकृष्ट कर रही थी उसके पूर्व ही ये धर्म-मत स्वयं अपनी रूढ़ियाँ विकसित कर चुके थे। इसलिए यह मानकर चलना कि एक बार जो धर्ममत जाति-भेद और वर्ण-व्यवस्था के विरोध में उभरकर सामने आया वह सामान्य जन-जीवन से जुड़कर, उनकी मानसिकता का अंग होकर, उनके परम्परागत आचात- विचार, विश्वास-संस्कार से संश्लिष्ट होने के बावजूद बराबर प्रगतिशील बना रहा होगा संगत नहीं है। इनकी परम्परा में विकसित निर्गुण सन्त मत अवश्य प्रगतिशील था क्योंकि उसमें रूढ़ियों का विकास कबीर के बाद हुआ। निर्गुण सन्तों को लोक-विरोधी कहना उचित नहीं है। इनके द्वारा वर्ण व्यवस्था की मर्यादा का उल्लंघन ही नहीं किया जाता था उसे चुनौती भी दी जाती थी। शुक्ल जी वर्ण-व्यवस्था के आदर्श रूप के समर्थक थे। तुलसी के सन्दर्भ में विचार करते हुए उन्होंने उसके समर्थन में तर्क भी दिए हैं। इसलिए निर्गुण सन्तों के प्रति उनकी दृष्टि सब मिलाकर संकुचित ही कही जाएगी। अपभ्रंश काव्य की प्रवृत्तियों के आदिकालीन हिन्दी काव्य-प्रवाह में अन्तर्भुक्त होने और आगे के प्रवाहों में नए रूप में उभरने की अधिक चर्चा आचार्य शुक्ल ने नहीं की है, किन्तु वज्रयानी-सिद्धों की साम्प्रदायिक प्रवृत्ति का उल्लेख करने के बाद उन्होंने कहा है, "यही परम्परा अपने ढंग पर नाथ-पंथियों ने भी जारी रखी। आगे चलकर भक्तिकाल में निर्गुण सन्त-सम्प्रदाय किस प्रकार वेदान्त के ज्ञानवाद, सूफियों के प्रेमवाद तथा वैष्णवों के अहिंसावाद और प्रपत्तिवाद को मिलाकर सिद्धों और योगियों द्वारा बनाए हुए इस रास्ते पर चल पड़ा, यह आगे दिखाया जाएगा।"[37] इसी प्रकार जैनियों ने चरित काव्यों का उल्लेख करने के बाद उन्होंने कहा है, "चौपाई-दोहे की सही पर हम आगे चलकर सूफियों की प्रेम कहानियों में तुलसी के रामचरितमानस में तथा छत्रप्रकाश, व्रजविलास, सबलसिंह चौहान के महाभारत इत्यादि अनेक आख्यान काव्यों में पाते हैं।"[38] इसलिए यह नहीं कहा जा सकता कि अपभ्रंश से हिन्दी के गहरे सम्बन्धों की ओर उनका ध्यान नहीं था। वास्तविकता यह थी कि उस समय तक अपभ्रंश की बहुत थोड़ी सामग्री प्रकाशित थी और जो प्रकाशित थी उसे भी पूरी तरह वे नहीं देख पाए थे।

आदि-काल के बाद भक्ति, रीति और आधुनिक काव्य की प्रवृत्तियों को जिस रूप में आचार्य शुक्ल ने निर्दिष्ट किया है उस पर कोई विशेष मतभेद या विवाद नहीं है। भक्ति की प्रवृत्ति के उदय के कारणों पर जो विचार आचार्य शुक्ल

ने किया है उस पर मतभेद है। इस सम्बन्ध में हम नामकरण और काल-विभाजन पर विचार करते हुए अपना मत प्रकट कर चुके हैं। रीति-काव्य की प्रवृत्ति का सम्बन्ध आचार्य शुक्ल ने संस्कृत की काव्य-शास्त्रीय परम्परा से जोड़ा है। इस सम्बन्ध में आचार्य हजारीप्रसाद द्विवेदी का मत है कि रीति-काव्य में लक्ष्यरूप में जो सरस, मनोहर उदाहरण प्रस्तुत हुए हैं उनमें राधा-कृष्ण की प्रणय लीला के जो रसात्मक एवं उल्लसित चित्र हैं उनका मूल उत्स हूणों के साथ आई हुई आभीर जाति का उन्मुक्त प्रेम पहले अपभ्रंश में बाद को प्राकृत और संस्कृत में भी चित्रित हुआ। इसने शास्त्रनिष्ठ पंडितों को प्रभावित किया और अलंकारशास्त्र में उत्तम कविता के उदाहरण के रूप में उद्धृत किया गया। आचार्य द्विवेदी का निष्कर्ष है, ''परन्तु यह प्रवृत्ति बहुत ही शक्तिशाली (और बहुत बार उपाहासास्पद) रूप में हिन्दी की रीतिकालीन कविता में प्रकट हुई।''[39] इस सम्बन्ध में यह ध्यान रखना चाहिए कि लक्षण-लक्ष्य-बद्ध काव्य लिखने की प्रवृत्ति हिन्दी में संस्कृत से ही आई है। लक्ष्य के रूप में स्फुट, सरस, गोप-जीवन के उल्लास से युक्त और राधाकृष्ण की धार्मिक लीला के आध्यात्मिक संकेत से सम्पृक्त छन्द किस परम्परा से आए यह शुक्ल जी के विचार का विषय नहीं था। 'बिहारी सतसई' की चर्चा करते हुए उन्होंने उसक सम्बन्ध 'गाथा सतराई' और 'आर्यासप्तशती' से अवश्य जोड़ा है।

आधुनिक काल के गद्य एवं काव्य की प्रवृत्तियों का जो स्वरूप आचार्य शुक्ल ने निर्दिष्ट किया है उनके ऐतिहासिक विकास के सम्बध में कोई उल्लेखनीय मतभेद व्यक्त नहीं किया गया है। 'छायावाद' और 'रहस्यवाद' के सम्बन्ध में आचार्य शुक्ल की मान्यताओं का विरोध भी हुआ है और समर्थन भी यह विरोध और समर्थन प्रवृत्ति के निदर्शन से नहीं, उसकी व्याख्या से सम्बद्ध है। इसलिए यह इतिहास से अधिक आलोचना का विषय है। इसलिए यहाँ उस पर विस्तृत विचार की आवश्यकता है।

तात्पर्य यह कि आदि-काल को छोड़कर शेष सभी कालों की प्रवृत्तियों को जिस रूप में आचार्य शुक्ल ने निर्दिष्ट किया है थोड़े-बहुत परिवर्तन के साथ उन्हें आज भी उसी रूप में स्वीकार किया जाता है।

इतिहास की विधेयवादी दृष्टि और आचार्य शुक्ल का इतिहास

आचार्य शुक्ल के इतिहास-दर्शन के सम्बन्ध में श्री नलिनविलोचन शर्मा, डॉ. रामलाल सिंह, डॉ. रामविलास शर्मा आदि कई समीक्षकों ने अपना मत व्यक्त किया है। श्री नलिनविलोचन शर्मा ने अपने इतिहास-दर्शन में लिखा है, ''शुक्ल जी ने स्वकालीन पाश्चात्य वैदुष्य की उपलब्धि को विलक्षण सजगता का परिचय देते हुए हिन्दी-साहित्येतिहास के निर्माण के लिए अपना लिया है। कदाचित किसी

भी भारतीय भाषा के साहित्य के इतिहास लेखक के पूर्व उन्नीसवीं शताब्दी में पश्चिम में साहित्येतिहास के क्षेत्र में जो विधेयवाद प्रचलित था, उसका सविस्तार विवरण हम दे चुके हैं। शुक्ल जी ने इसी विधेयवाद को, उस समय के लिए आश्चर्यजनक नव्यवादिता के साथ अधिकृत और व्यवहृत किया।''[40]

डॉ. रामलाल सिंह उन्हें जीवन एवं साहित्य दोनों में विकासवादी करार देते हुए कहते हैं, ''जीवन तथा साहित्य में विकासवाद के सिद्धान्त को मानने के कारण वे साहित्य के इतिहास की किसी घटना, किसी कवि की विशेषता, किसी साहित्यिक धारा तथा किसी युग के सामान्य एवं विशिष्ट लक्षणों को कारणविहीन, आकस्मिक, असम्बद्ध, स्वयम्भूत अथवा अदृष्टनिर्मित नहीं मानते, प्रत्युत उसे जीवन की विविध परिस्थितियों की क्रिया प्रतिक्रिया, घात-प्रतिघात की उपज मानते हैं।''[41] रामविलास शर्मा उन्हें विकासवाद का समर्थक और वस्तुवादी मानते हैं। शिवदान सिंह चौहान और नामवर सिंह ने शुक्ल जी को एकांगी समाजशास्त्रीय बताया है। यहाँ प्रत्येक समीक्षक के मत को ध्यान में रखकर आचार्य शुक्ल के इतिहास की समीक्षा करना मेरा उद्‌देश्य नहीं है। सामान्यत: शुक्ल जी की इतिहास दृष्टि को विधेयवादी मानकर विचार किया गया है। अत: हम संक्षेप में उसी सम्बन्ध में विचार करेंगे। श्री आर.जी. कॉलिंगवुड ने वाल्टेयर, हीगेल और विधेयवादियों की इतिहास सम्बन्धी अवधारणा को सूत्ररूप में एक साथ प्रस्तुत करते हुए कहा है, ''वाल्टेयर के लिए 'इतिहास-दर्शन' का अर्थ समीक्षात्मक या वैज्ञानिक इतिहास से अधिक और कुछ नहीं था, हीगेल इससे विश्व इतिहास का अर्थ ग्रहण करता था और विधेयवादियों के लिए इतिहास-दर्शन का अर्थ ऐसे सामान्य नियमों का अनुसन्धान था जो सांसारिक घटनाओं को नियंत्रित करते हों।''[42]

वस्तुत: उन्नीसवीं शती में विज्ञान के क्षेत्र में विकासवाद के सिद्धान्त के आविष्कार ने तत्कालीन दार्शनिक चित्तन को भी प्रभावित किया था। दार्शनिकों ने विश्व को प्रचलित एवं नियन्त्रित करनेवाली परोक्ष सत्ता की ओर से ध्यान हटाकर जागतिक गतिविधियों का कारण प्रत्यक्ष जगत में ही ढूँढ़ना आरम्भ किया। विधेयवादी दार्शनिक भी सामाजिक-ऐतिहासिक घटनाओं का कारण इसी भौतिक जगत में ढूँढ़ते थे। और ऐसे सामान्य सिद्धान्तों एवं नियमों का अनुसन्धान करना चाहते थे जिनके आधार पर प्रत्यक्ष जगत में घटित होनेवाली घटनाओं की व्याख्या की जा सके। इसी क्रम में फ्रान्सीसी इतिहासकार हिप्पोलाइत तेन (1823-93) ने साहित्य के इतिहास की व्याख्या करते हुए प्रतिपादित किया कि इसका विकास जाति (Race), वातावरण (Milien) तथा क्षण (Moment) अथवा युग-विशेष की ऐतिहासिक परिस्थितियों से चालित एवं नियन्त्रित होता है।[43] 'जाति' से उसका तात्पर्य उन प्रवृत्तियों से है जो व्यक्ति विशेष की वंश-

परम्परा से चली आती हैं और उसकी रक्त-शिराओं में प्रवाहित होती रही हैं। यह प्रवृत्तियाँ उसका मानसिक संस्कार बन जाती हैं। 'वातावरण' या 'परिस्थिति' से उसका तात्पर्य देश की बाह्य भौगोलिक-ऐतिहासिक परिस्थितियों से है जो व्यक्ति के मानसिक संस्कारों को प्रभावित करके उसकी सांस्कृतिक चेतना का निर्माण करती हैं। 'क्षण' से उसका तात्पर्य युग-चेतना से है। युग-चेतना रचनाकारों की रचना-दृष्टि को प्रभावित करती है। बाद के विचारकों ने तेन की उपरोक्त व्याख्या को अत्यधिक कठोर और यान्त्रिक बताकर इसका संशोधन किया। जहाँ तक शुक्ल जी का प्रश्न है वे पूर्ण रूप से विधेयवादी नहीं हैं। वे साहित्यगत प्रवृत्तियों के उद्भव और विकास का कारण सामाजिक ऐतिहासिक परिस्थितियों में अवश्य ढूँढ़ते हैं, किन्तु जगत में होनेवाले युगान्तकारी परिवर्तनों के कारण रूप में ब्रह्म की आनन्दकला के शक्तिमय रूप धारण करने की बात भी कहते हैं। वे विकासवाद से प्रभावित अवश्य हैं, किन्तु उसकी सीमाओं से भी परिचित हैं। वैज्ञानिक दृष्टि से प्रभावित होने के कारण वे जागतिक गतिविधियों को बौद्धिक व्याख्या करने में प्रवृत्त हुए हैं किन्तु 'चैतन्य की नित्य सत्ता' की सम्भावना का निषेध भी उन्होंने कहीं नहीं किया है। इस सम्बन्ध में एक महत्त्वपूर्ण बात यह भी है कि विधेयवादी इतिहासकार इतिहास में आलोचना के तत्त्व को महत्त्व नहीं देते जबकि इतिहास में आलोचना को अधिक महत्त्व देने का शुक्ल जी पर आरोप लगाया गया है। इस प्रकार यह स्पष्ट है कि आचार्य शुक्ल की इतिहास दृष्टि पर विधेयवाद का प्रभाव भले हो, वे विधेयवादी नहीं हैं। उनके सामने पाश्चात्य वैज्ञानिकों का परीक्षण सिद्ध भौतिक सत्य ही नहीं, भारतीय ऋषियों का साक्षात्कृत आत्मज्ञान भी था। किसी दूसरे के द्वारा प्रतिपादित सिद्धान्त को बिना अपनी बुद्धि की कसौटी पर कसे ज्यों-का-त्यों स्वीकार कर लेने का उनका स्वभाव ही नहीं था।

इस प्रसंग को समाप्त करने के पहले हम यह स्पष्ट कर देना चाहेंगे कि सीमित समय में अपर्याप्त सामग्री को सामने रखकर हिन्दी-साहित्य का जो इतिहास आचार्य शुक्ल ने प्रस्तुत किया है, उससे व्यवस्थित, प्राणवान, प्रभावी और व्यक्ति वैशिष्ट्य- प्रतिपादक इतिहास आज तक दूसरा नहीं लिखा गया है। परवर्ती इतिहासकारों के पास समय की कमी नहीं है। साधन और सामग्री भी आज पहले से बहुत अधिक उपलब्ध है, लेकिन अब तो सामूहिक प्रयत्न के द्वारा इतिहास की सामग्री का सम्पादन हो रहा है। बड़े-से-बड़े व्यक्ति की भी सीमा होती है। सीमाएँ आचार्य शुक्ल की भी हैं, किन्तु अपने समय में जितने जागरूक और व्यापक-दृष्टि-सम्पन्न वे थे आज उससे अधिक जागरूक उनकी सीमाओं की ओर संकेत करनेवाले नहीं हैं। आचार्य शुक्ल की दृष्टि की व्यापकता को लक्षित करते हुए डॉ. रामविलास शर्मा ने लिखा है, "इस तरह शुक्ल जी ने हमारे

सांस्कृतिक इतिहास के अध्ययन को और समृद्ध किया है, साहित्य के इतिहास के क्षितिज को और विस्तृत किया है। यहाँ (जायसी के प्रेम-मार्ग निरूपण में) उनके तुलनात्मक अध्ययन की पद्धति खुलकर अपनी विशेषता प्रकट करती है। कहीं अंग्रेजी कवि और विचारक, कहीं यूनानी आलोचक और जर्मन दार्शनिक, कहीं फारसी के कवि और अरब के विद्वान–शुक्ल जी इनकी सहज चर्चा करते हुए विषय-विवेचन करते हैं।''[44] 17 अक्टूबर, 1939 को अट्ठाइसवें हिन्दी-साहित्य सम्मेलन की साहित्य परिषद् के स्वागताध्यक्ष के रूप में शुक्ल जी ने रूस के बोल्शेविकों, जर्मनी के नात्सीओं और प्रसिद्ध मनोवैज्ञानिक फ्रायड के साहित्य सम्बन्धी विचारों की सीमाओं की ओर संकेत करते हुए कहा था, ''रूस के बोल्शेविकों की बात सुनिए तो वे उपेक्षा से अब तक के सारे साहित्य को ऊँचे वर्ग के लोगों का साहित्य बताकर बढ़ैयों, लोहारों और मजदूरों के साहित्य का आसरा देखने को कहेंगे। जर्मनी की ओर दृष्टि दौड़ाइए तो वहाँ केवल नात्सी सिद्धान्तों का समर्थक साहित्य ही सिर उठा सकता है। फ्रायड साहब अभी मरे हैं जिनकी समझ में स्वप्न भी हमारी अतृप्त कीम वासनाओं की तृप्ति-विधान के छायामय रूप हैं और काव्यादि कलाएँ भी हमारी अतृप्त वासनाओं की तृप्ति के विधान है। अब हमारे लिए समझने की बात यह है कि क्या हमें इन सब बातों को ज्यों-का-त्यों लेते हुए अपने साहित्य का निर्माण करते चलना चाहिए अथवा संसार के भिन्न-भिन्न देशों की भिन्न-भिन्न प्रवृत्तियों की समीक्षा करते हुए अपनी बाह्य और आभ्यन्तर परिस्थिति के अनुसार उसके लिए स्वतन्त्र मार्ग निकालते रहना चाहिए।''[45] उपरोक्त कथन इस बात का साक्षी है कि आचार्य शुक्ल देश-विदेश की नवीनतम साहित्यिक गतिविधियों पर बराबर निगाह रखते थे, किन्तु वे किसी भी प्रवृत्ति या स्थापना के अन्ध अनुकरण को श्रेयस्कर नहीं मानते थे। उन्हें निरन्तर इस बात की चिन्ता रहती थी कि अपने साहित्य का एक स्वतन्त्र व्यक्तित्व होना चाहिए। हिन्दी-साहित्य की स्वतन्त्र प्रतिमा गढ़ने के लिए उन्होंने अथक प्रयत्न किया। वे साहित्य को राजनीति से ऊपर देखना चाहते थे अपने इतिहास में 'उपन्यास' के सम्बन्ध में विचार करते हुए उन्होंने आधुनिक युग में उपन्यासों की शक्ति का उद्घोष करते हुए यह सुझाव दिया है कि ''निपुण उपन्यासकारों को केवल राजनीतिक दलों द्वारा प्रचारित बातें लेकर ही न चलना चाहिए, वस्तुस्थिति पर अपनी व्यापक दृष्टि भी डालनी चाहिए।''[46] इसी क्रम में उन्होंने आगे कहा है, ''साहित्य को राजनीति से ऊपर रहना चाहिए, सदा उसके इशारों पर ही न नाचना चाहिए।''[47] जिस व्यक्ति का ध्यान देश-विदेश की प्रत्येक घटना पर केन्द्रित रहा और जिसने साहित्य के प्रत्येक क्षेत्र में नवीनतम स्थापनाओं के सम्बन्ध में अपनी स्वतन्त्र प्रतिक्रिया व्यक्त की उसकी दृष्टि को संकुचित कहना नितान्त अनुचित है। वास्तविकता तो यह है कि शुक्ल जी के इतिहास को देखकर

बड़े-से-बड़े साहित्यिक पंडित का समग्र इतिहास लिखने का उत्साह ही समाप्त हो गया। काल विशेष को लेकर नई सामग्री के आधार पर कुछ नए सुझाव देना बड़ा पुरुषार्थ नहीं है। हो सकता है कि नई सामग्री के प्रकाश में आचार्य शुक्ल प्रस्तावित नामकरण और कालग-विभाजन में कुछ संशोधन आवश्यक हो लेकिन नामकरण और काल-विभाजन के लिए उन्होंने जो तर्क और सिद्धान्त प्रस्तुत किए हैं वे आज भी महत्त्वपूर्ण हैं। आचार्य शुक्ल के इतिहास के पूरे ढाँचे को बदलने की बात कुछ दिनों से कही जा रही है। इस सम्बन्ध में कुछ सुझाव भी जब तब दिए गए हैं। किन्तु व्यवस्थित ढंग से विचार करनेवालों में डॉ. रामविलास शर्मा की भूमिका अद्वितीय है। आचार्य शुक्ल ने आदिकाल और मध्यकाल को अलग-अलग रखा है। डॉ. शर्मा दोनों को सामन्ती युग के अन्तर्गत स्वीकार करते हुए एक मानते हैं और कहते हैं, "शुक्ल जी का आदिकाल वास्तविक मध्यकाल है, हिन्दी जनपदों के इतिहास का सामन्त काल है।" (हिन्दी जाति का साहित्य, पृ 122) उनकी दृष्टि में उसे एक प्रकार से रीतिकाल का प्रथम उत्थान कहा जा सकता है क्योंकि अतिशयोक्ति पूर्ण कथन और चमत्कार-प्रदर्शन की प्रवृत्ति इस काल में भी प्रबल थी। कवि अपने आश्रयदाताओं के प्रशंसक थे। आचार्य शुक्ल ने जिसे पूर्व मध्यकाल (भक्तिकाल) कहा है उसे डॉ. शर्मा 'लोक जागरण काल' कहते हैं। क्योंकि इस काल में सामन्तीय ढाँचे के भीतर व्यापारिक पूँजीवाद के विकास के फलस्वरूप नए आर्थिक सम्बन्ध विकसित हो चुके थे और एक नई सांस्कृतिक चेतना भक्त कवियों के माध्यम से जागृत हो चुकी थी। भक्त कवियों ने सामन्तीय मूल्यों को चुनौती देते हुए मानवतावादी मूल्यों को प्रतिष्ठित करने की चेष्टा की थी। डॉ. शर्मा इस लोक जागरण काल से ही आधुनिकता की शुरुआत मानने के पक्ष में हैं। डॉ. शर्मा भक्तिकाल और रीतिकाल की स्थिति समानान्तर मानते हैं। रीतिकाल को भक्ति काल के बाद कोई स्वतन्त्र काल नहीं मानते। शुक्ल जी ने 'भारतेन्दु युग' से आधुनिक काल की शुरुआत मानी है। डॉ. शर्मा इसे लोक जागरण का दूसरा उत्थान मानते हैं। उनके अनुसार 1857 ई. के प्रथम स्वतन्त्रता संग्राम के समय से हिन्दी-प्रदेश में नव जागरण का आरम्भ मानना चाहिए। इस स्वतन्त्रता संग्राम के समय जो राष्ट्रीय चेतना जागृत हुई थी 'भारतेन्दु काल' उससे सीधा जुड़ा हुआ है। 1857 ई. का स्वतन्त्रता संग्राम पूरे हिन्दुस्तान को मुक्त कराने के लिए लड़ा गया था। इसमें हिन्दू-मुसलमान दोनों मिलकर लड़े थे। नेतृत्व सेना में काम करनेवाले किसानों ने किया था। बहादुरशाह के नाम पर पूरी व्यवस्था सैनिक पंचायत ने अपने हाथ में ले ली थी। आचार्य महावीरप्रसाद द्विवेदी का युग हिन्दी-नव जागरण का युग है। डॉ. शर्मा द्वारा प्रस्तावित स्थापनाएँ अभी विमर्श-विश्लेषण के दौर में ही हैं। डॉ. शर्मा ने साहित्य के विकास को सामाजिक विकास के साथ पूरी तरह संश्लिष्ट कर दिया है। यदि साहित्य की

सापेक्ष स्वायत्तता मान्य है तो उसके विकास की स्थितियाँ भी सामाजिक विकास से कुछ अलग अंशत: स्वायत्त होनी चाहिए। डॉ. शर्मा की स्थापनाओं में काल-विशेष की शाखा-प्रशाखाओं की नई दृष्टि से क्या पहचान होगी और उस पहचान को किस प्रकार रेखांकित किया जाएगा यह भी स्पष्ट नहीं है।

सन्दर्भ

1. 'मेरा उद्देश्य अपने साहित्य के इतिहास का एक पक्का और व्यवस्थित ढाँचा खड़ा करना था, न कि कवि-कीर्तन करना।' प्रथम संस्करण का वक्तव्य, पृ. 1
2. हिन्दी-साहित्य का इतिहास, काल-विभाग, पृ. 1
3. हिन्दी-साहित्य का इतिहास, प्रथम संस्करण का वक्तव्य पृ. 1
4. वही, पृ. 6००
5. वही, पृ. 6००
6. वही, पृ. 6०1
7. दूसरी परम्परा की खोज, पृ. 15
8. हजारीप्रसाद द्विवेदी ग्रन्थावली, पृ. 556
9. हिन्दी-साहित्य का इतिहास, पृ. 3०
10. हिन्दी-साहित्य का इतिहास, पृ. 59
11. हिन्दी के विकास में अपभ्रंश का योग, पृ. 267
12. हिन्दी के विकास में अपभ्रंश का योग, पृ. 268
13. वही, पृ. 192-93
14. हिन्दी-साहित्य का इतिहास, पृ. 6०
15. हजारीप्रसाद द्विवेदी ग्रन्थावली, पृ. 34
16. हिन्दी-साहित्य का इतिहास, पु. 62
17. भक्ति आन्दोलन का अध्ययन पृ. 163
18. चिन्तामणि-3, पृ. 24०
19. हिन्दी-साहित्य का इतिहास, पृ. 241
20. आचार्य शुक्ल के श्रेष्ठ निबन्ध, पृ. 119
21. हिन्दी-साहित्य का इतिहास, पृ. 255
22. 1. हिन्दी-साहित्य का इतिहास, पृ. 48
23. हिन्दी-साहित्य का इतिहास, प्रथम संस्करण का वक्तव्य, पृ. 3
24. वही, पृ. 3
25. हिन्दी-साहित्य का इतिहास, पृ. 7
26. हिन्दी काव्य धारा, पृ. 47
27. हजारीप्रसाद द्विवेदी ग्रन्थावली, उ.प्र. 556.
28. द मॉडर्न वर्नाक्यूलर लिटरेचर ऑफ हिन्दुस्तान, पृ. 6०
29. हिन्दी-साहित्य का इतिहास, पु. 31

30. हिन्दी की वीर काव्य-धारा, पृ. 26-27
31. द मॉडर्न वर्नाक्यूलर लिटरेचर ऑफ हिन्दुस्तान, पृ. 163
32. हिन्दी-साहित्य का इतिहास, पृ. 421
33. वही, सम्पादक डॉ. नागेंद्र, पु. 437
34. हिन्दी-साहित्य का इतिहास, पृ. 4०4
35. हिन्दी काव्य-धारा, भूमिका, पु. 36
36. वही, पृ. 37
37. हिन्दी-साहित्य का इतिहास, पृ. 2०
38. वही, पृ.6
39. हजारीप्रसाद द्विवेदी ग्रन्थावली, 3, पृ. 129
40. हिन्दी-साहित्य का इतिहास दर्शन, 196०, पृ. 88
41. हिन्दी-साहित्य का इतिहास दर्शन, शिवकुमार, पृ. 184 पर उद्धृत
42. According to R.G. Collingwood the phrase philosophy of history was used in three ways : to Voltaire, the inventor of the phrase, 'it was no more than critical or scientific history'. Hegal 'regarded it as meaning simply universal or world history' and for positivists 'The philosophy of history was the discovery of general laws governing the course of events'.
43. विधेयवादी प्रणाली तायें (Taine) की इस प्रसिद्ध घोषणा में सूत्रबद्ध है— Race, Milien, Moment, साहित्य का इतिहास-दर्शन, पृ. 52
44. आचार्य रामचन्द्र शुक्ल और हिन्दी आलोचना, पृ. 67
45. चिन्तामणि 3, पृ. 276
46. हिन्दी-साहित्य का इतिहास, पृ. 535
47. वही, पृ. 536

12

आचार्य शुक्ल का शब्द-शक्ति-विवेचन

आचार्य शुक्ल ने काव्यार्थ-निर्णय में शब्द-शक्तियों के महत्त्व को पहचाना था। बाद में वे इनके अध्ययन में तत्पर भी हुए थे, किन्तु वे अपना अध्ययन पूरा नहीं कर सके और हमें इस सम्बन्ध में उनके द्वारा दी गई संक्षिप्त टिप्पणियों से ही सन्तोष करना पड़ता है। शब्द-शक्तियों पर विचार करते हुए आचार्य ने काव्यप्रकाश, साहित्यदर्पण, अभिधावृत्ति मातृका, वाक्यपदीय आदि ग्रन्थों का आधारलिया है। बीच-बीच में उन्होंने आधुनिक मनोविज्ञान का साक्ष्य भी प्रस्तुत किया है। शब्द-शक्तियों के इस विवेचन में ऊपर-ऊपर से देखने पर कोई मौलिकता नहीं प्रतीत होती, किन्तु पूरे विवेचन को ध्यान से देखने पर अनेक स्थलों पर आचार्य शुक्ल के मौलिक चिन्तन का पता चलता है।

शब्द-शक्ति-विवेचन-क्रम में सबसे पहले आचार्य शुक्ल ने काव्य के लक्ष्य—अर्थ, धर्म, काम, मोक्ष की चर्चा की है। उसके बाद काव्यप्रकाश में दिए गए काव्यलक्षण–तददोषौ शब्दार्थौ सगुणावनलंकृति पुन: क्वापि'—की सीमाओं पर विचार किया है। आचार्य शुक्ल के अनुसार 'शब्दार्थों' का 'सगुणौ' विशेषण असमीचीन है, क्योंकि गुण का सम्बन्ध रस से होता है, शब्द और अर्थ से नहीं। 'अलंकार' शब्द का उल्लेख भी अनावश्यक है, क्योंकि यह तो पहले से विद्यमान रस का उत्कर्ष करता है। गुण और अलंकार दोनों ही उत्कर्षकारक हैं, स्वरूपघटक नहीं। अत: इनका उल्लेख समीचीन नहीं है। इसी क्रम में आचार्य शुक्ल ने 'ध्वनिकार' और 'रीतिकार' द्वारा क्रमशः काव्य की आत्मा के सम्बन्ध में प्रस्तुत 'ध्वनि' एवं 'रीति' तत्त्वों की आलोचना की है। 'ध्वनि' में 'अव्याप्ति' और 'अतिव्याप्ति' दोनों ही प्रकार के दोष हैं और 'रीति' केवल शरीर का अंग-विन्यास है। अत: यह दोनों काव्य की आत्मा नहीं हो सकते। अन्त में साहित्यदर्पणकार की परिभाषा—'वाक्यं रसात्मकं काव्यम् को उद्धृत करते हुए आचार्य शुक्ल ने लिखा है—इसके अन्तर्गत रसाभास, भाव और भावाभास भी हैं। पंडितराज जगन्नाथ द्वारा दिए गए काव्य लक्षण 'रमणीयार्थप्रतिपादक: शब्द: काव्यम्' को उद्धृत करके भी शुक्ल जी ने उस पर विचार नहीं किया है।

इसके बाद आचार्य शुक्ल ने 'वाक्य' और 'महावाक्य' के लक्षण दिए हैं। 'आकांक्षा', 'योग्यता' और 'आसक्ति' से युक्त पद-समूह वाक्य और 'परस्पर सम्बद्ध अनेक वाक्यों का समूह' महावाक्य कहलाता है। यह परिभाषाएँ साहित्य दर्पण के आधार पर दी गई हैं। अर्थज्ञान की पूर्ति की जिज्ञासा को 'आकांक्षा' कहते हैं। पदार्थों के परस्पर सम्बन्ध में बोध का न होना 'योग्यता' और अर्थ के विचार से परस्पर सम्बद्ध दो पदों के बीच समय और पदार्थ दोनों का अव्यवधान आसक्ति है। इस प्रकार आकांक्षा, योग्यता और आसक्ति से युक्त पद-समूह का अर्थ तीन प्रकार का हो सकता है—वाच्य, लक्ष्य और व्यंग्य इन अर्थों का बोध करानेवाली शक्तियाँ हैं—अभिधा, लक्षणा और व्यंजना।

शब्द के मुख्य अर्थ का बोध करानेवाली शक्ति 'अभिधा' है। जिस बौद्धिक प्रक्रिया से यह शक्ति प्रमुख अर्थ का बोध कराती है उसे—'शक्ति ग्रह' या 'संकेत ग्रह' कहते हैं। 'संकेत ग्रह' निरीक्षण, अभ्यास, प्रसंग, उपदेश, साहचर्य, आप्त वाक्य, उपमान आदि कई प्रकार से होता है। वाचक शब्द चार प्रकार के होते हैं—जाति, गुण, क्रिया और यदृच्छा। इन सभी का बोध अभिधा शक्ति से होता है। आचार्य शुक्ल ने अभिधा शक्ति के सम्बन्ध में 'साहित्य-दर्पण' को आधार मानकर विचार किया है।

मुख्यार्थ का बोध होने पर रूढ़ि के कारण या किसी प्रयोजन के लिए मुख्यार्थ से सम्बद्ध अन्य अर्थ का ज्ञान जिस शक्ति के द्वारा होता है वह लक्षणा है। लक्षणा के लिए तीन शर्तें अनिवार्य हैं (1) मुख्यार्थ का बाध, (2) मुख्यार्थ का लक्ष्यार्थ से सम्बन्ध, (3) रूढ़ि या प्रयोजन मुख्यार्थ का बोध दो कारणों से हो सकता है। अन्वयानुपपत्ति के कारण और तात्पर्यानुपपत्ति के कारण। कथन की अनुपपत्ति के उदाहरणों में वे साहित्य-दर्पणकार द्वारा वाक्यगत लक्षणा के उदाहरण रूप में प्रस्तुत—'उपकृतं बहु तत्र किमुच्यते सुजनता प्रथिता भवता परम्' (अरे मित्र, तुमने जो मेरी भलाइयाँ की हैं उनका कहाँ तक बखान करूँ!) का संकेत करते हुए कहते हैं, 'आपने बड़ा उपकार किया' इत्यादि। इसमें वाक्यगत लक्षणा कही जाती है। मेरे मत से यहाँ वाक्यगत लक्षणा नहीं, व्यंजना है। यह उदाहरण लक्षणा का उदाहरण हो सकता है, यदि इस वाक्य के पहल 'आपने मेरा घर ले लिया' इत्यादि कहा जाए।' (रसमीमांसा, पृ. 373) आचार्य ने यह नहीं बताया कि उपरोक्त उदाहरण में लक्षणा क्यों नहीं है, किन्तु उनके मतभेद प्रकट होने से हम यह निष्कर्ष निकाल सकते हैं कि यदि उन्हें अवसर मिला होता तो वे शब्द-शक्तियों के सम्बन्ध में कुछ मौलिक स्थापनाएँ करते। इसी क्रम में आचार्य शुक्ल ने मम्मट के रूढ़ि लक्षणा के उदाहरण 'कर्म में 'कुशल' को असंगत माना है। आचार्य मम्मट का कथन है कि 'कर्म में कुशल' का मुख्यार्थ हुआ 'कुश उखाड़नेवाला'। कार्य में 'दक्षता' या 'निपुणता लक्ष्यार्थ

है, जो मुख्यार्थ के अनुपपन्न होने के कारण लिया गया है। आचार्य शुक्ल का मत है कि, 'कुशल' का व्युत्पत्ति-सिद्ध अर्थ भले ही 'कुश का उखाड़नेवाला' हो, उसका लोकस्वीकृत अर्थ 'दक्ष' या 'निपुण' ही है। इसलिए यहाँ रूढ़ि लक्षणा मानना उचित नहीं आचार्य शुक्ल ने यहाँ सम्मट का विरोध 'साहित्यदर्पणकार' के मत को आधार बनाकर किया है।

लक्षणा के भेदों का उल्लेख आचार्य शुक्ल ने 'साहित्यदर्पण' को ही आधार बनाकर किया है। पहले उन्होंने लक्षणा के दो भेद किए हैं—

(1) 'उपादान-लक्षणा' और (2) 'लक्षण-लक्षणा'। इसके बाद रूढ़ि में उपादान लक्षणा और प्रयोजन में उपादान लक्षणा और फिर रूढ़ि में लक्षण-लक्षणा और प्रयोजन में लक्षण-लक्षणा का उल्लेख किया है। लक्षणा के अन्य भेदों में उन्होंने 'सारोपा' और 'साध्यवसाना' का निरूपण करते हुए 'रूढ़ि में सारोपा उपादान लक्षणा' और 'प्रयोजन में सारोपा उपादान लक्षणा' तथा 'रूढ़ि में सारोपा लक्षण-लक्षणा' और 'प्रयोजन में सारोपा लक्षण-लक्षणा' को स्पष्ट किया है। इसी प्रकार आचार्य ने 'साध्यवसाना उपादान-लक्षणा' और 'साध्यवसाना लक्षण-लक्षणा' दोनों का रूढ़ि और प्रयोजन के अन्तर्गत उदाहरण देकर निरूपण किया है। इसी क्रम में उन्होंने लक्षणा के गौणी और शुद्धा भेद भी किए हैं। गौणी लक्षणा सादृश्य सम्बन्धमूलक और शुद्धा कार्य-कारण या अंगागिभाव सम्बन्धमूलक होती है। यह स्पष्ट करने के बाद उन्होंने गौणी लक्षण-लक्षणा के रूढ़ि और प्रयोजन के अन्तर्गत आठ भेदों रूढ़ि में गौणी सारोपा उपादान लक्षणा, प्रयोजन में गौणी सारोपा उपादान-लक्षणा, रूढ़ि में सारोपा गौणी लक्षण-लक्षणा, प्रयोजन में सारोपा गौणी लक्षण—लक्षणा, रूढ़ि में गौणी साध्यवसाना उपादान-लक्षणा, प्रयोजन में गौणी साध्यवसाना उपादान लक्षणा, रूढ़ि में गौणी साध्यवसाना लक्षण-लक्षणा, प्रयोजन में गौणी साध्यवसाना लक्षण-लक्षणा—का उल्लेख किया है। प्रयोजनवती लक्षणा के चार अन्य भेदों—गूढ़-अगूढ़ तथा धर्मिगत और धर्मगत— का उल्लेख करने के बाद उन्होंने इस प्रसंग का उपसंहार करते हुए कहा है—लक्षणा के अनेक प्रकार के भेदों का निरूपण विभिन्न दृष्टियों से किया गया है जो परस्पर स्वच्छन्द है। उनके मिश्रण से इसके 80 भेद हो सकते हैं। मुख्य भेद ये हैं—

(1) रूढ़ा और प्रयोजनवती
(2) उपादान और लक्षण-लक्षणा
(3) सारोपा और साध्यवसाना
(4) गौणी और शुद्धा

इस विवेचन में आचार्य शुक्ल की मौलिकता बीच-बीच में उनके द्वारा उठाई गई आपत्तियों या इंगित की गई विशेष सूचनाओं में देखी जा सकती है।

साहित्यदर्पणकार द्वारा वाक्यगत लक्षणा के उदाहरण—'आपने बड़ा उपकार किया इत्यादि'—में उन्होंने व्यंजना माना है, यह उल्लेख हम कर आए हैं। इसी प्रकार उनका मत है कि प्रयोजनवती लक्षणा रूढ़ि भी हो सकती है; इसलिए लक्षणा का एक तीसरा भेद 'रूढ़ि प्रयोजनवती लक्षणा' भी होना चाहिए। वे कहते हैं, 'रूढ़ि-प्रयोजनवती लक्षणा' आवश्यक जान पड़ती है। जैसे इन मुहावरों में—'सिर पर क्यों खड़े हो?' 'वह उसके चंगुल में है। ये इसके विशिष्ट उदाहरण हैं (*रसमीमांसा,* पृ. 375)

'व्यंजना' को परिभाषित करते हुए आचार्य शुक्ल ने कहा है, ''व्यंजना शक्ति ऐसे अर्थ को बतलाती है जो अभिधा, लक्षणा या तात्पर्यवृत्ति द्वारा उपलब्ध नहीं होता। व्यंजना व्यापार का नाम ध्वनन, गमन और प्रत्यायन भी है। यह शक्ति या तो शब्द, अर्थ और प्रत्ययगत होती है या उपसर्गगत।' (*रसमीमांसा,* पृ. 380) व्यंजना के भेदों का उल्लेख करते हुए उन्होंने पहले तीन भेद किए हैं—'वस्तु व्यंजना', 'भाव व्यंजना' और 'अलंकार व्यंजना'। इसके बाद 'शाब्दी व्यंजना' और 'आर्थी व्यंजना' ये दो भेद किए हैं। शाब्दी व्यंजना के भी उन्होंने दो भेद—अभिधामूलक और लक्षणामूलक—किए हैं। आचार्य शुक्ल ने वस्तु भाव और अलंकार व्यंजना की व्याख्या नहीं की है। वे सीधे अभिधामूलक व्यंजना की व्याख्या में प्रवृत्त हुए हैं और कहा है—अभिधामूलक व्यंजना वह है जो संयोग, विप्रयोग, साहचर्य, विरोध, अर्थ प्रकरण, लिंग, अन्य शब्द का सन्निधान, सामर्थ्य, औचित्य, देश, काल, व्यक्ति, स्वर इत्यादि के द्वारा शब्द के अनेक अर्थों में से एक अर्थ की उपलब्धि से वाच्यार्थ का निश्चय हो जाने पर दूसरे अर्थ की अभिव्यक्ति करती है।'' (*रसमीमांसा,* पृ. 382) यहाँ शब्द के अनेक अर्थ ग्रहण करने के लिए जिन आधारों की चर्चा आचार्य शुक्ल ने की हैं उनका उल्लेख भर्तृहरि के वाक्यपदीय में किया गया है। साहित्यदर्पणकार ने भी उन्हें वहीं से उद्धृत किया है। शुक्ल जी के उल्लेख का आधार 'साहित्यदर्पण' ही है। लक्षणामूलक व्यंजना को स्पष्ट करते हुए शुक्ल जी ने कहा है—'लक्षणामूलक व्यंजना'—अर्थात् लक्षणा पर आश्रित व्यंजना। उदाहरणार्थ, 'उसका घर बिलकुल पानी में है।' 'यहाँ पानी का लक्ष्यार्थ' 'पानी का तट है', व्यंजित वस्तु है 'आर्द्रता और शैत्य की अतिशयता।'' (*रसमीमांसा,* पृ. 382)

आर्थी व्यंजना की-व्याख्या करते हुए शुक्ल जी कहते हैं—आर्थी व्यंजना में वक्ता, बोधव्य (जिसके प्रति बात कही जाए), वाक्य, अन्य शब्द का सन्निधान, वाच्य (अर्थ), प्रस्ताव (प्रकरण), देश, काल, काकु, चेष्टा इत्यादि के द्वारा व्यंजित अर्थ का बोध होता है।' (*रसमीमांसा,* पृ. 383) इस व्याख्या के बाद उन्होंने वक्ता, वाच्य, प्रकरण, देश और काल, बोधव्य की विशेषता, अन्य सन्निधि की विशेषता, काकु और चेष्टा द्वारा व्यजित अर्थ के उदाहरण प्रस्तुत

किए हैं। आर्थी व्यंजना के तीन उपभेदों—वाच्यार्थ की व्यंजना, लक्ष्यार्थ की व्यंजना और व्यंग्यार्थ की व्यंजना का उल्लेख भी शुक्ल जी ने किया है। इस सन्दर्भ में उन्होंने यह प्रश्न उठाया है कि व्यंग्यार्थ की व्यंजना अर्थात् 'व्यंग्य में व्यंग्य' की अवधारणा नियम विरुद्ध तो नहीं है? क्योंकि सामान्य नियम यह है कि एक बार जब शब्द, बुद्धि और कर्म अपना-अपना व्यापार कर चुकते हैं तब फिर उनमें कोई व्यापार नहीं हो सकता अर्थात् जब अभिधा, लक्षणा और व्यंजना शक्तियाँ एक बार अपना-अपना अर्थ प्रस्तुत कर देती हैं तो वे फिर किसी अर्थ की स्थापना नहीं कर सकतीं। इसका समाधान करते हुए आचार्य शुक्ल कहते हैं कि यह नियम 'शब्द' के लिए है, 'अर्थ' के लिए नहीं।

इसी क्रम में शुक्ल जी ने तात्पर्य 'वृति' के सम्बन्ध में भी विचार किया है। वे कहते हैं 'तात्पर्य वृत्ति' वह वृति है जो प्रत्येक शब्द के संकेतित अर्थों के समन्वय द्वारा पूरे वाक्य का संगत अर्थ प्रस्तुत करती है। (रसमीमांसा, पृ. 385) तात्पर्य वृति को माननेवाले अभिहितावयमवादी कहलाते हैं। उनका मत है कि शब्द स्वतन्त्र रूप से अपना अर्थ रखते हैं। वाक्य में प्रयुक्त होने पर वे एक संयुक्त विचार व्यक्त करते हैं। अर्थात् वाक्य में प्रयुक्त शब्दों का तर्क-संगत-सम्बन्ध शब्दों के स्वतन्त्र वाच्यार्थ से भिन्न एक संगत अर्थ या 'तात्पर्यार्थ' की अभिव्यक्ति करता है। कुछ शास्त्रज्ञ (मीमांसावादी) तात्पर्य वृत्ति को नहीं मानते। उनके अनुसार अन्वित अर्थ ही संगत अर्थ है। अभिधेयार्थ के बाद किसी और अन्वय की आवश्यकता नहीं होती। इसलिए तात्पर्य वृत्ति मानने का कोई आधार नहीं है। इन मीमांसकों को 'अन्विताभिधानवादी' कहते हैं।

तात्पर्य वृत्ति को माननेवाले 'अभिहितान्वयवादी' और उसे न माननेवाले 'अन्विताभिधानवादी' दोनों ही व्यंजना वृत्ति को स्वीकार नहीं करते। आचार्य शुक्ल उपरोक्त दोनों ही प्रकार के मीमांसकों से सहमत नहीं हैं। वे व्यंजना वृत्ति को स्वीकार करते हैं। साहित्यदर्पणकार ने पंचम परिच्छेद में व्यंजना वृत्ति को स्थापित करने के लिए जिन युक्तियों और तर्कों का आधार लिया है उन्हें आचार्य शुक्ल ने स्वीकार किया है। साहित्य दर्पणकार ने व्यंग्यार्थ का बोध कराने में अभिधा और मीमांसकों की तात्पर्य वृत्ति दोनों को अशक्त प्रमाणित किया है तात्पर्य वृत्ति का व्यापार वाक्य के घटक पदों के परस्पर तर्कसम्मत सम्बन्ध में ही समाप्त हो जाता है। जब तात्पर्य शक्ति के बाद लक्षणा का मानना अनिवार्य है तब तात्पर्य शक्ति द्वारा व्यंग्यार्थबोध की बात नितान्त असंगत है। इसी प्रकार दशरूपककार आचार्य धनिक का यह कहना कि लौकिक और वैदिक समस्त वाक्य कार्यपरक होते हैं। काव्य वाक्यों का रस रूप आस्वाद ही वस्तुतः उनका कार्य है, क्योंकि काव्य में प्रवृत्त होने का एकमात्र प्रयोजन यही है। काव्य वाक्य जिस प्रयोजन से प्रयुक्त होते हैं वही प्रयोजन उनका अभिप्राय है। 'तत्परः

शब्द से शब्दार्थः'। इसलिए अभिधा के द्वारा व्यंग्यार्थ की प्रतीति हो सकती है, उचित और संगत नहीं है। इस सम्बन्ध में शुक्ल जी का कथन है, "तत्परः शब्द का अभिप्राय स्पष्ट नहीं है। इसका अभिप्राय या तो 'तदर्थत्य' होगा या 'तात्पर्यवृत्ति'। यदि पहला अभिप्राय हो तो कोई विवाद नहीं, क्योंकि व्यंग्यार्थ भी अर्थ ही होता हैं। यदि दूसरा अभिप्राय हो तो यह पूछा जा सकता है कि क्या इससे अभिहितान्वयवादी मीमांसकों के द्वारा मानी जानेवाली तात्पर्य वृत्ति से ही प्रयोजन है जिसमें संसर्ग मर्यादा अर्थात् सम्बन्ध का बोधन करानेवाली मर्यादा स्वीकृत है। यदि यह वही है तो ध्यान में रखना चाहिए कि विभिन्न अर्थों का समन्वित अर्थ प्रस्तुत करने के अनन्तर तात्पर्य वृत्ति क्षीण हो जाती है। यदि यह तात्पर्य के अतिरिक्त कोई दूसरी वृत्ति है तो चौथी वृत्ति स्वीकार कर ली गई अब चाहे उसका जो नाम रखा जाए।' (*रसमीमांसा,* पृ. 402)

इसी प्रकार 'व्यक्ति-विवेक' के कर्ता महिम भट्ट की इस स्थापना का कि 'रस अनुमेय है', शुक्ल जी ने विरोध किया है। महिम भट्ट का कहना है कि विभावादि (कारण) से 'रस' (कार्य) का अनुमान होता है। अर्थात् पहले हमें विभाव इत्यादि की प्रतीति होती है, फिर हम भाव का अनुमान करते हैं और अन्त में रस तक पहुँचते हैं जो अनुमान की प्रक्रिया की ही परिणति है। आचार्य शुक्ल का कहना है कि, "नैयायिक, वैयाकरण इत्यादि इस बात का अनुमान तो कर सकते हैं कि अमुक अमुक व्यक्तियों के बीच रतिभाव है, किन्तु शृंगार रस का आस्वाद नहीं ले सकते। हेतु के व्यभिचारी होने से यह हेत्वाभास हो गया। इसलिए अनुमान ठीक नहीं उतर सकता।' (*रसमीमांसा,* पृ. 407) आचार्य शुक्ल अन्य रसवादियों की तरह 'रस' को 'अनुमेय' नहीं, 'व्यंग्य' मानते हैं। उनके अनुसार भाव का ज्ञान होना और बात है रस की अनुभूति होना दूसरी बात है। वे कहते हैं, "आधुनिक मनोविज्ञान की दृष्टि से ऊपर के लम्बे-चौड़े वाद-विवाद का अधिकांश शब्दों का अपव्यय मात्र जान पड़ेगा। जो (Cognition) और अनुभूति (Feeling) का पार्थक्य जानता है, उसके लिए ऐसे तर्क की कोई आवश्यकता नहीं कि रस एक वस्तु है और भाव का ज्ञान दूसरी वस्तु रस आनन्द की विशेष रूपवाली अनुभूति है तर्क की किसी प्रक्रिया के द्वारा ग्राह्य नहीं है।" (रसमीमांसा, पृ. 408) आचार्य शुक्ल 'रस को अनुमेय' मानने की भ्रान्ति का कारण व्यंजना शब्द के व्यवहार की असावधानी मानते हैं। व्यंजना का शाब्दिक अर्थ है प्रकट करना या प्रकाशन। प्रकाशन उसका होता है जिसकी सत्ता पहले से होती है, किन्तु रस की सत्ता पहले से नहीं होती। यहाँ प्रकाशित या प्रकट करने का अर्थ है अनुभूति उत्पन्न करना। 'रसाः प्रतीयन्ते' शब्द को परिष्कृत अर्थ में ग्रहण करना चाहिए। आचार्य शुक्ल 'वस्तु व्यंजना' और 'अलंकार-व्यंजना' को भी अनुमेय नहीं मानते। उनके अनुसार अनुमितिवादी व्यंग्य वस्तु को अनुमेय

सिद्ध करने के लिए अनुमान की जिस प्रक्रिया का सहारा लेते हैं. उसमें भी 'हेतु' व्यभिचारी है अर्थात् साध्य के साथ-साथ अनिवार्य रूप में रहनेवाला नहीं है इसलिए हेतु के सन्दिग्ध होने से निर्णीत अनुमेय असिद्ध हो जाता है। यहाँ यह स्मरणीय है कि साहित्यदर्पणकार ने भी वस्तु-व्यंजना और अलंकार-व्यंजना को अनुमेय नहीं माना है, किन्तु अनुमेयत्व को असिद्ध करने के लिए उसने जिस मार्ग का अवलम्बन किया है, आचार्य शुक्ल उससे सहमत नहीं है। वे कहते है, ''वस्तुत: पूर्वोक्त दोनों उदाहरणों (महिम भट्ट के व्यंग्यार्थ अनुमितिवाद के खंडन के लिए दिए गए उदाहरणों) में व्यंग्य अर्थ का पता देनेवाली परम्परा है। इनकी परीक्षा की जाए। पहले उदाहरण में साध्य या प्रपोजीशम्न 'गोदावरी तट पर घूमना नहीं है, प्रत्युत नायिका की इच्छा कि 'भगतजी गोदावरी तट पर न घूमें' है।[1] (*रसमीमांसा*, पृ. 412) आचार्य शुक्ल अनुमितिवादियों की तर्क पद्धति से अलग तर्क देते हैं और साहित्यदर्पण में दिए गए इस उदहारण—

भम धम्मिअ वीसत्थो सो सुणओं अज्ज मारिओ देण।
गोलाणइकच्छकुडंगवासिणा दरीअसीहेण।।

से व्यंग्यार्थ यह निकालते हैं कि उपरोक्त कथन कुलटा या परकीया नायिका का है और वह चाहती है कि भगत जी गोदावरी तट पर घूमना छोड़ दें क्योंकि वह वहाँ अपने प्रिय से मिलती है। शुक्ल जी द्वारा प्रस्तुत अनुमान चक्र इस प्रकार है नायिका चाहती है आदि—प्रतिज्ञा—

क्योंकि वह अपने प्रिय से वहाँ मिलती है—हेतु

जो अपने पति से मिलना चाहती है। वह यह चाहती है कोई बाधा न हो—

अप्लिकेशन

इसी से वह चाहती है इत्यादि—(उपसंहार)

उपरोक्त विवेचन से यह सिद्ध है कि 'व्यंजना' शक्ति को स्थापित करने में आचार्य शुक्ल ने साहित्यदर्पणकार का आधार अवश्य ग्रहण किया है, किन्तु जहां उससे सहमत नहीं है वहाँ उन्होंने अपने तर्क भी प्रस्तुत किए हैं। यही नहीं, उन्होंने कहीं-कहीं आधुनिक मनोविज्ञान का आधार भी लिया है। इस प्रकार परम्परा का अनुसरण करते हुए भी उन्होंने अपनी मौलिक सूझ-बूझ का परिचय दिया है। अन्य रसवादियों की भाँति उनका दृढ़मत है कि व्यंजना शक्ति सिद्ध है और रस व्यंग्य है।

ध्वनि-निरूपण—शब्द-शक्तियों के विवेचन-क्रम में ही आचार्य शुक्ल ने ध्वनि का निरूपण किया है। उन्होंने 'ध्वनि' शब्द का व्यवहार चार पृथक-पृथक अर्थों में स्वीकार किया है—1. जहाँ व्यंग्यार्थ में वाच्यार्थ से अतिशयता हो, अर्थात् उत्तम काव्य, 2. जिसके द्वारा व्यंग्यार्थ व्यंजित हो, अर्थात् प्रधान व्यंग्य,

3. रसादि की व्यंजना, 4. व्यंजित रसादि। यहाँ आचार्य शुक्ल के पहले अर्थ में ही ध्वनि का निरूपण किया है।

ध्वनि की व्याख्या करते हुए वे कहते हैं, "जिस काव्य में व्यंग्य अर्थ वाच्य अर्थ की अपेक्षा प्रधान या अधिक चमत्कारक हो वह ध्वनि है। जिसमें व्यंग्य अर्थ गौण हो वह गुणीभूत व्यंग्य है।" (*रसमीमांसा,* पृ. 386) आचार्य ने पहले व्यक्ति के दो भेद किए हैं—1. लक्षणामूलक या अविवक्षित मान्य, 2. अभिधामूलक या विवक्षित वाच्य। फिर लक्षणामूलक ध्वनि के दो भेद किए हैं—1. अर्थान्तर संक्रमित वाच्य और 2. अत्यन्त तिरस्कृत वाच्य अभिधामूलक ध्वनि के भी उन्होंने दो भेद किए हैं। 1. असंलक्ष्य कम और 2. संलक्ष्य क्रम असंलक्ष्य क्रम व्यंग्य के अन्तर्गत रस, भाव, रसभाव, भावाभास आदि आते हैं। संलक्ष्यक्रम व्यंग्यध्वनि के तीन भेद होते हैं—1. शब्द शक्तयुद्भवध्वनि 2. अर्द्धशतायुद्भवध्वनि और 3. उभय शक्तयुद्धुभवध्वनि शब्दशतायुध्वनि के दो भेद होते हैं—1. वस्तुरूप, 2. अलंकाररूप। अर्धशक्तयुद्भवध्वनि भी या तो वस्तुरूप में होती है या अलंकार रूप में। इनमें से प्रत्येक या तो स्वतः सम्भवी होगी या कविप्रौढ़ोक्तिसिद्ध साहित्यदर्पणकार ने 'कविनिबद्धवतृप्रौढ़ोक्तिसिद्ध' नामक एक भेद और किया है। 'रसगंगाधर' के प्रणेता पंडितराज ने इसे स्वीकार नहीं किया है। शुक्ल जी ने साहित्यदर्पण के आधार पर इसे भी उदाहृत किया है। उभयशक्तयुद्भवध्वनि के उपभेद नहीं होते। इस क्रम में आचार्य शुक्ल ने अर्थान्तरसंक्रमितवाच्यध्वनि के पदगत और वाक्यगत दोनों रूपों के उदाहरण साहित्यदर्पणकार के आधार पर दिए हैं। साथ ही असंलक्ष्यक्रम व्यंग्यध्वनि' तथा 'शब्दशक्तिमूलक वस्तुध्वनि' और 'शब्दशक्तिमूलक अलंकारध्वनि एवं 'अर्थशक्तिमूलक स्वतः सम्भवी वस्तुध्वनि' के पदगत उदाहरण भी दिए हैं। ध्वनि प्रकरण को समाप्त करते हुए उन्होंने संकर और संसृष्टि ध्वनि की व्याख्या की है और अन्त में गुणीभूत व्यंग्य को स्पष्ट किया है। जहाँ विभिन्न प्रकार की ध्वनियों का एक ही आश्रय (शब्द और अर्थ) हो या वे अन्योन्याश्रित हों तो संकर ध्वनि होती है।' (*रसमीमांसा,* पृ. 398) गुणीभूत व्यंग्य वहाँ होता है जहाँ व्यंग्य अर्थ या तो अन्य (रसादि) का अंग होता है या काकु से आक्षिप्त होता है या वाच्यार्थ का ही उपपादक (सिद्धि का अंगभूत) होता है अथवा वाच्य की अपेक्षा उसकी प्रधानता सन्दिग्ध रहतो है या वाच्यार्थ व्यंग्यार्थ की बराबर प्रधानता रहती है। अथवा व्यंग्य अर्थ अस्फुट रहता है, गूढ़ अत्यन्त अगूढ़ (स्पष्ट) या असुन्दर होता है। (*रसमीमांसा,* पृ. 399) ध्वनि-निरूपण का यह पूरा सन्दर्भ साहित्यदर्पण के आधार पर ही प्रस्तुत किया गया है। शुक्ल जी ने 'ध्वनि' शीर्षक के नीचे 'चतुर्थ परिच्छेद' लिखा है। 'साहित्यदर्पण' के 'चतुर्थ परिच्छेद' में ही ध्वनि का निरूपण किया गया है। इससे ही प्रकट है कि उन्होंने यह पूरा प्रकरण वहीं से

लिया है। इस प्रसंग में भी शुक्ल जी ने जहाँ 'सूचना' या 'समाधान' शीर्षकों के अन्तर्गत अपनी बात कही है वहाँ उनकी मौलिक सूझ-बूझ का पता लग जाता है। उदाहरण के लिए असंलक्ष्य व्यंग्य के अन्तर्गत रस, भाव, रसाभाव, भावाभास आदि की स्थिति का उल्लेख करने के बाद वे लिखते हैं, ''इससे रसों और भावों की असंख्यता प्रकट होती है। लेखक (साहित्यदर्पणकार) ने चुम्बन-आलिंगनादि को भी इसी के अन्तर्गत रखा है। किन्तु विभाव और अनुभाव सदा वाच्य होते हैं, व्यंग्य नहीं। केवल स्थायी और संचारी (भाव) व्यंग्य हो सकते हैं।' (*रसमीमांसा,* पृ. 388) इसी प्रकार 'शब्द शक्तयुद्भवध्वनि के वस्तुरूप' का उदाहरण[2] देकर व्यंग्य-वस्तु—यहाँ ठहरों और सहवास का सुख लुटो—निर्दिष्ट करने के बाद उन्होंने प्रश्न उठाया है क्या इस उक्ति में रसाभास व्यंग्य नहीं है? और समाधान देते हुए कहा है, ''हाँ निश्चय ही।××× जैसे अनुभाव के द्वारा संचारी भाव व्यंजित हो सकता है और तदुपरान्त संचारी के द्वारा स्थायी भाव, ठीक इसी प्रकार व्यंग्य वस्तु के द्वारा व्यंग्य भाव या रस हो सकता है।'' (*रसमीमांसा,* पृ. 389) इन सूचनाओं, प्रश्नों और समाधानों से यह प्रकट है कि आचार्य शुक्ल को यदि समय मिला होता तो वे काव्यार्थ-निर्णय एवं काव्य-सौन्दर्य-विवेचन के सन्दर्भ में शब्द-शक्तियों की भूमिका पर और गहराई से विचार करते। जितनी सतर्कता से उन्होंने 'व्यंजनाशक्ति' को स्थापित किया है उससे भी उनके चिन्तन की गम्भीरता का आभास होता है। व्यंजना शक्ति का उनका समर्थन इस बात का भी साक्षी है कि वे ध्वनि-सिद्धान्त के विरोधी नहीं थे। उनका विरोध ध्वनि को काव्य की आत्मा मानने से था। ध्वनि से अतिव्याप्ति और अव्याप्ति दोनों प्रकार के दोषों को देखते हुए वे इसे काव्य की आत्मा मानने के पक्ष में नहीं थे। वे अच्छी तरह जानते थे कि 'सारोपा लक्षणा' रूपकालंकार का बीज है और व्यंजना शक्ति ही काव्य की आत्मा रस को व्यंजित करती है। इस प्रकार काव्य में अलंकार और रस दोनों का शब्द-शक्तियों से घनिष्ठ सम्बन्ध है। शब्द-शक्तियों के ज्ञान के बिना काव्य-मर्म का उद्घाटन हो ही नहीं सकता।

सन्दर्भ

1. भ्रम धार्मिक! विस्रब्ध : स श्वाडद्य मारिस्तेन।
   गोदानदीकचचकुंजवासिना दृप्तसिहेन॥
2. पथिक ! नात्र स्रस्तरमास्ति मानक् प्रस्तरस्थले ग्रामे।
   उन्नतपयोधरं प्रेक्ष्य यदि वससि तद्वस।

13

हिन्दी भाषा के निर्माता आचार्य रामचन्द्र शुक्ल

हिन्दी-भाषा के निर्माण में आचार्य रामचन्द्र शुक्ल का योगदान हिन्दी-भाषा और साहित्य के इतिहास में चिरस्मरणीय रहेगा। रामचन्द्र शुक्ल ने 1900ई. तक लेखक के रूप में अपनी पहचान बना ली थी। हिन्दी-साहित्य के इतिहास में यह समय भारतेदु-युग की समाप्ति और द्विवेदी-युग के का है। इस समय तक भारतेन्दु के अथक प्रयत्न से हिन्दी का एक व्यवस्थित रूप ढलकर सामने आ चुका था। 1910 ई. में 'भारतेन्दु हरिश्चन्द्र और हिन्दी' शीर्षक निबन्ध का अन्त करते हुए रामचन्द्र शुक्ल ने कहा, "आज जो हम लोग नए-नए विचारों को गंजी हुई भाषा में प्रकट करते हैं वह इन्हीं बाबू हरिश्चन्द्र की बदौलत।" इसी क्रम में आगे आपने कहा, "अब हमें चाहिए कि राजनीति, विज्ञान, दर्शन, कला आदि जो-जो भाव हम अपनी संसार-यात्रा में प्राप्त करते जाएँ उन्हें इस अपनी मातृभाषा हिन्दी को बराबर सौंपते जाएँ क्योंकि यही उन्हें हमारी भावी सन्तति के लिए संचित रखेगी।" प्रकट है कि हिन्दी के क्षेत्र में आने के साथ आचार्य शुक्ल ने यह अनुभव किया था कि अब आवश्यकता हिन्दी-भाषा को सभी प्रकार से समृद्ध करने की है। लगभग इसी समय हिन्दी को व्याकरणनिष्ठ करने और उसे अधिक-से-अधिक व्यावहारिक रूप देने के कार्य में पं. महावीरप्रसाद द्विवेदी सरस्वती के माध्यम से प्राणपण से जुटे हुए थे। इसलिए शुक्ल जी ने इस क्षेत्र को अधिक महत्त्व नहीं दिया। आचार्य रामचन्द्र शुक्ल का भाषा-निर्माण-कार्य मुख्यत: छह क्षेत्रों में लक्षित किया जा सकता है। 1. शब्द-समृद्धि, 2. शब्द-योजना का महत्त्व प्रतिपादन, 3. हिन्दी-भाषा की प्रकृति की पहचान और उसका निर्धारण, 4. अनुवाद कार्य, 5. चिन्तन और विचार की भाषा का निर्माण, 6. भाषा की स्तब्धता या जड़ता से मुक्ति।

शब्द-समृद्धि किसी भी भाषा के लिए नितान्त आवश्यक है। शुक्ल जी 'शब्द' को मानसिक अवस्था का चित्र मानते थे। वे कहते हैं, "ये शब्द हमारे जीवन के अंग समान हैं, इनमें से हर एक हमारी किसी-न-किसी मानसिक

अवस्था का चित्र है।'' जाहिर है कि भाषा में जितने ही अधिक शब्द होंगे वह भाषा अधिक-से-अधिक मानसिक अवस्थाओं को व्यक्त करने में समर्थ होगी। शुक्ल जी ने हिन्दी की शब्द-सम्पदा को समृद्ध करने का कार्य कोश-निर्माण के माध्यम से किया। हिन्दी शब्द-सागर के सम्पादन का कार्य सन् 1907 ई. में आरम्भ हुआ था। यह कार्य 1927 ई. में सम्पन्न हुआ। उस समय इसमें संगृहीत शब्दों की कुल संख्या 93115 थी। 'ज्ञानमंडल' से प्रकाशित बृहत हिन्दी-कोश में यह संख्या 1 लाख 36 हजार हो। गई है। इससे यह अनुमान लगाया जा सकता है कि हिन्दी की शब्द-सम्पदा सन् 1927 से 1984 के बीच किस तेजी से वृद्धि हुई है। इससे *हिन्दी शब्द-सागर* का महत्त्व नहीं बढ़ना होता। एक बार मार्ग प्रशस्त हो जाने पर उस पर चलकर कुछ आगे आसान हो जाता है। शब्द-सागर के सम्पादन में, सीमित साधनों से प्रकार अनेक स्रोतों से शब्द-संगृहीत किए गए थे, वह श्लाघ्य है। शब्द-सागर में शब्दों की व्युत्पत्ति भी दी गई है। यह कार्य अत्यन्त दुष्कर है। इसके लिए विस्तृत अध्ययन, व्यापक अनुभव और सूक्ष्म विश्लेषण-बुद्धि के साथ ही भाषाओं के विकास के वैज्ञानिक नियमों की पूरी समझ अपेक्षित है। डॉ. वासुदेवशरण अग्रवाल ने सन् 1949 (वर्ष 54, अंक 2-3) की नागरी प्रचारिणी-पत्रिका में 'हिन्दी के सौ शब्दों की निरुक्ति' पर विचार करते हुए हिन्दी शब्द-सागर में दी गई अनेक शब्दों—अपाहिज, कचहरी, खीस, खोया, तरौना, नैचकी, पसाई, पारधी, पौ, बिरवा, बेला, व्योंत, महरी, रजायसु, रौसली, लँगोटा, साबर, सुरागाय, सुथना—की व्युत्पत्ति को दोषपूर्ण माना है। डॉ. अग्रवाल को सौ शब्दों की व्युत्पत्ति देने में पूरी शक्ति लगानी पड़ी है। जिसे हजारों शब्दों पर सीमित सामग्री के आधार पर विचार करना पड़ा होगा, उसके श्रम और सामर्थ्य की कल्पना आसानी से की जा सकती है। कहना न होगा कि शब्द-सागर को पूर्ण करने में सबसे महत्त्वपूर्ण भूमिका आचार्य शुक्ल की थी। इस सम्बन्ध में बाबू श्यामसुन्दरदास ने कहा है, ''शब्द-सागर की उपयोगिता और सर्वांगपूर्णता का अधिकांश श्रेय पं. रामचन्द्र शुक्ल को प्राप्त है। इतिहास, दर्शन, भाषा-विज्ञान, व्याकरण, साहित्य आदि के सभी विषयों का समीचीन विवेचन प्राय: उन्हीं का किया हुआ है। यह कह देना अत्युक्ति न होगी कि कोश ने शुक्ल जी को बनाया और कोश को शुक्ल जी ने।''

भाषा की पूर्णता और अभिव्यक्ति क्षमता शब्द-योजना की विशिष्टता पर निर्भर करती है। आचार्य शुक्ल के पहले शब्द योजना के मूल में व्यंजना की पूर्णता को ध्यान में रखकर शब्दों का चयन, उनमें पूर्वापर क्रम-स्थापन और हिन्दी की प्रकृति के अनुसार अनुभूत्याधृत वाक्य-रचना पर विशेष ध्यान

नहीं दिया जाता था। आचार्य शुक्ल नें जीवन में विचार और अनुभूति का महत्त्व समझकर हिन्दी-भाषा को आडम्बरमुक्त करके सार्थक शब्द-योजना की ओर ध्यान आकृष्ट किया। इससे पूर्व अच्छे गद्य का अर्थ था संस्कृत की समासबहुला अलंकृत पदावली या उर्दू की शीन-काफ-दुरुस्त शब्दावली का अनुकरण आचार्य शुक्ल ने गद्य की श्रेष्ठता का आधार भावों गम्भीरता और अभिव्यक्ति पद्धति की स्वच्छता एवं स्पष्टता को स्वीकार किया तथा इसी के अनुकूल शब्द-योजना पर बल दिया।

आचार्य शुक्ल ने हिन्दी-भाषा की प्रकृति को ठीक-ठीक पहचाना था। उन्होंने कबीर जायसी, सूर, तुलसी, रहीम, रसखान, बिहारी, देव, पद्माकर और भारतेन्दु की परम्परा से आनेवाली हिन्दी को ही समृद्ध और पुष्ट किया। उन्होंने कहा कि देश की जिस प्रकृति ने हमारे हृदय में रूप-रंग भरा है उसी ने हमारी भाषा का भी रूप-रंग खड़ा किया है। शुक्ल जी के अनुसार जीवन के प्रवाह के साथ निरन्तर जुड़ी रहकर जो भाषा हमारे संस्कार का अंग बन गई है वही हमारी चेतना को ठीक-ठीक शब्द-बद्ध कर सकती है। ज्ञान के नए क्षेत्रों में प्रवेश करके हम आधुनिक विचारों को ग्रहण कर सकते हैं, किन्तु उनकी अभिव्यक्ति में हमें अपनी परम्परागत भाषा का ही अधिक प्रयोग करना चाहिए। नए सन्दर्भों में ढलकर परम्परागत भाषा स्वत: समृद्ध और बहुआयामी बन सकती है। यह आवश्यक नहीं कि नए विचारों के साथ हम दूसरी भाषाओं से शब्द, मुहावरे और वाक्य-रचना-प्रणाली भी लें। आचार्य शुक्ल का निश्चित मत था कि संस्कृतनिष्ठ पदावली तथा अरबी-फारसी बहुल शब्द-योजना दोनों ही हिन्दी की जातीय प्रकृति के विरुद्ध हैं। हिन्दी एक अयोगात्मक भाषा है। इसलिए इसका वाक्य-विन्यास अनावश्यक रूप से संश्लिष्ट नहीं होना चाहिए। विचारों के घनत्व के अनुसार अर्थाभिव्यक्ति की दृष्टि से पदों का क्रम-विन्यास नियोजित होना चाहिए। इसी प्रकार अंग्रेजी के शब्दों और मुहावरों को ग्रहण करते समय भी हमें अपनी भाषा की प्रकृति का पूरा ध्यान रखना चाहिए।

इन्दौरवाले 'हिन्दी-साहित्य सम्मेलन' के साहित्य-परिषद के सभापति-पद से उन्होंने कहा था, "साहित्य के नाना अंगों का विशद रूप में निर्माण देख जितना आनन्द होता है उतना ही भाषा की ओर असावधानी देख खेद होता है। मासिक पत्रिकाओं में बहुत से लेखों को उठाकर देखिए—तो उनमें व्याकरण की अशुद्धियाँ भरी मिलेंगी। हमारे सुयोग्य सम्पादकगण यदि इस ओर ध्यान दें तो मुझे विश्वास है कि यह बुराई दूर हो सकती है। खैर, यह बुराई तो दूर हो जाएगी, पर हमारी भाषा का स्वरूप ही विकृत करनेवाली एक प्रवृत्ति बहुत

भयंकर रूप में बढ़ रही है—वह है अंग्रेजी के चलते वाक्यों और मुहावरों को शब्द-प्रति-शब्द अनुवाद करके रखना। 'दृष्टिकोण', 'प्रकाश डालना' आदि तक़ तो खैरियत थी, पर जब उपन्यासों में इस तरह के वाक्य भरे जाने लगेंगे जैसे—(1) उसके हृदय में अवश्य ही एक ललित कोना होगा ज़हाँ रतन ने स्थान पा लिया होगा। (2) वह उन लोगों में से न था जो घास को थोड़ी देर भी अपने पैरों तले उगने देते हों।—तब हमारी भाषा अपना कहाँ ठिकाना ढूँढ़ेगी।' (चिन्तामणि, द्वितीय भाग, पृ. 239)

किसी भी भाषा का सम्पर्क जब ऐतिहासिक कारणों से अन्य समृद्ध भाषाओं से होता है तो उन भाषाओं की श्रेष्ठ कृतियों का अनुवाद करके अपनी भाषा को समृद्ध किया जाता है। आचार्य शुक्ल इस ऐतिहासिक आवश्यकता को समझते थे और उन्होंने अंग्रेजी और बंगला के कुछ अत्यन्त महत्त्वपूर्ण अनुवाद किये। उन्होंने सबसे महत्त्वपूर्ण अनुवाद रिडिल ऑफ द यूनिवर्स का 'विश्वप्रपंच' नाम से किया है। इस अनुवाद के माध्यम से शुक्ल जी ने हिन्दी की अभिव्यक्ति क्षमता को आधुनिक वैज्ञानिक एवं दार्शनिक चिन्तन के लिए सर्वथा उपयुक्त बना दिया है। इस पुस्तक के अनुवाद में शुक्ल जी को विज्ञान एवं अध्यात्म-सम्बन्धी सैकड़ों पारिभाषिक शब्दों का प्रयोग करना पड़ा है। उन्होंने अनेक स्रोतों से शब्द-संग्रह किया है। पचासों अंग्रेजी शब्दों का लिप्यान्तरण करके ज्यों-का-त्यों रख दिया है। सैकड़ों शब्द संस्कृत से उपसर्ग-प्रत्यय और समास-रचना के आधार पर गढ़े हैं तथा अनेक देशज शब्दों को अपना लिया है। शुक्ल जी ने शब्द-निर्माण की जो पद्धति अपनायी है वही पद्धति स्वतन्त्रता प्राप्ति के बाद बहुत कुछ भारत सरकार द्वारा वैज्ञानिक शब्दावली के निर्माण में अपनायो गई है। उन्होंने एकेश्वरवाद (Monotheism), आत्मशासन (Autonomy), कललप्स (Protoplasm), गुठली (Nucleus), रश्मिविश्लेषण (Spectrum analysis), जीव-शास्त्र (Zoology), ज्ञानातीत (Transcedental), जात्यन्तरपरिणाम (Theory of transprism) द्रव्यवैकृत्यधर्म (Metabolism), दिक (Space), तटस्थ (Catalytic), नरतत्त्वशास्त्र (Anthropology), मनोभूत विज्ञान (Psycho Physics), पूर्णचिवाद (Philosophy of Absolute), पृष्ठरज्जु (Dorsal Cord), भूगर्भशास्त्र (Geology), ब्रह्मवाद (Monoism), भूगर्भस्थ पंजर परीक्षा (Palaeontology), विकासवाद (Evolution), शतयणु (Quantum), स्वत: उत्पत्ति सिद्धान्त (Obiogenesis), शरीराणु विज्ञान (Histology), श्वास अन्तरपट (Diaphragm)

आदि सैकड़ों पारिभाषिक शब्दों का सटीक प्रयोग करके हिन्दी में वैज्ञानिक

एवं दार्शनिक साहित्य-निर्माण के लिए मार्ग प्रशस्त कर दिया है। वस्तुत: जब हम अनुवाद के क्रम में दूसरी समृद्ध भाषा में निहित विचारों से टकराते हैं और उन्हें व्यक्त करने के लिए अपनी भाषा से शब्द चयन करके उनकी योज़ना करते हैं तब अपनी भाषा के परम्परागत अर्थ में निरन्तर कुछ-न-कुछ परिवर्तन करते चलते हैं और इस प्रकार समृद्ध भाषा की दीप्ति से अपनी भाषा को आलोकित करके उसे अधिक व्यंजक और समृद्ध बनाते हैं। यह कार्य आचार्य शुक्ल ने भाषा के सभी क्षेत्रों में किया है। जहाँ उन्होंने अनुवाद नहीं किया है वहाँ भी पाश्चात्य चिन्तन से टकराहट उसे आत्मसात करके अपनी भाषा में व्यक्त करने के क्रम में अनजाने अपनी भाषा को नई अर्थ-दीप्ति प्रदान की है।

हिन्दी-भाषा को आचार्य शुक्ल की सबसे बड़ी देन चिन्तन एवं विचार की भाषा का निर्माण एवं विकास है। शुक्ल जी से पहले हिन्दी में विचारों की गूढ़-गुम्फित-परम्परा का अभाव था। स्वयं युग-निर्माता आचार्य महावीर प्रसाद द्विवेदी की भाषा सामान्य बुद्धि के लोगों के लिए व्यास-शैली में बातों का संग्रह करनेवाली थी। आचार्य शुक्ल ने दर्शन, विज्ञान, इतिहास, काव्यशास्त्र, मनोविज्ञान आदि के अध्ययन से पहले अपने को वैचारिक स्तर पर समृद्ध किया और उसके बाद अपने मौलिक चिन्तन को जिस भाषा में अभिव्यक्ति दी वह वह एक आचार्य द्वारा प्रयुक्त गम्भीर विचारों को गूढ़-संश्लिष्ट परम्परा को वहन करनेवाली समास और समाहार शति से भरपूर अत्यन्त समृद्ध और व्यंजक भाषा के रूप में हमारे सामने आई। आचार्य शुक्ल की भाषा की वैचारिक शक्ति और व्यंजकता का पता तब चलता है जब हम एक ही विषय पर लिखे हुए उनकी और उनके युग के अन्य लेखकों की भाषा की तुलना करते हैं। 'समालोचना' का महत्त्व प्रतिपादित करते हुए मिश्रबन्धु कहते हैं—

''समालोचना से हर ग्रन्थ का असली स्वरूप साधारण पाठक के सम्मुख, बिना उस ग्रन्थ के पड़े ही, उपस्थित हो जाता है। इस प्रकार समालोचना से उचित उपयोगी पुस्तकों के चुनाव में भी लोगों को बड़ी सहायता मिलती है।'' *(हिन्दी नवरत्न)*

समालोचना के सम्बन्ध में आचार्य शुक्ल कहते हैं—

'व्याख्यात्मक आलोचना किसी ग्रन्थ में आई हुई बातों को व्यवस्थित रूप में सामने रखकर उनका अनेक प्रकार से स्पष्टीकरण करती है। ऐसी आलोचना अपने शुद्ध रूप में काव्य-वस्तु ही तक परिमित रहती है अर्थात् उसी के अंग-प्रत्यंग की विशेषताओं को ढूँढ़ निकालने और भावों को व्यवच्छेदात्मक व्याख्या करने में तत्पर रहती है।'' (*हिन्दी-साहित्य का इतिहास,* पृ. 525)

उपरोक्त उद्धरणों की तुलना से वैचारिक शक्ति का अन्तर स्पष्ट हो जाता है 'मिश्रबन्धु' आलोचना का कार्य आलोच्य ग्रन्थ के स्वरूप का बोध कराना मात्र मानते हैं। उनको वैचारिक शक्ति, आलोच्य ग्रन्थ की स्थूल उपयोगिता के उद्‌घाटन तक सीमित है। शुक्ल जी आलोच्य कृति में कथित बातों को व्यवस्थित करके उसका स्पष्टीकरण करने, उसके अंग-प्रत्यंग की विशेषताओं को ढूँढ़ निकालने और उसमें निहित भावों को व्यवच्छेदात्मक व्याख्या करने की बात कहते हैं। उनकी भाषा सूक्ष्म तत्त्वों का उद्‌घाटन करने में अधिक समर्थ है।

काव्य-रचना के क्षेत्र में भी आचार्य शुक्ल ने संश्लिष्ट चित्रण, बिम्बविधान, लाक्षणिक प्रयोग, श्रुति-सुखद सार्थक शब्द-विन्यास, रूपगुण-व्यापार-विधायक शब्द-सम्बोधन तथा सार्थक प्रतीक योजना को महत्त्व देकर एक समृद्ध काव्य-भाषा के निर्माण को पूरा-पूरा समर्थन दिया अपनी रचनाओं में उन्होंने मार्मिक एवं चित्र-विधायिनी शब्द-योजना के द्वारा एक सहज प्रवाहपूर्ण एवं रमणीय भाषा का प्रयोग करके इतिवृत्तात्मक एवं सपाट भाषा से कविता को मुक्त किया। उनकी 'रूपमय हृदय' कविता की भाषा का एक नमूना देखिए—

नवदल-गुंफित पुष्प हास यह!
शशिरेखा-सुस्मित विभास यह!
नभ-चुंवित नग-निविड़-नीलिमा उठी अवनि-उर की उमंग सी।।
कलित विरल-घन-पटल दिगंचल-प्रभा पुलकमय राग-रंग सी।।

निश्चय ही यह भाषा द्विवेदी-युग की गद्य-कल्प सपाट इतिवृत्तात्मक काव्य भाषा से भिन्न है।

भाषा के क्षेत्र में शुक्ल जी को अन्यतम देन उनकी स्तब्ध, शिथिल एवं जड़-भाषा तथा गतिशील एवं जीवन्त भाषा की अवधारणा है। बने बनाए समास-गुम्फ, परम्परा-रूढ़-विशेषण और स्थिर औपम्यविधान के प्रयोग से जर्जर भाषा आचार्य शुक्ल की दृष्टि में स्तब्ध, शिथिल और जड़ भाषा है। इसके विपरीत जीवन की गतिशील चेतना के साथ क्रमशः परिवर्तित एवं विकसित होनेवाली भाषा जीवन्त भाषा है। वे जड़ भाषा को जातिविशेष की मानसिक अवनति का चिह्न मानते थे। आश्चर्य होता है कि शुक्ल जी ने यह विचार 1907 ई. में व्यक्त किए थे। हिन्दी-साहित्य में आधुनिक बोध का दम भरनेवाले विचारकों ने शुक्ल जी से कई दशक बाद 'उपमानों के मैले' होने की बात कही और 'नई कविता' के प्रवर्तन का श्रेय ले लिया। संवत् 1964 में अपनी भाषा पर विचार करते हुए शुक्ल जी ने कहा था, 'बने बनाए समास जिनका व्यवहार हजारों वर्ष पहले हो चुका था, लाकर भाषा अलंकृत की जाती थी। किसी परिचित वस्तु

के लिए जो विशेषण बहुत काल से स्थिर थे, उनके अतिरिक्त कोई अपनी ओर से लाना मानो भारत भूमि के बाहर पैर बढ़ाना था। यहाँ तक कि उपमाएँ भी स्थिर थी-मुख के लिए 'चन्द्रमा' हाथ-पैर के लिए 'कमल', प्रताप के लिए 'सूर्य कहाँ तक गिनावें। जहाँ इनसे आगे कोई बढ़ा कि साहित्य में अनभिज्ञ ठहराया गया अर्थात् इन सब नियत उपमानों का जानना भी आवश्यक समझा जाता था। पाठक यह भाषा की स्तब्धता है, विचारों की शिथिलता है और जाति की मानसिक अवनति का चिह्न है।' शुक्ल जी ने भाषा का सम्बन्ध जातीय स्वाभिमान से जोड़ा है। उनकी दृष्टि में, 'किसी जाति को अश, करने का सबसे सहज उपाय उसकी भाषा को नष्ट करना है।'' कहना न होगा कि हिन्दी की उन्नति के लिए अथक प्रयास करते हुए आचार्य शुक्ल अपने ढंग से भारतीय समाज को उन्नत और सशक्त बना रहे थे।

14

आचार्य रामचन्द्र शुक्ल की लोक-मांगलिक समाज-दृष्टि

आचार्य रामचन्द्र शुक्ल की समाज-दृष्टि मूलत: लोक-मांगलिक है। ऐसा नहीं है कि उनमें सामाजिक संरचना की कोई दृष्टि नहीं थी, किन्तु उन्होंने सदैव लोक-मंगल पर ही बल दिया है। उन्होंने अपनी काव्य-समीक्षा के केन्द्र में भी लोक-मंगल को ही रखा है। वस्तुत: शुक्ल जी एक निबन्ध-लेखक, आलोचक और इतिहासकार ही थे। उनकी साहित्य-दृष्टि समाज-निरपेक्ष नहीं है। वे समाज की ओर से आँख मूँदकर विचार नहीं करते थे, किन्तु प्रयोग उन्होंने प्राय: लोक-मंगल शब्द का ही किया है।

शुक्ल जी का मानना था कि कर्म की चेतना मनोभावों में ही होती है। मनोभावों की छानबीन करते हुए उन्हें अनुभव हुआ कि 'करुणा' और 'प्रेम' दो ऐसे भाव हैं, जो लोक-मंगल के विधान में सहायक होते हैं। 'करुणा' की गति लोक-रक्षा की ओर 'और 'प्रेम' की लोक-रंजन की ओर होती है। लोक-रक्षा पहली शर्त है। इसलिए उन्होंने उन्हीं प्रबन्ध काव्यों को विशेष महत्त्व दिया, जिनका बीज भाव करुणा था। वाल्मीकीय *रामायण* को वे इसीलिए अपना आदर्श मानते थे कि उसका बीज या प्रेरक भाव करुणा है। तुलसी के *रामचरितमानस* को भी वे इसीलिए महत्त्व देते थे कि उसके नायक राम ने दीन-दुखियों और भक्तों के लिए प्रतिभूत होकर ही अवतार लिया था।

शुक्ल जी की इस लोक-मंगल की भावना को प्रगतिशील आलोचकों ने अपने अनुकूल बना लिया। उनकी दृष्टि में 'लोक' का अर्थ 'पीपुल' या जनता है। इस प्रकार शुक्ल जी की लोक-मंगल की भावना एक प्रकार से जनता के हित की भावना है और शुक्ल जी का लोक-वाद अपनी सीमाओं के बावजूद जनवाद है। किन्तु वास्तविकता यह नहीं है। तुलसीदास को 'लोकवादी' कहते हुए शुक्ल जी ने स्पष्ट कर दिया है कि उनका 'लोकवाद' वह 'लोकवाद' नहीं है, जिसका अकांड तांडव आज रूस में हो रहा है। यदि यह मान लिया जाए कि 'रूस' में जो कुछ हो रहा था, शुक्ल जी उससे पूरी तरह अवगत नहीं थे। उनकी

दृष्टि अंग्रेजों के मिथ्या प्रचार से बाधित थी, फिर भी यह सत्य है कि तुलसी को 'लोकवादी' कहते समय उनके सामने रूसी समाजवाद नहीं था। वस्तुतः संस्कृत में भी 'समाज' शब्द 'सोसाइटी' या सामाजिक संरचना के अर्थ में प्रयुक्त नहीं हुआ है। आप्टे के संस्कृत-हिन्दी कोश में उसका अर्थ है—सभा, मिलन, मजलिस, गोष्ठी, समिति, परिषद्, मंडल आदि। ये शब्द व्यापक जन-समाज या सोसाइटी के द्योतक नहीं हैं। इसकी तुलना में 'लोक' शब्द अधिक व्यापक है। यहाँ 'वेद' के साथ 'लोक' की ही कल्पना की गई है। संस्कृत के कोशों में भी 'लोक' का अर्थ दुनिया, संसार, मानव जाति, प्रजा आदि दिया गया है। इसीलिए शुक्ल जी ने लोक-मंगल शब्द का ही अधिक-से-अधिक प्रयोग किया है। इसका यह तात्पर्य नहीं है कि वे देश की वर्तमान सामाजिक दुर्दशा से परिचित नहीं थे और उनकी कोई समाज-दृष्टि नहीं थी।

आपके सन् 1907 ई. के 'ह्वाट हैज़ इंडिया टु डू' वाले निबन्ध में भारतीय समाज की दुर्दशा के प्रति आपकी चिन्ता स्पष्ट है। पराधीन भारत में दिन-प्रतिदिन बढ़ती गरीबी और बेरोज़गारी के प्रति अपनी-अपनी चिन्ता व्यक्त करते हुए वे कहते हैं, "प्रत्येक ग्रामवासी को यह जानना चाहिए कि अधिक काम करने के बाद भी उसे उसके बदले में कम क्यों दिया जाता है? प्रत्येक नागरिक को यह बताया जाना चाहिए कि उसकी सेवाओं की इतनी कम माँग क्यों है? और वस्तुतः प्रत्येक भारतीय को यह साफ-साफ पता होना चाहिए कि उसका देश दिन-ब-दिन और गरीब होता जा रहा है।" (*चिन्तामणि-4*, पृ. 113) ज़ाहिर है कि शुक्ल जी को पूरे देश की चिन्ता थी। उन्होंने इसीलिए स्वदेशी आन्दोलन का स्वागत किया था और हृदय से यह चाहते थे कि इस आन्दोलन से अधिक-से-अधिक लोग जुड़ें और इसे गति और शक्ति प्रदान करें। उन्होंने यह अनुभव किया था कि यदि देश को दुर्दशा से मुक्त करना है तो शिक्षित समाज को आगे आना होगा। उन्होंने स्पष्ट शब्दों में कहा है, "दरअसल हमें समाज-सुधारक, राजनीतिक, आन्दोलनकर्ता, कवि और शिक्षाविद—इन सबकी एक ही साथ, एक ही समय में जरूरत है। लेकिन इनसे भी ज्यादा जरूरत हमें ऐसे लोगों की है, जिनका काम यह देखना हो कि किसी विशेष कार्यक्षेत्र में किसी विशिष्ट अवसर की आवश्यकताओं को पूरा करने के लिए पर्याप्त लोग हैं या नहीं?" (वही, पृ. 111) इस कथन से स्पष्ट है कि शुक्ल जी ब्रिटिश शासनकाल में देश की हीनावस्था और ग़रीबी को लेकर न केवल चिन्तित थे, वरन उससे मुक्ति के उपाय भी सोचते रहते थे।

उस समय भारतीय राष्ट्रीय कांग्रेस ही एकमात्र ऐसी पार्टी थी, जिसे देश की चिन्ता थी। लोकमान्य बाल गंगाधर तिलक देश के एक मात्र अदम्य साहसी और सर्वाधिक लोकप्रिय नेता थे। देश के युवकों पर उनका व्यापक प्रभाव था। शुक्ल

जी उनसे प्रभावित थे। कांग्रेस की गतिविधि पर शुक्ल जी की सतर्क दृष्टि बराबर लगी रहती थी। यद्यपि वे सक्रिय राजनीति में नहीं थे, किन्तु तिलक के विचारों और कार्य-कलापों के प्रति उनमें गहरी दिलचस्पी थी। राजनीतिक विचारों के स्तर पर भी वे उनसे प्रभावित थे। देश के दूसरे बड़े नेता गोपालकृष्ण गोखले थे। वे नरम विचारों के थे। सन् 1914 ई. में गाँधी जी दक्षिण अफ्रीका से भारत लौट आए थे। दक्षिण अफ्रीका में वे ब्रिटिश शासन के विरुद्ध अपनी सविनय अवज्ञा की नीति का सफलतापूर्वक प्रयोग कर चुके थे। भारत लौटने पर उन्होंने भी यहाँ के निवासियों की दुर्दशा और ग़रीबी देखी। वे गोखले से प्रभावित हुए। वे तिलक के व्यक्तित्व को महत्त्व देते थे, किन्तु नीतियों से सहमत नहीं थे। 1917 ई. में उन्होंने उत्तरी बिहार के चम्पारण क्षेत्र की यात्रा की। नील की खेती करानेवाले यूरोपियन लोगों के अत्याचारों के विरुद्ध उन्होंने यहाँ भी अपनी सविनय अवज्ञावाली नीति का सफल प्रयोग किया। इससे उनकी लोकप्रियता बढ़ी। सन् 1919 ई. में पंजाब का जलियाँवाला हत्याकांड हुआ। इससे गाँधी जी भी विचलित हो गए। उन्होंने ब्रिटिश शासकों को शैतान कहा। 1920 ई. में तिलक की मृत्यु हो गई। इसके बाद गाँधी जी देश के सर्वमान्य नेता हो गए। 1920 ई. में ही गाँधी जी ने अंग्रेजी शासन के विरुद्ध सविनय अवज्ञा आन्दोलन छेड़ा। यह आन्दोलन अहिंसक नहीं रह सका। 1922 ई. में गोरखपुर के समीप स्थित चौरीचौरा कांड हुआ। इसमें उग्र भीड़ ने थाने में सिपाहियों को बन्द करके उन्हें जिन्दा जला दिया। इस कांड से गाँधी जी भी विचलित हो गए। उन्होंने सत्याग्रह आन्दोलन बन्द कर दिया। इसी वर्ष शुक्ल जी का बाँकीपुर, पटना से प्रकाशित 'एक्सप्रेस' में 'नान कोआपरेशन एंड नान मर्केंटाइल क्लासेज' शीर्षक प्रसिद्ध लेख (अंग्रेजी में) प्रकाशित हुआ। इस लेख में शुक्ल जी ने गाँधी जी के 'असहयोग आन्दोलन' के चरित्र पर गम्भीरता से विचार करते हुए उसे असन्तुलित बताया है। उनका मानना है कि इस देश में, ''जन समुदाय और उसकी वृत्तियों का व्यापारिक एवं अव्यापारिक श्रेणियों में विभाजन आज भी उतना ही यथार्थ है, जितना दो हजार वर्ष पूर्व था। अब भी अव्यापारिक वर्ग के जीविकोपार्जन का मुख्य स्रोत खेती या सरकारी सेवा है।'' (*चिन्तामणि-4*, पृ. 116) उन्होंने सतर्क दृष्टि से इस आन्दोलन पर विचार करते हुए कहा है, ''हम देख सकते हैं कि असहयोग आन्दोलन ने व्यापारिक श्रेणियों के साथ इतनी अधिक पक्षधरता क्यों प्राप्त की और ऐसे बेमिसाल जोश के साथ उनमें से इतने अधिक लोग सिद्धान्त का उपदेश देने क्यों अग्रसर हुए?'' इसका कारण बताते हुए वे कहते हैं, ''सर्वप्रथम तो यह उनसे त्याग की लेशमात्र अपेक्षा नहीं रखता, जबकि अव्यापारिक श्रेणियों को जो कुछ अब भी उनके पास शेष बचा है, वह सब बलिदान कर देने को कहता है।'' (वही, पृ. 122) शुक्ल जी को यह अहसास था कि असहयोग आन्दोलन

के समर्थक यह तर्क दे सकते हैं कि, ''विदेशी माल का बहिष्कार भी असहयोग के कार्यक्रमों में शामिल है।'' इसके सम्बन्ध में शुक्ल जी का कहना है कि, ''अव्यावहारिक घोषित हो जाने पर बहिष्कार एक उपेक्षणीय इकाई हो जाता है, जिसका दबाव किसी गम्भीरता के साथ उन पर नहीं डाला जा सकता।'' (वही, पृ. 122) शुक्ल जी ने यह भी अनुभव किया था कि इस आन्दोलन में तरह-तरह के विचारों और संस्कारों के लोग शामिल हो गए हैं, जो निश्चय ही इसे एक निश्चित लक्ष्य तक पहुँचने में अन्ततः बाधक ही प्रमाणित होंगे। शुक्ल जी ने असहयोग आन्दोलन के विकल्प में तिलक के 'होम रूल' सिद्धान्त को स्वीकार करने की सिफ़ारिश की है। उनके शब्द हैं, ''इस असहयोग आन्दोलन के ऐसे लक्ष्यहीन और असन्तुलित चरित्र को अनावृत करने तथा इसकी पताका के नीचे छद्मवेश में छिपी हुई दुष्ट शक्तियों का पर्दाफ़ाश करने के लिए जनता के समक्ष स्पष्ट और सुनिश्चित स्वराज्य प्रचार (होम रूल) विकल्प के रूप में प्रस्तुत करना चाहिए।'' (वही, पृ. 121) यहाँ यह स्मरणीय है कि 'होम रूल लीग' की स्थापना तिलक ने पूना में 1916 ई. में की थी। इसमें जनता को स्वराज दिलाने के लिए आन्दोलित करने की व्यवस्था थी। तिलक की मृत्यु के बाद कांग्रेस के यह वादा करने पर कि वह शीघ्र स्वराज दिलाएगी, इस संस्था का कांग्रेस में विलय हो गया था। लगता है शुक्ल जी ने जब अपना निबन्ध लिखा था उस समय तक यह संस्था सक्रिय थी। शुक्ल जी के पूरे निबन्ध से यह स्पष्ट है कि देश को स्वतन्त्र कराने के लिए गाँधी द्वारा चलाए जानेवाले अहिंसक आन्दोलनों से वे सहमत नहीं थे। उनके विचार 'तिलक' के राष्ट्रीय विचारों के अधिक समीप थे। गाँधी जी जिन विदेशी विचारकों से प्रभावित थे उनसे भी शुक्ल जी सहमत नहीं थे। गाँधी जी पर रस्किन और टाल्स्टाय का विशेष प्रभाव था। टाल्स्टाय का कहना था कि, 'जीवन के सर्वश्रेष्ठ नियम के रूप में प्रेम से किसी प्रकार का बल-प्रयोग मेल नहीं खाता। जैसे ही बल प्रयोग का औचित्य एक मामले में भी मान लिया जाता है फ़ौरन इस (प्रेम के) नियम का निषेध हो जाता है।'' (सर्वोदय तत्त्वदर्शन, गोपीनाथ धवन, पृष्ठ 23) आलोचक शुक्ल जी का मानना था कि अन्याय के प्रतिरोध के लिए बल प्रयोग सर्वथा उचित है। उनकी दृष्टि में 'रावण' के प्रति राम का क्रोध उतना ही सुन्दर है, जितना निषाद और शबरी के प्रति प्रेम-शुक्ल जी ने श्रद्धा-भक्ति, करुणा, प्रेम-उत्साह आदि भावों को महत्त्व अवश्य दिया है, किन्तु वे यह मानते हैं कि उचित अवसर पर उचित आलम्बन के प्रति व्यक्त होने पर 'क्रोध' जैसा कठोर भाव भी सुन्दर हो जाता है। उनका स्पष्ट मत है कि सत्त्व गुण से प्रेरित होने पर, उसके अधीन चालित होने पर 'तम' और 'रज' जैसे गुण भी औचित्य प्राप्त कर लेते हैं। उनका मानना था कि प्रकृति इतना समय नहीं देती कि, हम निरन्तर अत्याचार सहते रहकर अत्याचारी का हृदय बदल दें।

शुक्ल जी के इस निबन्ध को लेकर इधर आलोचकों में काफी कुछ संवाद-विवाद हुआ है। कुछ ने उनका समर्थन किया है और कुछ ने विरोध। मैं समझता हूँ कि इस प्रश्न पर विचार की कोई सार्थकता नहीं है। 'तिलक' के अप्रतिम व्यक्तित्व से तो स्वयं गाँधी जी भी प्रभावित थे। उनका अदम्य साहस युवकों को प्रेरणा और शक्ति प्रदान करता था। शुक्ल जी का उनसे सहमत होना विवाद का विषय नहीं होना चाहिए। स्वयं राष्ट्रीय कांग्रेस में एक वर्ग गाँधी जी से पूरी तरह सहमत नहीं था। शुक्ल जी जैसे हैं, आपके सामने हैं। प्रत्येक विषय के सम्बन्ध में उनका अपना दृढ़ मत है। उनके सामने तिलक के विचार न होते तो भी वे गाँधी जी से अपने स्तर पर पूरी तरह सहमत न होते। वे प्रत्येक तरह के रहस्यवाद के विरोधी थे। असहयोग आन्दोलन के समय गाँधी जी के कुछ अनुयायी उनके व्यक्तित्व को रहस्यवाद के रंग से रंजित करने लगे थे। आप शुक्ल जी से सहमत-असहमत होने के लिए स्वतन्त्र हैं, किन्तु प्रत्येक स्थिति में आपका आग्रह-मुक्त होना आवश्यक है। शुक्ल जी मूलत: आलोचक हैं। आलोचक के रूप में उन्होंने अपनी इस दृष्टि को लोक-मंगल की भावना से संश्लिष्ट कर लिया है। तुलसीदास की आलोचना में उनकी लोक-मांगलिक समाज-दृष्टि सर्वाधिक उभरकर सामने आई है। वे *भगवद्गीता* और तुलसी कृत *रामचरितमानस* से विशेष रूप से प्रभावित थे। उनकी समाज-दृष्टि मुख्यत: इन्हीं ग्रन्थों से प्रेरित और प्रभावित है। हम उसे निम्नलिखित रूप में सूत्रबद्ध कर सकते हैं—

(क) गुण कर्म आधारित वर्ण व्यवस्था का समर्थन

गीता के चौथे अध्याय में श्रीकृष्ण भगवान् ने कहा है

''चतुर्वर्ण्य मया सृष्टं गुण कर्म विभागश: ।
तस्य कर्तारमपि मां विद्धकर्तारमव्ययम् ॥ 4/3

शुक्ल जी गीता की इस व्यवस्था से पूरी तरह सहमत थे। तुलसीदास की आलोचना करते समय उन्होंने अपने प्रौढ़ तर्कों से इसका समर्थन किया है। तुलसीदास की पंक्तियाँ हैं--

'वरनाश्रम निज निज धरम निरत वेद पथ लोग।
चलहि सदा पावहिं सुखहिं नहिं भय सोक न रोग।''

तुलसीदास का यह वर्णाश्रम भी गुण और कर्म पर ही आधृत था। इस व्यवस्था के समर्थन में शुक्ल जी कहते हैं, ''ब्राह्मणों और क्षत्रियों को लोकहित के लिए अपने व्यक्तिगत सुख को हर घड़ी त्याग करने के लिए तैयार रहना पड़ता था। ब्राह्मणों को तो सदा अपने व्यक्तिगत सांसारिक सुख की मात्रा कम रखनी पड़ती थी। क्षत्रियों को अवसर-विशेष पर अपना सर्वस्व—अपने प्राण तक—छोड़ने के लिए उद्यत होना पड़ता था। शेष वर्णों

को अपने व्यक्तिगत या पारिवारिक सुख की व्यवस्था के लिए सब अवस्थाओं में पूरा अवकाश रहता था। अत: उच्च वर्ण में अधिक मान या अधिक अधिकार के साथ कठिन कर्तव्यों की योजना और निम्न वर्णों में कम मान और कम सुख के साथ अधिक अवस्थाओं में आराम की योजना जीवन-निर्वाह की दृष्टि से सामंजस्य रखती थी।'' तत्कालीन परिवेश में नीची श्रेणियों में उच्च श्रेणियों के प्रति ईर्ष्या-द्वेष का भाव क्यों नहीं जाग्रत होता था, इसके लिए शुक्ल जी का तर्क है, ''जब तक उच्च श्रेणियों के कर्तव्य की कठिनता प्रत्यक्ष रहेगी—कठिनता के साक्षात्कार के अवसर आते रहेंगे—तब तक नीची श्रेणियों में ईर्ष्या-द्वेष के भाव नहीं जाग्रत हो (*गोस्वामी तुलसीदास*, पृ. 27) इस सन्दर्भ में शुक्ल जी का निष्कर्ष है—जब कर्तव्य भाग (ऊँची श्रेणियों का) शिथिल पड़ेगा और अधिकार भाग ज्यों-का-त्यों रहेगा, तब स्थिति विघातिनी विषमता उत्पन्न होगी। (वही, पृ. 27) वर्ण व्यवस्था के अन्तर्गत वर्णों की छोटाई-बड़ाई के सम्बन्ध में शुक्ल जी का मानना है, ''वर्ण व्यवस्था की छोटाई-बहाई का यह अभिप्राय नहीं था कि छोटी श्रेणी के लोग दु:ख ही में समय काटें और जीवन के सारे सुभीते बड़ी श्रेणी के लोगों को ही रहे।'' (वही, पृ. 27) स्पष्ट है कि जिस तरह के तर्क देकर शुक्ल जी ने गुण-कर्म आधृत वर्ण व्यवस्था का समर्थन किया है, वे सुचिन्तित हैं। वे किसी तरह के भावावेश में नहीं कहे गए हैं। इसलिए यह मानकर चलना होगा कि वे आदर्श वर्ण व्यवस्था के समर्थक थे।

(ख) ऊँची-नीची श्रेणियों की स्थिति मान्य

सामंजस्यमयी वर्ण व्यवस्था के भीतर भी शुक्ल जी ऊँची-नीची श्रेणियों की अनिवार्यता स्वीकार करते हैं। वे पूरे विश्वास से कहते हैं, ''जिस वर्णाश्रम धर्म का पालन प्रजा करती थी, उसमें ऊँची-नीची श्रेणियाँ थीं। उसमें कुछ काम छोटे माने जाते थे, कुछ बड़े। फावड़ा लेकर मिट्टी खोदनेवाले और कलम लेकर वेदान्तसूत्र लिखनेवाले के काम एक ही कोटि के नहीं माने जाते थे। ऐसे दो काम अब भी एक दृष्टि से नहीं देखे जाते। लोक-दृष्टि उसमें भेद कर ही लेती है। इस भेद को किसी प्रकार की चिकनी-चुपड़ी भाषा या पाखंड नहीं मिटा सकता।'' (वही, पृ. 26)

(ग) रामराज्य का हार्दिक समर्थन

शुक्ल जी तुलसी की रामराज्य की अवधारणा से अभिभूत थे। लगता है यदि उन्हें भी आदर्श राज्य व्यवस्था की कल्पना करनी होती तो वे कुछ उसी तरह की कल्पना करते, जैसी तुलसी ने की है। तुलसी के रामराज्य की प्रशंसा करते

हुए वे कहते हैं, गोस्वामी जी कहते हैं 'राज्य', 'सुराज्य' रामराज्य। राज्य की कैसी व्यापक भावना है? आदर्श राज्य केवल बाहर कर्मों का प्रतिबन्धक और उत्तेजक नहीं है, हृदय का स्पर्श करनेवाला है। वह लोकरक्षा के अनुकूल भावों की प्रतिष्ठा करनेवाला है। वह धर्म राज्य है—प्रकृति का रंजन करनेवाला है। इस राज्य की स्थापना केवल शरीर पर ही नहीं होती, हृदय पर भी होती है। यह राज्य केवल चलती हुई जड़ मशीन नहीं है। आदर्श व्यक्ति का परिवर्द्धित रूप है।'' (वही, पृ. 25) तात्पर्य यह कि राम का सत्य, शील, सौन्दर्य समन्वित व्यक्तित्व ही राज्यादर्श के रूप में प्रतिष्ठित हो गया है। इसलिए समाज में किसी तरह की विषमता नहीं रह गई है और स्थिति यह है—

बयरु न कह काहू सन कोई। राम प्रताप विषमता खोई।।
सब नर करहिं परस्पर प्रीती। चलहिं स्वधर्म निरत श्रुति रीति।।

शुक्ल जी का मानना है कि यह विषमता दंड भय से समाप्त नहीं हुई थी। वस्तुत: ''सुशीलता की पराकाष्ठा राम के रूप में हृदयहारिणी शक्ति होकर उनके बीच प्रतिष्ठित थी।'' (वही, पृ. 25) यही राम का प्रताप था। शुक्ल जी की आदर्श राज्य की कल्पना तुलसी की रामराज्य की अवधारणा से एकाकार हो गई है।

वस्तुत: उस समय शुक्ल जी के सामने दो प्रकार की राज्य-व्यवस्थाएँ थीं। एक ब्रिटिश शासन की लोकतन्त्रीय व्यवस्था और दूसरी रूस में स्थापित साम्यवादी व्यवस्था। ब्रिटिश शासन की विडम्बना यह थी कि जिस पद्धति से वे इंग्लैंड में शासन करते थे, भारत में उसके विपरीत चलते वे। शुक्ल जी ने लक्षित किया था कि, ''भारतीय प्रशासन में उनकी अपनी ब्रिटिश परिकल्पना का एक रेशा भी नहीं दिखाई देता।' (*चिन्तामणि-4*, पृ. 114) यहाँ तो वे एक साम्राज्यवादी शासक ही थे। शुक्ल जी का मानना था, ''जहाँ तक हम देख पाए हैं साम्राज्यवाद ही भारत में ब्रिटिश राष्ट्र की नीति की प्रेरक शक्ति रहा है।'' (वही, पृ. 114) इस साम्राज्यवाद की नीति यह थी कि भारत में कच्चा माल सस्ते भाव में ले जाओ और उसी से पक्का माल बनाकर महँगे दामों में भारत के मत्थे मढ़ दो। इस नीति के चलते पारम्परिक भारतीय उद्योग-धन्धे समाप्त हो गए थे और भारत दिन-पर-दिन ग़रीब होता जा रहा था। अपने प्रसिद्ध लेख 'क्षात्रधर्म के सौन्दर्य' में शुक्ल जी ने लिखा है, ''कोई-कोई देश लोभवश इतना अधिक माल तैयार करते हैं कि उसे किसी के गले मढ़ने की फ़िक्र में दिन-रात मरते रहते हैं। जब तक यह व्यापारोन्माद दूर न होगा तब तक इस पृथ्वी पर सुख-शान्ति न होगी। दूर यह अवश्य होगा, पर जिस प्रकार और सब पागलपन दूर होते हैं, उसी प्रकार। क्षात्र धर्म की संसार में फिर प्रतिष्ठा होगी। चोरी का बदला डकैती से लिया जाएगा। कहना न होगा कि जब वे ऐसा लिख रहे थे, उनकी दृष्टि में

इंग्लैंड भी था। जिस देश की शासन-व्यवस्था दूसरे देशों को लूटनेवाली हो, उसका समर्थन वे कैसे कर सकते थे।"

दूसरी शासन-पद्धति सोवियत रूस की थी जिसे 'साम्यवादी' कहते थे। साम्यवाद में शोषक और शोषित, शासक और शासित, पूँजीपति और श्रमिक के भेद को मिटाकर समता की प्रतिष्ठा की जाती थी। इस व्यवस्था में हर व्यक्ति से उसकी योग्यता के अनुसार काम लेने और उसकी आवश्यकता के अनुसार पारिश्रमिक देने का प्रावधान था। शुक्ल जी को यह कतई मान्य न था। वे प्रत्येक व्यक्ति को उसकी योग्यता के अनुसार पारिश्रमिक देने में विश्वास करते थे। 'साम्यवाद' की अवधारणा उन्हें मानवीय प्रकृति के अनुकूल नहीं लगती थी। वे सांख्य दर्शन में विश्वास करते थे, जिसके अनुसार व्यक्त जगत में प्रत्येक व्यक्ति में 'सत्त्व', 'रज' और 'तम' ये तीनों गुण समान हो ही नहीं सकते। ऐसी स्थिति में उन्हें 'रामराज्य' की अवधारणा ही बेहतर प्रतीत होती थी।

(घ) जाति प्रथा का विरोध

चिन्तामणि-4 में कुसुम चतुर्वेदी ने शुक्ल जी के अंग्रेजी में लिखे गए एक अधूरे लेख का अनुवाद प्रकाशित किया है। उन्होंने इसका अनुमानित लेखन काल 1924 ई. बताया है। इस लेख में शुक्ल जी ने जाति व्यवस्था का प्रबल विरोध किया है। उनके शब्द हैं, "जाति पूर्वी सभ्यता की बालक है, क्योंकि विश्व में और कहीं भी इसका अस्तित्व नहीं है। मानवता का यह कठोर अनमनीय विभाजन उन स्वार्थी पंडितों द्वारा मिथ्या धर्म से जोड़ा गया है जो ग़रीब पददलित वर्गों की कीमत पर धनी बन रहे हैं और आनन्द कर रहे हैं।" *(चिन्तामणि-4,* पृ. 130) यह अधूरा निबन्ध शुक्ल जी की मृत्यु के बहुत दिनों बाद सन् 2002 ई. में प्रकाशित हुआ है। फिर भी श्रीमती चतुर्वेदी के साक्ष्य पर इसे प्रामाणिक मानना ही होगा। वैसे भी आदर्श वर्ण-व्यवस्था स्वीकार कर लेने पर जाति प्रथा का निषेध तो हो ही जाता है। वर्ण तो कुल चार ही हैं, जबकि जातियों की संख्या की कोई सीमा नहीं है। जायसी के समय में अकेले क्षत्रियों की 36 जातियाँ थीं।

(ङ) आधुनिकता और शुक्ल जी की समाज-दृष्टि

शुक्ल जी आधुनिक व्यक्ति थे। उन्होंने आधुनिक वैज्ञानिक उपलब्धियों का विधिवत अध्ययन किया था। उन्हें भारतीय एवं पाश्चात्य दर्शनों की भी अच्छी समझ थी। उन्होंने कभी भी अन्धरूढ़ियों का समर्थन नहीं किया। वे सामन्तीय मूल्यों के भी विरोधी थे। उन्हें अधिकारियों की जी हुजूरी से चिढ़ थी। वे चित्तवृत्तियों के परिवर्तन में विश्वास करते थे और सामाजिक-राजनीतिक परिस्थितियों के परिवर्तन को उसका कारण मानते थे। वे मर्यादावादी होने के

कारण सुधारों की झोंक में बिना सोचे-समझे पारम्परिक मूल्यों में परिवर्तन नहीं करना चाहते थे। उन्हें अपने देश की दुर्दशा की चिन्ता थी। सामान्य जनता से उन्हें गहरी सहानुभूति थी। उन्हें देश की पराधीनता खलती थी। वे साम्राज्यवादी शक्तियों की अर्थनीति के कट्टर विरोधी थे। उनकी आधुनिकता की अवधारण भी क्रमश: बदलती गई है। वे आधुनिक विश्वव्यवस्था से परिचित थे और उसकी दुर्बलताओं को भी अच्छी तरह समझते थे। उनकी शक्ति या दुर्बलता, जो चाहे कह लें, यह थी कि वे अपनी दृष्टि से दूसरों का आकलन करते थे। वे अपनी परम्परा के उदात्त तत्त्वों को आधुनिक सन्दर्भ के अनुकूल विकसित करना चाहते थे। *'चिन्तामणि-4'* में प्रकाशित अनुमानित समयवाले कुछ निबन्धों को छोड़ दिया जाए, तो उन्होंने 1922 ई. के बाद अपनी पूरी शक्ति आलोचना काव्यचिन्तन और इतिहास-लेखन में लगा दी थी। वे समाज के प्रति एक सतर्क आलोचनात्मक दृष्टि अवश्य रखते थे, किन्तु वे समाजशास्त्री नहीं थे। समाजशास्त्रीय आलोचना (मार्क्सवादी आलोचना) के प्रति उनके मन में कोई आकर्षण नहीं था। अपने इतिहास में आधुनिकता के तकाजे से उन्होंने 'संघवाद' और 'साम्यवाद की चर्चा अवश्य की है, किन्तु इन सिद्धान्तों को उन्होंने अपना समर्थन नहीं दिया है। उनके सामाजिक विचारों को हमें मुख्यत: एक संवेदनशील और प्रबुद्ध आलोचक की समाज-चिन्ता के रूप में ही देखना चाहिए। उन्होंने समाज-हित की भावना को अपनी रसवादी आलोचना का एक महत्त्वपूर्ण अंग बना लिया है। उनका मानना था कि जब लोक में अन्याय, अनीति, अनाचार और अधर्म बढ़ जाता है, जब सज्जन और सात्त्विक वृत्ति के लोक कष्ट पाने लगते हैं, तब दु:ख की छाया को हटाने के लिए ब्रह्म की आनन्द-कला शक्तिमय रूप धारण करके मनुष्य रूप में अवतरित होती है। 'राम' और 'कृष्ण' इसी प्रकार के अवतार थे। थे वे मनुष्य ही। उनकी विशेषता यह थी कि उनमें 'सत्त्व गुण' का प्राधान्य था। 'रज' और 'तम' सत्त्व के अधीन रहकर अपना कार्य करते थे। 'करुणा' और उच्च दशा का 'प्रेम' ये सत्त्व गुण के द्योतक हैं। राम जैसे हमारे राष्ट्र नायक ने 'करुणा' से प्रेरित होकर ही रावण जैसे तमोगुणी लोक-पीड़क का संहार किया। उसके बाद ही उन्होंने रामराज्य की स्थापना की। इस रामराज्य को शुक्ल जी आदर्श शासन-व्यवस्था मानते हैं। यह व्यवस्था लोक-मंगल करनेवाली है। रावण वध तक की स्थिति को हम लोक-मंगल की साधनावस्था कह सकते हैं। रामराज्य की स्थापना के बाद लोक में से दु:ख की छाया हट जाती है और आनन्द दशा की सिद्धि होती है। इस प्रकार हम देखते हैं कि शुक्ल जी ने अपनी समाज-हित की भावना को रसदृष्टि से संश्लिष्ट करके लोक-मांगलिक बना दिया है। वे राम द्वारा व्यक्त भावों में पूर्ण रसानुभूति मानते हैं। रामकाव्य का बीज भाव 'करुणा' है। 'करुणा' की गति लोक रक्षा और लोक-मंगल के विधान की ओर है। राम

के सारे कार्य, लोक-हित के लिए ही सम्पन्न हुए हैं। इसलिए हमारा मानना है कि आलोचक शुक्ल जी की पूरी समाज-चिन्ता लोक-मंगल की भावना में ही पर्यलक्षित हो गई है।

शुक्ल जी की दृष्टि में 'राम' ब्रह्म की आनन्द कला के शक्तिमय रूप के प्रतीक हैं। इस एक वाक्य को दृष्टि में रखकर आप चाहें तो शुक्ल जी की आधुनिकता पर सन्देह कर सकते हैं। वस्तुत: जब शुक्ल जी ने अपनी तत्त्व-दृष्टि का निर्माण किया था तब वे अध्यात्म और विज्ञान की सन्धि-रेखा पर खड़े थे, इसलिए उनके विचारों में कहीं-कहीं दोनों की झलक एक साथ मिल जाती है। वैसे वे सब मिलाकर आधुनिक युग की ही विभूति थे। और हमें उनकी समाज दृष्टि को इसी रूप में देखना चाहिए।

परिशिष्ट

THE NATURE OF THE PROBLEM

The condition of civilisation and of thougth at the close of the nineteenth century. Progress of our Knowledge of nature -of the organic and inorganic sciences. The law of substance and the law of Evolution. Progress of technical science and of applied chemistry stagnancy in other department of life : legal and political administration, education and the Church. Conflict of reason and dogma. Anthropism. Cosmological perspective, Cosmological theorems, Refutation of the delusion of man's importance. Number of 'world-riddles' Criticism of the 'seven' enigmas. The way to solve them. Function of the senses and of the brain. Induction and deduction. Reason, sentiment and revelation. Philosophy and science. Experience and speculation. Dualism and monism.

The close of nineteenth century offers one of the most remarkable spectacles to the thoughtful observer. All educated people are agreed that it has in many respects immeasurably outstripped its predecessors, and has achieved tasks that were deemed impracticable at its commencement. An entirely new character has been given to the whole of our modern civilisation, not only by our astounding theoretical progress in sound knowledge of nature, but also by the remarkably fertile practical application of that knowledge in techical science, industry, commerce, and so forth. On the other hand, however, we have made little or no progress in moral and social life, in comparison with earlier centuries, at times there has been serious reaction. And from this obvious conflict there have arisen, not only an uneasy sense of dismemberment and falseness, but even the danger of grave catastrophes in the

जिज्ञासा

19वीं शताब्दी के अन्त में मानवज्ञान की जो अपूर्व वृद्धि हुई है वह ध्यान देने योग्य है। इसके द्वारा हमारी सारी आधुनिक सभ्यता का रंग ही पलट गया है। हम लोगों ने प्राकृतिक सृष्टि का बहुत कुछ वास्तविक ज्ञान प्राप्त कर केवल सच्चे और निर्भ्रान्त सिद्धान्त ही नहीं स्थिर किए हैं बल्कि अपने ज्ञान का विलक्षण उपयोग कलाकौशल, व्यापार, व्यवसाय आदि में करके दिखाया है। पर इस ज्ञान के द्वारा हम अपने आचार और व्यवहार में बहुत कम क्या कुछ भी उन्नति नहीं कर सके हैं। इस प्रकार की परस्पर विरुद्ध गति के कारण हमारे जीवन में बड़ी भारी अव्यवस्था दिखाई पड़ती है जो आगे चलकर समाज के लिए अनर्थकारिणी होगी। अत: प्रत्येक शिक्षित और सभ्य मनुष्य का कर्तव्य है कि वह मानव जीवन से इस विरोध को दूर करने का प्रयत्न करे। यह तभी होगा जब संसार का वास्तविक और सत्य ज्ञान होगा और उस ज्ञान के अनुसार मानवजीवन के भिन्न-भिन्न अंगों की योजना होगी।

19वीं शताब्दी के आरम्भ में विज्ञान की जो अपूर्ण दशा थी उसकी ओर ध्यान देते हुए यही कहना होगा कि गत 50 वर्षों के बीच विज्ञान ने बड़ी विलक्षण उन्नति की है, विज्ञान के प्रत्येक विभाग में बहुत-सी नई-नई बातों की जानकारी प्राप्त हुई है। खुर्दबीन के द्वारा सूक्ष्म-से-सूक्ष्म वस्तुओं का और दूरबीन के द्वारा बड़ी-से-बड़ी वस्तुओं का जो परिज्ञान प्राप्त हुआ है वह आज से सौ वर्ष पहले असम्भव समझा जाता था। सूक्ष्मदर्शकयन्त्र के प्रयोग और प्राणिविज्ञान के गूढ़ अन्वेषणों द्वारा क्षुद्र कीटाणुओं के अनन्त भेदों का ही पता नहीं चला बल्कि यह भी जाना गया कि सूक्ष्म घटक[1] ही में सेन्द्रिय या सजीव सृष्टि का वह मूल तत्त्व है जिसकी सामाजिक योजना से सारे प्राणियों का, क्या चर, क्या अचर, क्या उद्भिज, क्या मनुष्य, शरीर बना है। शरीर विज्ञान के द्वारा अब यह भलीभाँति सिद्ध हो गया है कि एक ही घटक से अर्थात् सूक्ष्म गर्भांड से बड़े-से-बड़े अनेक घटक जीवों का विकास होता है। घटक सिद्धान्त के द्वारा हम अब जीवों के उन समस्त आधिभौतिक, रासायनिक और यहाँ तक कि मानसिक व्यापारों का सच्चा रहस्य जान सकते हैं जिनके लिए पहले एक 'अलौकिक शक्ति' या 'अमर आत्मा' की कल्पना करनी पड़ती थी। इस सिद्धान्त के द्वारा रोगों के निदान में भी चिकित्सकों को बड़ी सहायता मिली है।

इसी प्रकार निरिन्द्रिय (जड़) भौतिक सृष्टिसम्बन्धी आविष्कार भी कम ध्यान देने योग्य नहीं है। दृष्टिविज्ञान, श्रोत्रविज्ञान, चुम्बकाकर्षण निर्माणविज्ञान जिसके द्वारा अनेक प्रकार की कलें आदि बनती हैं, गतिशक्तिविज्ञान इत्यादि भौतिकविज्ञान की सब शाखाओं की अद्भुत उन्नति हुई है। सबसे बड़ी बात जो विज्ञान ने सिद्ध की है वह अखिल विश्व की शक्तियों की एकता है। ताप सम्बन्धी भौतिक सिद्धान्त ने स्थिर कर दिया है कि वे समस्त शक्तियाँ किस प्रकार एक-दूसरे से सम्बद्ध हैं और किस प्रकार एक शक्ति दूसरी शक्ति के रूप में परिवर्तित हो सकती है। किरण विश्लेषण[2] विद्या ने यह बात स्पष्ट कर दी है कि जिन द्रव्यों से पृथ्वी पर के सारे पदार्थ बने हैं उन्हीं द्रव्यों से ग्रह, नक्षत्र, सूर्य आदि भी बने हैं, उनमें पृथ्वी से परे कोई द्रव्य नहीं है। ज्योतिर्विज्ञान ने हमारी दृष्टि को ब्रह्मांड के बीच बहुत कुछ फैला दिया है और अब हमें अगाध अन्तरिक्ष के बीच लाखों घूमते हुए पिंडों का पता है जो हमारी पृथ्वी से भी बड़े हैं और एक अखंड क्रम के साथ बनते बिगड़ते चले जा रहे हैं। रसायनशास्त्र ने हमें अनेक द्रव्यों का परिज्ञान कराया है जो सब-के-सब थोड़े से, लगभग 75 मूलद्रव्यों से बने हैं। ये मूलद्रव्य इसलिए कहलाते हैं कि विश्लेषण करने पर इनमें दूसरे द्रव्य का मेल नहीं पाया जाता। इन मूलद्रव्यों में से कोई-कोई जीवन व्यापार में बड़े काम के हैं। इनमें से कारबन या अंगारतत्त्व (कोयला) ही से अनन्त प्रकार के सेन्द्रिय पिंडों की योजना होती है। इसी से इसे 'जीवन का रासायनिक आधार' कहते हैं। इन सबसे बढ़कर आधिभौतिक शास्त्र के एक परम गुण का प्रतिपादन है जिसके अन्तर्भूत समस्त भौतिक और रासायनिक गुण हैं। सृष्टि सम्बन्धी इस मूल सिद्धान्त द्वारा यह स्थिर हो चुका है कि द्रव्य और शक्ति (गति) दोनों नित्य हैं और सम्पूर्ण ब्रह्मांड में सदा एकरस रहते हैं। यही सिद्धान्त हमारे तत्त्वाद्वैतवाद का आधार है जिसके द्वारा हम सृष्टिरहस्य के उद्घाटन में प्रवृत्त हो सकते हैं।

सन्दर्भ

1. देखिये भूमिका।
2. स्पेक्ट्रास्कोप नामक यन्त्र से भिन्न-भिन्न प्रकार की किरणों की (जैसे सूर्य की, लपट की) परीक्षा की जाती है। किरणों की छोटाई-बड़ाई और रंग से यह जाना जा सकता है कि किस प्रकार के रासायनिक द्रव्यों से वे आ रही हैं।

●●●